中国比较教育研究50年

总主编 顾明远 执行主编 曲恒昌

传承与建构

课程与教学理论探索

本卷主编 杨明全

山东教育出版社

图书在版编目(CIP)数据

传承与建构/杨明全主编.—济南:山东教育出版社,
2015
(中国比较教育研究50年/顾明远,曲恒昌主编)
ISBN 978－7－5328－9152－8

Ⅰ.①传…　Ⅱ.①杨…　Ⅲ.①比较教育学
Ⅳ.①G40-059.3

中国版本图书馆 CIP 数据核字(2015)第 244024 号

传承与建构

课程与教学理论探索

本卷主编　杨明全

主　管:山东出版传媒股份有限公司
出版者:山东教育出版社
　　　　(济南市纬一路 321 号　邮编:250001)
电　话:(0531)82092664　传　真:(0531)82092625
网　址:www.sjs.com.cn
发行者:山东教育出版社
印　刷:济南继东彩艺印刷有限公司
版　次:2015 年 11 月第 1 版第 1 次印刷
规　格:710mm×1000mm　16 开本
印　张:31.25 印张
字　数:468 千字
书　号:ISBN 978－7－5328－9152－8
定　价:49.00 元

(如印装质量有问题,请与印刷厂联系调换)
印厂电话:0531－87160055

"中国比较教育研究50年"丛书编委会

我国比较教育研究始于 20 世纪 20 年代，最早的研究著作是 1929 年商务印书馆出版的庄泽宣所著《各国教育比较论》。当时，各师范院校开设了比较教育课程，但新中国成立以后就中断了，外国教育研究只以苏联教育为对象，作为我国教育改革的样板。直到 1964 年，国务院外事办公室批准在高等学校设立外国研究机构，才开始研究其他国家的教育，但仍然没有把比较教育作为一门学科来研究，只是介绍一些外国教育的制度和动向。直到改革开放以后，1980 年，教育部邀请美国哥伦比亚大学比较教育学者胡昌度来北京师范大学讲学，比较教育才在我国师范院校开始恢复。

1964 年高等学校建立外国研究机构时，北京师范大学外国教育研究室就在原来的基础上扩建，并接受当时中宣部的委托编辑出版《外国教育动态》杂志，供地市级领导干部参阅。该刊经认真筹备于 1965 年正式出版。可惜好景不长，1966 年"文化大革命"开始，杂志被迫停刊，研究人员下放劳动。1972 年在周恩来总理对我国外事工作的关怀下，研究室开始恢复工作，《外国教育动态》以内部资料的形式又编辑了 22 期。改革开放以后，我国在拨乱反正、恢复教育秩序的时候，迫切希望了解世界教育发展的动向和经验，经国务院方毅副总理批准，《外国教育动态》得以复刊并在国内外公开发行，1992 年该刊更名为《比较教育研究》。从 1965 年创刊至今，曲折坎坷地走过了 50 年。

应该说，《比较教育研究》及其前身《外国教育动态》在我国比较教育学科的建设以及国家教育改革中作出了不可磨灭的贡献。

改革开放 30 多年来,我国比较教育研究走过了几个阶段:

第一个阶段,1978 年至 1985 年,是描述、介绍外国教育研的阶段。这一时期主要是介绍美、英、法、西德、日、苏 6 个发达国家的教育制度和教育思想。介绍了在国际教育上有较大影响的四大流派,即:以皮亚杰、布鲁纳为代表的结构主义教育思想、布鲁姆的教育目标分类思想、赞可夫的发展教育思想和苏霍姆林斯基的和谐教育思想。1982 年由王承绪、朱勃、顾明远主编的新中国第一本比较教育教材问世。

第二个阶段,1986 年至 1995 年,是国别研究和专题研究阶段。进入 20 世纪 80 年代中期以后,比较教育界认识到,要借鉴外国教育的经验,必须对各个国家的教育发展进行深入系统的研究,才能把握各国教育的本质特点和发展脉络,于是开始了国别研究,对 6 个发达国家的教育作了较为系统的研究。除国别研究外,许多学者开始进行专题研究和专题比较,如各级各类教育比较、课程比较和各种教育思想流派的评介。

第三个阶段,1996 年至本世纪初,是深入和扩展研究的时期。从上个世纪 90 年代中期开始,我国比较教育研究扩展到许多发展中国家,特别是我国周边国家的教育,研究内容也从教育制度发展到课程、教育思想观念、培养模式和方法、国际教育、环境教育、比较教育方法论等诸多方面。同时,比较教育关注到教育与国家发展及国家宏观教育发展战略的比较研究,以及各国民族文化传统关系的研究。如"巴西、俄罗斯、印度、中国四国教育发展与国家竞争力的比较研究"、"民族文化传统与教育现代化研究"等,重视教育与国家发展的研究;随着我国新一轮课程改革,研究介绍了各国课程改革的经验。

第四个阶段从本世纪初至今,进入全球化时代的国际比较教育研究。我国比较教育学者开展了国际问题的研究,关注国际组织有关教育的政策及其对世界教育的影响;开展了各国教育国际化的研究;更加深入地研究各国教育公平的政策和提高教育质量的改革和举措。

我国比较教育发展的这几个阶段的研究成果在《比较教育研究》刊物中均有反映。《比较教育研究》有几个特点:一是最早、最快、最新地反映国际教育改革的动向。例如,较早地介绍美国的《国防教育法》和拉开了世界教育改革序幕的 1983 年美国高质量教育委员会的《国家在危险中,教育改革势在必行》;最早介绍终身教育思想;最早地把文化研究引进比较教育;较早地研究国际组织的教育政策等。这些研究对我国的教育改革都起到了一定的借鉴作用。为此,借《比较教育研究》创刊50周年之际,我们选择刊物中的有价值有质量的文章编辑成册,它们是:《定位与发展:比较教育的理论、方法与范式》《博学与慎思:当代教育思想与理论》《均衡与优质:教育公平与质量》《问责与改进:高等教育评估与质量保障》《光荣与梦想:世界一流大学建设》《理念与制度:现代大学治理》《创新与创业:21世纪教育的新常态》《流动与融合:教育国际化的世界图景》《转型与提升:教师教育的改革与发展》《质量与权益:教师管理政策与实践》《传承与建构:课程与教学理论探索》《效率与公平:择校的理论、政策与实践》。

这既是一种历史的记忆,又为我国今后的教育改革保存一份有价值的遗产。我想,读者可以从中找到世界教育发展的痕迹,并得到某种启发。

是为序。

2015 年 10 月

目　录

中篇　教学比较研究

下篇　学科课程与教学比较研究

导　言

1817 年，法国教育家朱利安（Marc Antoine Jullien）发表了《比较教育的研究计划和初步意见》，尽管该书只有 56 页，却开创了比较教育研究的新时代。由于朱利安赋予了比较教育以明确的学科名称、独特的视角和实用的目的，他由此被誉为"比较教育之父"。鉴于当时的社会需要不同国家之间（特别是宗主国与殖民地国家之间）进行教育制度的借鉴和移植，初创时期的比较教育学迅速走红，在 19 世纪发展成为一种时尚，比较教育学也以"学科新贵"的面貌成为教育学体系的重要分支学科。

从比较教育学诞生之日起，课程与教学问题就是其中的重要组成部分，是比较教育研究的重要内容之一。尤其在 20 世纪之后，随着国际范围内比较教育研究范式的转型，最初的"描述与借鉴"让位于"因素分析"，继而在 60 年代之后被"实证与微观分析"范式所取代。从此之后，比较教育学的研究日趋精细和复杂化，学校实践层面的具体问题成为研究的重要课题，由此课程与教学领域的比较研究日趋活跃，典型的如"结构主义课程理论""二战"之后"三大新教学论"等。本书《传承与建构——课程与教学理论探索》则专注于梳理《比较教育研究》创刊 50 年来课程与教学领域比较研究的成果，诠释课程与教学比较研究的学术传统和知识谱系，力图"窥一斑而见全豹"，由此见证过去并启迪未来，以期推动我国比较课程与教学论发展。

1

一、西方比较教育视野下的课程与教学研究传统

在比较教育学初创时期,课程与教学就是早期比较教育学家重点关注的领域之一。例如,早在 1831 年,法国教育家库森(Victor Cousin)考察了普鲁士,回国后发表了《普鲁士教育报告》。报告描述了普鲁士的教育行政、家长和社区的教育情况、教师的培养等。引人注目的是,本报告对普鲁士学校的课程设置也进行了详细的介绍。1833 年法国颁布了著名的《基佐法案》,该法案正是以库森的报告为基础制订的。①俄国比较教育的先驱人物乌申斯基在研究教育问题时特别强调课程与教学的重要性,在《乌申斯基教育文选》中,他谈到了"初级阶段教学的课程""初级阶段教学的组织"和"谈直观教学"等问题,指出"根据生理学和心理学规律,当代初等教育不是只开设一门课程,而是同时开设几门课程:直观教学、写字、画图、儿童手工、阅读、计算、圣经故事、唱歌和体操等"。②

19 世纪比较教育先驱人物的研究开创了比较教育研究的先河,奠定了比较研究的基本范式,并形成了关注学校课程与教学问题的研究传统。这一传统一直没有被弱化,对课程与教学问题的比较研究一直在得到强化。在整个 20 世纪,教育改革与发展是全球教育的主旋律,特别是在"二战"结束之后,随着各国都相继开展大规模的教育改革,课程与教学问题的比较研究越来越受到重视,出现了一些新的课程形态和教学方式,如结构主义课程、微格教学等。该时期课程与教学的比较研究在理论上也很活跃,几乎所有的比较教育学专著都涉及课程与教学改革的理论和实践问题。美国心理学家布鲁纳(Jerome. S. Bruner)是美国 60 年代课程改革的倡导者,他在 1959 年 9 月召开的伍兹霍尔会议上,要求与会专家讨论的几个问题都是与课程教学有关的,如课程设计的程序、教学的辅助工具、学习的动机、直觉在学习和思维中的作用、学习中的认知过程,会后发表了著名的《教育过程》一书。该书谈到了课程与教学的一些基本理论问题,如"学科结构""螺旋式课程""发现法"等,这些思想对后来的课程与教学研究产生了深刻的影响,并为后人留下了旷世名言:"任何学科都能够用

---

① 吴文侃,杨汉清. 比较教育学[M].北京:人民教育出版社. 1989:23.
② 郑文樾选编.乌申斯基教育文选[M].北京:人民教育出版社. 2007:366.

在智育上是正确的方式,有效地教给任何发展阶段的任何儿童。"①

　　值得一提的是,20世纪五六十年代之后,西方国家掀起了教学实验和研究的热潮,有三种教学思想对世界各国的课程教学产生了重大影响,被称为战后新教学论三大流派:以布鲁纳为代表的结构主义教学论流派、以苏联赞科夫(Zankov)为代表的"教学与发展"实验教学论流派和以联邦德国瓦根舍因(Martin Wagenschein)为代表的范例教学论流派。不同国家的教育学者对这三大教学论流派进行介绍和借鉴,由此推动了课程与教学领域的比较研究,在随后的30年里,教学论的研究达到了20世纪的鼎盛时期。这也带动了我国课程与教学的比较研究,如20世纪80年代对苏联教学论的介绍和引进、90年代之后对欧美课程与教学理论的描述和阐释,进入21世纪后对"多元智力理论""建构主义理论"和"后现代主义理论"等的转译与宣扬。与此同时,在课程论研究领域,比较研究也日趋兴盛,甚至出现了一些直接以比较课程为题目的著作,如霍尔姆斯(Brian Holmes)和麦克莱恩(Martin Mclean)所著的《比较课程论》②。

二、我国20世纪以来的课程与教学比较研究

　　中华民族有着五千年的文化传统,素有"礼仪之邦"和"教育之邦"之称,特别是汉唐以来,儒家思想成为文化正统,以儒家"德治取向"为主导的教育传统影响了中国两千余年。在19世纪之后,随着西方科技文明的崛起和东方传统农业文明的相对没落,中国的文化和教育界出现了"西风东渐"的新现象,如何回应西方文化的挑战成为当时中国文化思想界和教育界必须回答的课题。于是"中学为体、西学为用"成为当时的选择,中国人民开始自觉学习西方的科学技术和思想文化。在这一宏观背景下,清末的学校教育开始引进西方学制、采用西方课程体系并以新的教学方式方法实施教学,由此中国上千年的教育传统日渐式微并最终被颠覆和改造,中国的教育最终被纳入现代教育的轨道。

　　在课程与教学领域,20世纪初已经有人对国外的教育思想和实践进行了

---

① Bruner, J. S. The Process of Education. Cambridge: Harvard University Press. 1960:33.
② [英]霍尔姆斯、麦克莱恩著,张文军译.《比较课程论》[M].北京:教育科学出版社,2001.

引进和介绍,推动了我国早期课程与教学比较研究的发展。民国期间,我国有多位教育家在借鉴西方(特别是日本和美国)教育理论的基础上开展了教育改革的实验运动,比较著名的如陶行知的生活教育运动、晏阳初的平民教育运动和陈鹤琴的幼儿教育运动等。这些教育改革运动都带有比较引进的痕迹:陶行知留学美国,师从杜威,其教育思想受杜威影响甚重;晏阳初也留学美国,认为中国的大患是民众的贫、愚、弱、私"四大病",主张通过办平民学校对民众(主要是农民)先教识字,再实施生计、文艺、卫生和公民"四大教育";陈鹤琴在美国哥伦比亚大学获得学位,致力于研究儿童心理学、家庭教育学和幼儿教育学。

改革开放之后,我国的比较教育研究受到重视,迎来了新的发展机遇。人民教育出版社率先编译出版了国内第一套《外国教育丛书》,不少学者也在比较教育领域著书立说,如王承绪先生主编了《比较教育》(第一版由人民教育出版社在 1982 年出版,此后多次修订、再版),吴文侃、杨汉清主编了《比较教育学》(人民教育出版社 1989 年版)。这些著作在进行各级各类教育比较中也都涉及了课程与教学问题。鉴于 90 年代之前我国在课程与教学领域习惯以教学论涵盖课程论,因此,很多冠名"教学论"的著作都会有一部分内容去阐述课程论问题,如 1996 年吴文侃先生出版的《比较教学论》就在书中专门开辟一章对课程进行比较。[①]而在课程研究领域,比较研究的成果更是层出不穷,如钟启泉先生1993 年出版的《国外课程改革透视》等。这些研究为 21 世纪之后的课程与教学比较研究奠定了很好的基础。

三、我国当代课程与教学比较研究的"谱系化"与"范式转换"

尽管建国以来我国的比较教育研究在教育理论创新和学校实践变革中发挥了重要的作用,但在新的发展时期,我国比较教育研究也面临重大挑战,表现

---

① 本书各章标题:比较教学论的对象和方法论基础、国外教学论的历史发展、中国教学论的历史发展、教学任务与教学过程、教学原则、课程、教学方法、教学组织形式、教学评价、当代教学论研究的趋势与比较教学论研究的前景等,具体参见吴文侃.《比较教学论》[M].北京:人民教育出版社,1996.

为学术界所讨论的"身份危机"。①这种危机的实质,在于既有的研究范式已经不能回应国际发展形势和国家教育战略需求,需要从根本上推动"范式转换",即改变那些缺少问题应对意识、满足于新闻报道式的和虚浮不深入的写作风格,从而能够专注于某一较小的研究领域、进行更精细化的研究,回应国家教育战略需求、解决教育发展中的真问题,用切实的研究成效去证明自身。这一思路的实质在于促使比较教育研究形成多个知识谱系,从而建立具有明确专业知识身份的分支学科,提升学界对比较教育的学术认知。

其实,这一思路早已存在。我国比较教育研究领域在20世纪90年代曾经面临分支学科发展的很好的机遇。比较教育界的一些前辈已经意识到分支学科发展的重要性,并自觉地进行了先期研究,初步建立了几个分支学科。目前学术界对于比较教育的分支学科并没有明确界定,本文权且以有专门著作支撑、界限相对清晰的领域作为分支学科的划分标准。以此为标准,我们可以看到三个比较教育分支学科的雏形:比较教师教育、比较成人教育和比较高等教育。这三个分支学科分别对应各自的著作是:苏真主编:《比较师范教育》,北京师范大学出版社1991年版;毕淑芝等主编:《比较成人教育》,北京师范大学1994年版;杨汉清等主编:《比较高等教育概论》,人民教育出版社1997年版。在随后,对应这三个分支领域,学者们又进行了不少探索,例如,在比较教师教育领域后来有陈永明先生的《中日师范教育比较研究》《国际师范教育比较研究》等,其他相关成果不再赘述。21世纪之后,不少研究者仍在为比较教育分支学科的建设而进行努力。例如,王春茅认为比较军事教育已经具备了成为独立的分支学科的基本条件,应该作为比较教育学的一个新兴的分支学科。②

比较教育先驱人物对课程与教学的最初研究奠定了课程与教学比较研究的学术传统,课程与教学已经内在地融入了比较教育研究的基本范畴,二者相互依存、密不可分。一方面,课程与教学是比较教育研究无法回避的基本领域,

① 我国比较教育学界在20世纪90年代之后开始讨论这一话题,进入21世纪,讨论一直在持续,参见几篇重要文献:顾明远先生的《比较教育的身份危机及出路》(2003)、项贤明教授的《站在十字路口的中国比较教育学》(2005)、王英杰先生的《再谈比较教育学的危机》(2007),以及陈时见教授的《比较教育学的现实境遇与发展前景》(2010)等。
② 王春茅,田佳.比较军事教育成为独立分支学科的基本条件[J].比较教育研究,2011(6).

在不同的历史时期学校的课程与教学问题总会成为比较教育研究的重要内容，对课程与教学问题的关注使得比较教育研究拥有了切实的问题意识和研究内容，由此增强了自身学科存在的合理性与实用性。另一方面，比较研究的视野与方法为课程与教学研究拓展了方法论的基础，帮助课程与教学研究确立其各自的知识谱系和理论框架。由于拥有了明确的研究主题和理论框架，显然这有助于比较课程与教学论在母体学科——比较教育学中确立起自己的学科身份。

比较课程与教学论是课程与教学论和比较教育学交叉综合的结果。课程与教学是学校教育的核心问题，是达成教育目的的基本途径和手段。在教育涉及的所有要素中，有两个属于人的基本的因素：一个是教师，另一个是学生。学校教育就是教师影响学生的过程，但这一过程不是在真空中进行的，必须依赖于一定的载体，那就是课程与教学。因此，课程与教学问题是任何教育研究都无法回避的重要领域，是教育研究的基本课题。而比较教育则建立在比较研究法的方法论基础之上，注重各国之间教育理论和实践的译介、分析和借鉴，在此基础上寻求一致性的教育理念和教育规律。由于现代社会各国之间的交流日趋加强，比较教育学科自创建以来，很快就成为教育研究中非常活跃的一个分支学科。比较课程与教学论正是这两个分支学科的相互"嫁接"，是两棵植株共同养育的一颗果子。

比较课程与教学论是比较教育学和课程与教学论两个学科的交叉，是这两个学科共同的交集部分(图 1)。如果从最邻近的学科来考虑，比较课程与教学论在研究范式和方法论，取向上无疑更加靠近比较教育学的学科领域，其研究成果的汇报明显带有跨国别、跨文化的影子，因此属于比较教育学的分支学科。

图 1　比较课程与教学论的学科定位

早在 1996 年，吴文侃教授在出版的《比较教学论》中指出，"教学方面的比较研究仅仅是比较教育研究的一个组成部分，它尚未从比较教育学中分化出来成为独立的分支学科。但分化的时机日益成熟，它从比较教育研究中分化出来,势所必然。"①他所说的"教学研究",其实是包含了课程研究在内的。因为我国的教学论研究在建国后借鉴了苏联的理论体系,而在苏联教学论中是不谈课程论的,在教学论中有一部分关于"教学内容",这往往被理解为课程。因此,在吴文侃的比较教学论的理论框架中,课程是其中的一部分,在该书的第六章,集中探讨的就是课程问题。从这个意义上来说,他所阐述的比较教学论,其实就是比较课程与教学论,只不过当时课程论被涵盖在教学论之中。

促成比较教育研究的"范式转换",意味着比较教育研究不能再流于新闻报道式的事实说明和浅层描述,单纯的译介和描述仅仅是比较研究的初级阶段,真正的比较研究需要揭示更深刻的意义和内涵。体现在研究成果的表达上,我们认为要做到"四有",即有问题、有资料、有方法、有判断。"有问题",意味着比较研究需要针对具体问题进行阐发,不能泛泛而谈;"有资料",意味着要基于事实、信息和数据,要提供论据,要基于资料得出结论,使得资料和结论相一致;"有方法",意味着要根据研究的规范选择恰当的方法去解决特定的问题,如文献法、个案研究法、内容分析等方法,最好能结合其他实证主义的方法,如调查研究法、课堂观察法和实验法等;"有判断",意味着研究者要形成自己的学术观点,对特定的教育问题要得出研究结论,要表明自己的主张、提出解决问题的思路和举措。本书努力遵循这"四有"标准,从近百篇学术论文中选文而编撰成册,力图引导课程与教学比较研究的新范式,促进比较课程与教学论的新发展。

四、通过 50 篇选文而管窥课程与教学比较研究

基于上述理解,我们对发表在《比较教育研究》杂志上的相关文章进行了梳理,文章类型包括书评、各国教育动态报道、编译和译文以及学术论文,总共梳理文献条目 200 多篇(条),仅完整的学术论文就有近百篇,文章主题涉及课程、教学与学科教育,经过阅读分析和研究之后最终筛选出 50 篇学术论文(其中翻译 3 篇),并根据研究主题分三个大的专题汇编成册,即上篇"课程比较研究"、中篇"教学比较研究"、下篇"学科课程与教学比较研究"。划入这三个大的专题的论文篇目数量并不均衡,按照各自原始数量的大致比例,我们将上中下三篇

---

① 吴文侃. 比较教学论[M]. 北京:人民教育出版社,1996:5.

的论文数量分别确定为 20 篇、15 篇和 15 篇。鉴于我们是从既有的论文中进行选择，不能根据自己的选编需要进行"量体裁衣"，因此有些论文篇目在专题归属上也并不严谨，个别篇目可以归属两个专题（如既可以归入上篇，也可以归入下篇），这只是类别划分问题，无关宏旨，在此我们不做深究。

（一）课程比较研究

上篇"课程比较研究"涵盖了课程论学科基础研究、课程理论流派研究、课程类型研究以及课程设计与改革比较研究。这些主题基本反映了我国比较教育在课程基本理论方面的研究范围，对于构建课程理论体系具有积极意义。

1. 课程论学科基础

杨爱程的《西方课程论的哲学社会学基础评介》（1992 年第 6 期）讨论的核心问题是西方课程理论的学科基础。作者在文中指出，哲学、社会学和心理学是西方课程论的三个基本的学科基础，作者阐述了哲学和社会学对课程论发展的影响。哲学对课程论的影响主要表现在价值论和认识论方面；社会学对课程论的影响主要在于知识的分配领域，体现在课程内容的选择、课程内容的传递方式以及评价方式等方面。本文探讨的问题有助于人们理解课程论的学科基础。

洪光磊的《现代课程的演进及其变式》（1995 年第 4 期）探讨的是学校课程的现代化问题。作者从"学校课程的现代化是现代化研究的课题之一"这一立论出发，首先基于现代化理论探讨了几种不同的课程类型及其功能，包括理科课程与增强综合国力、实用性课程与生活准备、人文社会课程与培养现代公民；然后探讨了发达国家在促进课程现代化方面所走过的道路，包括"嬗变"的课程、"输入"的课程和"引进"的课程；最后讨论了两个重要的问题，即现代课程的历史继承与变革问题以及现代课程的移植与适切性问题。本文的讨论对于人们理解现代化背景之下课程的变革与创新具有重要意义。

黄甫全的《美国多元课程观的认识论基础探析》（1999 年第 2 期）从哲学的视角对影响美国课程理论的主要认识论流派及其影响下的课程观进行了梳理。作者认为，在"再认"认识论影响下出现了自由主义课程观和超个人主义课程观；在"一致"认识论影响下出现了人本主义课程观和社会改造主义课程观；在

"联想"认识论影响下出现了行为主义课程观和技术主义课程观;在"对应"认识论影响下出现了社会适应主义课程观和科学理性主义课程观。本文的分析有助于人们厘清纷繁复杂的课程概念和课程现象,对课程理论的研究具有分类学上的指导意义。

王立功的《斯宾塞的知识价值观与课程论》(1990 年第 1 期)围绕斯宾塞(Herbert Spencer)的知识价值观探讨了其课程论思想。作为社会学家,斯宾塞在教育领域的影响在于,他明确提出了"教育要为未来生活做准备"的观点,在课程领域他提出了"什么知识最有价值"的经典命题,成为课程领域探讨知识价值和课程内容的基本理论基础,对后来的课程研究影响深远。鉴于这一点我们将这篇论文归入"课程理论基础研究"部分,而没有归入"课程流派研究"部分。

杨明全的《当代西方谱系学视野下的课程概念:话语分析与比较》(2012 年第 3 期)针对传统认识论指导下的课程定义观点杂陈、语义多歧而又多限于对课程属性的描述这一局面,借鉴当代西方知识论和方法论的新成果,运用谱系学话语分析的方法,对课程的概念进行阐释和比较,尝试构建课程的概念谱系,从而提供了一种理解课程内涵的新范式。

2. 课程理论流派

郑金洲的《隐蔽课程:一些理论上的思考》(1989 年第 1 期)探讨了"隐性课程"的概念及特征,剖析了隐性课程的现象,分析了隐性课程与显性课程的关系,揭示了其背后的社会控制因素。对隐性课程的研究体现了批判理论和其他社会思潮对课程的影响,有助于人们更清楚地了解课程的性质及其对社会及受教育者个人所起的作用。

夏惠贤的《论自然观察者智力及其课程开发》(2004 年第 1 期)一文基于加德纳"多元智力理论",选择第八种智力(即自然观察者智力)作为理论依据,探讨了自然观察者智力在课程开发中的重要价值。作者分析了"自然观察者智力"的内涵,指出它是人们辨别生物(植物和动物)以及对自然世界(云朵、石头等的形状)的其他特征敏感的能力。重点探讨了"自然观察者智力"的课程开发需要关注的一些问题,如鼓励学生接触大自然、从事项目学习、开展网络课程学习等。本文的探讨有助于人们理解如何运用特定理论而开发课程这一问题,阐述了"多元智力理论"可以作为课程开发的理论依据之一。

汪霞的《概念重建课程研究的后现代本质与评价》(2005 年第 10 期)从后现代主义视角探讨了当代课程论在"概念重建"的范式转换之后课程研究的后现代本质。作者指出,"概念重建"是课程研究领域的一种研究范式的转变,它开拓了课程研究的新疆界,激发了课程学者的想象力。本文首先探讨概念重建课程研究的基本特点,其次从思想渊源、理论观点等方面揭示概念重建课程研究的后现代本质,最后在此基础上对"概念重建"课程研究的利弊得失予以分析和评价。本文的探讨折射出后现代主义思潮对课程研究的影响,凸显了 21 世纪之后我国课程研究取向的多元化和专业知识的谱系化。

何茜的《西方课程研究的美学转向》(2010 年第 12 期)指出,在课程研究范式转向和概念重建运动的推动下,课程研究走向了意义建构的历程,开始从一元文本走向多元理解,美学取向课程研究便是其中一种对课程意义重新解读的方式。作者认为,借助美学的理论和方法理解课程对于解读课程的内涵具有启发。作者探讨了美学取向课程探究的缘起,重点阐述了美学取向课程的价值意蕴,得出"课程是一种生命美感的体验过程,又是一种诗化的智慧"这一论断。本文文笔细腻灵动,有助于人们解读课程的多元意义。

胡振京、杨昌勇的《女性主义课程观述评》(2003 年第 11 期)对西方课程研究领域的女性主义课程观进行了系统梳理,揭示了女性主义思潮对课程研究的影响,认为女性主义课程观的基本特点在于特别关注课程中的性别不平等问题,主张建构服务于妇女解放的课程。它在一定程度上具有反对性别偏见的合理性,也存在着女性认知优越的偏见。女性主义课程观的研究反映了当代课程研究视野的开阔性以及哲学社会思潮对课程领域的影响,有利于人们全方位对课程思潮进行认知和探究。

3. 课程类型

美国学者戴伊著、我国学者刘炎翻译的《游戏在儿童早期教育中的价值》(1984 年第 3 期)从一位西方学者的视角探讨了"游戏"这种特定的课程形式对儿童早期发展的意义,作者向我们介绍了西方幼教界关于游戏定义问题的争论和历史上的、当代的一些思想家、教育家、心理学家对"游戏"价值的看法,以及游戏在现行的一些幼儿教育方案中的地位,作者从儿童发展的多个方面(包括认知的、情感的、社会性的、身体的等方面)出发,全面论述了游戏在儿童早期教育中的价值问题。此文有助于我们了解西方幼教界、心理学界对于游戏的理论研究与实际应用的情况,对于我国幼教界开展"游戏"问题的研究具有一定的意义。本文的探讨与福禄贝尔、蒙台梭利以及杜威等人所倡导的"活动课程"一脉相承,揭示了在"知识本位"的课程之外学校教育还有其他重要的课程形式。

张民选的《模块课程:现代课程中的新概念、新形态》(1993年第6期)对什么是"模块"和"模块化课程"进行了辨析,在此基础上阐述了模块化课程的实施条件,即学生要有较大选课自主权、要向学生提供选课指导、要建立相应的课程评价制度,最后分析了实施模块化课程的优势。本文的研究指出了现代课程制度中的一种重要操作模式,这一模式在10年之后我国的高中课程改革中被采用,从而证明了学术研究对实践变革的指导意义。

徐玉珍《校本课程开发:背景、进展及现状》(2001年第8期)对校本课程的概念进行了深入分析,作者认为由于各国在政治制度与教育传统上的差异,人们对校本课程开发的理解和表述以及在校本课程开发的形式和内容上也各不相同。本文重点介绍了4个主要英语国家校本课程开发的概况以及中国台湾、香港及大陆近期对校本课程开发的关注,对于我国中小学开发校本课程具有指导价值。

楚江亭的《论科学课程的社会建构观——国外科学课程研究的最新发展及启示》(2004年第3期)从科学哲学、科学知识社会学以及实在论的建构主义等的研究出发,阐述了"科学知识是由社会建构的"这一观点;并通过对科学课程形成的主体分析论述了科学课程也是由社会建构的,指出了树立科学课程的社会建构观所具有的教育意义。本文揭示了科学教育与科学课程的"价值关涉"问题,有助于人们理解科学课程的社会本质。

杨明全的《儒家伦理课程对现代文化价值观的形塑:新加坡的经验与启示》(2014年第6期)认为,20世纪80年代以来,新加坡的成功崛起打破了现代化的"西方模式",在精神层面确立起符合现代化需求的文化价值观,这得益于新加坡对中国儒家传统文化和价值观的传承。本文重点剖析了新加坡儒家伦理课程的开设与当代传统文化课程的发展,指出:明智的文化战略对新加坡现代化的成功发挥了不可取代的作用;儒家传统文化是消除现代人精神层面问题的一副良药;中国传统文化中的积极因素必将成为现代文化价值观的有益因子。本文对于深入认识中华传统文化的课程价值具有一定的意义。

4. 课程设计与改革

《中国课程改革:挑战与反思》(2005年第12期)是我国著名课程论专家钟启泉先生在新课程改革不断深入推进、一些批判质疑的声音时有耳闻的背景下撰写的一篇论文。文章指出,随着新课程的推进,新旧教育观念的冲突是不可避免的。我们需要清晰地向整个社会传递这样的信息:素质教育是既定方针,不可动摇。课程改革要进行到底,倒退没有出路。本文联系当前中国大陆近年来教育界出现的若干现象,阐述了基础教育课程改革面临的挑战和应对的策略。

李荣安的《20世纪90年代以来亚洲国家的中小学课程改革》(2002年第9期)从一位香港学者的视角和跨国别的视野分析了20世纪90年代以来亚洲国家中小学课程改革的共同趋势,概括了联合国教科文组织国际教育局研究报告中所分析的亚洲各国90年代课程改革的重点,并指出了存在的问题和可以借鉴的经验。这篇论文代表了世纪之交国际范围内对中小学课程改革的关注和重视,折射出课程改革的实践与理论界比较研究之间的互动,带有鲜明的时代烙印。

王有升的《中国大陆与台湾初中课程目标的比较社会学分析》(2000年第6期)与桂勤的《从〈劝学篇〉比较福泽谕吉与张之洞的人才观》(1994年第4期)从不同的比较视角阐述了课程目标问题。前者运用社会学的分析视角采取分类分析与综合分析的分析方式对中国大陆与台湾地区现行初中课程目标进行比较,并探讨其与各自社会脉络之间的结构性关联,文章分析了两套课程目标的异同,以及在话语方式及学科视野方面的差异。后者从中日两位著名人物的两篇著作出发,比较不同的文化情境下的人才观及其对教育的影响。两篇论文对于人们思考如何制定课程目标具有启发价值。

桂勤的《从〈劝学篇〉比较福泽谕吉与张之洞的人才观》从一篇历史上的著名文献《劝学篇》入手,深入剖析了近代史上中日两位著名人物福泽谕吉与张之洞所持的人才观。揭示了同为儒家文化影响之下的不同人才观是如何影响两个国家教育现代化的取向、进程及结果的。文章短小,但堪称比较教育研究的典范之作。

吴国珍的《国外课程设计改革问题研究》(1998年第2期)探讨的是课程编制层面的问题,指出了在国外课程设计过程中研究者不再只停留在对课程基本要素及其关系的纯粹理论描述,而是把对关于诸要素之间实质性结构研究,同"教什么"这一最棘手的问题紧密结合起来,充分关注信息化社会对学校课程设计改革带来的挑战和机遇。

(二)教学比较研究

中篇"教学比较研究"涵盖了教学理论流派研究、教学过程和策略研究、教与学方法研究以及教学理论发展趋势研究。

1. 教学理论流派

王觉非的《传授知识与培养能力的统一:布鲁纳等人的一些教学论观点》(1982年第4期)结合布鲁纳的结构主义教学理论,探讨了如何在教学过程中实现知识传授与能力培养的统一。本文的议题是我国教育学界在20世纪80年代到90年代探讨的一个经典话题,它是我国在改革开放之后逐步推进素质教育改革过程中产生的一个议题,对于指导素质教育改革的实践具有重要的指导意义。尽管本文发表已有30余年,但该议题常读常新。

刘万伦的《建构主义教学思想及其在我国的本土化问题》(2005年第7期)讨论的是在教育教学改革的过程中如何对待建构主义这一"时尚"的理论这一问题。作者在对建构主义知识观、学习观、教学观作简要归纳的基础上,分析其优势与局限性,指出其适应性条件,并对该理论在我国的本土化问题进行论述,希望我们在借用此理论时能结合我国教育实际,更为理性地对待它。

蒋曦、曾晓洁的《多元智力理论与主题教学》(2005年第4期)阐述了如何运用另一"时尚"的理论——多元智力理论去指导主题教学模式的开发问题。作者也对多元智力研究者对主题教学的反思等进行了梳理和分析,这对人们深入认识和理解多元智力理论具有积极的意义。

2. 教学过程和策略

王义高的《巴班斯基论十大教学原则》(1981年第5期)对巴班斯基的教学论进行了介绍,阐述了其十大教学原则。这篇文章体现了我国在20世纪80年代对苏联教学论的积极引进,并由此对我国中小学的课堂教学产生了深刻的影响。尽管三十多年已经过去,但对苏联教学论的介绍并引入实践曾经是那个时代不灭的记忆,也成为 90 年代之后我国教学论研究的基础。再读那个时代的作品有利于我们认识教学论发展的轨迹,因此编者将其选入本书。

吴文侃的《教学结构理论的比较研究》(1994 年第 6 期)试图用系统观点对教学活动进行结构分析,致力于帮助教育工作者认清教学活动系统的构成要素以及各要素之间的相互联系和相互作用,从而有效地控制教学系统、优化教学结构并提高教学效率。本文介绍了当代国内外有代表性的教学结构观,并进行了比较分析。对教学要素的探讨和分析是我国 90 年代教学论研究的一个重要课题,选入本文有助于人们认识这一发展的基本轨迹。

陈晓端等人的《当代西方有效教学研究的系统考察与启示》(2005 年第 8 期)针对西方的有效教学理论进行了系统的探讨,包括有效教学研究的历史发展过程、概念与特点、分析范式以及研究方法等,提出了西方学者的研究对我们从多角度、多层面理解有效教学的若干启示。有效教学问题是上世纪 80 年代以来我国在教学论领域比较流行的一个研究话题,本文是众多成果中的一篇。

美国学者卡根著、靳玉乐翻译的《认知风格与教学策略》(1992 年第 1 期)体现了国外学者基于特定的心理学理论假设而运用量表、统计等量化研究手段研究认知风格这一问题,是对实证主义研究方法的一种运用。这一论文对于人们运用量化手段研究教学问题具有启发价值。

3. 教与学方法

马兰的《掌握学习与合作学习的若干比较》(1993 年第 2 期)探讨了美国 20 世纪 80 年代以来备受关注的两种学习方法,即掌握学习与合作学习。90 年代之后有关这些学习方法被介绍到国内,在进入 21 世纪之后随着新一轮基础教育课程改革的推进,学术界对合作学习的研究热情再次高涨,本文是该领域的先期之作,现在读来也颇有启发。

亢晓梅的《师生课堂互动行为类型理论比较研究》(2001 年第 4 期)以课堂中的师生互动行为为研究对象,以国外学者的理论和分类为基本依据,对课堂中的师生互动行为分为不同的类型并予以对比,对于理解课堂中的师生行为具有启发意义。

袁维新的《西方科学教学中概念转变学习理论的形成与发展》(2004 年第 3

期)基于建构主义的科学教学理论对概念转变学习进行了研究,从历史的角度回顾了概念转变学习理论的形成与发展过程,着重分析了概念转变模型与概念生态等问题。这对于借鉴国外概念转变学习的研究成果并促进其本土化的应用具有一定的意义。

鹿志保的《课堂教学效果的评价方法及对传统课堂教学的分析》(1987年第1期)一文同属于20世纪80年代我国教学论对苏联教学理论介绍与引进的一部分,它关注的不是教学的思想,而是如何对课堂教学的效果进行评价。文章针对苏联别斯帕利科教授提出的课堂教学评价方法进行了初步的探讨和实践,同时对传统的课堂教学过程和结构也进行了分析和认定,这对于后来我国相关的研究起到了积极的推动作用。

4. 教学理论发展趋势

傅维利的《关于行为主义与建构主义教学观及师生角色观的比较与评价》(2000年第6期)关注的是两种不同教学理论之下的教学观与师生观的比较,这是我国较早探讨建构主义教学观的论文之一。作者详细探讨了建构主义教学观与师生观的一些特征,指出了它们与传统的行为主义教学观与师生观的不同,对于改变教学方式和师生互动方式具有启发意义。

李定仁、刘要武的《当代国外教学理论发展的主要趋势》(1990年第6期)分析了20世纪80年代以来对我国教学论研究和课堂教学实践产生重大影响的一些国外教学理论,并对这些理论进行归纳,提出了一些主要的发展趋势。本文的作者是国内教学论领域的标志性人物,他们的观点代表了老一辈学者对2000年之前教学论学科的基本判断和解读。

赵明仁、黄显华的《近20年来西方教学研究的新进展:对教学的理解及其转变》(2006年第2期)一文考察了近20年来西方学者对"教学"的理解及其转变,提出了三种基本的取向:建构主义理论作为教学的基础成为普遍的观点,重视教学过程中意义的诠释与建构;教师学习作为重要概念进入教学研究者的视野;教学研究中在寻求概念之间的关系方面,因果性解释逐渐式微,结构性解释日渐兴起。这种梳理对于人们整体把握西方教学研究具有一定的启发价值。

范春林、董奇的《课堂环境研究的现状、意义及趋势》(2005年第8期)在对国内外相关文献进行系统分析的基础上,对课堂环境的含义及其与相关概念的关系进行了辨析,回顾了国外课堂环境研究的状况,论述了课堂环境研究的现实意义并指出了现有研究的不足和未来研究的方向。在国外,根据学生的认知特征而对课堂环境的结构、测量与评价进行研究已经有多年,而我国的相关研究却不多见,本文有助于人们认识这一研究课题的重要意义。

(三) 学科课程与教学比较研究

下篇"学科课程教学比较研究"涵盖了语文、数学、外语、物理、化学、生物、历史、地理和科学9个学科的教育研究。鉴于其研究对象具有同质性,在此我们仅作大体归类,不针对每一篇论文进行介绍和评析。

1. 语文课程与教学

关于语文课程与教学的论文有3篇,即潘涌的《在母语的滋养中成人——论世界各国母语教材的价值取向》(2008年第1期)、丁炜的《中美小学语文教材内容建构的比较——以课文〈手捧空花盆的孩子〉为例》(2008年第11期)和刘彩霞的《中日初中语文教学新大纲的共同理念和差异》(2002年第7期)。这三篇文章致力于在跨国别的视野下对母语教材的价值取向、教材内容的选编和共同的教育理念进行比较分析,从而发现母语教学的异与同。三篇文章行文流畅、表达细腻、立论深刻,是比较教育研究的上乘之作。

2. 数学课程与教学

关于课程与教学的论文有4篇,即英国学者比格斯著、周玉仁编译的《数学图形和儿童智力发展》(1982年第3期)、马云鹏的《从中日小学数学教学的比较看我国数学教学的改革》(1995年第6期)、张桂春的《中德小学数学及语文教学大纲差异的缘由探析》(2001年第4期)和黄荣金的《国际数学课堂的录像研究及其思考》(2004年第3期)。这四篇论文研究了数学课程与教学的不同侧面,包括数学图形如何促进儿童智力发展、中日小学数学教学的比较、中德小学数学教学大纲的比较以及国际数学课堂的录像研究方法。这些研究在一定程度上探讨了数学教育的规律,而这种规律的获得正是基于比较研究而实现的。

3. 科学课程与教学

关于科学课程与教学的论文有2篇,即张红霞、郁波的《国际小学科学课程改革的历史与现状》(2003年第8期)和孙宏安的《中美〈科学课程(教育)标准〉比较》(2003年第10期)。这两篇论文都有着明显的比较风格:前者是纵向比较,即把20世纪60年代发生的结构主义课程改革对科学课程的影响与当今科学课程的现状进行比较;后者是从横向上对中美两国的科学课程标准进行比较。两者比较的视角不同,但目的都是为了寻求科学课程设置的规律,对于探讨科学课程的教育价值具有异曲同工之妙。

4. 其他学科课程与教学

入选本书的还有外语、物理、化学、生物、历史、地理这6个学科的论文各1篇,分别为雷莉、雷华的《中美两国对外语言教学的比较与思考》(2003年第11期)、侯新杰等人的《中美高中物理教材科学史内容分析与比较》(2013年第9期)、王磊和姜言霞的《高中化学课程目标的国际比较研究》(2014年第6期)、唐田和刘恩山的《对中、美初中生物学课程标准中目标及内容的比较》(2001年第1期)、李守福的《日本历史教科书问题社会心理探源》(2001年第7期)和蔚东英等人的《中德新版初中地理课程标准比较研究》(2014年第6期)。这些论文从不同的学科背景出发,以比较的视野探讨了相应学科的教材、课程目标、教学方法以及课程标准等方面,对于理解这些学科的课程与教学具有启发意义。

五、结语

鉴于篇目数量众多,我们在此不对每一篇论文的选题、研究意义和学术价值等进行过多的评述,相信读者在阅读后会自行判断。对于这50篇论文,我们尽量根据"有问题""有资料""有方法""有判断"的标准做出选择,是否公道,也留待读者评说。我们希望的是,这些历经精挑细选而呈现在读者面前的学术作品能够在一定程度上代表50年来我国比较教育学界在课程与教学领域的研究成果和研究水平,很多论文中阐述的学术思想已经在我国教育理论界和实践界产生了很大的影响,凸显出长久的学术生命力。例如,有关STS课程、校本课程、综合课程、模块化课程的讨论;有关建构主义、多元智能、认知主义理论在教学中的应用;有关巴班斯基的教学理论、赞科夫的教学理论、布鲁纳的教学理论的讨论;有关中国课程改革的论文已经在我国教育界引起了大范围的讨论,等等。我们希望本书中更多的论文能够在学术界和实践界产生一定的影响,从而引领教育研究的走向，获得长久的学术生命力，成为比较教育研究的典范。

本书可以为高校和科研院所相关领域的研究者进行比较研究提供参考，也可以为中小学一线教师深入了解相关理论和学科进展提供一臂之力，也是比较教育、课程与教学论领域的研究生开拓视野、借鉴学习而登堂入室的素材。在此，首先感谢选文作者们的精彩论文，"文章千古事，得失寸心知"，这50篇论文是从《比较教育研究》杂志两百多篇已发表的相关文献中筛选出来的，它们像一面面镜子，折射出作者们用心在学术道路上探索跋涉的身影。鉴于编者水平有限，本书可能也存在一些不尽如人意的地方，在此也敬请读者批评指正！

需要特别说明的是，到目前为止我国比较教育学界在课程与教学领域的研究成果浩如烟海，区区50篇论文只是沧海一粟，读者要全面了解我国课程与教学比较研究的状况，需要接触更宽泛的文献范围。我们的选文仅仅是从《比较教育研究》一本杂志中选出，这些论文只能说具有一定的代表性，但绝不是课程与教学比较研究的全部。我们通过本书的选编，力图见证过去50年来我国比较教育学人在课程与教学领域的探索，回顾前辈们在该领域的辛勤开拓，以明确今天课程与教学比较研究的学术传统和历史基础，让读者跟着已有的足迹体悟学术发展的轨迹；同时，通过对过去学术论文的梳理而启迪未来，让历史的智慧照亮前行的道路，从而帮助我们在比较教育研究的征程上走得更自信、更从容、更有成效。倘能如此，这是我们最大的欣慰。

"朝搴阰之木兰兮，夕揽洲之宿莽。"我们不敢说本书选编的这些论文都是比较教育研究的典范，但这些论文的作者为文的严谨和对学术的求索精神值得我们去敬仰。打开本书吧！让我们重温50年来我国课程与教学比较研究的学术之旅，让我们徜徉在学术知识的殿堂而感受撷英咀华后的快意人生！

杨明全

2015 年 10 月

于北京师范大学

上篇
课程比较研究

第一章　课程论学科基础

一、西方课程论的哲学社会学基础评介

课程论作为西方教育科学的一门独立的分支学科,在 60 多年的发展中已经形成了比较完整的理论体系。课程论的理论基础主要有哲学、心理学和社会学。本文试以马克思主义的基本观点为指导,对西方课程论的哲学和杜会学基础作一探讨。

(一)哲学与课程论

哲学中对课程论影响最大的是价值观和认识论。但是,由于本体论观点对价值论和认识论的观点的形成有着决定的作用,所以,归根到底,哲学的三个组成部分都对课程论思想的形成和发展产生着重大的影响。此外,作为认识论分支的逻辑学和作为价值论分支的伦理学、美学,也与课程论有着密切的关系。以马克思主义为指导的我国课程论思想和以形形色色的唯心主义为指导的西方课程论思想之间的区别,不仅在于知识本源、儿童本性和教育价值方面,而且在存在与价值的关系这个哲学的根本问题上的对立,并且由此而产生了本体论、认识论和价值论上的分歧,形成了两个完全不同的世界观体系,当人们从不同的世界观所提供的特定视角观察教育和课程时,得到的看法必然是大相径庭。

如果我们暂且抛开在哲学根本问题和世界观上的对立,去考察一下哲学与

教育学、课程论的关系的话，就会发现西方学者的处理方式既有一些突出的特点，也有一些和我们一致的地方。例如，在对"哲学"这个词的使用上，西方学者比我们随便得多。当我们说某某人的教育观念或思想时，他们会用"教育哲学"来代替；在我国教育学中称为"原理"或"基本理论"的部分，西方则称为"教育哲学"。西方学者和我们比较一致的地方是，有些人把哲学观点看作研究教育的前提，有些人把哲学看作价值评判的工具，从而成为教育理论的指导思想；有些人把哲学看作方法论学说[1]，有助于提高教育学的理论性。对一些主要的观点分别进行讨论如下：

1. 作为教育学前提的哲学

这是西方历史最为悠久的一种看法，至今仍有很大影响。从古希腊、罗马开始，思考教育何题的主要是哲学家。他们从自己的哲学信念出发，解释教育的本质、特点、过程和功能，教育观点也就是他们的哲学观点在教育领域的延伸。这种观点认为，哲学的作用就是为教育学理论提供思辩的前提，或者说教育理论中的一些重要原理，应当是由哲学信念中抽绎出来的。例如，根据柏拉图的哲学思想，在现实世界之外，还有一个代表绝对真理的"理念世界"，人的认识就是通过思维的无限向"理念世界"靠拢，使人们"回忆起"作为心灵本源的那个"理念世界"。根据这种客观唯心主义的哲学信念，在教育上就特别强调理性的、内省式的思维，以及训练这种思维能力的"心智训练"，而对于感性知识、实践经验、人的感觉系统等，则抱着极为轻蔑的态度。在他们看来，人的直接经验是不可靠的、虚假的，是与绝对真理背道而驰的。"理念世界"再往前推进一步，就和基督教神学的"上帝"完全一致了。所以经院哲学家们对教育作了与之极为相似的说明。直到今天持新托马斯主义观点的西方教育家们，仍然坚持"知识神授"说，教育的神圣职责，就是启发学生的心智，使他们领悟"上帝的启示"，从而获得"真知"。经验主义者则肯定人的感觉的可靠性，认为人的经验是通向真理的唯一通道，因而他们强调知识的经验基础，强调感性知识的学习和实践活动。有非理性主义特征的存在主义者，与"唯理论"针锋相对，他们宣称人的理性最虚假，而认为只有人的感受、情绪、意志和直觉，才最接近真理。所以，他们在教育上反对一切理性知识，反对系统性和规范性，要求给儿童绝对自由，让他们按照自己当时感受到的需要行事。这些都说明，西方学者大多数都是从自己的哲学信念中抽取教育原理的。作为马克思主义者,我们也是以哲学信念为前提,对教育的本质、过程和内部关系作出说明的,在这一点上与西方学者有共同性。但是,由于世界观和方法论上的种种谬误,西方学者都未能对教育的本质和过程,对感性与理性、理论与实践、系统知识与实践经验、理性与非理性的关系等,作出科学的论断,而只有马克思主义哲学才能做到这一点。

2. 作为教育价值论的哲学

对教育、教育对象和教育内容进行价值评判,是教育学的一个基本理论问题。对教育的价值评判,无非是问教育有什么用处?对学生的身心发展、对社会的进步有没有积极意义?对教育对象的价值评判就是问人的本性是什么?有没有教育的可能性?对教育内容进行的价值评判,就是要问什么知识最有用?所有这些问题中,最具哲学意义的是对人的本性进行的思考。中国自古就有性善论和性恶论的争论,这种争论在西方也有。在近代西方哲学中,基督教神学持"原罪说",即"性恶论"。人文主义者继承了古希腊哲学中对人的积极态度,赞颂人性的伟大,实际上是性善论的拥护者。经验论者洛克提出"白板说",认为人性无善恶之分,强调了后天的发展。在一些心理学理论中,通常也包含着关于人的本性的哲学假设。例如,按照比格(Morris L. Bigge)的概括,西方心理学界对人的本性有这样几种假设:关于道德天性有:性恶、性善、中性(即非善非恶);关于行动方面的天性有:生来能动、生来被动、(与环境等)相互作用[2]。这两个方面的假设相互组合,便确定了某一心理学派对人的本性和人类学习的基本观点。比格指出,有神论(即基督教神学)的心理训练说认为人性恶而能动;自然主义认为,人性善而能动;统觉论和条件反射心理学认为,人性中性而被动;"格式塔"心理学认为,人性中性而相互作用。

基督教神学把人性看成生来就恶,所以要加以限制、惩戒,甚至用苦行来磨炼。但人又是能动的"理性动物",所以要对他们的"心智"加以训练,才能领悟到神示的"真理"。人文主义者接近了心理训练的主张,却反对把人性看成生来就恶,认为人性是非善非恶(据比格的说法)。实际上,人文主义者更多地倾向于性善论,他们认为人的身体是美的,人的本性是善的,人拥有无限的天赋才能。培根在《论善和性善》一文中认为,有一些人天生有恶的倾向,但他认为人的一般倾向是善的。他显然把恶的倾向只看做例外的情况。所以,人文主义者要求教育中尊重学生,反对体罚,要让学生快乐,在无拘无束的气氛中自由发展其个性。人文主义的主张在法国哲学家卢梭那里,得到更加集中的生动描绘。在《爱弥尔》一书中,他认为儿童天性善良、淳朴,教育者只要按其本性的自然发展倾向,因势利导,使之自然展现善良美好的本性,就可以达到教育的目的,而无需施以强制性的管制和惩罚。19 世纪晚期起源于德国的"统觉论"心理学,20 世纪发展起来的行为主义心理学和"格式塔"心理学等,都认为人的本性无所谓善恶,一切都是后天形成的。特别是"格式塔"派,认为人的一切个性品质,都是在环境相互作用下形成和发展起来的,不但没有先天的善恶之分,而且也没有后天的能动与被动之分。教育者厌恶学生,学生也会厌恶他人;教育者如果把学生看成被动的,用被动灌输的方法教育学生,学生就可能在学习中缺乏主动性,甚至会养成消极、被动的生活态度,反之亦然。这一观点是符合辩证唯物主义和历史唯物主义的。把学生看成被动的观点,莫过于行为主义。行为主义在哲学上倾向于机械决定论,它过分夸大环境的影响,认为儿童只要被动地对环境刺激作出反应,就可以建立稳定的神经联系,形成行为习惯。教育者只要采用适当的刺激,就可以按自己的意图把学生培养成任何一种人才。在行为主义心理学中,人的内部心理过程、意识和人的主观能动性,都可以从教育者的视野中排除出去。关于人的本性的哲学假设,对课程内容的选择、编排方式和教学方法的选择和运用,都起着指导作用。

对知识的价值评判,与课程论有着更为直接的关系。有的强调知识的真理价值,有的强调智力训练价值,有的强调理论体系或"图式"的建构价值,有的强调实用价值或功利价值,有的强调伦理价值或审美价值。对知识所作的价值评判,是确定课程范围、选择课程内容的基础之一。实际上,讨论课程理论时我们随时都要遇到这方面的问题。没有哲学价值论的帮助,要确定教育目标也是很困难的。

3. 作为教学方法论的哲学

哲学始终是作为认识世界的一般方法而存在的。由于各种哲学派别对世界的看法有所不同,而用不同的哲学观点去解释某一现象和事物时,就会形成不同的方法。例如,客观唯心主义或经院哲学强调推理或对"神示"的领悟,实际上就是一种演绎方法,即从某一"理念"或某一宗教信条推导出关于世界的各种解释。由于这种思维推理的前提是某种先验的"真理",所以他们坚决排斥实践经验,排斥一切观察和实验,认为人的经验是不可靠的,只能歪曲先验的"真理"。而经验论者则针锋相对,他们坚持认为只有通过有控制的观察(即实践),才能认识事物的本质、获得真理。把这些截然对立的方法体系运用于教育时,便出现了两种不同的情况:前者要求学校课程向学生提供绝对无误的"真理",训练学生思辨推理的"心智",按照演绎的逻辑组织知识等;后者则要求学校课程向学生提供经过实践证明的知识,训练学生从观察和实验中获取知识的能力,归纳推理成了组织课程内容和教学活动的主要线索。

经验主义中持机械决定论观点的人倾向于把动物和人看成高级的机械装置,认为对动物的训练和对人的训练都可以通过简单的条件作用来完成。在方法论上,这一观点主张用研究物的方法研究动物和人,把严格的自然科学方法运用于教育研究,而且主张用类似于机械加工方法去训练学生。在这种方法论的指导下,他们只注意学生外在的行为变化,忽视、甚至故意排斥内在的心理过程和意识。

持非理性主义观点的人们,既不重视理性思维能力的培养,也不提倡行为的塑造。他们要求学校为学生的非理性因素的自由发展创造条件,也就是让学生按照自己的志趣、情感和意志,毫无拘束地发展,使他的"自我"或"自由意志"不受到任何压抑或限制。在方法论上,他们反对一切理性思维,否定一切规律性,只强调个人的感觉、内心体验和直觉。

逻辑实证主义者和语言分析学派把哲学看成一种逻辑分析的工具,去分析教育现象。他们主张在对教育现象进行分析时,应该排除那些无法从逻辑上加以验证的形而上学问题,如"精神""自我""真理"等,都被认为是一些没有意义的术语,不包括任何实证内容,因而应当从教育词汇中清除掉。他们认为在研究教育和其他任何现象时,只应关心那些能用实验的方法或逻辑推理的方法加以证实的命题。他们认为,哲学的唯一任务就是逻辑分析,而语意分析又是逻辑分析的最重要的内容。他们在研究教育学理论时,总是从对其中的一些关键词汇和概念进行语意分析入手。比如,当他们研究某一教育理论时,首先把它看成特定的时代、特定的人物思想的记录,弄清其中的一些概念在当时有什么含义,在今天又有什么含义,有多少实证内容,然后才能作出肯定或否定的评价。如此看来,这一派特别重视哲学的方法论作用,其哲学也更多地接近于逻辑学,本体论问题则不是被排除了,就是被有意掩盖了。在课程和教学上,持这种观点的人特别强调教材中和教学中所使用的语言在逻辑上的严密性,反对向学生灌输任何先验的"真理",重视学生逻辑分析能力的培养。这些都有一定的积极意义。但是他们把人类关于世界本质的思考排除在学校课程内容之外,这样便为唯心主义或宗教神学的世界观留下了地盘。

(二) 社会学与课程论

教育与社会的关系是教育学无法回避的问题。作为社会的组成部分之一,教育与社会有着千丝万缕的联系。社会的政治、经济以及为之服务的意识形态,都从各个方面渗透到教育的目的、内容,师生的思想、行为和学校的组织管理中来,时时刻刻都在对教育产生着影响,教育也通过对知识的选择、分类、组织、分配和评价,执行着为社会选拔、培养、鉴别和输送人才的社会功能,并由此对社会的发展起着极为重要的影响。

正是因为教育与社会有着各种明显的或隐蔽的、直接的或间接的,并且不断发展变化着的、错综复杂的关系,这就需要用社会学的方法来考察教育及其与社会的关系。教育社会学就是为此目的而设立的一个重要研究领域,其核心是知识的分配问题。

一个社会在历史的长河中积累起来的知识也就是一个社会所拥有的精神财富。与物质财富一样,精神财富的分配也是一个极其复杂的过程,在有些方面甚至比物质财富的分配更为复杂。在西方资本主义社会中,精神财富的分配和物质财富的分配一样,存在着明显的阶级差别和严重的不公平。西方学校及其课程对知识分配的不公平负有直接的责任。但是在社会制度和社会意识的支配下,学校却很难改变它在知识分配中所发挥的传统作用。

关于知识的分配问题,西方学者的探讨集中在以下几个方面:教育机会、课程内容的选择、课程内容的传递方式、测验和评价中的文化偏见。下面就以上各个方面作简要的探讨。

1. 教育机会

"教育机会均等"曾经是资产阶级革命的一个重要口号。他们宣称要在招收新生、升留级、进入中等和高等教育上,实行所有学生不分阶级、种族、家庭和性别,一律按年龄和学力公平竞争,人人拥有完全均等的机会。西方各主要资本主义国家早已实行了普及义务教育制度,并且从法律上和学校教育制度上采取了保障教育机会均等的具体措施。在资产阶级统治者看来,他们的社会已经完全实现了"教育机会均等"的社会理想。然而,一些有勇气面对现实的西方学者却揭露了西方社会在教育机会上存在的不公正。

早在 1926 年,英国学者林德赛(Kenneth Lindsay)就曾经出版过一部著作,题为《社会进步与教育浪费》,揭露了工人阶级子女在接受中等以上教育中并没有享受到真正的均等机会。英国另外两位学者格莱(J. L. Gray)和摩辛斯基(P. Mashinsky)于 1938 年著文指出,英国文法学校选录新生的制度中,存在着严重的机会不均,因为他们所采用的智力量表本身就有利于上层阶级,而不利于底层阶级。无论是实行"双轨制"的欧洲,还是实行"单轨制"的美国,学生成绩优良,有条件升入名牌高校,从而在社会上得到一个有发展前途的工作机会的,仍然是中上层家庭子女占多数;而学业成绩差、中途退学的,或勉强毕业进入劳动力市场的,仍然是下层家庭出身。西方学者的研究表明,影响学生学业成绩的主要因素是:① 学生家庭的物质条件;② 父母的收入;③ 父母离开学校的年龄(即接受教育的多少);④ 父母对教育的态度;⑤ 学校对工人阶级出身的学生的同化能力;⑥ 家庭的大小。[3] 很明显,这 6 个因素都有明显的阶级差异,综合起来,只能有利于中、上层,而不利于底层。尤其是第 5 条更加耐人寻味。

2. 课程内容的选择

由于教育必然地从属并服务于一定的政治经济制度,其内容便不可避免地带有鲜明的阶级性和意识形态色彩。也就是说,在怎样评价社会所积累的知识,选择哪些知识来组成学生课程的基本内容时,不同的政治制度有着不同的标准。英国学者扬格(M. F. D. Young)指出[4],教育机会虽然决定着知识分配是否公平,但这只是问题的表层,而深层的问题是,究竟什么是知识? 知识是怎样组织起来的? 因为知识以及处理知识的理性,都只不过是一种社会约定,从一开始就有阶级的倾向。在对知识进行评判时,不同阶级截然不同的伦理口味和审美口味,必然会渗透到他们的理性思维过程中去。

美国学者安扬(J. Anyon)对美国中学历史教科书做了分析研究,总结出了如下特点：① 强调美国社会的和谐一致，回避社会矛盾和劳资冲突；② 灌输西方中心和民主沙文主义；③ 排除美国的工人运动史；④ 美化美国的政治、法律、经济制度和美国的生活方式，宣扬符合资本家要求的伦理观念和信条。安扬从研究中得出的结论是，美国中学课程内容的选择"偏袒有权有势者的利益"。他们不但要控制社会的物质财富，而且要控制社会的精神财富，以获取更大的经济和政治利益。[5]

科学技术类的知识要进入学校的课程，同样要符合资产阶级的利益，如果自然科学和社会科学与统治阶级的政治需要或意识形态发生矛盾，也同样会受到限制，乃至被取缔。例如，达尔文的进化论一直遭到保守势力的抵制，甚至在五六十年代，美国个别州还有禁止在中小学讲授进化论的事发生。而在科学的世界观和方法论上，西方各国始终视唯物辩证法为洪水猛兽，科学家们虽然自发地运用了唯物辩证法的某些方法，却不敢公开承认这一点。唯物辩证法的任何观点，都决不可能进入中小学的课程内容之中。

3. 课程内容的传递方式

课程内容的传递方式同样受到多种社会因素的影响和制约。杜威的"连带学习"、克伯屈的"附属学习"，以及后来课程学者们提出的"隐蔽课程"指的都是同一个现象，即在用明确的文字陈述的显在课程内容的背后，还存在着一种看不见的学习内容，也就是与显在课程相关联，并随时以潜移默化的方式渗透到显在课程之中，在不知不觉中影响学生的观念、态度和行为方式的文化价值和社会心理因素。一些美国学者坦率地指出[6]，在同一个社会中，不同阶级的人们犹如生活在不同的世界上一样，各自有着一套完全不同的习俗和规范（包括道德、价值观、信仰、迷信、偏见和禁忌等）。美国学校的课程是为维持社会现象服务的，而不是为打破现有的阶级差别、促进阶级地位的改变服务的。大部分的公立学校和教会学校，都以适合于中产阶级子女的方式传授课程内容，而对下层阶级子女的特殊需要则加以忽视，教师们很少去寻求一种适合于他们的教学方法。

安扬尖锐地指出，一般来讲，教师的态度总是偏向于中、上阶层的孩子，用肯定的语言、手势和表情评价他们的行为，使之感到有能力创造知识；对下层子女则恰恰相反，总是给予否定的评价，似乎天生智力低下，没有创造性，只有乖乖地被动接受教师传授的知识。对于上层阶级来说,价值观、知识等就像肥皂、领带和汽车一样,是在他们的控制和指挥下生产出来的一种商品,他们是知识和价值观的生产者,而普通老百姓则是浪费者。[7]英国学者劳顿也指出,知识的等级(指重要性)、学科的界限和组织方式,都是为便利知识的控制者而存在的[8],因而,对不同的阶级和阶层所发挥的作用也是完全不同的。总而言之,课程的传递方式本身,就包含着极为丰富的社会内容,公平、合理、一视同仁只是一种表面的装饰,其内部却处处充满着阶级和文化的偏见。

4. 测验和评估中的文化偏见

阶级和文化的偏见也同样存在于貌似客观公正的心理测验和学业成绩测评之中。人们早已发现,智力测验在区分人的智愚方面可靠性很低,因为随着年龄的变化,智商也在发生着变化。有人在 6～18 岁几次测验 200 多名儿童,结果有 60％的人智商发生了很大变化。[9]还有人测试了 3～12 岁的儿童,绝大多数前后所得智商不一致。[10]这表明,智商并没有恒常性,而是可以在后天的发展中加以改变的,因而家庭、社会环境、经济地位必然会对智力的发展发生影响,阶级、民族和文化的差异也必然会制约智力的发展。据此,有很多人做了实验研究,即把两组智商相当的儿童,分别送到济贫院和幼儿园(或由选定的家庭领养),经过一段时间后再做智力测验,结果时间间隔越长,智商差异越大。[11]在美国,因为入学、升级、升学都要以智力测验为基础,而以白人中产阶级的文化背景为基本参照系的各种智力量表,只能使黑人和其他有色人种处于不利地位。这一点已经为许多学者所证实。[12]美国学者埃尔斯(K. Eells)就曾指出,如果一个美国人在澳大利亚和一位朋友一道接受智力测验,在涉及到大袋鼠和羊肉之类的词汇时,澳大利亚朋友比美国客人占有优势。这种"切身体验"也许使人们更容易理解,美国在"贫苦条件下"教养的儿童处在一种相似的情况之中[13],黑人和其他少数民族也不例外。在大城市及其郊区生活的儿童与在农村或偏僻城镇生活的儿童之间,也存在相似的差异。有资料表明,在美国加州,用西班牙姓的儿童占学生总数的15.22％,却在已入学的"智力落后儿童"中占了 28.34％;黑人在总人口中占8.85％,而在弱智特教班级中的黑人学生却占了 25.5％[14]。这明白地表明智力测验造成了什么样的教育后果。美国的课程编制、实施、评估、调整、改进等,都要参考智力测验的常模,这样,智力测验又对课程设置产生了影响。总之,从教育目的、目标的确定,课程内容的选择、编排,直到教学方式和学业成绩测评等等一切环节中,无处不渗透着西方社会的文化心理因素和阶级、种族偏见。

参考文献

[1] G. Maxwingo, Philosophies of Education: An Introduction [M] D·C· Heath and Company, Laxington, Massachnsetts, 1974: 2—26.

[2] 比格等著,张敷荣等译.学习的基本理论与教学实践[M].北京:文化教育出版社,1984:19.

[3] Denis Lawton, et al. Theory and Practice of Curriculum Studies [M]. London:Routledge & Kegan Paul, 1978. 39.

[4] M. F. D. Young (ed). Knowledge and Control [M]. Collier Macmillan, 1971.

[5] J. Anyon. Ideology and United States History Textbooks [J]. Harvard Educational Review, 1979,49(3).

[6] Robert H. Schubert. Curriculum [M]. New York: Macmillan, 1986:100.

[7] J. Anyon. Social Class and School Knowledge [J]. Curriculum Inquire, 1980, 11(1):3—42.

[8] Denis Lawton, et al. Theory and Practice of Curriculum Studies [M]. London: Routledge & Kegan Paul, 1978:39—41.

[9] [美]R. M. 利伯特等著,刘范等译.《发展心理学》[M].北京:人民教育出版社,1983:268.

[10] [美]R. M. 利伯特等著,刘范等译.《发展心理学》[M].北京:人民教育出版社,1983:268.

[11] [美]R. M. 利伯特等著,刘范等译.《发展心理学》[M].北京:人民教育出版社,1983:269—280.

[12] [美]R. M. 利伯特等著,刘范等译.《发展心理学》[M].北京:人民教

育出版社,1983:282—290.

[13]［美］R. M. 利伯特等著,刘范等译.《发展心理学》[M].北京:人民教
育出版社,1983:287.

[14]［美］R. M. 利伯特等著,刘范等译.《发展心理学》[M].北京:人民教
育出版社,1983:290.

（本文发表于《比较教育研究》1992 年第 6 期。作者杨爱程,时属单位为西
北师范大学教育科学研究所）

二、现代课程的演进及其变式

钟启泉教授在《现代课程论》一书中阐述道"正式课程的形成,大体是在 19 世纪以后。在此之前,严格意义上的课程是不存在的"。[1]这里所谓"正式的课程""严格意义上的课程",事实上也就是指"现代课程"。它的出现和逐渐完备与普及义务教育、班级授课制等现代学校制度的确立基本同步。教育领域的这一切变化正是整个社会走向现代化的进程的有机组成部分,现代课程都是社会现代化的直接产物。

社会现代化的两个突出标志是工业化与现代民族国家政权体制的建立。美国政治学家亨廷顿(Samuel Huntington)指出:"现代化是一个多层面的进程,它涉及到人类思想和行为所有领域里的变革。"因此,可以把社会现代化理解为整个人类或某个人群的共同观念和集体行为的变革。亨廷顿进一步阐述道:"从智能的层面讲,现代化涉及到人类对自身环境所具有的知识的巨大扩展,并通过日益增长的文化水准、大众媒介及教育等手段,将这种知识在全社会广泛传播。""从心理的层面讲,现代化涉及到价值观念、态度和期望方面的根本性转变。"[2]可见,"现代化"归根结底应当是指人的现代化,因为只有人在素质方面的改变才是"获得更大发展的先决条件和方式,同时也是发展过程自身的伟大目标之一。"[3]一言以蔽之,现代化应当以人的发展为前提、途径和归宿。虽然现代人的素质在很大程度上是在社会生活实践中逐渐形成的,但学校教育在造就人格的基本特征方面,仍有其难以估量的作用。没有人的现代化,也就不可能有社会的现代化。现代学校教育作为造就现代人的主要机构之一,其教育内容和手段首先体现在现代课程中。为此,"学校课程的现代化"也应当成为现代化研究的课题之一。

(一) 现代化理论:"传统"与"现代"二元对立论

现代化理论一般持"传统"与"现代"的二元对立论,认为现代社会与传统社会有着质的不同。依此类推,现代教育与传统教育之间、现代课程与传统课程之间也应当有鲜明的分野。如果说传统社会的学校教育是"精英"教育、选拔式教育，是为造就社会统治阶层服务的，那么现代教育就是大众教育、全民教育，它要保证全体国民达到基本的文化水准。与社会现代化的主要方面相对应，普及型的现代学校教育最初正是为了培养工业化时代的劳动力和具有政治参与能力的现代公民。

所谓的"基本文化水准"是因现代化发展的阶段而异的。在很长一段历史时期内，事实上无法完全消除传统的"选拔式教育"的影响。但近二三十年来，在"教育民主化""教育机会均等化"浪潮的冲击下，人们开始郑重考虑并设计一种真正"面向所有人"的教育，力图从共同文化中筛选出现代人生存和发展所必需的、适合于全体学校的教育内容。在英国称之为"共同核心课程"，在日本称之为"基础学力"，美国的一些州则规定了中学毕业生必须达到的"最低学力标准"，其内容包括文化、科学，乃至计算机等方面的基本素养要求。

从现代课程结构的形成及其科目设置中，可以更清晰地看出人们对现代课程的功能和"基本文化水准"的内涵在认识上的异同。

1. 理科课程与增强国力

启蒙运动把人们的思想从宗教的枷锁下解放出来，"理性"取代了上帝的意志，成为衡量一切的准绳，从而建立起一套以实用主义、功利主义为核心的价值体系。科学技术的实用价值在当时是有目共睹的。英国哲学家斯宾塞于1859年发表著名论文《什么知识最有价值？》，第一次将科学知识的价值置于古典人文学科之上。此后学校教育中设置各种类型的理科科目。进入20世纪以来，在面向大众的普通中等学校课程中，现代课程开始取得主科地位，而且在一些国家被列为中等学校毕业考试或高校入学考试的科目。

"二战"以后，国际竞争日益激烈，人们普遍认为一国的经济实力、军事实力和国际地位归根结蒂取决于科技人才的数量和质量。早在50年代，日本的企业界就一再呼吁加强科技人才的培养。在"冷战"背景下，美国于1958年颁布《国防教育法》，加强科技教育，随之开展了有科学家参与的、大规模的理科课程改革。70年代以来，国际教育成就评价协会（IEA）的数学和理科成绩评估的国际比较表明，日本和其他一些亚洲国家的学生成绩遥遥领先于美国和一些西欧国家。与此同时，日本的人均国民收入总值也一度超过美国。人们进而认为，正是日本的学校教育对学生的严格训练,尤其是对理科课程的强调,提高了日本劳动者的素质,带来了源源不断的技术革新和经济增长。反之,美国在国际市场上的竞争力的相对下降则被归咎于美国学校教育质量的下降,并认为其根源在于理科课程标准的降低。尽管上述研究结论尚有可质疑之处,但确已成为美国 80 年代课程改革的重要依据。大批战后新独立的发展中国家也把振兴理科教育、引进科学技术作为发展民族经济和实现社会进步的必由之路。60 年代以来,几乎所有的发展中国家都在公立小学进行某种形式的数学和科学教育。在初中阶段,这两类科目的课时占总学时的三分之一以上,成为学校课程的一个核心部分。

2. 实用性课程与生活准备

比理科课程更具实用性的课程,一类是为就业生活作准备的,如工艺、制图、技术教育、生计教育、生产劳动教育等;另一类是为日常生活作准备的,如家政、健康与卫生、性教育、摄影、汽车驾驶等。如果说现代理科课程尚能在古代"七艺"中找到其渊源的话,那么这类实用性课程就完全是现代社会的产物了。实用性课程的开设清除了学科知识与实际生活之间的鸿沟。美国的综合中学内开设了大量实用性选修课,任凭学生根据自己的兴趣和需要选择。但美国政府于 1974 年颁布了《生计教育法》,要求把为每个人的职业生活作准备的生计教育课程作为中小学的必修课。1990 年,美国政府又提出《职业与应用技术教育法案》,进一步强调职业教育与学术性教育的一体化。1987 年的统计,美国公立中学毕业生平均获 22.8 学分,从职业技术类课程中获 4.4 学分,占总学分数的20%。这类课程包括消费教育与家政教育、一般劳动力市场准备,以及专门劳动力市场准备。98% 的中学生至少学习过两门职业技术类课程,其中最受学生欢迎的是商业教育类科目。[4] 目前,这类与个人生存和发展密切相关的课程,正在逐步取代原来那种漫无目的、不成体系的"普通轨"课程。此举反映了"普通教育职业化"的世界性趋势,由此进一步扩大了现代学校教育的功能,也进一步扩充了"基本文化水准"的内涵,即学校不只是传递文化和筛选人才的场所,而且要帮助每个人获得日常生活和职业生活中所必需的知识、技能和态度。

3. 人文、社会课程与培养现代国民

现代学校中人文、社会课程的变革,几乎是社会政治动向的一面镜子。如前所述,现代国家政权以民族主义和民主主义为支柱,必然要通过学校课程建立起相应的意识形态,造就合格的国民。首先是用现代国语取代古典语言的学习。"各国都通过本国语,让儿童学习国民文学、国民音乐、国民习俗,在发扬民族主义的同时,努力培养爱国精神。"另外,"同发扬爱国精神紧密相关的课程是历史。……直到 19 世纪后半叶,基于民族主义的民主主义的强烈要求,历史脱离文学后才在课程中占有了独立的地位"[5]。在各国为历史科目确定的课程标准中,几乎无不包含有"了解本国的历史传统和文化特色,培养爱国情感"的目的。现代国家政权通过公民科、社会科、政治科等形式直接在学校教育中灌输正统的意识形态,使课程具有明显的政治化倾向,旨在保证下一代拥护本国政权,维护民族统一,维护现有的社会秩序,使"国家"成为最具有凝聚力的社会组织,旨在使学生具备"民主主义时代"的公民所必需的基本素养,包括权力和义务观念、法制意识、参与社会决策的能力,等等。由于道德和政治无法分离,青少年的政治社会化在很大程度上是依核道德教育完成的。传统社会的道德教育以宗教熏陶为主,现代课程中有关伦理规范和信仰体系的教育则与执政党的意识形态大体一致。上述课程对于同化一国之内的不同民族和不同利益集团具有格外重要的意义。

与理科课程和实用性课程相比较,各国间人文和社会课程的差异性最大。这不仅是因为通过民族语言传递的各自的文化传统在内容上各有特色,而且因为现代国家之间往往持有相互对立的意识形态。在宣扬民族主义和爱国主义,将本国的政治制度及其思想基础合理化的同时,一些国家的人文和社会课程内容往往倾向于否定别国的社会理论、社会制度,乃至社会生活方式。在"冷战"时代,这一点成为许多国家学校课程的共同现象。另外,一国之内政权的更替也会给人文、社会课程的性质及其内容带来根本性的变化。如英国学者哈伯(Harber, C. R.)在研究非洲各国的政治教育时发现,坦桑尼亚、津巴布韦等国的民族解放组织在独立战争期间都把政治教育——宣传革命的学校课程——作为推翻旧政权的重要武器;尼日利亚联邦共和国 20 世纪 70 年代的教育政策则主张在政治问题上培养学生的自主选择能力和对不同意见的容忍;肯尼亚近年来的政治教育则倾向于强调现有政治制度的合理性,反映了政权的保守性。[6]

（二）课程现代化的不同途径

到本世纪初为止，在许多现代化起步较早的国家，现代课程的框架已基本完备，一般都包括数理、人文、社会和实用性课程这几个大类。虽然各国最终所采用的现代课程大体相近，但课程现代化的途径却有很大的不同，主要可归纳为如下三条不同的道路：

1. "嬗变"的课程

在较早走上现代化道路的西欧、北美等国，从古典课程到现代课程的演变经历了较长的历史时期。虽然夸美纽斯等教育家早在17世纪就积极倡导各类新兴的实用学科，但由于课程编制中古典主义与现代主义思想间的顽强对抗，一段时间内只能采取两大类课程并存的权宜之计。例如，普鲁士的中等教育在整个19世纪都是以古典语为主要科目，同时教授现代科学和现代语，准备升入大学的学生"不仅精通两种古典语文，并在广泛阅读中获得了历史和人文学科的知识，而且奠定了数学、自然科学和两种现代语文的良好基础。"[7]虽然古典语文被降到与其他科目几乎同等的地位上，但这样做的结果必然是学习年限过长、学习负担过重。本世纪初德国实施了中等教育分轨制，并取消了对非古典学校毕业生升入大学的限制，对大多数人而言，拉丁文终于成为非必读的科目。此后，现代课程才逐渐摆脱古典课程的支配，而与现代社会文化和科学的发展相适应。在今日德国的完全中学课程表上，拉丁语只是作为一门选修科目开设，除此之外几乎找不到古典课程遗留的痕迹了。

美国1860年以后的课程改革是从如下三个方面进行的：① 建立、组织、重组学校和课程；② 新设、增设、扩展课程；③ 减少、紧缩、集中课程。1860年时，申请入大学者必须学习过算术、代数、几何、古代史、地理，以及英语语法。当时音乐、绘画和舞蹈课是仅为女学生开设的科目，不准备升学的学生则主要学习簿记、测绘等实用性科目。另外，中学课程还包括美国史、自然哲学、拉丁文等科目。至19世纪末，许多中学开设了商业数学、商业英语、美国文学、普通理科以及家庭看护。当时课程改革的主要趋势是根据实际需要不断增设新科目。例如，与自然科学领域众多分支学科的建立相对应，理科课程又分化为天文学、地质学、植物学、动物学、生理学、化学、物理学，等等。至20世纪上半叶，在课程进一步分化、科目数量继续增加的同时,确立了 4 门必修科目的核心地位:英语、数学、社会科、普通理科。其中社会科和普通理科均为高度综合性的科目。与此同时,一些原有的科目(如宗教、古典语、自然哲学等)因失去了时效,逐渐被淘汰。[8]可见,这一类国家是经过课程的分化、更替和淘汰这一漫长的历史过程,逐步建立起完备的现代课程体系来实现课程现代化的。

2. "输入"的课程

这一类课程多见于前殖民地国家,主要是由宗主国向殖民地"输出"现代学校制度和课程体系,包括用宗主国的语言取代殖民地本土语言的地位,藉此渗透和灌输宗主国的文化。例如,在原来英、法、葡萄牙等殖民帝国所属的非洲殖民地,学校采用的教学语言是英语、法语或葡萄牙语,历史课上大谈欧洲国家的历史,却将非洲在殖民地时代以前的历史一笔抹煞。课程和教材力图表现宗主国的强大和殖民地民族的落后,要让学生轻视非洲的一切,全盘接受西方国家的价值观念,包括白人至上主义、欧洲中心主义的观念,从而牢固确立殖民者的统治地位。在这一类现代课程中体现了"文化侵略""文化霸权"的实质。

但也有的殖民者在输入宗主国文化的同时,出于自己的统治需要,支持或鼓励对殖民地本土文化的继承。香港的学校教育就提供了这样一个特殊的案例。20 世纪 20 年代担任香港总督的克莱门提爵士(Sir Ceicl Clemenit)曾以恢复和发扬中国传统文化道德,尤其是儒家思想的名义,与当时中国大陆上反帝反封建的民族民主主义思潮相对抗,在华人学生中一味提倡对中国文化传统的认同,而不是对本国政权和公民身份的认同。这一著名的文化政策成为香港殖民政策的一个重要组成部分,并产生了持久的影响。进入 20 世纪五十年代以后,为避免受到来自海峡两岸的政治影响,香港开始编写自己的中文和历史教材。香港政府任命的"中国研究学科委员会"(the Chinese Studies Committee)在 1953 年提交了一份有关"中国研究"课程的报告,其中提及的开设这类课程的目的仅限于:"发展学生的母语表达能力;引导和培养学生对中国思想、文学和传统的理解和欣赏。"它与大多数国家和地区设置人文课程的目的有着明显的区别。该报告主张在历史教材中尤需防止任何对别国的"误解"和"敌视",要求对义和团起义和"所谓的鸦片战争"作"客观的处理"。这一切的目的就是为了在这块土地上实现中国文化与英国殖民主义的共存。[9]这些科目虽然名为

"中国研究学科"，其内容和形式似乎没有照搬别国的课程，在丧失了主权的情况下，课程编制的指导思想是完全由异国从外部强加的，因此从本质上说仍属于"输入"的课程。

战后风起云涌的民族解放运动在世界许多地区结束了殖民主义的历史，一些强权国家转而采用援助方式进行"文化渗透"，其实是在学校教育领域实施的一种外交策略。在这种情况下，许多新独立国家并没有改变其课程的"输入"性质。西方国家的科学思想及其所伴随的文化观念，也一再与发展中国家的传统文化发生冲突。在人文课程方面，这类矛盾冲突更为激烈，首先表现为原宗主国语言与本土语言的地位之争。例如，非洲的肯尼亚，独立后的政府基本上沿用了英国的课程设置，各科教学均采用英语，而当地语言斯瓦西里语只作为一门科目开设。而印度早在取得独立以前，"圣雄"甘地就积极主张在基础教育阶段用民族语进行教学，这是对英国人统治下的殖民地教育的一场重大革命。他的基础教育方案在独立后得到采纳，公立中小学普遍将印地语或地方语言作为教学语言。这是印度民族教育兴起的重要标志。

3. "引进"的课程

这是由后起的现代化国家主动地、有选择地借鉴先进国家的课程内容和形式，使之适合于本国的国情。日本是这一类国家的典型代表。一百多年前的"明治维新"的宗旨，一方面是"在全世界搜寻新知识"，另一方面，也是最根本的目的，是维护日本的独特性和优越性，即保存和发扬日本的传统精神。两者归于一，则不仅为解决民族生存危机，更是为了确立日本在亚洲乃至世界的地位。出于前一目的，他们积极引进西方的科学技术，在中小学开设了博物、物理、化学、生物等科目。第一次世界大战后，日本又从德国引进了劳作教育和乡土学科，从美国引进了自然学科，从英国引进了发现教学法[10]，并从高等小学起开设外国语。后一目的主要体现在人文学科方面，日语及汉文的课时比重始终超过外国语，并在各门科目中居于首位；日本史和地理的学习从小学一年级贯穿至中学毕业[11]。尤其值得注意的是，日本在各级学校开设修身科，以实施道德教育。1882 年文部大臣颁布的训令指出，修身科的内容"应先选择本邦圣主贤哲之嘉言善行，杂以中国圣贤言行，尤要抉择有裨益我国风化者，加以斟酌取舍，以此编纂修身教科书，庶几得到启迪其尊王爱国之理义，服膺修身齐家之要训。"训令中进一步解释了在道德教育方面不能照搬西方课程的原因:"近欧美种种学艺,相继输入我国,不久修身学科亦接踵而至。但其流行未广,信用未著,且我国与欧美各国人情风俗迥异,国制亦各各不同。倘抄袭外来修身学科,专用于我普通小学之教育,则不仅方枘圆凿不相适应,而且难免造成许多弊害。"[12]足见当时的日本有意识地排斥西方在社会思想方面的影响,以维护本国的政治体制、社会秩序和价值体系,从而产生了一种富有日本特色的社会现代化模式和课程现代化模式。

(三) 有待探讨的问题

以上对现代课程的演进及其变式的考察中,隐含着两个有待进一步探讨的、具有普遍意义的问题:

1. 现代课程的历史继承与变革问题

前面曾经提到,现代化学派一再强调"传统"与"现代"的截然分野,认为"传统"代表着"落后"和"静止状态",是发展的阻力;"现代"则意味着"进步"和"动态的发展",因此"传统"必然要被"现代"否定。这种无视"传统"、美化"现代"的观点已经遭到许多人的批评。

就以现代课程而论,它绝非"无中生有",而是在传统文化和教育的根基上生派起来的,从内容到形式无不吸取了大量"传统"的精髓,如东方的伦理教育、西方的人文主义传统等。这就好比一切生物体都是"遗传"和"变异"交互作用的产物,现代课程也是特定社会的文化传统与时代特征相交融的结果。再则,"传统"并非一成不变。人们在不断摧毁旧传统的同时又不断创造出新的传统,可见"传统"实质上也被不断地更新着,因而变革是一个无止境的过程。现代课程一旦出现,也并非就此定局,而是随着整个社会的变迁和教育理论的发展,将经历一次又一次变革。仅以美国的中小学教育为例,在不到一百年的时间里,已经经历了赫尔巴特主义、进步主义、要素主义、社会改造主义、结构主义、人文主义等学派的课程理论的连番影响。每一种新的课程理论的提出,本身就蕴含着大量传统的要素,只是在否定另一种传统之时被赋予了新的意义。如美国社会学家希尔斯(Shils, E.)所言,科学家的使命就是"接受传统、废止传统、创造并延续传统、废止传统……"[13]现代课程也就是在这种对传统的变革中被不断推进的。

进步来自对一切不合时宜的传统的抛弃,因为传统的某些方面在特定条件下确会成为社会进步的"绊脚石"。如前文曾经提到,战前日本的人文和社会学科的课程目标和课程内容均注重恪守本国传统,一味强调日本民族的独特性和优越性,甚至在中小学开展军训以培养"武士道"精神,由于沉溺于不合理的、与进步潮流相悖的传统,不仅延误了日本的社会民主化进程,而且使学校教育直接成为军国主义的工具。

在激进的反传统主义的浪潮中,人为地、不加分析地摒弃一切被贴上了"传统"标签的事物,以表明变革的彻底性,这类现象在现代社会中也不为鲜见,尤其在社会剧变时期,人们热衷于勾画全新的社会理想和教育理想,与"传统"的决裂唯恐不及,在剔除传统糟粕的同时极易采取割裂历史、否认继承的极端态度。其实,这种倾向正是"启蒙运动"留下的"传统"之一。例如,进步主义教育学家在惊喜地发现儿童乃是一切教育应当围绕的"太阳"之余,不恰当地贬低了系统学科知识原有的教育价值;结构主义课程论者专心致志于揭示每一门学科的深层结构,却又忘记了人的情感和需求……致使现代课程的发展走上一条在曲折反复中颠簸前行的道路。为此,确有必要深入反思现代人对"传统"所持的态度。

2. 现代课程的移植与适切性问题

与二元分化的"传统-现代观"相对应,现代化学派视不发达国家为典型的传统社会,视发达国家(主要是西方国家)为走向现代化的领路人,它们对传统社会形成了强大的冲击。后者也只有通过走"西方化"的道路,才能摆脱"传统"的泥潭,获得在现代世界中的生存权。于是,现代课程观念、形态及其内容的跨文化移植问题也成为现代课程研究的一个重要课题。一般认为,这是由发达国家向不发达国家以及后起的、正在走向现代化的国家的单向移植。例如,20世纪初兴起于西欧和北美的"新教育运动"和"进步主义教育运动"的影响曾远及世界各地,甚至包括当时已经建立了社会主义制度的前苏联在内,以学习者为中心的课程设计风靡一时。又如上世纪60年代由美国"物理科学研究会"(the Physical Sciencs Study Committee)开发的PSSC物理曾经被翻译成14种文字,甚至被其他国家直接用作物理教材[14]。现代课程的移植已成为各国发展和援助计划的一个组成部分。此类移植的结果是各国所采用的现代课程表现出很大的趋同性。

前文已经讨论过"输入"式课程所产生的弊害,提出了外来课程与本土文化不相适应的问题,它不仅表现在与价值体系和意识形态密切相关的人文和社会课程领域,即使在所谓"没有国界"的科学教育领域,也仍然会发生严重的不适应。一些学者研究了南部非洲农村地区的学生在学习那些从发达国家"移植"来的理科课程时所遇到的特殊困难。这些学生在原有的家庭教育背景、宗教信仰、语言等方面与发达国家的学生有很大的差异,他们使用着不同的"范式",例如,当地的宗教可能视探索自然秘密为有罪的行为,也可能对自然现象另有一套非科学的解释;当地语言中可能根本不包含现代自然科学所采用的专业词汇;当地的生产生活方式也可能与教科书所谈论的科学问题无任何明显的联系,然而,学生不得不像学习拉丁语那样"进口"的理科教材,机械地背诵各种科学概念和原理。这类现象在其他发展中国家和地区也不鲜见。

为此,有人提出了产生和接受知识的"生态环境"和"身心状态"的概念。图尔敏(Toulmin)认为,知识是在个体与环境的互动作用中产生的,是个体适应特定环境的结果,将这一过程比作生物有机体对生存环境的适应,据此提出"概念生态学"的理论。虽然结构主义心理学认为人们的思维结构具有共同性,然而由于人们在不同的生活环境中所要解释的事实和事件不同,即思维加工所采用的材料不同,因而建立起不同的知识体系[15]。中国台湾学者叶启政则用"身心状态"的比喻来阐释这一问题。他所说的"身心状态"是指人们"在长期所处的历史和文化条件中形成的、对所处环境作出反应的一种理解、诠释、创造、衍生能力的状态"。他认为"任何由外移植进来的知识,尤其移自原本即其有高度异质的文化要素来源的知识,都无法充分地被吸收、理解、甚至应用。……因为人们势必运用已有的身心状态来理解、吸收、应用,甚至创造来自不同身心状态来源的知识,其结果必然产生误解、误用或所谓消化不良的情形"。他主张"努力转化移植来的知识,使之'本土化'"。这就必须包括如下两个方面的工作:一要全盘调整原有的身心状态;二要深入检验和批判移植来的知识,最终才能产生种一"具有个性的文化体"。[16]

关于"身心状态"的阐述,既适用于个体的学习过程,也适用于文化的借鉴过程。正如外部的新异刺激能够带来个体内部结构的重组,有效地改进人的身心状态,甚至带来质的变化,借鉴、引进和移植别国先进的教育思想、内容和方法,也是现代课程发展的必由之路。不仅有发展中国家向发达国家的借鉴,也有发达国家之间的相互交流,甚至未尝没有发达国家向发展中国家的学习。[17]因此,移植并不是单向的。首先值得提倡的是,一种真正具有开放性的"身心状态",是一种从主体的需要出发,博采众长、兼收并蓄的气度和风范。日本的"引进"式课程就提供了这样的先例。其次,在移植别国课程的同时,还必须加以调整和改造,以适应当地社会文化的"生态环境"和学生的"身心状态"。仍以南部非洲农村地区的理科为例,就有必要从当地环境中选取合适的课题,删改原有教材中使学生感到过于生疏或缺乏实用价值的内容;还应该从学生原有的经验出发,纠正已经形成的错误概念,补充必要的基础知识和技能;另外,还要帮助学生处理好宗教信念与科学知识的关系问题。也就是说,要针对每一个特定的社会文化背景中特定的学生群体的情况,加强课程的适切性(relevance)。这一点正在全球范围内成为课程领域专家们的共识,并已付诸实践。可以预见,在此基础上移植和创造的现代课程将呈现出与以往不同的发展趋势——各国和各地区的课程体系在增强交流的同时将不是趋向某种单一的模式,而且将表现得越来越丰富多样。

参考文献

[1] 钟启泉.《现代课程论》[M].上海:上海教育出版社,1989:4.

[2] [美]塞缪尔·P·亨廷顿著,王冠华等译.《变化社会中的政治秩序》[M].北京:三联书店,1988:30—32.

[3] [美]阿历克斯·英格尔斯等著,殷陆君编译.《人的现代化》[M].成都:四川人民出版社,1985:6—7.

[4] Washington: U. S Department of Education, Office of Educational Research Improvement. National Center for Education Statistics, 1992 [R]. Vocational Education in the United States: 1969—1990.

[5] 钟启泉.《现代课程论》[M].上海:上海教育出版社,1989:15—16.

[6] Harber，C. Schools and Political Learning in Africa [J]. Themes and Issues：Compare，1991. 21(1)：63－67.

[7] [德]弗. 鲍尔生著，滕大春，滕大生译.《德国教育史》[M].北京：人民教育出版社，1986：137.

[8] Doll，R. C. Curriculum Improvement：Decision Making and Process [M]. 8th ed. Boston：Allyn & Bacon，1992：9－12.

[9] Luk. B. H. Chinese Culture in the Hong Kong Curriculum：Heritage and Colonialism [J]. Comparative Education Review，1991，35(4)：550－658；664－668.

[10] [日]木村仁泰著，曲程等译.《发达国家中小学理科教育》[M].春秋出版社，1989：329－330.

[11] 常导之.《比较教育》[M].上海：上海中华书局，1930：146－154.

[12] 文部卿关于小学修身书编纂方针之训令[R]. 瞿葆奎主编，钟启泉选编.《教育学文集·日本教育改革》[M].北京：人民教育出版社，1991：29.

[13] [美]爱德华·希尔斯著，傅铿，吕乐译.《论传统》[M].上海：上海人民出版社，1991：140.

[14] Lewy，A. The International Encyclopedia of Curriculum [M]. Oxford：Pergamon Press，1991：913.

[15] Hewson，M. G. A. B. The Ecological Context of Knowledge：Implications for Learning Science in Developing Countries [J]. Journal of Curriculum Studies，1988，20(4)：318－320.

[16] 杜祖贻.《西方社会科学理论的移植与应用》[M].香港：香港中文大学，1992：19－20.

[17] [英]黎安琪(Angela Little)著，石伟平译.《向发展中国家学习——一种新的国际教育观》[J].外国教育资料，1994，(4).

（本文发表于《比较教育研究》1995 年第 4 期。作者洪光磊，时属单位为华东师范大学比较教育研究所）

三、美国多元课程观的认识论基础探析

(一)"再认"认识论

"再认(recognition)"认识论的理论渊源是永生哲学(perennial philosophy),这种哲学源自柏拉图的直觉智慧思想,并为康德、爱默生等人用于认识不可表达物而得到发展。"再认"认识论有两大观点:一是确信事物是不可否认的真实和显在;二是强调人与外部世界具有同一性,所以认识即顿悟而不是思维,它来自与非自我有关的状态。它的当代倡导者是安德希尔等人。[1]这种理论认为,无所谓主体和客体之分,有的只是与一切共存的同一性或一体化;认识者和认识对象是同一整体的相互依赖、相互缠结的组成部分;认识的实质就是对认识者和认识对象间同一性的再认。它追求同一性,强调过去与将来都只存在于现在。这种认识本质上是超意识的。"再认"认识论对课程理论的影响,导致了相互联系又相互区别的自由主义(liberation)课程观和超个人主义(transpersonal)的产生和发展。

1. 自由主义课程观

这种课程观指出了通过教师与学生间的对话而解脱束缚的重要性,并认为通过这种对话式学习,将带来一个更好的社会并促进平等、自由和社会公正。其典型的代表人物是伊里奇等人。[2]自由主义课程观特别强调真理,把社会看成是超越自我同一性的传统方式和途径,因此,教育就是使人们摆脱限制人的同一性而认识文化传统和自我入定的过程。在这个过程中,课程不是别的而是真理的成分,学习者是真理追求者,教师应该成为学习者的情义伙伴,而评价认识和学习的准则,只能是再认或与其他人和物的同一性。

2. 超个人主义课程观

这种观点深深地打着基督教的烙印,定向于超个人化,于是特别强调学习中形成希望、创造性、意识、建设性怀疑、忠诚的品质以及好奇、敬畏和尊严的态度。个人应该趋向于其他人、其他文化和其他社会群体。据此,菲尼克斯等人提出,教与学是通过在其他人的思想和感情里认识个人自我来超越差异的一种对话。[3]

超个人主义课程观认为,社会实际上是他人的错觉,这种错觉是个体自身创造的,是生命中出现歪曲和受难的根源,导致个人与他人的分割。因此,在这种课程观看来,教育应该是超越个人自身和他人的分界线的过程,教师应该成为"神父",学习者则是"教徒"。评价学习的准则就是对所有与感觉共存的同一性的再认。这样,学习便是一项持续不断与其他人一道的"舞蹈",直到他们被看成自身,教育过程总是向真理成分开放,借此,差异的错觉就会被超度到揭示一切的一般共同性。

(二)"一致"认识论

"一致"(coherence)认识论立足于黑格尔、詹姆斯和杜威[4]等人所倡导和信奉的科学与哲学,它不相信上帝而尊崇自我意识,把认识看成是由建立在不冲突设想基础上的逻辑支撑的主张,所以人最难能可贵的是发散的、全面的和辨证的系统思维,关键是要面向未来去发现机会、创造洞察力。在"一致"认识论里,认识者是内在的、自我经验的、自我定义的主格的我,是许许多多的实在,认识对象是除主格的我以外的一切他物,认识者和认识对象是大系统的组成部分,两者的关系是相互作用的,认识者通过认识行动影响认识对象。然而,在这里存在一个问题,即在认识者和认识对象间的相互作用中,是前者重要还是后者重要? 基于"一致"认识论的课程理论家们,在这个问题面前发生了分化,一些人强调前者,从而形成了人本主义(humanist)课程观;另一些人则注重后者,提出了社会改造主义(social reconstruction)课程观。

1. 人本主义课程观

著名心理学家罗杰斯是人本主义课程观的重要代言人之一,[5]而康布斯等人则系统地阐述了人本主义课程观。[6]自我实现的理想是人本主义课程的核心。为着自我实现,学习者是冒险的探寻者;社会应是在不同发现途径上的冒险者同伴群体;教育则是实验式个人发现潜能的过程,教育目的是培养情感和促进身体、智力技能的发展;教师应成为学习者的良师益友,担当着学生个体潜能发展者的角色。这样,课程便应该是协调发展的一系列提供给个体自由发展和人的潜能实现的学习机会。评价学习的准则,便是为理解的个人适应范型里的发育和增长的"一致。"

2. 社会改造主义课程观

注重社会本位的教育学者吉拉克斯是社会改造主义课程观的积极倡导者。[7] 在他的眼里,学校教育是社会借以改变自身的工具,教育的目标应该是医治社会中的不公正,培养学生参与重新创造更为广泛、更为美好的社会秩序,因而应该为学生准备好去对付、主动介入并享有社会变化。这样,社会便是分担不断发展的一系列责任的冒险者社区,教育就不是发现个人潜能而是理解人类关系新的可能性范型的过程,学生是分担社会责任的伙伴,教师应扩展和发展学生的现代意识,并在一种知识探究中扮演学生同伴的角色。课程的实质就是教师和学生协作发展的一系列靠责任行动来学习的学习机会,评价学习的标准则是行动的社会性范型里的发展的"一致"。

(三)"联想"认识论

"联想"(association)认识论成形于巴甫洛夫在动物神经生理学上的成果,为斯金纳所进一步引申和发展。[8] "联想"认识论认为,意识是人们的杜撰,是不存在的;宣称认识是无意识的,过去那些建立于意识假说前提上的认识论都是不可靠的。所以,这种理论既不依据哲学,也不依据科学,而是依据行为主义的刺激——反应学说,它肯定认识的本质是对刺激的可靠反应,认识的结果是把反应同化于个体已有的条件反射之中,形成技能和情感。在"联想"认识论里,认识者既不是人自身也不是人的品质,而是由环境塑造出来的一种有机体,是一个"它",系其他刺激客体中的一个刺激客体;而认识对象是其他人或物,也被看成是对刺激和强化价值颇为重要的身体客体。

"联想"认识论因为洞悉了认识的无意识的一面而在美国名噪一时,至今仍被不少人所推崇。然而,无意识反应对个体来说,是具有主动性还是具有被动性?在这个问题上,仁者见仁,智者见智。这种分歧在同是基于"联想"认识论的行为主义(behaviorism)课程观和技术主义(technology)课程观里充分显露出来了。

1. 行为主义课程观

这种课程观认为,学习者就是环境塑造的有机体,作为这种有机体所处的社会就是环境中作为刺激的他物;学习是行为的变化,其本质是环境刺激与学习者有机体反应之间条件反射的形成;因此,教育只不过是学习者为生存而塑造行为的过程,课程则是被塑行为的序列,评价学习的标准,是刺激的可视察和可靠的分辨性。而教师则扮演学生行为的塑造者角色,其责任是使可塑造的人类有机体行为达到课程规定的标准。我们可以从瓦格纳的课程研制模式中,看到行为主义课程观的影子。[9]

2. 技术主义课程观

与行为主义课程观不同的是,技术主义课程观不囿于已有"联想"认识论的定论,而把学习者看成是能塑造其环境的有机体,对这种有机体来说,社会便是环境中作为潜在工具或刺激源泉的他物,教育是有机体塑造其控制环境行为的过程。这样,课程便是被塑造的工具使用行为的顺序,而教师则仅是学习环境的设计师和规定者。学习的标准是对一个刺激的可观察的、可靠的工具使用反应。

躬身耕耘于技术主义课程研究和发展的杰出人物有泰勒[10]和布卢姆[11]。他们把教育目标置于课程的优先位置,特别强调可评价的教学单元的研制。技术主义课程观在进行课程规划时,并不在于简单行为的塑造,而在于通过课程设计、实施和评价中的精确性,以求得复杂学习任务的完成。课程规划包括详细阐述目标,安排综合连续的目标或技能序列,为教学顺序实现目标规定精确控制的学习活动,指明完成和评价的标准,以及规定用于修正完成和完善教学的反馈。这样,课程中被塑造行为的顺序便极大地集中在现代生活技术的掌握上。

(四)"对应"认识论

近代科学技术的飞速发展,刺激了"对应"(correspondence)认识论的诞生和发展。所谓"对应"就是从外在到内在的实现,对应的知识是关于实在的观点。这种实在是现代经验主义之父洛克提出来的,他认为,认识的目的不是理解而是预见和控制外在世界。这种观点在本世纪被逻辑实证主义严密地发展了。

"对应"认识论清晰地区分出了认识的主体和客体,不过认识的主体不是整个的人自身而是单个客观实在,即宾格的我,是人身上可见的、可从外部观察到的社会性品质,而认识对象是一种纯客观,要极力避免其被实验者的偏见所污染;认识是由事实支撑的主张,其特点是进行实验、证明假设、解决问题,把经验过的东西同化入已有的社会文化。因此,"对应"认识论特别看重广阔的人类意识,而不仅仅是个体自我意识,认识中起作用的是人的辐合线性思维。但"对应"认识论没能把握住人在成长过程中个体的成人化和个体的社会化的统一,以至孕育出了社会适应论(social adaptation)课程观和科学理性主义(academic rationalism)课程观的分道扬镳。

1. 社会适应论课程观

美国课程研究的鼻祖波比特是社会适应论课程观的带头人。[12]在社会适应论课程观看来,教育是个体从儿童向成人角色的转换过程,社会是作为成人角色扮演者的他人,学生是"徒弟",而教师是训练者,课程则是适用于被控学习任务的角色的序列,中小学学习的重点是工作入门技能和为进入中学后职业计划而不是普通教育作准备。学习的标准是适合于能力、技能、规则和技术的角色的掌握。

2. 科学理性主义课程观

这种观点是当代美国被广泛采纳和坚持的课程观点,近年来为小海尔斯奇[13]和贝内特[14]等人的深入研究所系统化。科学理性主义认为,教育是个体进入其文化传统的文化适应过程,社会是作为文化传统历程的他物,学生应是"学者",教师应是专家,课程无可置疑地是与学习内容和技能有关的学科或科目的顺序,学习的标准是一种公认的专门知识和方法的掌握。

科学理性主义坚持认为,在教育这种特定的文化适应过程中,无教养的个体逐渐变得适应文化,从而进入文化传统。在这个过程中,学校是一个关键性机构,它通过向年轻人传递共同文化传统而为社会服务,同时又通过让年轻人参与规定和维持他们作为人的生活传统而为年轻人服务。科学理性主义课程观提出,课程必须以能使下一代得到传统文化中最有价值成分的方式,来重新选择和组织知识,因为并不是每一历史经验和每一过去的发现都能全部传递给社会的每一新成员。由于知识传统上是围绕学科而形成发展的,来自过去的最有价值的知识必须坚持不懈地以科目的方式组织到课程里,以供学习者掌握。

很明显,记忆对于文化传统的连续性非常关键,记住事实是学生的中心任务,掌握每门学科的方法和技能也是颇为重要的,它们为学习提供一把打开追求未来发展之门的钥匙。科学理性主义课程观认为,借以使课堂表现肯定能被测量的仍然是专门知识的标准。随着知识的不断创新,教师的知识陈旧化加快,使教师的知识实现持久的现代化便成了教育成败的关键。因此,师范教育应当强调科目的掌握甚于教学方法的掌握。总的说来,专长于不同学科的不同个体将保持文化传统的活力。在国际竞争日趋剧烈的年代里,教育的神圣使命是产生能在保卫传统中扮演关键角色的个体。

(五) 课程认识论发展的新趋势

辨证地看,上述 4 种不同的认识论和 8 种不同的课程观,就像盲人摸象一样,都揭示了真理的一部分,但又都存在自身不可克服的缺陷。是否存在一种异中求同、综合统一的新观点和新方法的可能性呢? 专门对此问题作出回答的,是金普斯顿等人。[15]

其实,美国的一些有识之士很早就开始意识到了这种"群雄割据"的弊端,从而在综合化上对课程发展进行着不懈的探索。布鲁纳总结 1959 年伍兹霍尔会议而撰写的《教育过程》一书,可以被看成是进行这种探索的系统化理论的结晶。[16]它既从再认、一致、联想、对应等各认识论流派中汲取营养,又充分利用再认心理学成果,构建起了结构主义课程论。在这一理论里,人的意识、无意识和超意识都有自己的位置;辐合思维、发散思维和直觉思维都没被忽视;事实和逻辑都受到重视;同化、顺应和平衡等原理把过去、现在和将来统一了起来;重视教师素养的提高以及教学技术的开发和应用,等等。不仅如此,布鲁纳还首先提出了课程内容作为知识的精化就是基本的原理、基础的公理和普遍性的主题。他针对已有认识的偏颇和盲点,还特别强调了知识的内在结构、儿童的发展、迁移的运用、直觉思维的挖掘以及发现学习的重要性。令人遗憾的是,结构主义课程论由于缺乏技术性和操作性层次,导致在实验中碰了壁。

不过,美国促进科学协会组织实施的庞大行动《2061 计划》正在弥补布鲁纳的缺陷。这个庞大的计划分为 3 个阶段,预计用近 20 年的时间完成。第一阶段,组织全世界 300 多位杰出的科学家、数学家和工程师为教育和课程改革建立一个概念基础,为接受从幼儿园到高中教育的所有学生选择出应当掌握或形成的知识、技能和处世态度和方法,也就是从人类的知识经验中按少而精的原则抽取出基本的原理、基础的公理和普遍性的主题。这一阶段的工作从1985 年开始,1989 年结束,选取出了新的中小学幼儿园课程内容,全部集中在专题报告《普及科学——美国 2061 计划(2061 计划关于普及科学、数学和技术基础知识的研究报告)》[17]。第二阶段,组织教育工作者和专家小组将《普及科学——美国 2061 计划》中提出的建议转化为几种不同的可供选择的课程模式,供各州及其学区选择使用;并为师范教育、教学资料和教学技术、考试方法、教学组织、教育政策和教育研究绘制出改革蓝图。这个阶段的工作也已结束,专题工作报告《改革蓝图》已于 1993 年底出版[18]。第三阶段,要持续 10 年或更长时间,在全美范围内与各科学团体、教育组织和机构,以及其他参与科学、数学和技术教育改革的团体通力合作,把第一阶段和第二阶段设计的蓝图付诸教育实践,进一步修改完善后,最终确立新的教育模式和新的课程模式。这样到21 世纪中期,即到 2061 年前后,美国将拥有新的教育模式和新的课程模式培养出来的一代能幸福生活的新人。

用发展的眼光分析美国课程理论的认识论基础,可以把握到从多元到整合、从抽象到具体、从理论到实践发展趋势的时代脉搏。由此进行比较,从我国十多年的课程改革正在酝酿一场革命式突破的实际出发,当我们用抢占教育和课程改革制高点的战略眼光来寻找我国课程改革的突破口时,得到的启示便是,我国急需组织实施一项全国性和全社会性的、史无前例的课程改革巨大工程,以建立起适应社会主义现代化的、有中国特色的新教育模式和新课程模式。

参考文献

[1] Evelyn Underhill. Mysticism [M]. New York: New American Library, 1974.

[2] Ivan Illich. Deschooling Society [M]. New York: Harper and Row, 1971.

[3] Philip H. Phenix. Transcendence and the Curriculum [J]. Teacher

College Record，1971(12):271—283.

[4] John Dewey. Experience and Education [M]. New York：Macmillan，1938.

[5] Carl R. Rogers. Researching Person—Centered Issues in Education，Freedom to Learn for the 80s[M]. Columbus：Charles E. Merrill,1983.

[6] Arthur W. Combs, ed. Humanistic Education：Objectives and Assessment [M]. Washington, D. C：Association for Supervision and Curriculum Development，1981.

[7] Henry Giroux. Ideology, Culture and the Process of Schooling [M]. Philadelphia：Temple University,1981.

[8] B. F. Skinner, The Behavior of Organisms [M]. New York：Appleton—century, 1938. Walden Two [M]. New York：Macmillan, 1976.

[9] Daniel E. Vogler. Performance Instruction：Planning Delivering Evaluating [M]. Blacksburg, Virginia：Virginia Poly Technical Institute and State University,1988.

[10] Ralph W. Tyler. Basic Principles of Curriculum and Instruction [M]. Chicago &.London：The University of Chicago Press,1950.

[11] 布卢姆等编.《教育目标分类学(再认领域)》[M]. 上海:华东师范大学出版社,1986.

[12] Flanklin Bobbitt. The Curriculum [M]. Boston：Houghton Mifflin,1918.

[13] E. D. Hirsch, Jr. Cultural Literacy：What Every American Needs to Know，[M]. Boston：Houghton Mifflin,1987.

[14] William J. Bennett. American Education：Making It Work [M]. Washington D. C. ：U. S. Department of Education,1988.

[15] Richard D. Kinpston, Howard Y. Williams &. William S. Stockton. Ways of Knowing and the Curriculum [J]. The Educational Forum, 1992,56(2).

[16] J. Bruner. The Process of Education [M]. Cambridge, Massachu-

setts：Harvard University Press，1960.

[17]《普及科学——美国 2061 计划》[R]. //《发达国家教育改革的动向和趋势(第四集)》.北京：人民教育出版社，1992.

[18] AAAS. Benchmarks for Science Literacy [M]. Oxford：Oxford University Press，1993.

(本文发表于《比较教育研究》1999 年第 2 期。作者皇甫全，时属单位为华南师范大学教育系)

四、斯宾塞的知识价值观与课程论

赫伯特·斯宾塞(H. Spencer,1820～1903)是 19 世纪后期英国著名的资产阶级哲学家、社会学家和教育家,又是实证主义奠基人之一。他提出的科学知识价值论,冲击了当时风行于英国的古典主义教育的陈旧理论,从此科学教育开始逐渐在英国学校的课程中占据了重要地位。在当时的英国,把科学教育具体化并加以维护的是斯宾塞,其中最能体现斯宾塞的教育思想的是其《什么知识最有价值》的教育论文。

(一) 知识价值

19 世纪初,自然科学发展迅速,各种发明创造日益增多,到 19 世纪中叶,科学与工业革命在所有比较发达的国家引起了很大变化。科学的巨大进步,发明不断出现,改变着全人类生活的面貌,学校教育也不例外。然而,当时科学教育发展的状况在一些发达国家之间是不平衡的。在近代世界科学教育发展史上,科学最早进入学校教育的是德国和美国,而在英国,到 19 世纪中叶,它的工业生产便进入了蓬勃发展的时期,但是与德国和美国相比,其教育实施情况显得十分落后。

当时,英国学校教育的落后与其先进的科学及发达的资本主义生产之间形成极尖锐的矛盾,这是一种潜在的危机。造成当时英国教育落后的原因就是传统的古典主义的教育(主要特点是"装饰主义")对知识价值认识上的轻重倒置。

自文艺复兴时期以来,在知识的价值问题上,传统的古典主义的拥护者认为,拉丁文、希腊文等古典知识最有价值,一个有文化教养的人,首先应学会这种语言知识,科学知识对他们是无关紧要的,应排斥在学校课程之外。这种保守的习惯势力长期统治学校教育,产生了不良影响。学校课程几乎完全与科学无缘,课程内容的安排很少考虑如何促进学生的心智发展和推动社会的进步。

但是,科学的迅速发展,必然要影响到英国的学校教育,使之不能不随着时代潮流而进行一些改革。当时英国的教育界围绕是否应实施科学教育的问题

53

展开了争论。这场争论波及到大学、中学乃至小学教育。其实质是关系到科学知识与古典文化知识的价值及其重要性问题,就其渊源来说,自弗兰西斯·培根的时代就已开端。在这场持久而激烈的争论中,对传统的古典教育抨击最为激烈,对"什么知识最有价值"这个问题回答得最明确和对以前及当时的教育改革的合理思想表达得最清楚的是斯宾塞。

1859 年,斯宾塞发表了最著名的关于教育问题的论文《什么知识最有价值?》,它的核心内容是指明,人们在生产与生活中需要什么?"一致的答案就是科学"。斯宾塞抨击了以拉丁文、希腊文为主要内容的英国传统的古典主义教育,指出这种教育专门注重装饰门面,以显示自己的文雅与尊贵,如同"先有装饰后有衣着"的印第安人和非洲人那样忍受身上的极大痛苦去纹身的不开化的行径,"装饰念头完全支配了实用念头"。各种知识的比较价值从来没有讨论过,更没有用适当的方法讨论去得出一定的结果。因此,他大声疾呼,要从拉丁文、希腊文为教育训练工具的古典教育的桎梏中解放出来,让科学去统治一切!他尖锐提出:"生产过程既然那么快地科学化,竞争会使他们不得不如此;合股经营既然加么快地推广,而事实一定会如此,科学知识就应该同样快地成为每个人所必需的。"为了使学校的课程科学知识化,斯宾塞着重论述了科学知识的课程。

(二) 课程体系

在斯宾塞看来,科学知识作为学校的课程内容是具有最大价值的。那么,学校课程具体应设置哪些科目呢?当时的斯宾塞已明智地认识到,人生是短促的,人事是纷繁的,而学习的时间是有限的,要使这有限的时间得到充分的、高效率的利用,那就"应该力求把我们所有的时间去做最有益的事情",因而他指出:"在能够制定一个合理的课程之前,我们必须确定最需要知道的是什么东西;或是用培根那句不幸现在已经过时的话说,我们必须弄清各项知识的比较价值。"要比较知识的价值,就要有一个标准或依据,在这里,斯宾塞把能否训练并促进人们去过完满的生活作为价值标准和课程设置与取舍的一把最直接、最具体的尺子,认为某一学科价值的大小主要看它对个人完满生活的需要程度和在生产中发挥的作用,而评判一门教学科目的唯一合理办法也在于此。进而,斯宾塞在其社会学观点的基础上,按照重要的程度把人类生活的主要活动分为五大类:直接保全自己的活动,从获得生活资料而间接保全自己的活动,目的在培养教育子女的活动,与维持正常社会政治关系有关的活动,在生活中的闲暇时间满足爱好和感情的活动。与之相应,斯宾塞从当时英国资本主义的生产盈亏、生活需要出发,吸取了近代科学技术的发展成果,对各类教育应该设置哪些有价值的学科做了精心的选择和安排,从而构成了一个以自然科学知识为基础的、门类详尽的课程体系:

1. 为实施"准备保全自己的教育",提出开设生理学、解剖学

他认为这类学科是阐迷生理和生命规律的,是维护个人的安全和健康的,而饱满的情绪、充沛的精力是从事各项活动的先决条件,它又是生活幸福和愉快所必备的知识。因此,它被作为"合理教育的最重要部分"而列人学校课程之首。

2. 为实施"准备间接保全自己的教育",除了学习读、写、算以外,还必须开设逻辑、数学(几何原理)、力学、物理学、化学、天文学、地质学、生物学、经济学和社会学等

这些科目都是与人类的生产活动有直接关系的,它可以帮助人们"更好地生产商品和推销商品",提高工农业生产的管理效率,为人类的生存创造更优越的条件。例如,数学是一切测量、调节工序、进行设计、商品买卖或记账等必须掌握的知识;物理和化学可以使学生了解所有工业生产和机械操作的基本原理;地质学可以使学生掌握有关地质勘探和矿藏开采方面的知识;天文学(包括地理学)可以给人们提供航海技术知识,为维持"庞大的海外贸易"作谁备;生物学与制造食品业有不可分割的关系。

3. 为实施"准备做父母的教育",开设心理学(包括一部分生理学原理)和教育学

这是履行父母的职责,更好地教养子女所必不可少的知识,斯宾塞曾郑重指出:子女的生与死,善与恶都在于父母怎样教养他们"。如果做父母的缺乏最基本的护理和教育儿童的办法,无视儿童的身心发展规律,那势必会在儿童身体、道德和智慧的训练上造成种种弊端,难以使子女健康地成长起来。

4. 为了实施"准备做公民的教育",开设历史

这是参加社会政治生活所必需的知识。斯宾塞强调,学习历史,主要不在于知道"君主的传记"、"宫庭的斗争"以及战争的起因、胜负这些所谓有趣味的事实,更重要的在于了解"自然的社会史",即了解和研究国家的政治经济、社会习俗以及文化艺术等历史发展和状况,找出社会现象做遵循的根本规律。

5. 为实施"准备生活中各项文化活动的教育",开设绘画、雕刻、音乐、诗歌及建筑艺术等课程,输送建立一个"有健全文化生活"所需的知识

斯宾塞有一句名言:"没有油画、雕刻、音乐、诗歌及各种自然美所引起的情感,人生的乐趣会失掉一半。"

从斯宾塞的这一课程体系可以看出,斯宾塞的课程设置是十分广泛而又别具特色的,与以前任何一个教育家所提出的课程相比都系统、具体和详尽,它基本上包容了近代自然科学和社会科学的全部学科,其中数学和自然学科占极大的比重,有力地推动了近代科学教育的发展。同时斯宾塞的课程论很注重学校课程的实用性,把各学科同工农业生产、社会生活及科学技术的发展密切联系起来,较之当时脱离生产与生活实际的公学和文法学校的课程前进了一大步,对当时英国教育界进行的"实科学校"同"古典中学"争取平等地位的论争起了巨大作用,体现了时代变革的要求。

斯宾塞的课程体系还有不完善的地方。① 他的活动分类和与之相适应的课设置是建立在资产阶级极端个人主义和功利主义的原则上的,是以"我"为中心的,其实质归根结底不过是为了维护和巩固英国这个老牌资本主义国家在经济及殖民统治上的优势地位。这反映了一个资产阶级思想家的阶级局限性。② 斯宾塞的课程体系是围绕所谓"完满生活",不是培养全面发展的人而建立的,这就不可避免地带有片面性。③ 斯宾塞把作为艺术教育的音乐、诗歌、雕刻、油画等看作消遣品,并认为丰富一个人的艺术生活,提高一个人的欣赏能力,"在生活中既然占有闲暇时间,在教育中也应占闲暇部分",这就降低了美育在学校中的地位。④ 在他的课程中仍旧保存了宗教科目,他主张科学和宗教可以调和,并认为真正的科学"在本质上是宗教的",科学的训练提供了宗教的修养,这是斯宾塞作为一个唯心主义思想家所不可克服的弱点。

（三）训练价值

斯宾塞的课程论中一再强调课程的训练价值,他认为"获得任何一种东西,都有两项价值:作为知识的价值和作为训练的价值"。学校的课程不仅要考虑知识本身的价值,还要注重各科知识在训练心智方面的价值,并指出:"在获得那些调节行为最有用的五类知识中就包括了最适宜于增强能力的心智训练。"他认为,各种知识都具备智力价值,但有大小之别。具体说来,自然方面的知识较人文方面的知识更有智力价值。他说,在普通课程中占显著地位的语文学习据说有其优点,就是能够增强记忆。……但实际上科学供给更广大的园地去练习记忆。""只就训练记忆这一点看,科学如果不比语言更好,至少也同它一样"。但实际上,科学知识既有记忆价值,又具有理解价值。因为"在学习科学时心中要形成的观念联系多数是同一些必然的事实符合的",儿童容易理解;同时,"科学所表明的关系是因果关系",可以使儿童熟悉一些推理的关系,增强理解力;还有,科学视为训练手段,比语言还有一个优越得多的地方,则为判断力的培养。他认为科学对培养判断力有着特殊的作用:科学能使儿童了解周围一切事物、事件的依存关系,从而能够正确地推论前因后果;科学可以根据材料作出结论,再从双察实验中去检验它们,从而有力量得出正确的判断。

斯宾塞强调自然科学具有最大的智力价值,他并不认为有的课程专门传授知识,有的课程专门训练心智,传授知识与训练心智是同一过程,同一课程。这一思想是很可贵的,它为我们正确处理传授知识与发展智力的关系,搞好课程内容的设计颇有启示。关于传授知识与发展智力的问题,这是历史上所有教育家都非常关注的,也是任何一种课程论所必须涉及的问题。斯宾塞强调课程的设计既要使学生获得实用的科学知识,又要使学生的心智得到训练。这说明他已看到了传授知与发展智力的辩证统一,并开始试图通过课程论找到一条使二者达到统一的捷径。由于历史的局限,他并没能解决这个问题。在当时条件下,他所选择的施教科目和内容,最终是从传授科学知识这一准则出发的,他一再强调科学的实用价值和训练价值,反复说明科学知识比传统课程更有利于发展学生的记忆力、理解力、思维和判断能力,目的是为了唤起人们对科学知识的重视。在他看来,科学似乎就是最合理的课程,并企图把传授知识与训练心智直接统一于科学之下。然而科学与课程之间毕竟还有距离的,即使最先进的科学知识也不一定就是最好的教学内容和训练心智的手段,而需要经过加工改造,使之变成适于儿童掌握的知识体系才行。斯宾塞的课程论,除注重科学与实际外,并未较好地体现出发展儿童智力的思想,因此,人们把他作为"实质教育论"的重要代表人物也就在情理之中了。

(四) 原则方法

斯宾塞根据上述课程论的基本思想,提出要从心理学角度出发去考虑课程的设置和内容的安排,这一点倒是值得探讨和吸取的。他批评旧教育不顾儿童心智的发展规律"把错误的知识,用错误的方法,照着错误的次序灌输给学生"的错误做法。他以进化论为依据,吸取了夸美纽斯、卢梭、裴斯泰洛齐等人关于教育应"顺应自然""合乎自然的进化"的思想,主张"在次序和顺序上,教育必须适合心智演化的自然过程;能力的发展有一定次序,而在发展中每个能力需要一定种类的知识,我们应该找出这个次序和提供这个知识"。他要求教材的编排"必须配合能力的演化次序",符合儿童的心理发展水平;违反了正常次序,使教材过难或过易,学生在接受时就会感到厌烦,或不加重视,以至放松学习。斯宾塞进一步提出了由简单到复杂、由不准确到准确和由具体到抽象等数条编写和讲授教材的原则,认为掌握每门学科都"必须通过一条由简单观点逐渐到复杂观念的道路","必须满足于从粗糙的概念开始",待儿童积累了一定的经验,逐渐熟悉、掌握事物的一些特点及相互关系之后,再授以"高深知识的确切定义。"斯宾塞还说,一个无论怎样竭力坚持也不过分的"原理","就是在教学中应该尽量鼓励个人发展的过程,应该引导儿童自己去进行探讨,自己去推论"。这里说的就是"发现学习"。这些原则对于教材编写具有很大的指导作用,我们今天在编写教材的过程中亦必须遵循这些原则。最后,斯宾塞还强调课程的确定和教材编写要注意儿童的兴趣,他说:"作为评价任何培养计划的最后考验,就要看它是否在学生中间造成愉快的兴奋。"儿童不感兴趣的东西,必然会引起"厌恶和怠惰",这是儿童的天性。在这里斯宾塞力图把教材的逻辑次序与心理次序统一起来,把教材和学习的目的、兴趣和经验联系起来,从而使教材便于儿童掌握,这一思想也是很有见地的。

斯宾塞的科学知识的价值观与科学的课程论,反映了这时期科技的进步和资产阶级的政治要求,旨在改革落后的教育状况,以适应资本主义发展的需要,其影响十分广泛。他的《什么知识最有价值》一文,连同他的《智育》、《德育》和《体育》等文合为一集,总名《教育论》一书于 1861 年出版后,被译成十几种文字,广泛地流传于世界各地。尤其是在欧美的实科中学里,斯宾塞所提出的课程很快得到实施。在中国,1895 年甲午战争失败,严复目睹清政府专横腐败以及科学、文化落后的,同年,他把斯宾塞的教育著作以《明民论》和《劝学篇》的名义向读者推荐,并加以评论和介绍。严复认为应该学习斯宾塞借助教育并通过教育振兴家邦、改变国家面貌的思想。这些说明斯宾塞的教育思想中蕴藏一定合理的因素和有益的见解。(引文均出自斯宾塞《教育论》一书,人民教育出版社 1962 年版)

（本文发表于《外国教育动态》1990 年第 1 期。作者王立功）

五、当代西方谱系学视野下的课程概念：话语分析与比较

　　课程是学校教育的基本要素，是影响学习者的重要途径。课程究竟是什么？这是一个难以回答的问题。直到今天，课程的概念仍然是教育领域最复杂、最难界定的概念之一，甚至早在 1987 年有人就统计过，在专业文献中有关课程的定义超过了 120 个[1]。这众多的分歧难免让人困惑，不少中外学者都致力于拓本清源，试图通过归类和属性分析而提供一个界定课程的清晰框架。遗憾的是，关于课程的概念分歧依旧，寻求同一性和普遍性的认识理路并没有使大家走向共识，反而使课程的概念愈加枝蔓纵横，让人莫衷一是。在本文，我们将借鉴当代西方知识论和方法论的新成果，从谱系学的视角去考察课程概念的分歧及其语境，以期提出理解课程概念的新视角。

（一）"课程"定义的困境及出路：谱系学的启示

　　谱系学既是一种哲学社会学的观点，又是一种认识论和方法论。它跟传统的本质主义的认识论不同，它放弃了对同一性的追求，而是从事物的"无序"和历史的"断裂"中去研究起源问题，去发现事物的异质性和非连续性，这一点无疑可以给我们研究纷繁复杂的课程概念提供借鉴。我们将致力于分析不同课程谱系背后的言说语境，揭示产生不同课程概念的社会微观权力运作以及不同时期政治、经济和文化对课程话语的影响。

　　什么是"谱系"？在族群的发展过程中，特别是在早期社会，对血统的认同和维系非常重要，于是人类逐渐发明一种可以记录家族内部血缘关系的方式，称为"家谱"或"谱牒"。有学者认为，"谱系"是家谱理论中的一个概念，是指以家族血脉结构起来的一个"人群系统"，其所依赖的结构基础是"物种遗传学"，靠"遗传—变异"的"家族生产链"串联起来的，而不是为某种"逻各斯中心"的、本质主义的理念模式所能说明的，其最大的特征不是"同一性"，而是"相似

性"。[2]建立在谱系分析基础上的学说被称为"谱系学",它是人文社会科学的一种学说和方法论。尼采(F. Nietzsche)和福柯(M. Foucault)都曾经用谱系学的方法分析社会现象。在西方,"谱系学"一词来自拉丁文 genealogia,又译为"系谱学",原义指关于家族世系、血统关系和重要人物事迹的科学,它有助于理解事物的起源及其演变过程。在谱系学看来,不存在固定不变的本质,也不存在形而上学的终极目的,谱系学追问的是"异",关注"一成不变的本质之外的异常事件"。正如福柯所言:"在事物的历史开端被发现的,不是它们本源纯粹的同一性,而是相异事物的纷争,是差异。"[3]既然谱系学追问事物的"本源",那么我们就可以借助谱系学的方法去研究课程的"本源"问题,因为这是我们理解课程概念的出发点。

谱系学是福柯在社会学研究中进行话语分析的重要手段,我们也借用谱系学的视角,去分析散落在时间隧道里的话语碎片,从而梳理课程概念发展的基本脉络。从谱系学的视角来看,人们对事物的认识必然表现为一定的话语表达,通过对话语的分析可以进入事物的内核,而话语的断裂与错位则恰恰反映了事物发展中的异质因素。在话语分析过程中,语境(context)是其不可忽视的重要因素。如果说"本源"是"根脉",那么语境就是其"土壤",是话语的支撑体系,为话语的衍生与分化提供滋养。影响课程概念的话语流变的语境,其实就是确定课程内涵的外在影响因素,这些因素主要表现为一定社会的政治、经济、文化和社会思潮。"在政治、经济、哲学和科学这些制约教育的基本因素中,任何一方面发生较大的变动,都会对课程的内容或形式产生影响"。[4]

(二)课程的知识身份追踪:课程谱系的源与流

从本源上来说,课程源于人们的社会生产和日常生活。对于这一起源,美国学者布鲁巴克(J. S. Brubacher)进行过考证。他指出,课程有其职能上的起源。为了胜任成人的工作,后代都得经受特定课程的训练。他认为,课程是一个"职能主义(functionalism)的概念"。[5]显然,布鲁巴克所说的"职能主义",其实阐明了课程服务于人的生存需要这一本源。通过对古代课程的考察我们会发现,人类早期对课程问题的关注一开始就没有偏离对人自身存在和发展的考量。例如,古希腊人以"七种自由艺术"(seven liberal arts,简称"七艺")作为当时教育的基础,包含了文法、修辞、逻辑、算数、几何、天文、音乐七门科目,这跟当时希腊人、特别是雅典人的政治生活和生产活动密不可分的。在奴隶制民主政体之下,雅典人善于通过公众讨论和辩论的方式来管理和决定他们城邦的事务。卓有成效的演说能力是参与政治生活的重要因素,因此"智者学派"一开始就开创了注重文法规则的语言训练,通过文法、修辞和逻辑这"三艺"把年轻人培养成能言善辩的人才,并由此去塑造儿童的心灵。古希腊人对理智的崇拜则促使柏拉图提出了著名的"四艺",即算数、几何、天文、音乐,这"四艺"使受教育者在未来的手工艺活动和家庭经济中受益。在"七艺"之外,体育课程也倍受古希腊人青睐。这是因为这些体育活动不仅在希腊奥林匹克盛会上向人们展示其高超的发展水平,更重要的是,体育竞赛活动可以服务于军事目的,有助于培养具有强健的身体和坚强的性格的武士。

　　课程来源于生产和生活,这意味着课程有着功能主义的根源。但从理性主义的角度看,课程还要发挥传承人类文明的重要作用,这就要求课程必须进入学术话语体系,成为知识的有机构成部分。课程概念获得知识身份的前提是,人类要发明文字,并以文字作为手段传达相关的课程信息。当古代的人类开始使用文字,相继进入文明社会之后,人们就开始用文字去描述生产和生活,通过文字记载,后世的人们就可以了解先人们的生活情境。从这个角度来看,中国的汉字恰恰为西方的课程知识谱系提供了注脚。在距今 3600 多年前的中国甲骨文中,就有"教"这个汉字。甲骨文"教"字很形象地描述了教育这一现象:它左下方部分表示一个孩子,是教的对象;左上方部分表示占卜的活动,是教的内容;右下方部分表示手,右上方部分表示鞭子或棍子,是教的过程与手段,合起来就代表着手拿着鞭子督促孩子的教育教学行为。这个字里面其实就有了课程的内涵,占卜就是古代课程的重要形式,说明古代的课程大致是围绕宗教知识而展开的。这一古老的文字充分地展示了古代课程概念的语境:课程起源于人们的生产和生活,是对生产劳动、宗教祭祀和其他社会活动的提炼和反映。

　　在西方,课程的词源一开始就有着关注过程的动态特征。斯宾塞(H. Spencer)1859 年发表《什么知识最有价值》一文,最早提出 curriculum(课程)一词,意指"教学内容的系统组织"。据《教育大词典》解释,英文 curriculum 一词源自拉丁语 cursus,意思是"跑马道"[6]。课程在西方的这种古典用法跟我国唐代的用法类似,都跟学校教育相去甚远。

但这种解释在当今的课程研究及其相关文献中受到越来越多的质疑,西方学者对课程的拉丁文词源有了新的理解,为其赋予了更多的内涵。在当代课程论研究领域,有些西方学者对 curriculum 表示静态的教学内容的传统概念提出了批判,认为它在教育中强调的是静态的知识和书本,而相对地忽略了学习者与教育者动态的经验和体验,因此,在当代的课程理论文献中,许多课程学者对 curriculum 的词源 cursus 作出了新的理解,因为 cursus 原意指"跑的过程与经历",引申为学生与教师在教育过程中的活生生的经验和体验,具有了动态的意义。根据"跑马道"的意思引申为"跑的过程",这对西方的课程概念产生了很大影响。根据这个词源及其引申意义,西方最常见的课程定义是"学习的进程"(course of study),简称"学程"。这一解释在各种英文词典中很普遍,英国牛津字典、美国韦伯字典、《国际教育字典》都是这样解释的。我国近代以来,随着中外教育交流的日趋频繁,在翻译领域开始用"课程"来翻译英文中的 curriculum 和 course。至此,汉语中的课程的概念开始跟近代外语中的相关概念进行对接,实现了从传统课程概念走向近代课程概念的发展。

(三)课程的"族谱"和定义群:话语分析与比较

今天,课程的"族谱"日趋繁杂,已经很难用单一的定义予以说明。我们用"定义群"来表征课程这一繁杂的"族谱",并以此为基础对课程的不同界定进行分析。

1. 课程是学习者的经验和活动体验

课程的源头在于人的生产和生活,因此在课程的"族谱"中,这一界定有着悠久的历史;这种定义是从人(学习者)的角度来界定课程的,因此又有着人本传统。在文字和正规学校出现之前,早期人类的教育无疑是借助具体活动来进行的,这些活动就代表了早期课程的形式。近代以来,特别是受到美国 19 世纪末到 20 世纪初的进步主义教育运动的影响,尤其是受美国教育家杜威(J. Dewey)的影响,他把课程看作是儿童经验的观点广为流传。杜威从"教育就是经验的改造或改组"这一基本的命题出发,提出学校的课程应该是活动性、经验性的"主动作业",即着眼于儿童经验的发展而对社会生活中的典型职业进行分析、归纳和提炼而获得各种活动方式,如金工、木工、烹饪等,这些"主动作业"就是杜威所理解的课程。"主动作业"的方式很多,"除了无数种的游戏和竞技以外,还有户外短途旅行、园艺、烹饪、缝纫、印刷、书籍装订、纺织、油漆、绘画、唱歌、演剧、讲故事、阅读、书写等具有社会目的的主动作业"。[7]

把课程设想为有计划的学习经验,在今天的课程专家中是一种比较普遍持有的概念。尤其是国外学者,更习惯于从儿童所获得的经验的角度去界定课程。例如,美国课程论专家卡斯威尔(H. L. Caswel)等人认为,"课程是儿童在教师指导下所获得的一切经验";另一著名课程论专家福谢依(A. W. Foshay)也认为,"课程是学习者在学校指导下一切经验"。[8]美国学者凯利(A. V. Kelly)直截了当地指出:"课程一词被用来指许多不同的教和学的计划,这将使课程的概念窄化……我们所采用的课程定义是,儿童在学校提供的教育条件下所接受的整体经验"。[9]施良方认为,"这种课程定义的核心,是把课程的重点从教材转向个人"。[10]在这个定义中,学习者的经验被放在最为重要的位置上,他们在学校中实际体验到或学习到的经验就构成了学校的课程。

2. 课程是学校中的教学科目和活动

在正规的学校出现之后,课程概念的"族谱"中就增加了一种非常重要的定义形式,即把课程界定为学校中的教学科目和活动。在古代教育中,中国的"六艺"和古希腊的"七艺"就已经具有了学科课程的雏形;近现代以来,随着科学的发展和知识的积累,人类在知识领域划分出越来越多的学科,这些学科成为学校课程的主要形式。为了便于他们学习和掌握,学科被提炼为不同的教学科目,并进入学校的课程体系,构成了学校教育主要内容。因此,把课程看作是教学科目和活动是一个最容易被人接受的定义,人们习惯上把课程看作是学校中的教学科目的总和(广义的课程),或者指代具体学科(狭义的课程)。

把课程看作是学校中的教学科目,这种观点是从学校教育内容的角度来界定课程的。在《教育大辞典》中,课程是这样定义的:课程是"为实现学校教育目标而选择的教育内容的总和,包括学校所教各门学科和有目的、有计划、有组织的课外活动。"[11]这种观点把课程看作是为了实现既定的教育目标而选择出来的教育内容,在学校教育中主要体现为教学科目。还有很多定义更直接地将课程指向于教学科目。例如,《辞海·教育心理分册》:课程是"教学的科目,可以指一个教学科目,也可以指学校的或一个专业的全部教学科目,或指一组教学科目。[12]《中国大百科全书》:"课程有广义、狭义两种。广义指所有学科(教学科目)的总和,或指学生在教师指导下各种活动的总和;狭义指一门学科。[13]

把课程看作是教学科目,这种理解在历史上由来已久。我国古代的课程有礼、乐、射、御、书、数这"六艺"之说;从古希腊甚至直到欧洲中世纪,西方的课程有"七艺"之说。近现代以来,学科课程体系的完善和最终确立,其实就是建立在这样一种课程的定义基础上的。因此,"课程是学校中的教学科目和活动"这一定义有着悠久的传统,也是目前人们定义课程的最传统的一种方式。一般人往往把学校开设的课程表或功课表上列出的科目视为"课程",甚至认为"课程"指的就是某一门科目,或某一种教科书,如语文课程、数学课程等。这种定义方式很符合人们的日常表达,最容易被人们所理解和接受。

3. 课程是教育活动的计划与学习者的学习结果

在课程的"族谱"中,这一定义是制度化教育的一种反映。制度化教育要求课程服从教育体制的安排,具有明确的规范性和计划性。从20世纪50年代美国课程论专家泰勒(R. W. Tyler)提出课程开发的"目标模式"之后,这种界定便广为流传。例如,塔巴(H. Taba)就认为,"课程是一种学习计划",[14]是为受教育者提供一系列学习机会的计划。在他们看来,课程总可以定义为一个行动计划,这个计划包含目标、内容、活动和评价等。我国不少中小学教师就把课程理解为"教学计划""教学大纲",这种理解也属于该定义的范畴。

"课程即计划"这一定义影响甚广,很多学者在论及课程时都往往用"蓝图""规划"等术语比喻课程,或辅之以构成要素借以说明课程的本质。例如,"课程是一种学习者的学习计划,可以是教育研究者心中的'理念课程',也可以是政府规划的学习计划,或学校的'校务计划',或教师规划的'教学计划',或学生的'学习计划'"。[15]从计划的角度去理解课程,人们更关心的不是学习经验的积累问题,而是学校中的课程如何为学生未来的生活作准备。这种观点强调对学生的学习进行事先规划,包括学习目标、学习的内容,以及如何评价学习的结果等。

同样是从学校教育的进程来考察课程的定义,有的学者则将课程视为预期学习结果或目标。美国早期课程论专家博比特(F. Bobbitt)等认为,课程是教育者试图达到的一组教学目标或希望学生达到的学习结果。课程不应该是经验,而是直接关注的预期的学习结果和目标。这些结果和目标直接指向于学生未来生活的各个领域的经验和活动,博比特就将人生经验划分为 10 个领域:语言活动、健康活动、公民活动、社交活动、心智活动、休闲活动、宗教活动、家庭活动、非职业性的实用活动和职业活动等。

4. 课程是文本和复杂的会话

在课程概念的"族谱"中,这一定义属于"新生代",它折射出 20 世纪中后期哲学社会科学的"后现代转向"。20 世纪末,在后现代主义、现象学、诠释学等哲学社会学思潮的冲击之下,课程论的研究进入了理论繁荣、话语多元的格局。人们对传统的课程思想进行批判、反思甚至重建,尤其是北美的一些课程学者,试图对课程研究领域进行"概念重建",代表人物是美国当代课程论专家派纳(W. Pinar)。派纳所倡导的概念重建主义课程理论以传统的"泰勒原理"作为批判对象,认为传统课程代表的是"课程开发范式"。在他看来,这种传统的范式已经终结,用他的话来说就是"课程开发:生于 1918 年,卒于 1969 年"[16]。在他看来,课程研究应该从"开发范式"转向"理解范式"。在课程理解的范式中,课程"既超越了学科和教学计划的涵义,也不再仅指学习者的经验,它越来越成为一种'符号表征',越来越成为一种'文本',通过这种文本可以解读和构建出多元的意义:政治意义、种族意义、性别意义、审美意义、神学意义、个性意义,等等"。[17]既然课程是一种文本,那么通过对文本的解读就可以获得多元的课程话语,围绕这些话语就可以展开复杂的会话,在这种会话中达到对课程的一致性理解。

在派纳的课程理论中,把课程作为复杂的会话是理解课程的前提。"会话"一词代表着一种"际遇",以及"际遇"之后发生的事件。在学校和课堂情境中,教师、学生、知识处于一种复杂的互动之中,在这种"际遇"中会产生一定的教育意义。因此,"复杂的会话"既是过程,又是结果。把课程作为文本和会话,这一定义有利于改变传统课程的高度制度化与科层化现象,尊重具体的教育情境以及各种教育要素的互动,为学校课程注入新的活力。

总之,谱系学的视角为我们提供了有关课程概念的一幅新图景。在这幅图景中,课程不再是静态的、瞬时的,而是具有了动态性和历史性;课程的概念不再平面化,而是更加立体和丰满,这也为我们研究和理解课程问题带来了新的启发。

参考文献

[1] Colin J. Marsh. Key Concepts for Understanding Curriculum [M]. London and New York：Routledge Falmer，2004：3.

[2] 杨矗.中国人文学术研究的谱系危机[J].上海师范大学学报(人文社会科学版),2007(4):118.

[3] 江怡.走向新世纪的西方哲学[M].北京:中国社会科学出版社,1998:142.

[4] [美]布鲁巴克.西方课程的历史发展[J].瞿葆奎.教育学文集(课程与教材)[C].北京:人民教育出版社,1988:43.

[5] [美]布鲁巴克.西方课程的历史发展[J].瞿葆奎.教育学文集(课程与教材)[C].北京:人民教育出版社,1988:44.

[6] 顾明远.教育大词典[M].上海:上海教育出版社,1990,257.

[7] [美]杜威著.王承绪译.民主主义与教育[M].北京:人民教育出版社,1990:209.

[8] 张华.课程与教学论[M].上海:上海教育出版社,2000:68.

[9] [美]A. V. 凯利.吕敏霞译,课程理论与实践(第五版)[M].北京:中国轻工业出版社,2007:7.

[10] 施良方.课程理论——课程的基础、原理与问题[M].北京:教育科学出版社,1996:6.

[11] 顾明远.教育大辞典(第1卷)[M].上海:上海教育出版社,1990:257.

[12] 辞海·教育心理分册[M].上海:上海译书出版社,1980:5.

[13] 中国大百科全书·教育[M].北京:中国大百科全书出版社,1985:207.

[14] 江山野.简明国际教育百科全书·课程[M].北京:教育科学出版社,1991:64.

[15] 黄光雄,蔡清田.课程设计——理论与实际[M].南京:南京师范大学

出版社,2005:9.

[16] [美]派纳著,张华等译.理解课程[M].北京:教育科学出版社,2002:6.

[17] 钟启泉.当代课程研究展望:语义与意义[A].《当代中小学课程研究丛书·总序》,济南:山东教育出版社,2000:1.

(本文发表于《比较教育研究》2012 年第 3 期。作者杨明全,时属单位为北京师范大学国际与比较教育研究院)

第二章 课程理论流派

一、隐蔽课程:一些理论上的思考

自美国学者 N·V·奥渥勒 1970 年首次提出隐蔽课程(hidden curriculum)的概念以后,引起了教育研究者的浓厚兴趣。近年来,随着对隐蔽课程的探讨不断增多、研究逐步深入,人们越来越认识到它在学校教育中的地位和作用。国外,尤其是美国对隐蔽课程的问题日益重视,目前他们对隐蔽课程的研究已不仅只局限于理论探讨的范围,而且进行了一些实证研究。虽然这些研究还只处于初级阶段,取得的成果也有待于进一步验证,但是,研究者似乎都肯定:隐蔽课程的影响远远超出我们先前的预料,它几乎涉及在学校中以动态或静态形式存在的所有事情。鉴于这种情况,我们有必要对隐蔽课程的现象予以剖析,以便更清楚地了解其性质、与学校中其他课程的关系,以及对社会及受教育者个人所起的作用。

(一)隐蔽课程的概念及其特性

"隐蔽课程"一词与"课程"一样,其含义分歧而不统一,它与课程的定义有极为密切的联系。现在最为流行的课程定义之一是"有计划的学习经验"。这种定义重视儿童本身的学习经验,强调有计划、有意图的学习活动,因而把隐蔽课程摒弃于课程范畴之外,认为在实际学校生活中不存在隐蔽课程问题,或者,即使存在的话,其作用也是微不足道的。另一方面,有些人认为,有计划、有意图的目标在教育中不一定能完全实现，儿童实际得到的信念与价值也不一定是学校或教师教导的内容。他们把课程界说为"学习者在学校情景中获得的全部经验"，其中既包括有目的、有计划获得的经验，也包括无意识、非期望地获得的经验，从而认为隐蔽课程是课程中的一个重要组成部分，对受教育者及社会环境都有一定的影响。正如 W. 黑尔所指出的："虽然我们可以就隐蔽课程的内容适当地提出疑问，但否认这样一种现象的存在，明显是不明智的举动。"

承认隐蔽课程这种现象的存在，是对其进行界说的前提。以往对隐蔽课程的定义主要着重于过程与结果两方面。前者认为可以把隐蔽课程视为一系列的实践活动过程，虽然我们不知道过程的结果，但可以对它进行推测。在这种概念引导下，研究者努力去确认属于隐蔽课程的活动，分析由哪些因素构成了隐蔽课程的全部内容。强调从结果方面定义的人，主要以那些"学校消亡论"者为代表，如伊里奇、赖默等，他们对隐蔽课程如何发挥作用的过程不感兴趣，而是从更为广阔的社会背景上来考察学校教育，认为隐蔽课程加强了社会的不平等与不公正，培养了学生的奴性。在他们看来，隐蔽课程现象的存在，是取消学校的呼声的一个强有力的支柱。在这两种定义中，前者从微观的学校结构进行考察，注重的是隐蔽课程对受教育者个人的影响；后者从现实的社会环境出发，强调的是隐蔽课程给社会带来的后果。实际上，无论是对受教育者，还是对整个社会环境，隐蔽课程都发挥着一定的作用。另外，过程与结果也是密不可分的，在学校教育中，师生在开展交往活动或其他活动的同时，也就在学生身上产生了一些无意识的、未预料到的结果。在过程与结果之间，不存在一条明显的界限。可见，把两者全部融汇于隐蔽课程的定义之中，并不是不可能的。隐蔽课程涉及学校教育的各个方面，它作为学生在接受教育时得到的一种"副产品"，就像药理学中所讲的药物的副作用一样，是必然存在的，这种"副产品"是在不知不觉中产生的。因此，我们可以把隐蔽课程定义为"学生在学校情境中无意识地获得的经验"。这个定义与前面的课程概念是一致的，它既指学生如何获得非预期的经验，也指学生获得的这些经验是什么。

从对隐蔽课程的分析中，可以看出它具有如下几个特性：① 非预期性。对教师、学校行政管理人员及教育政策的制订者来说，隐蔽课程的影响是他们事先没有预料到的，即非预期的。这种非预期的影响并非就是坏的，它们有时可以促进教育目标的实现,发挥积极的作用。② 潜在性。对学生来说,学校的实践活动具有发挥影响的某种潜在的可能性,他们在从事一定活动的过程中,也就不知不觉地接受了隐含于其中的影响。③ 多样性。学校的实践活动是丰富多样的,由于学生从事不同的活动,受到的潜在影响不同,他们在学校内学到的隐蔽课程亦是多种多样的。④ 不易察觉性。人们在从事某种活动之前,不可能设想到活动的全部结果,对于活动使主、客体产生的那些微妙的变化更不可能完全料及。依靠今日的评价手段,我们还无法认识隐蔽课程的所有内容,对其中的诸多东西,也只能靠猜想、推断来了解。

(二) 隐蔽课程与显著课程

现在看来,课程至少有两个组成部分:显著课程(formal or explicit or tangible curriculum)和隐蔽课程(hidden or covert or invisible curriculum)。这两个部分是否包括课程的全部内容呢? 除此之外,是否还存在其他课程呢? 对此,课程专家之间尚未达成统一的见解。

A·哈格雷夫斯认为学校传授了两种课程:第一种是正规课程,指学校有目的、有计划地传授的学科;第二种是隐蔽课程,因其并非教师有意设计的,所以往往不受到重视。麦克唐纳强调课程包括三个层次,即显著课程、隐喻课程(implicit curriculum)和隐蔽课程。第一层次的显著课程是有意的,经得起考验的、为社会所接收的;第三层次的隐蔽课程则与此相反,是无意识的、经不起考验的,不为社会所接受的;隐喻课程处于中间层次,表明信念与价值体系,是设计显著课程的基础。D·瓦韦克对课程的分类与麦克唐纳大同小异,他认为课程包括三部分:显著课程、理想课程(ideal curriculum)和隐蔽课程。显著课程是学校中实际进行的活动;理想课程是显著课程的基础,也是其努力的目标;隐蔽课程则是学生与显著课程、理想课程交互作用的一种"副产品"。在这里,理想课程与隐喻课程实际上指的是,课程内容的选择与组织是受一定哲学背景、社会学以及学校或学生的实际情况制约的,课程编制应植根于社会的文化价值体系之上。这些因素在很大程度上是微妙地发挥作用的,教师及课程编制者并非能意识到它们的影响,因而具有隐蔽课程的性质。但其中有些因素,如学生或学校的实际需要,是教师等可以意识到的,已上升到他们的"意识阈"之上，因而可以归入显著课程的范畴。鉴于此，我们可以把显著课程和隐蔽课程作为课程中必不可少的、而且也可能是全部的内容，否则，我们在逻辑上就无法作出合理的解释，在实践中也不能把它们加以明确的限定与区分。

显著课程是学校中实际进行的活动，是学校或教师公开承认或叙述的课程，在传统教育学中最受重视。C·J·R·韦德曼认为，显著课程是学校教育中的学术课程（academic curriculum），包含教育制度上有计划的或被承认的部分，如教材内容、规则、规定、规律，报酬体系，教育目标，分班分组制度，教学方法、教具、设备等。韦德曼从静态的角度描述了显著课程的内容，却忽视了其中的动态因素——师生活动。实际上，只有在学校活动中，"学术课程"才会变为真正的显著课程。在学校中，课程最直接的表现是学生在课堂内外进行的活动，这可以说是第一层次的显著课程。若仔细分析，这一层次的课程虽包罗万象，涉及学校中各方面，但它终究是围绕一定的学科进行的，并且常常借助于反映本学科基本内容，适应学生身心发展需要和社会发展需要的教材，同时是在某一特定时间内集中于一个特殊单元之上的。因此，这些单元、教材、学科构成了显著课程的第二个层次。一般说来，无论是进行课堂教学，还是从事其他课外活动，都是以日课表为依据的，日课表规定了学校每日的活动内容、程序、组织安排等，它是课程标准（教学大纲）的具体化，把课程标准的概括化要求具体体现于学校每日的活动上。日课表、课程标准是更深层次上的显著课程，在外在表现上远不如前两个层次显著。

至于课程标准及日课表的制订与编排，则受到哲学背景、价值及社会文化体系、学校或学生的实际情况等隐蔽课程所制约。其中，教师往往忽视价值与社会文化体系在课程编制中的作用。实际上，个人所持的价值观与社会文化体系是课程活动的基石，它统整着显著课程的各个层次，使显著课程有效地发挥其职能。不难看出，作为隐蔽课程的价值观与社会文化体系并非在课程发展史的长河中自始至终是隐蔽的。在学校设立之初，它具有某种程度的意图性的，并且是外显的。当时，统治阶级为了巩固他们在社会组织中的地位，把课程作为达到思想一统的工具，来进行价值的灌输与社会文化的传递，并且使其国民达到政治上的社会化。后来，随着学校教育的制度化与合理化，学校可以更顺利地完成其职能，这些价值与社会文化体系也就转而消失为"隐蔽课程"。

在这里，我们应该注意把隐蔽课程的第一层次与第二层次区分开来。前者是从显著课程转化而来的，其产生发展有一定的历史背景；后者是自学校产生之日起，就潜在于学校的各项活动之中的，并有可能持续于学校课程的终结之时。因为从事每一项课程活动，都不可能达到与预期目的丝毫不差的境地，总要在学习者的认识、情感方面产生某些预料不到的效果。但这并不意味着我们对第二层次的隐蔽课程无能为力了，我们可以通过评价及其他手段，认识到它的作用，使它变为显著课程的有机组成部分。有许多学者（如前面提到的麦克唐纳）只注意到了隐蔽课程的第一层次，而忽视了其中的第二层次，执于一端，未能把握隐蔽课程的全貌。

（三）隐蔽课程与社会控制

隐蔽课程与教育中的其他成分一样，对社会及学习者个人都具有一定的作用。国外一些学者认为，隐蔽课程的社会职能主要在于进行社会控制，是通过把占统治地位的意识形态、价值观转向"深层结构"，成为隐蔽课程，来达到社会统整的。并且认为，隐蔽课程是学校以某一特定的意识形态为基础，舍弃某些现实材料，歪曲某些事实，所选择的适合自身立场的教材。学校教学之所以违背事实与现实，是为了避免冲突，以维持社会秩序，即学校有系统地歪曲了社会关系中冲突及对立的角色，有意图地把不利于社会统治的观点隐蔽起来，不教授给学生。

"学校消亡论"者对隐蔽课程的社会控制职能深恶痛绝，认为隐蔽课程使一套深层的价值与信仰微妙地得到加强。由此，儿童可能相信，唯一值得学习的东西就是学校中所教的那些东西，其余的一切都是不重要的，学生自身不能决定什么是有意义的东西。结果，学生就被学校化了（schooled），接受学校存在的必然性与必要性丝毫不予怀疑。因此，学校的隐蔽课程增强了学生的柔顺、盲从、保守等特性，不仅不能促进社会流动，实现教育机会均等，反而更加强了社会的分化，使社会阶层的分化合理化。虽然学校消亡论者注意到了隐蔽课程在政治上的影响，认为隐蔽课程养成了学生被动的习惯与社会顺从，并摧残了人性，但他们忽视了人只有在社会关系中才能实现社会化这一基本思想，主张必须取消学校才能彻底解决隐蔽课程带来的问题，这就陷入了乌托邦式的幻想之中。

J·安恩 1978～1979 年进行的著名的研究很好地说明隐蔽课程的社会制约作用。

安恩在新泽西市和市郊选了 5 所学校作样本。其中两所学校为工人阶级的学校(working－class schools),该校大多数学生的父母从事蓝领工作;第三所学校是中产阶级的学校(middle－class school),学生的父母大多从事白领工作,但其中也有一部分人是蓝领工人中的"富裕者";第四所学校学生的父母属于中上层级阶中的高收入者,从事职业的待遇比较优厚,这所学校可称为"优裕阶层的学校(affluent professional school);第五所学校,大多数学生的父亲都在美国几个主要的跨国公司中任高级行政官员(如董事长、副董事长等),这所学校称为"行政英才的学校"(the executive elite school)。安恩发现,在这 5 所不同的学校中,存在着极为不同的隐蔽课程。

在工人阶级的学校中,学校工作主要是为儿童将来从事机械的和日常事务性工作作准备,这样的工作抹杀了人的创造性才能,只是使学生成为他人获取利润的一种工具。中产阶级的学校中所传授的东西,适于学生将来进入白领工人的领域,并不常要求学生对现有制度进行批判性分析。在优裕阶层的学校中,儿童获得的是象征性资本,他们有机会发展语言上的技能、艺术上的才能、科学上的创造精神,这些都为他们将来成为艺术家、技师和科学家所必需。行政英才的学校传授给儿童的知识、技能,是其他学校所没有的,他们学得的是操纵社会的工具,是进行系统分析的理论。安恩最后得出结论,认为学校实际活动中的隐蔽课程,是以一种特殊的方式与"产出"过程相联系的。在一定的社会情形下,不同的课程、教学法和评价强调的是不同的认知及行为技能,因此,儿童对权威所持的态度,以及他们与工作过程、物质性及象征性资本形成的关系亦各不相同。不同阶级的学校经验,具有质的差别,这种差别不仅制约着每一社会阶级的儿童在未来的经济生活中所处的地位,而且还再造了社会关系系统自身,预先就把人固定于一定的职业。

虽然安恩的研究还有待于进一步验证,但是隐蔽课程在社会控制上所起的作用是显而易见的。学生总是就学于一定社区的学校,他们一进入学校,就先要适应学校生活,努力成为年龄相同、家庭地位相似的同辈集体中的一员。另外,还要学会服从教师及其他人员的各种指示,遵守各项规则、规定。熟悉学校中的隐蔽课程,是他们投入学校活动的前提条件。因此,学生极少出现异于本阶级同辈团体的举动,也不容易造成向上的社会流动。

(四)隐蔽课程与人格陶冶

隐蔽课程作为教育系统的一个组成部分,是存在于社会这个大系统之中的,它的存在依赖于外界社会,同时对社会亦有一定的作用。上面所讲的隐蔽课程的社会控制职能并不意味着隐蔽课程是进行社会控制的充分条件,可以自行决定社会的稳定与变化。事实上,它的这一职能的发挥,不仅要依赖于教育活动中的其他因素,依赖于与社会政治、经济,特别是文化的相互作用,而且最终要通过对教育对象-学生的影响来达到。隐蔽课程自产生之日起,就对受教育者的身心产生着重要的影响,陶冶着他们的人格。隐蔽课程的社会控制职能及人格陶冶职能,在性质上有不同之处。前者在一定程度上是由主观决定的,是随情境的变化而变化的,在不同的历史时期有不同的表现,因而属工具职能的范畴;后者是客观存在的、独立的,对其好、坏的判定,一般不附着于其他事物,所以可划为固有职能之列。这样的划分只是相对的,两者间并不存在泾渭分明的界限。无论是隐蔽课程的固定职能,还是其工具职能,发挥作用的方式都是内隐的,而非外显的,否则,隐蔽课程也就无"隐蔽"可言。

隐蔽课程有时具有一定的意图性,这在隐蔽课程的第一层次——价值观与社会文化体系上表现最为明显。在教学中,教学内容的选择与组织都不能摆脱已形成的价值观及社会文化体系的影响。每个教师都是从一定的哲学观、社会观出发,对历史上继承下来的遗产进行选择,进而考虑现有设备、学生需要及兴趣、自己的教学风格等方面来设计课程进行教学的。这样一种过程,无形之中,就向受教育者传递了与社会要求相一致的价值和观点。如此看来,学校布下的与社会相一致的思想文化的"罗网",限制了学生能力的发展,学生在学校所了解的无非是社会所规定的那些内容。在封闭型社会中,这无疑加强了社会统治,促进了社会的稳定。然而,在现代开放型社会中,这种情况已有所改观,每一国家几乎都兼容其他国家和地区的文化,其中既包括自然科学知识、先进的生产技术,也包括人文科学、社会科学知识。如何使学生吸收这些来自不同制度、不同政体的国家的知识经验,保持民族特有的文化,是教师必须予以思考的问题。他们通常的作法是,在向学生传授这些材料的同时,就隐含于其中的有关假设与前提进行批判性的分析。这样,学生一方面学得了国外文化的背景性知识,另一方面也培养了自己批判性思维的能力,并转而对教科书中规定的内容及教师讲授的内容进行类似的分析,把自己民族的文化与其他文化相比较。对于社会统治来说,这种分析与比较兼有利弊,但无论如何,它使得学生能更大地发挥其主观能动性,培养了独立思考等能力,有利于学生身心的发展。

在教育活动中,隐蔽课程是一个重要的工具,因为有许多东西是无法直接传授的,例如,态度、意向、风格等,它们至今还只能使学生间接地获得。正如行为主义心理学家的研究所表明的,人都具有受暗示性,受周围环境制约。因此,教师自己要以身作则,以一行一动去影响学生。但是对学生人格的陶冶,并非只限于教师,学校的建筑、设备、校园文化、班级安排、作息时间等,无不对其产生影响。因此,利用一切可能的条件,对学校诸活动精心地予以组织安排,使隐蔽课程充分发挥其有益影响,对培养"完美的人"这一最终的教育理想的实现,无疑将大有助益。

显然,本文的探讨并未能穷尽有关隐蔽课程的所有问题,其中的许多问题还有待于进一步研究,如隐蔽课程给学生人格发展带来哪些消极的影响? 如何对隐蔽课程进行科学的、精确的实证研究? 等等。相信教育界同仁的恒久研究,终会突破这些难题。

参考文献

[1] 蔡斯(R·S Zais)课程:原则与基础[M]. ☆出版社无从查询,1976.

[2] 哈尔(Hare, W). 对一些当代教育口号的思考[J]. 国际教育评论, 1986(32).

[3] 欧用生.课程发展的基本原理[M].台北:台海复文图书出版社,1985.

(本文发表于《外国教育动态》1989 年第 1 期。作者郑金洲,时属单位为华东师范大学教育系)

二、论自然观察者智力及其课程开发

美国哈佛大学心理学家加德纳（Howard Garder）1993 年出版了《智力结构》（Frame of Mind）一书，系统地提出了多元智力理论（multiple intelligences theory）。1996 年，加德纳在原有 7 种智力（即语言—言语智力、逻辑—数理智力、视觉—空间智力、音乐—节奏智力、身体—运动智力、人际—交往智力、自我内省智力）的基础上增加了第 8 种智力：自然观察者智力（naturalist intelligence）。

（一）自然观察者智力的内涵

自然观察者智力，指的是人们辨别生物（植物和动物）以及对自然世界的其他特征敏感的能力，能够认识到其他物种或类似物种的存在，能够把几种物种之间的关系罗列出来等。这种智力在过去人类进化过程中显然是很有价值的，如狩猎、采集和种植等，同时这种智力在植物学家和厨师身上有重要的体现[1]。加德纳认为，每个个体都处在各种各样的动植物世界中，都有必要具备一种能力去面对陌生或已知的事物，这种能力可以理解为以达尔文的敏锐性进行辨别和分类事物的能力。

在西方文化中，"自然观察者"（naturalist）一词代表了那些对生物世界有相当知识的人，达尔文便是一个自然观察者智力最有名的代表人物。

世界上的每一种文化都相当重视辨别对其特别有利或有危险的物种，同时也重视善于对新生物进行分类的人。在没有正式科学的文化环境中，自然观察者是指那些最能有效地运用分类学的人。在受过正式科学训练的文化环境中，自然观察者是指能够使用正式分类学知识去辨认及分类物种的生物学家。他们会表现出一种"生物友善性"（biophilia），即具有照顾、安抚、和其它各种生物产生微妙互动的天赋。

从人类发展来看，自然观察者智力是早期人类在生存过程中演化而来的，它包括识别有益或有害的物种、气候的变化及粮食等等。虽然人类已进入了一个新的千年,今天很少有人能够轻易地接触到尚未开发的荒原,儿童接触大自然的机会也并不多,但在现代社会中,观察自然,对动植物进行识别和分类的技能还是十分重要的。从个人的发展来看,一些人从很小的年龄开始就特别擅长识别和分类物品,自然观察者智力是伴随着儿童的好奇心一起成长的,儿童都具有主动探索大自然的倾向。例如,3～4 岁的小孩比成人对恐龙更感兴趣。某些小孩在年纪很小的时候就很明显地表现出对自然界的兴趣,同时也显现出辨认和区分自然界物体的敏锐能力。我们从某些生物学家的传记中常会发现,他们从小对动植物的兴趣以及对辨认、分类和研究这些动植物表达出强烈的欲望。与此相对照的是,物理学家的早期生活却完全有别于此,他们喜欢探索那些看不见的东西,或玩一些与机械有关的东西。临床和实验研究表明,脑损伤病人可以指认和说出无生命物品的名称,却完全无法指认有生命的东西。另一些病人则显示出完全相反的行为表现。到底神经中枢哪一部分负责指认和命名有生命和无生命物体的能力,至今尚未有定论,也许是不同的人对指认物种所采用的方式不一样。例如,有些人是经由图片和照片去认识学习那些物种的,另一些人可能是通过直接接触那些植物和动物去了解它们的特性的。

加德纳认为,心理学家迄今没有花很大的精力去研究自然观察者智力,他们一般都使用人为的刺激物(如几何图形等)来评估人的认知能力,智力测验的编制人员也很少把动植物的分类作为测验的内容之一。他说,智力的最终标准是要在某种符号系统中能被编码的可能性,世界上每一种文化在动植物分类上都有非常广泛的语言和表征系统,这显示了自然观察者智力的通用性。此外,有些艺术作品,如从山洞壁画到传统舞蹈,都代表了自然观察者辨别各种有特色现象的表现。因此,加德纳认为,一个人"能够辨别动植物,对自然万物进行分门别类,并能运用这些能力从事生产,如打猎、耕种乃至生物科学方面"[2]就是自然观察者智力的表现,它是可以增加到多元智力的菜单中去的,成为第 8 种智力。

加德纳指出,在 1983 年所提出的 7 种智力能形成综合性的用于支配人们思维和行动的能力,它们每天都在帮助人们理解周围的世界。虽然自然观察者智力在人们的日常生活中所起的作用没有像其他 7 种智力那么明显,但它起到了规范其他七种智力的作用,如激发对自然的兴趣,学会用自然观察的方法加深对科学的认识,理解自然对人们日常生活的影响等。

(二)自然观察者智力的课程开发

加德纳认为,自然观察者智力是人类早期在生存竞争过程中演化而来的,在过去人类进化过程中显然是很有价值的,如狩猎、采集和种植等。但在今天,多数儿童大部分时间都呆在由钢筋与混凝土建造的房子里,很少有接触大自然的机会,这对儿童的发展来说是极其不利的。其实,儿童在很多方面都表现出了自然观察者智力,如有些儿童希望了解动物或自然现象;有些沉迷于万物的生长;有些渴望探索自然的景观,关心自然生态的状况;有些喜欢对自然界的物体进行分类、辨认和区分;有些热爱大自然或渴望与生态环境友好相处等等。所有这些都说明,自然观察者智力是儿童发展所不可或缺的,其本质是观察、分类、条理化以及寻求事物间的联结等。因此,鼓励学生接触大自然,从事项目学习、开展网络课程学习等开发手段均能有效地促进学生自然观察者智力的发展。

1. 鼓励学生接触大自然

一提起学校,人们自然而然地想到一个有许多建筑物,并用围墙围起来的地方。虽然,这是学校的有形空间结构,但长期以来,使得教师和学生无意中形成了这样一种观念,即学校围墙内的学习是真正的学习,而围墙外的活动不是学习。于是学生亲近大自然的机会少了,甚至没有了,正如美国教育家杜威所说的,日常生活中引起丰富学习内容的活动不复存在了。其实,人们经常会提起在学校里感受最深的是那些与日常生活相关的学习经验,自然观察者智力为学生提供了将学习与课堂之外的真实世界相联系的方式。可以说,自然观察者对自然界的一切事物都非常感兴趣,都有"打破沙锅'问'到底"的习惯。亲近大自然,在自然中观察可以引出许多深刻的问题。如著名的自然观察者艾瑟雷(Loren Eiseley)有一天在费城动物园散步时,不由自主地想到了池塘中的鸭子为什么有那么美丽的斑纹。从这一疑问开始,艾瑟雷就着手研究生存竞争在鸭子色彩斑斓的羽毛方面所起的作用,并且乐此不疲。自然观察者善于用他们的观察来形成假设,寻求问题的答案。因此,亲近自然,向自然学习,是自然观察者独特的学习形式。

在美国,亲近大自然,向自然学习已变成了一项重要的学习活动。在加州斯托克顿的林克恩高中西校区,学生喜欢的最丰富的学习环境是农场。学校的设备非常简朴,学生被美丽而宁静的大自然环抱着。虽然学校拥有先进的电脑中心、现代化的礼堂和会议室,但学校的课程主要是让学生在自然的环境中接受自己动手做的科学教育。当地的一位土地开发商捐给学校一个果园,该果园每年可为学校带来 40 万美元的收入。在明尼苏达州,有关方面创办了一所"动物园学校"。学校就位于明尼亚波里斯动物园的园区里,动物园不仅捐出土地供学校使用,而且还派出动物园的专家参与学校课程的教学。这所学校的入学竞争十分激烈,入学标准之一就是根据学生为什么要进这所学校就读的小论文。其他课程,如社会科学、英文等都被整合到以自然观察学校为主的主题课程中。有很多学生虽然在其他学校学习表现不佳,但来到这所标榜自然观察者智力不同寻常的学校学习后,通过主动参与动物园的学习,他们都表现出了杰出的才能。[3]

美国学者坎贝尔(Bruce Campbell)根据自然观察者智力的性质及其特征,致力于在教学活动中开发学生的自然观察者智力。经过多年的研究和实践,他对自然观察者感兴趣的主题作了分类:[4]

· 动物学;

· 天文学:星座、星星;

· 植物学;

· 自然界的平衡;

· 动植物保护区:鸟类、蝴蝶、昆虫、花卉、森林、园艺;

· 地球:沙漠、湖泊、山脉;

· 地质学:火山、岩石;

· 海洋:河流、潮汐、鱼类、贝壳;

· 四季变迁:气候。

教师应鼓励学生接触大自然,到野外考察活动能使学生在自然环境中用自己的观察、理解和组织方式进行学习。

对于一位自然观察者而言,与自然界的互动是其兴趣所在。在与自然界的互动中,他会不断地记录所遇到的事物,通过对野外观察的记录,并进行事后的回顾与理解,就能从中发现和提出问题。野外考察就是把大自然作为课堂,将观察到的细节和事实、由观察所引发的问题、思考和感受——记录下来,成为今后探讨的主题或线索。野外考察给了儿童更多的接触大自然的机会,满足了他们探索自然奥秘的好奇心,而且还锻炼了儿童在野外的生存与适应能力。一般的野外考察可以鼓励学生以日记的形式来体现,并围绕以下主题来进行学习:

· 考察地的温度、湿度、日照情况。

· 考察地的地形情况,是丘陵、草原还是平地。

· 描述土壤的性质,是砾石、砂石还是泥土。

· 考察地植物的生长状况,是否属于同一类植物?

· 这些动植物的出现表明了该地的什么信息?

· 为什么这些动植物会生长在这一地方?

· 描绘出一种想进一步追踪研究的动植物名称,并采集一些有关植物的标本。

· 通过本次考察,最感到惊讶的问题是什么? 并列出相应的问题。

通过考察,学生对以上问题的尝试和思考,回到教室后,教师就能帮助学生确定他们所要研究的动植物对象,将有共同兴趣的学生组成一个研究小组,进行项目学习(project-based learning,PBL),探讨各自感兴趣的主题。

由于野外考察与项目学习是联系在一起的,通过考察和确立项目学习的主题,学生就能逐渐发展三种主要认知技能:发现事物的异同点、根据不同的标准对事物进行分类、察觉出事物间的相互关系,这些正是自然观察者的思考方式。

2. 从事项目学习

项目学习指的是一套能使教师指导儿童对真实世界主题进行深入研究的课程活动,具体表现为构想、验证、完善、制造出某种东西,它可以是有形的由学生制作的物体,如书、剧本、实验报告等。项目学习能促进学生投入到学习活动中,激发他们以自身的方式学习,促进他们终身学习技能和素质的发展。模拟真实的问题和问题解决是项目学习的基本功能。在项目学习中,学生根据自己的兴趣和优势来选择自己的项目,创设学习机会,帮助自己在课堂内外取得成功。项目学习无固定的结构,在教与学的活动中富有很大的弹性。当教师成功地实施项目学习,向学生提供做科学和社会研究的机会时,学生能体现出很高的学习兴趣,会积极地参与到他们自身的学习活动中,以各种方式展现自己研究的结果,并创造出高质量的作品。项目学习也向学生提供了许多运用所学基本知识和技能的机会,它在许多方面超出了传统的教与学活动。

在美国,很多项目学习都涉及到了自然观察者智力,如"全球野生动物迁徙研究网"(A Global Study of Wildlife Migration, AGSWM)[5]、"全球河流环境教育网"(Global Rivers Environment Education Network, GREEN)[6]等。

AGSWM 项目是一个由来自美国 50 个州和加拿大 7 个省 9 500 多所学校的 46 万名学生参与的北美大陆野生动物迁徙的学习项目。学生在每年的春季(2 月至 6 月)追踪野生动物迁徙的物种,然后在课堂中交流各自的观察和发现。同时,学生还能与提供专门技术的科学家相联系。观察由卫星遥感技术所追踪的野生动物迁徙情况,并记录昼夜复始、温度变化和生物食物链的情况。此外,AGSWM 项目还在网络上免费向学生开放,感兴趣的都可申请加入(网址:http://www.learner.org/jnorth)。

GREEN 项目始于 20 世纪 80 年代,北美大湖地区水质监控的大型国家项目。该项目的总部位于密歇根州的安阿伯(Ann Arbor),目前它担当着美国和其它 136 个国家河流域管理员的职能。

(1)开发学生的多元智力

在华盛顿州的大湖小学,大约有 4～10 年级的 1 300 名学生参与生态研究和水质监控。迈耶等人(Maggie Meyer)运用自然观察者智力来制定河流域的项目课程,使 6 年级学生参与到各种学习经验中去,并以此来开发学生的多元智力。如指导他们展开对河边地区的想象:一个与大多数河流相连的被森林覆盖的地区(视觉-空间智力);他们思考如何去做化学监控测试或种植一棵树(个人内省智力);他们边散步边模仿下暴雨时河水的排水情况(身体-运动智力);学生结伴或组成小组在社区论坛上呈现信息(人际-交往智力);他们还设计了调查表,并做了记录(数学-逻辑智力);他们打印出文字和图表在当地超市门口进行展示(语言智力),当他们通过阅读《水质监控手册》一书时,他们的阅读技能得到了有效的拓展。

(2)激发学生的学习欲望

为了能够发现致力于多元智力的活动和满足州的标准,参与该项目的教师从许多课程资源中提出很多创意,其中最有价值的课程资源是 WET(Water

Education for Teachers)课程。该课程由河道和西部地区环境教育委员会设立（位于蒙大那州立大学），包含各种模仿、有指导的想象、学习游戏和其他开发多元智力的策略。如在该项活动中，6年级的学生实施了一个项目来测试在不同水温条件下鱼的呼吸频率，旨在帮助学生理解水温对河鱼健康的直接关系。每个学生把一条鱼放入塑料容器中，学生首先把冷水放入容器中，然后开始数在1分钟内鱼鳃动的次数，然后在室温和温水下重复这一活动。每个学生记录下每一种温度下鱼的呼吸频率（逻辑-数理智力）。这一实验引发了对科学条件、不准确性和数据搜集过程中所涉及的其他问题的争论。学生通过研究发现，当有一类鱼被放到温水中时，他们对水温的忍耐限度中等，对热污染反应敏感。这对于帮助学生了解鱼如何在一定的温度下生活，水温为何会成为水质的一个重要指标意义重大。

（3）建立户外课堂

在大湖小学，教师把学校的操场当作课堂进行教学。如6年级小组以户外观察技能为目标，当他们在管理1年级伙伴时，与他们形成了特殊的学习关系。年龄较大的学生懂得了这样的原理，即如果你能理解某事，就能将它教给其他人。他们和伙伴们一起去滑雪，并按字母顺序记录下他们的所见所闻（人际-交往智力和语言智力）。对他们自己的生态研究而言，他们划出了一块1米长、0.1米宽的长方形区域进行观察，并列出所划出的区域上的东西（视觉-空间智力和逻辑-数理智力）。6年级平均每年有20个社区探险项目，包括旅游、调查供水情况、考察当地的垃圾掩埋场、参观水处理厂等。而在课堂教学中，学校领导和教师经常邀请陆地管理专家、鱼类与野生动物学家、废水处理专家等来解答学生提出的问题。

（4）选择有效的评价

每个课程单元大都要持续8周时间，每个单元结束时，学生要承担向同学呈现和解释评价项目。在这些项目中学生通过运用所学知识于实地考察或课堂教学的方式，展示了他们对材料的理解。如果儿童对自己在音乐、视觉或空间智力方面没有信心，就可以鼓励儿童做这方面的选择，发现他们的智力优势。当允许儿童作选择和设计他们自己的评价时，他们会开发出认为有价值的和经常使教师感到惊讶的项目，如创造性的故事和诗歌、书面研究报告、展示雨水流向的学习板游戏、展示雨水蒸发和水循环的计算机程序、一首有关水循环的歌曲以及教 1 年级学生有关河流域的木偶表演等。综观这些项目,大湖小学的教师已经证实,多元智力理论向所有学生提供了成功的学习经验,包括那些用传统教学方法无法获得成功的儿童。

由此可见,自然观察者智力帮助学生提供了多种学习方式,当学生有机会运用他们较强的智力时,当他们有兴趣这样做时,他们在学习过程中会更加投入,这样也大大增加了学生之间相互学习的机会。

3. 开展网络课程学习

我们所处的是一个科技突飞猛进的时代,信息技术的发展使得人们在网上交流、学习成为可能。虽然鼓励学生接近大自然,进行野外考察对自然观察者来说至关重要,但由于学生的时间、精力毕竟有限,不可能都与大自然产生互动获得直接经验。但互联网的发展可以为学生的学习创造一个良好的虚拟世界,可以超越现实的环境来认识世界。网上实验、网上调查、虚拟实验室等使学生能够轻而易举地进行观察、实验和交流。

目前几个较大的电脑公司都在致力于学生的网上学习。美国英特尔公司开发了一个大型的国际合作性教师培训项目,涉及 20 多个国家和地区。与自然观察者智力相关的是苹果公司推出的"无线电之狼"(wireless coyote)明日教室(apple classrooms of tomorrow)项目。[7]

该项目是苹果公司和美国亚利桑那州图森镇橘子园中学合作的,旨在让中学生运用电子科技深入学习有关图桑镇附近萨比诺峡谷(sabino canyon)的生态环境问题。21 位 6 年级的学生、4 位教师和一位自然观察者使用多种科学仪器测量该峡谷地区的土壤和气候条件及动植物的分布情况,同时他们设计了电子表格,用来提供实时的数据搜集、及时的数据显示和实时的数据测算,还使用笔记本电脑与无线局域网相连,并用对讲机进行联络,交流他们所获得的数据。学生被分成 5 个小组。前三个小组由 3 名学生、1 位教师或领队和技术人员组成,运用传统的科学仪器来测量萨比诺峡谷 3 个不同地区的土壤、水温、风速和突然的 pH 值情况,计算测定区域内动植物的种类,并用笔记本电脑来对调查的数据进行组织、探测和分享。第四组在萨比诺峡谷地区作为数据基站,他们用对讲机负责前三个小组间的协调工作。虽然基站不直接搜集数据,但他们负责监控野外调查小组的数据搜集活动,然后把所得到的数据传输给 15 公里以外的由 6 个学生组成的第五小组所在的学校。第五小组把野外调查得来的数据建立萨比诺峡谷数据库,并运用文字和录像资料来增加数据库的可读性。总之,第五小组和熟悉萨比诺峡谷动植物概况的自然观察者一起工作,以此来提高他们的理解,并向野外调查小组提供专家的建议。

明日教室项目的实施拓展了学生学习的空间,通过野外调查,不仅使学生拉近了与自然的距离,更重要的是使学生熟悉和了解了科学探究的一般程序(如数据的搜集、对发现结果的分析与讨论等),有效地增强了学生的信息素养。

简森项目(jason project)是由泰坦尼克号残骸的发现者巴拉德(Rober Ballard)博士创建的。它是一个旨在激发学生想象力,提高课堂学习经验的跨学科课程项目,以探索地球为目的,包括从海洋到热带雨林,从极地到火山等,学生和科学家一起工作来研究地球上的生物和地理概况。简森项目把真实的实验带到了课堂上,以周游世界为宗旨,带着学生和教师进行令人振奋的教育冒险,把冒险和发现的惊异感带到课堂,集中探究自然中的各种问题。简森项目通过运用先进的互联网技术,学生就可以参与到为期两周的、与全年课程相关的年度科学探险活动中。每年大约有 30 位学生和 6 位教师会被选中跟随简森项目的科学家来到探险的现场,担任在线的示范角色和负责实况转播。在主要的互动性网站上,学生能与博物馆、教育机构、研究机构相连,能和科学家通过卫星远距离遥控机器人和科学设备,就像在现场参与一样。预计全世界已有 200 多万学生参与了这个项目,而无数的学生正在通过网络来发现"世界的虚拟之窗"。目前它已发展成为世界主要的实时科学教学课程项目。

这些网络学习项目将技术和现实生活经验融为一体,不仅使学习充满了活力,而且还促使学生对自然及其环境有了新的认识与理解。因此,网上科学研究和实验能对教学具有积极的促进作用,具体体现在:

· 使科学主题变得更加实际;

· 及时分享资料和展开问题讨论;

· 学生可以对科学研究做出实际的贡献,促使他们拓展科学研究的概念;

· 学生懂得了科学涉及到的是真正的问题,而不是答案,一个问题可以产生很多答案;

·使学科教学变成了综合性的课程,大大提高了学生的知识运用能力。

加德纳认为,每个人在不同程度上都拥有多元智力,智力之间的不同组合表现出了个体间的智力差异。在他看来,智力并非像传统智力定义所说的那样是以语言、数理或逻辑推理等能力为核心的,也并非是以此作为衡量智力水平高低的惟一标准,而是以能否解决实际生活中的问题和创造出社会所需要的有效产品的能力为核心的。自然观察者智力为人们展示了对自然世界中的生物及其他特征进行辨别和分类的能力。通过以培养自然观察者智力为核心的课程项目为学生提供了多样化探究科学的途径。

参考文献

[1] Kathy Checkley. The First Seven and the Eighth[J]. Educational Leadership, 1997, (55):8.

[2] Kathy Checkley. The First Seven and the Eighth[J]. Educational Leadership, 1997, (55):8.

[3] New Horizons for Learning [EB/OL]. http://www. newhorizons. org/strategies/campbell. htm.

[4] 琳达·坎贝尔(Linda Campbell),布鲁斯·坎贝尔(Bruce Campbell),德尔·迪金森(Dee Dickinson)著,王成全译. 多元智能教学与学的策略——发现每一个孩子的天赋[M]. 北京:中国轻工业出版,2001:373.

[5]Trcck Spring's Journey North [EB/OL]. http://www. learner. org/jnorth.

[6] Maggie Meyer. The Greening of Learning:Using the Eighth Intelligence [J]. Educational Leadership,1997,55(1):32—34.

[7] 德尔·迪金森(Dee Dickinson) Technology That Enhance Naturalist Intelligence[EB/OL]. http://www. america-tomorrow. com/mi8. htm.

(本文发表于《比较教育研究》2004 年第 1 期。作者夏惠贤,时属单位为上海师范大学教育科学学院)

三、概念重建课程研究的后现代本质与评价

概念重建是课程研究领域的一种研究范式的转变,兴起于 20 世纪 60 年代末 70 年代初,概念重建推动了课程研究由现代向后现代的转化。概念重建主义者的主要工作在于理论化课程、对传统课程理论的批判和在概念重建了的课程理论中不断改写与创新。

(一) 概念重建课程研究的特点

在课程理论研究中,概念重建学派首先重视人的存在性和创造性,认为人有主体性的意识和实践主体性的可能,人的存在本质是创造。他们反对把人看作是抽象、孤立、独立的存在,是文化知识的被动接受者,而提出人是意识的存在、历史的存在、语言的存在、社会的存在和实践的存在。由于研究的出发点不同,学者们在具体的理论论述中,其提法或强调的重点可能有差异。如美国哥伦比亚大学师范学院的课程学教授格林(Maxine Greene)有志于"主体意识"和生活世界的沟通,主张课程应着重于使学习者对其生活世界形成意义,出发点不在于既定的知识结构的传递,而在于师生在互动中理解其世界,创造知识。概念重建学派的首席发言人、美国俄亥俄州立大学的派纳(William F. Pinar)教授通过"存在经验课程",提出为使日常的"生活世界"更真实,还需要积极参与社会实践,促进社会批判和社会改造。人的主观能动性是因也是果,意识与结构是在交互影响中不断变化的。所以,他主张把课程放到更大的联结关系中。

概念重建学派还重视知识的情境性和诠释性。他们反对逻辑实证主义关于知识是客观的,与认知者的意识无涉,且社会事实与价值二元分立等观点。坚持哲学和美学视野的学者提出知识是在主客体交互作用的过程中形成的,换言之,知识不是完全独立于人的认知之外的"客体",而是与人的存在意义密不可分的。派纳分析了忽视知识的情境性和诠释性的弊端,认为若视知识具有客观性,那么对个人来说知识是作为一种外来物被强加到他或她身上的。在这种

情况下,知识脱离了有助于自我发展,形成自己一套含义的过程。而这一过程中存在着认识者和已知情况之间的诠释说明关系。一旦失去了认识的主观一面,知识的目的就会变成只追求积累和分类。

概念重建学派关注价值的导引和价值的冲突,在他们看来,教育是一种社会活动,本身就涵盖了与自然现象迥然不同的社会意义。其中最大的不同是,教育现象无法像自然科学一样建立明确的因果法则。教育具有的社会建构本质,必然使教育活动充满价值判断,所以,研究不可能是价值中立的。他们对传统课程理论中立的学术立场提出了猛烈的抨击。声称"虽然在有些人看来将知识研究与价值要求相分离是值得赞赏的",但这样做却掩盖了许多的事实,而且"所掩盖的要多于所揭示的"。[1]"脱离价值和规范,学术探讨和研究就不可能完成。""将价值与'事实'分离,或使社会研究与伦理关怀分割,都是没有意义的。"[2]

在对价值取向的关注上,坚持哲学美学视野的学者强调存在经验和自然有机观。关于存在经验,格林把教育过程看作是一个帮助个体抉择、反思和创造意义的过程,课程学习的目的不在于培养学生的某种能力,而是要在文学、艺术、美学的经验中诠释和拓展其内在的生命力。派纳竭力推崇"存在经验课程",它反映了自我和生活世界的交互作用关系。坚持社会与政治视野的学者明确指出,课程研究不是价值中立的,相反,课程本身是一种政治性的活动,体现为一种社会关系和社会过程,自始至终都与权力分配、价值判断密切相关。

概念重建学派积极倡导以经验为基础的方法,他们对传统课程研究中片面追求的科学实证的方法持批判态度。他们认为,科学实证的方法由于视课程现象为客观存在,不受主观价值因素的影响,各种课程现象均可以被经验感知,做抽象式研究,故而过于重元素分析,强调客观事实和价值中立。这种方法忽视了作为学习者的个体,其个体意识、存在经验和批判性实践。格林和派纳提出非预定性研究,即"从日常生活的经验中,以'了解'方法,建立常识性的解析同时强调主客相互作用,相互沟通,以建立共识性的'规则'。而不是因果的'法则'。"如格林在其研究中十分关注主客体的沟通、个体性的理解和创造性的诠释。派纳自我履历的研究,其主旨是期望"回到事物本身"或"回到事物的本质"。美国女学者格鲁梅特(Madeleine Grument)同样指出应重视个体自我履历中的经验,并认为个体在教育经验的恢复与重构过程中,其自我履历中的经验是认识论方法和教学方法的策源地。

(二) 概念重建课程研究的后现代本质

就本质而言,概念重建活动标志着课程研究的后现代转向,概念重建学派的研究标志着课程研究范式的转变:从现代到后现代。这是后现代课程研究的兴起阶段,也可称为是后现代课程研究发展的第一阶段。之所以这样分析,基于以下三点。

1. 后现代课程理论特点的启示

即从课程学家所总结的后现代课程理论的基本特点中获得启示。后现代课程理论包括如下一些特点:[3]拒绝元叙事;反对二元主义,重视个体经验;关注情境和有机的联系;理解复杂性和不确定性。

2. 课程学家相关研究的支持

即受到了部分课程学家相关研究的支持,如派纳的得意门生,美国德克萨斯农业和机械大学的斯拉特瑞(Patrick Slattery)博士在《后现代课程的发展》(Curriculum Development in a Postmodern Era)一书中指出:"概念重建是正在出现的后现代课程的一个不可或缺的部分。当然后现代课程并不只有这样一种观点,我们将会在第二章看到,在 20 世纪 90 年代,还有许多别的后现代的课程观。"[4]斯拉特瑞认为,"传统的课程开发计划和改革都有一个共同点:热衷于有组织的目的、可测量的目标和掌握性的评价,以获取一种特定的教育结果。尽管提议的侧重点可能有不同,隐藏在其方法论之下的课程哲学都是属于现代范式的。概念重建向我们展示了对课程开发理论和计划的批判性分析,它向至今还主宰着教育实践的革新观提供了另一种可供选择的后现代方法"。[5]虽然"派纳和格鲁梅特所倡导的自我履历过程,以及别的后现代观点如批判理论,并未被所有的课程理论家接受",[6]但斯拉特瑞相信,"概念重建已经向课程研究提出挑战,要求人们在研究课程历史、研究自我时运用这种后现代观。"[7]美国课程学家托马斯(Tomas P. Tomas)在《最近的课程理论》(Recent Curriculum Theory)一文中分析,[8]概念重建学派中的一些学者在自己的研究文本中,许多话语都受到了后现代和后结构理论的影响,呈现出后现代取向的特点。

2000 年，基恩大学的格兰兹(Joffrey Glanz)和佛罗里达大学的贝哈-霍伦斯坦(Lind. S. Behar-Horenstein)教授主编的《课程及视导的范式争论：现代与后现代的观点》(Paradigm Debates in Curriculum and Supervision：Modern and Postmodern Perspectives)一书出版，并受到人们的广泛好评。在课程研究领域，谁可以被称为是后现代主义者，书中指出，"后现代主义者包括那些倡导课程是非计划性的、是形成性的、是不断发展的人"。[9]后现代主义者的课程研究"在很大程度上是以对课程领域的批判为基础的"，"他们认为课程研究深受过于坚持可测量的结果、技术统治和官僚主义的影响，课程被当作一种用来强迫、控制和压服学生思维的工具。博比特和查特斯集中反映了和文化霸权有关的技术统治和官僚主义的理念。⋯⋯很多后现代主义者的批判指向都是泰勒原理"。[10]书中列出的后现代主义者包括派纳、阿普尔、吉鲁、斯拉特瑞等，该书指出"他们都强调现代主义者把课程看作是一种社会合法化的形式。阿普尔曾谴责那些在经济和政治方面占有统治地位的多数人，他们一直都未能理解课程的本质。派纳谴责像标准化考试这样的课程实践，说它们削弱了教师的自治权。他断言是这种学校如工厂的模式导致了师生自治权的减少。⋯⋯吉鲁断言课程的发展是文化多重性和个人独立特性的共同产物，他称需要一种新型的课程模式，摒弃那种佯装价值中立的虚伪"。[11]总之，书中提出"后现代主义者，诸如吉鲁、派纳、斯拉特瑞，都认为课程应有助于解放的、能够赋权的、真正具有解放性的"。[12]

3. 概念重建学派课程理论自身具有的后现代本质

即由于概念重建学派课程理论自身具有的后现代本质。分别论述如下：

(1) 思想渊源

概念重活动形成于美国，但其思想渊源却主要来自欧洲，如存在主义、现象学、诊释学、精神分析理论等。

法国的存在主义对后现代主义思潮的发展产生了不可忽视的影响，存在主义者都把个人的"存在"作为哲学研究的对象和出发点，认为自然界、物并不具有真正的"存在"，唯有人才具有真正的存在。后现代主义也从德国现象学的观点中去汲取灵感重新考虑主观知识，抛弃逻各斯中心主义的世界观，反智性主义，"回到事物本身"，反对本质与现象的二元对立的反思方式。后现代主义从哲学诠释学那里吸取了对于经验主义、合理性、普遍科学以及直接的、机械的因果性等方面所作出的批判，吸取了对"理解"和"存在"意义把握的观点，把"理解"看作是一种"参与活动"，是涉及对人生的各个层面的意义把握活动。在精神分析理论那里，后现代主义者认识到意识是心灵中惟一能够让个人直接知道的部分。一个人的意识会逐渐变得不同于他人，或可称之为个性化。个性化的目的在于尽可能充分地认识自己或达到一种自我意识。

概念重建活动中，许多课程理论家的研究正是汲取了上述思想源泉，尤其是坚持哲学及美学视野的学者。派纳以现象学、存在主义、精神分析理论等学说为基础提出了"存在经验课程"理论，强调个体对"自我履历"进行概念重建的能力，"存在经验课程"中的主体不是抽象的而是具体存在的个体，"存在经验课程"就是这种具体存在个体的"生活经验"的解释。派纳自我履历方法的主旨是期望"回到事物本身"。格林深受存在主义和现象学理论的影响，把自我意识的提升置于核心地位，认为学习的目的在于提升意识的作用，并据以了解其所蕴涵的"生活世界"。

综上述分析，概念重建活动与后现代主义思潮有着相同的思想来源，它们都不同程度地受到了存在主义、现象学、诠释学、精神分析理论等的影响，或从中汲取有益的启示和灵感，形成理论体系和研究方法。

（2）理论观点

① 反对技术理性的价值取向　技术理性直接影响学校教育的发展和课程理论的研究。概念重建学派对此展开了深入的揭露和批判。派纳认为，传统的课程理论潜在地坚持了自然科学的"假设-演绎"逻辑，其背后隐藏的是否定人的自由意志和人类行动自主性的"工具理性"。在这种指导思想下，课程窄化为"原则""程序"，课程实践窄化为"实行""操作"，课程理论成为价值无涉的"指导""工具"。他断言，"在这种模式下，造就出一个单面的人，一个道德沦丧的人，这种结果是非人性化的"。[13]吉鲁明确指出"技术理性主导着传统的课程理论和设计"，"这种理性形式从一开始就在课程领域中占主导地位，并以各种形式出现在泰勒、塔巴、塞勒、亚历山大、比彻姆及其他一些人的著作中"。[14]美国威斯康星的克利巴德（Herbert M. Kliebard）教授分析，技术理性相伴着 20 世纪 20 年代的科学管理运动而发展。在课程领域，学校如工厂的隐喻有着漫长

而广泛的历史。因此,这个领域所特有的推断、探讨和研究方式以一些假设为原型。这些假设是根据与预测和控制原则密切相关的科学和社会关系模式作出的。[15]

②反对二元对立的思维模式　二元对立的思维方式,"倾向于在可接受者与不可接受者之间、自我与他物之间、真理与谬误之间、意识与无意识之间、理智与疯狂之间、中心与边缘之间、表层与深层之间划出界限。"[16]在德里达看来,人们一天不摆脱二元对立的思维逻辑,就一天无法跃出形而上学的泥潭。

传统的课程研究中,受二元对立思维模式的影响较大,学者们在研究中或理论中总是自觉或不自觉地为理论和实践、学习者中心和学科中心、认知和情感、社会中心和自我中心、成功和失败划定疆界,以对立的、孤立的、静止的,甚至是非此即彼的方式对待、探讨这些关系或问题。而且,在对立项中前者总是先于、优于、支配于后者,未看到对立本身的分化、转化或其间的运动。

派纳对传统课程理论将抽象与具体二元对立,并过于重视抽象而忽视具体提出尖锐的批评,他说"他们紧紧依靠抽象的术语,忽略和误解具体的个性存在""由于观念变得比具体的人类还要'真实',这样就很可能为了前者而牺牲后者"。[17]派纳认为传统课程研究多忽视上述诸多二元对立项中的第二项。学生往往被视为先天不足的、无知的教学对象,因此,个性遭忽视、自我意识被压抑。派纳希望通过提升个体意识和加强人性化之努力,促进"个体解放"和学校生活的改善。

格林抨击传统的课程研究者"只集中注意于超越'已知',划清与日常琐事的界限。"[18]这是远远不够的,他们"仍然倾向于二分法,认为已有规则、公众传统积累的智慧、普通常识客观存在,"[19]对学习者来说,旨在发现、掌握和学习它们。

③反对认识论上的"基础主义"　"反基础"是后现代主义的一个重要特征。基础主义即坚信存在某种永恒不变的知识基础,相信只要找对了基础,知识的确定性和统一性就有了保障。这一为知识大厦寻求绝对不可动摇之基础的信念被后现代主义者认为是一种错误的看法。后现代主义者主张超越这种依靠第一原理推出一切的方式,以不确定性、模糊性取代确定性,以多元反对统一。

在概念重建活动的早期,其主要的工作着眼点是对传统课程理论的批判,认为以泰勒原理为代表的传统课程研究旨在探讨能够对人类行为进行微妙控制的静态的规律性,并据此对课程实践提出技术建议与指导原理。这显然是徒劳地在为人类文化和知识寻找一个可靠的基础或"阿基米德点"。派纳认为,人的知识是在不同时空下,依据不同兴趣的导引而建构的,是普适性的"原则"、"程序"所难以满足的。视理论为技术应用的指导方针不仅是偏狭的,而且是危险的,最终导向的将是课程研究的"非理论化"和"非历史化"。格林坚持课程的出发点不在于既定知识结构的传递,而在于师生在互动中创造知识。学习者不是知识的接受者,而是意义的创造者,课程与教学旨在使学生以活的知识来解释其世界。

(三)对概念重建课程研究的评价

20 世纪 60 年代末,立足于后现代的时代背景及后现代的立场、观点和方法,概念重建活动追寻一种人文理解的精神,概念重建课程研究者以存在主义、现象学、诊释学、精神分析理论等为理论基础,强烈抨击现代课程研究对技术理性的迷恋,坚持课程研究中的人文解释和批判。虽然由于思想基础和关注焦点的不同,概念重建学派形成了两翼:一翼坚持哲学/美学的视野,着眼于个体意识觉醒与提升的哲学/美学批判和存在经验的开发;一翼坚持社会/政治视野,着眼于社会意识形态的批判与社会公正的建立。他们都重视个体的主体地位,将个体视为知识与文化的创造者;强调反思能力和批判精神的弘扬,并以个体解放或自由为终极目的;倡导自然有机论或整体论,提出人与他人、社会的有机联系;关注学生的日常生活经验和不同的文化背景;鼓励学生个体的课程参与,反对外在的权威和控制。

概念重建活动开拓了课程研究的新疆界,激发了课程学者的想象力。不过,无可否认,它也存在着不少有待解决的问题。

1. 自我知识寻求、解释、创造的局限性

存在经验课程的方法虽然有助于开发并提升个体的存在经验,但如何妥当地把握是一个悬而未决的问题。派纳详细分析过存在经验课程的方法,不过并不表明每个学习者都能领会和运用,在一定程度上,它需要专门的知识和技巧。

所以,有学者认为"这种对自我知识的寻求是不能在学校中由师生进行的,它需要精神病医生、心理分析专家或其他职业治疗者的很强的专业技巧"。[20]个体内在意识经验的一大特点是内倾性,属于私我的世界,相互间的可通约性是有限的。

2. 理论与实践上的过犹不及

一些概念重建主义者倾向于追寻纯理论,主张理论远离实践,这是对理论本质的忽视。理论是系统化了的理性认识,是紧密结合的一组具有普遍性的命题,被用来当作对于一类现象的解释的原理。主张理论远离实践,是一种不负责任的过于理想化的态度。作为课程学者,需要关注的焦点应该是理论与实践的结合,必须和一线的实践工作者保持联系,逃离到自我欣赏的纯理论的空间去,只能说明对自己职业责任的回避。

3. 意识形态批判中对课程知识客观性的否定

坚持社会政治视野的课程学者,过于强调服务于意识形态的目的、否定课程知识的客观性,显然走入极端。在《意识形态与课程》中,阿普尔就主张学校知识主要是一个意识形态问题,其选择、分配、传递都服务于意识形态的目的。

4. 批判有余而重建不足

一些概念重建主义者试图从意识形态批判的文化语境中理解学校教育和课程问题,其研究增进了人们对于社会和文化再生产过程以及霸权作用的理解,但横扫了学校生活中的和课程中的意识形态控制和冲突的本质后,如何重建却不得而知或未予考虑。

5. 一些术语半生不熟、晦涩难懂

概念重建主义者从存在主义、现象学、精神分析理论中汲取了很多灵感,也从中借用了不少术语,如生活世界、存在经验、意识形态、文化资本、霸权,等等。杰克逊以一个有趣的比喻作为进一步的评价,他说:"类似'生活世界''霸权''诠释学'这样的术语,简直让人一头雾水,似乎除了傻瓜蛋,人人都会自明地通晓他们的术语。就像一锅德国饺子噗通噗通掉进盎格鲁撒克逊文体的清汤里,我想,大概是希望这锅汤稠一点吧。"[21]

通过上述分析我们认为,一方面概念重建学派的理论观点不无局限性和有待解决的问题,但另一方面也必须承认,是概念重建活动打破了现代课程研究的坚冰,其研究如同输入课程理论的一股新鲜血液,焕发了课程研究领域的生机和活力,为后现代课程研究的进一步发展作出了不可磨灭的贡献。

参考文献

[1] Giroux, H, Penna, A. & Pinar, W. (Eds). Curriculum and Instruction[M]. Berkeley, CA: McCutchan, 1987:99—102.

[2] Giroux, H, Penna, A. & Pinar, W. (Eds). Curriculum and Instruction[M]. Berkeley, CA: McCutchan, 1987:99—102.

[3] Slatlery, P. Curriculum Development in the Postmodern Era[M]. New York & London: Garland Publishing, Inc., 1995:263—264; Wrage, William G. Toward a Curriculum Theory for the New Century[J]. Journal of Curriculum Studies, 1996(4):463—474.

[4] Slatlery, P. Curriculum Development in the Postmodern Era[M]. New York & London: Garland Publishing, Inc., 1995:55—62.

[5] Slatlery, P. Curriculum Development in the Postmodern Era[M]. New York & London: Garland Publishing, Inc., 1995:55—62.

[6] Slatlery, P. Curriculum Development in the Postmodern Era[M]. New York & London: Garland Publishing, Inc., 1995:55—62.

[7] Slatlery, P. Curriculum Development in the Postmodern Era[M]. New York & London: Garland Publishing, Inc., 1995:55—62.

[8] Tomas P. T, Schubert W. H. Recent Curriculum Theory [J]. Educational Theory[J]. 1997(2):267.

[9] Glanz. J., Behar-Horenstein. L. S. Paradigm Debates in Curriculum and Supervision: Modern and Postmodern Perspectives[M]. Westport CT: Bergin & Garvey, 2000:17—18.

[10] Glanz. J., Behar-Horenstein. L. S. Paradigm Debates in Curriculum and Supervision: Modern and Postmodern Perspectives[M]. Westport CT: Bergin & Garvey, 2000:17—18.

[11] Glanz. J. , Behar-Horenstein. L. S. Paradigm Debates in Curriculum and Supervision: Modern and Postmodern Perspectives[M]. Westport CT: Bergin & Garvey, 2000:17—18.

[12] Glanz. J. , Behar-Horenstein. L. S. Paradigm Debates in Curriculum and Supervision: Modern and Postmodern Perspectives[M]. Westport CT: Bergin & Garvey, 2000:17—18.

[13] Pinar, W. Curriculum Studies: The Reconceptualization [M]. Troy, NY: Educator's International Press, Inc. , 2000:359.

[14] Giroux. H, Penna. A. , Pinar. W. (Eds). Curriculum and Instruction[M]. Berkeley, CA: McCutchan, 1987:99—102.

[15] Giroux. H, Penna. A. , Pinar. W. (Eds). Curriculum and Instruction[M]. Berkeley, CA: McCutchan, 1987:99—102.

[16] Eagleton, T. Literary Theory: An Introduction[M]. University of Minnesota: Minneapolis, MN, 1981:133.

[17] Pinar, W. F. Autobiography, Politics and Sexuality[M]. New York: Peter Lang Publishing, Inc. , 1994:104.

[18] Flinders, D. J. , Thornton, S. J. The Curriculum Studies Reader [M]. New York and London: Routledge, 1997:137.

[19] Flinders, D. J. , Thornton, S. J. The Curriculum Studies Reader [M]. New York and London: Routledge, 1997:137.

[20] Schubert, W. Curriculum: Perspective, Paradigm, and Possibility [M]. New York: Macmillan, 1986:33.

[21] Jackson, P. W. Curriculum and Its Discontents [J]. Curriculum Inquiry, 1980(2):169—170.

（本文发表于《比较教育研究》2005 年第 10 期。作者汪霞，时属单位为南京大学教育科学与管理系）

四、西方课程研究的美学转向

课程研究的美学转向就是借助美学理论的价值论与方法论,从美感体验、美感认知、艺术鉴赏等角度,对课程进行重新的解读与意义描述。如派纳(William F. Pinar)在《理解课程》中对课程美学的称赞,"美学语言确定为可以替换当时占主流地位的泰勒(Ralph Tyler)学说的一种语言"。[1] 由此可见,美学取向的课程研究在当前不失为一种进行课程研究新的话语。本文就课程研究的美学取向的缘起及其价值意蕴做一些思考和阐述。

(一)美学取向课程探究的缘起

美学取向的课程探究于 20 世纪 60 年代开始在西方兴起,作为概念重建运动中对课程多元理解的一种文本,它深受课程研究范式转向的影响,是课程研究发展到一定阶段的产物。

1. 现代课程研究范式的迷失与转向

库恩(Thomas Kuhn)在《科学革命的结构》中将范式(典范)解释为"公认的科学成就,在某一段期间内,它们对于科学家社群而言,是研究工作所要解决的问题与解答的范例"。[2] 在库恩看来,范式可以被看做是进行"规范科学"研究的指令,同时也决定着课程研究中问题表述的方式和问题解决的思路。库恩曾经说"范式(典范)一旦改变,这个世界也跟着改变了","范式(典范)的改变的确使得科学家对他们研究所涉及的世界的看法改变了。"[3] 由此可见,任何科学形态和方法的改变,都起源于范式的改变。因此,范式成了主宰人们世界观的思维工具。

在课程研究的历史进程中,通常可以将课程研究范式分成"课程开发范式"和"课程理解范式"。"课程开发范式"的历史背景由来已久,从笛卡尔(Rene Descartes)的理性主义哲学、牛顿(Isaac Newton)的机械论科学开始,到孔德(Comte Auguste)的实证主义哲学,以康德(Immanuel Kant)、黑格尔(Georg Wilhelm Friedrich Hegel)为代表的德国古典哲学,以及后来斯宾塞(Herbert Spencer)对"什么知识最有价值"的追问和回答,这些都奠基了现代课程研究范式的理论基础和价值取向,一种以追求效率和流程规范的现代课程研究范式孕育而生。期间,出现了如博比特(Franklin Bobbitt)、查斯特(Werrett Charters)、哈拉普(Henry Harap)、泰勒(Ralph Tyler)等著名学者,他们的课程思想被认为是现代课程研究发展史上具有里程碑意义的成果。现代课程研究建立在"理性科学"的基础上,其价值观和方法论无不体现现代工业社会的特点——以科学主义为取向,借用简单的科学程序和简化的技术方法来操纵课程的实施和检验课程的效果,形成了一种倾向于理性认知和量化分析为主的研究思路。这种课程开发范式强调技术,倾向"技术-控制"的运行模式,关注的是课程开发的技术问题,通过严格控制课程过程中各个要素来实施课程,视课程为一个线性的、封闭的、稳定的、工艺学的操作流程。

由于强调"课程开发"的操作程序,将课程视为一种普适性和固化单一的操作流程,这种课程模式往往容易造成人精神的贫瘠,使课程丧失了与人一样追求美好愿景的价值视野。这种研究范式漠视人作为课程主体的参与性,忽视了学校作为课程实践场所的真实性和特殊性。一方面,形成了由课程专家、外部人员决定学校课程的局面,教师难以参与其中,造成了课程远离学生的真实生活,仅是一个脱离真实教学场景的文本;另一方面,课程忽视学生,视学生为容器,将活生生的知识学习过程看做是由教师主导的单向度传输过程,侧重于接受和记忆现有的知识,忽视了学习者自身对于知识的理解,抹杀了学生对知识的体验和诠释的过程。因此,在现代课程中,由于失去了师和学生的积极参与,教师和学生便失去了反思、创造、批判的可能性,教师和学生也就失去了课程中的创造力和想象力,无法获得参与课程实践的真实体验。

当现代课程弊端开始蔓延时,倾向于批判、辩证、理解的新的哲学思潮,如存在主义、法兰克福学派、新马克思主义、生命哲学、后结构主义、批判主义、符号互动论、后现代主义的出现,挽救了现代课程观给学校教育带来的厄运。在这些思潮中,始终渗透一种思想:以对人性关怀为特征,将人作为完整的生命个体看待,凸显出强烈的人文关怀和公平意识。

这些哲学思潮对于课程研究范式转向产生的影响是久远而弥深的。早期的如针对课程目标取向弊端而提出过程取向的斯藤豪斯(Lawrence Stenhouse)、强调课程应走向实践的施瓦布(Joseph. J. Schwab),特别是20世纪70

年代以来,多尔(William E. Doll,Jr)、范梅南(Max van Manen)等后现代主义课程学者对课程研究范式的转向更是起到了积极的推进作用。至此,课程研究范式的转向旗帜鲜明地开始了。这种转向是对过去哲学研究"宏大叙事"范式的突破,是对哲学世界认知方式的客观反思,以一种新的哲学范式探寻意义世界,分析人与世界的关联,探索人的生存价值与生活意义,使哲学的判定标准从传统本体论转向了价值论。课程领域开始由"课程开发范式"转向"课程理解范式""是一种把课程视为'符号表征',视课程研究的目的为'理解'课程'符号'所负载的新型价值观"。[4]

2. 课程研究领域概念重建运动的积极推进

概念重建主义,是西方课程变革史上具有里程碑意义的一种思潮,是促进课程后现代转向的重要推动力,体现了对传统课程观的超越,是对课程走向的多元理解,促进课程走出自身学科的藩篱,进行跨学科对话的大胆尝试。早期的概念重建主义者康茨(Counts)、拉格(Rugg),以及后来者麦克唐纳(Janmes Macdonald)、休伯纳(Dwayne Heubner)等都积极主张对当前僵化的课程进行重新思考和重新概念化。课程的概念重建主义者运用一种特有的视角和方法,站在课程意识形态的高度,广泛运用现象学、存在主义、解释学、后结构主义、建构主义、后现代主义、女性主义等哲学和社会学思想对课程进行探究,同时把文学理论、美学、传记、神学等领域"嫁接"到课程领域,由此产生了形形色色的"课程理解"。用奥恩斯坦(Allan Ornstein)的话来说,"概念重建主义者对课程基本采用一种学术性的方法,因为他们更感兴趣的是抽象的研究课程,而不是将知识实际运用于课程创设,他们更专注于理解课程,而不是编制课程"。因为他们相信,"学校并不是一个脱离世界而自立的系统,学校处身于世界之中,作为同政治的、经济的和社会的系统相互作用的伴生系统而存在"。[5]

长期以来,对课程的本质、价值、意义及目的的追问是课程研究者持续关注的话题,因而也产生了多种对于课程的定义,如将课程视为教科书、将课程视为教学的行动计划、将课程视为一个学习者经验的总和⋯⋯对于课程的不同理解体现了不同取向的课程观念,决定了课程在实践中的多种样式。其中,对课程最为经典的解释是:课程是预设的跑道。这种理解将课程视为一个按照预设计划实施的静态过程。这样的课程观决定了在课程实践中的教师对于课程的执行是忠实的,其教学行为必然强调以教师为主,以教材为中心,强调学生对于知识的接受性的学习。这就违背了学校教育促进学生独立、自主、个性化发展的宗旨。

概念重建主义深切地理解到学校和课程都非真空之物,而是存在于整个人类生存的真实情景中,这样课程就有了一种活生生的推动力,课程不再是封闭、精准和确定的,课程应该是一种开放、相互呼应、共同对话的动态过程。学校课程系统的活力就体现在其开放性上,如果课程是封闭的,必将导致学校现有秩序的静止和发展的停滞;相反,如果将课程扎根世界之中,以开放的态度融入社会,这样才能产生更多的对话,使课程的存在充满生命活力。概念重建运动颠覆了我们以往对于课程作为一个固有的、程序化的印象,以一种新的视角为我们重新去思考课程和处理课程问题提供了一种态度和取向。概念重建运动的先锋人物派纳(WilliamF. Pinar)在《理解课程》中全景式地展现了课程作为历史文本、政治文本、种族文本、性别文本、现象学文本、美学文本、制度化文本的美好愿景。这种将课程理解为多重世界观中的多元文本,有助于运用多种视角,全面分析和探究课程丰富的内涵。

3. 课程与美学跨学科对话的结果

课程承载着培养人完整个性、提升人性境界、培养崇高审美心灵、彰显生命自由的目的,课程的这个特性使课程与美发生了不解之缘,因为自由也是美永久的向往与追求。在席勒(Johann Christoph Friedrich von Schiller)看来美是人的最高目标,[6]席勒将美的自由显现作为其美学的重要内容。海德格尔(Martin Heidegger)也提到"心境越是自由,越能得到美的享受"。[7]由此可见,自由作为生命体文化生活的基础和内涵,是人的终极追求。自此,自由便与美产生了关联,如席勒所言"美在自由之前先行,正是通过美,人才能走向自由"。[8]也就说美是使人通向自由的道路,而自由则是伴随人走向完美人性的过程,自由是人要追求的目标,同时也是一种行为的状态。席勒说:"艺术是人类理想的表现,它是由精神的必然而产生的,不是为了满足物质方面的需求。……人们只有通过美才能走向自由。"[9]科学求真,道德求善。美作为人精神层面的最高价值追求,自然成为人自由之天性释放的重要途径。

美除了作为课程的价值追求以外,其独特的认知方式和情感积累也促使课程转向美学取向。由于受科学理性主义的影响,我们习惯了量化分析的思维方式,常常通过符号、公式、定律、数字来推理和认知世界。艾斯纳(Elliot WEisner)对此提出了质疑,指正我们"不要把认知解释得太狭隘,以为只有逻辑推理之类的抽象思考才是认知",[10]他同时归纳出关于认识的8种方式:"美感认知、科学认知、人际认知、直观认知、叙述认知、形式认知、实用认知与灵性认知"。[11]黑格尔将人对世界的认识分为"显现的外在现象世界"和"内在的感性世界"。[12]对于外在显性世界而言,我们可以通过文字符号、数字公式、科学定律加以认知;对于内在的感性世界而言,强调个体的经验和意识的参与。苏珊·朗格(Suzanne Langer)对艺术的独特价值有更加清楚的认识,她认为,"一个人了解世界主要有两种方式,一种是以科学、逻辑及其他借助语言文字为特征的推理方式,……艺术则提供了另一种主要方法"。[13]所以说,对于人的认知方式而言,美感认知是不同于通常理性认知的另外一种方式。在学校中,学生们学习得最多的是以符号定义的知识、文字、定理、图表,然而却缺少对这些符号意义的思考,缺少对学习过程的美妙感受,缺少对知识探究的想象能力,缺少对知识探索的热情与冲动,这就是理性认识方式给学校教育带来的弊端。美感认知则为我们认识世界开辟了一条新的路径。首先,美感认知主张交流,具有美感认识能力的学习不是封闭和孤立的,而是在个人和他者的交流中发生的。托尔斯泰(Leo Tolstoy)说过:"……情感是真诚的,发自内心的,并且通过交流让别人感知,那么这种感情就升华到了艺术境界。"[14]所以,美感认知是发生在个体与群体之间真挚、平等、和谐的情境中的。这个情境没有强制性,是在一种愉快过程中的学习,更容易使人积极参与和交流,内心获得满足感,从而使人自觉地产生探究愿望。其次,美感认知强调由经验获得知识。经验是认知的基础和核心,人可以通过视、听、闻、触等感官系统来了解外界信息,经过大脑组织对信息进行选择和加工形成经验,在对经验进行联想和归纳后,形成概念。经验是认知的基础,而审美的经验是对认知信息进行深度判断和加工的必要手段。人可以通过某种形式来表达对于世界的认识,如果要思考如何使表达更准确和恰当,则需要一种适切的质性判断,这就是艾斯纳所讲的"美感的认知型式"。美感认知强调运用多种表征方式将经验公开,因为"每一种表征形式各有其限制,不可能完全呈现事物各面向的特质,当我们能掌握多种表征形式时,也就愈能认识事物的多重面向"。[15]

课程探究的美学转向是课程领域发展到一定阶段的产物。一方面,它是基于对课程领域长期形成的倾向于以理性认知和量化分析为主的研究范式的反思与批判;另一方面,它又是基于课程未来发展的期望,是以美学的视野和方法论对课程发展所进行的积极探索与主动建构。

(二) 美学取向课程的价值意蕴

课程的美学转向从酝酿至今经历了几十年的历史。人们普遍认为其思想萌芽是源于杜威(Dewey. J)1934 年出版的《艺术即经验》一书,该书也被认为是20 世纪最重要的美学著作之一。作为哲学家、美学家、教育家的杜威,其深邃的思想对当今的哲学、美学、教育学研究都产生了重要的影响。杜威用"经验"作为其哲学的出发点,同时也是其美学的基础,更是其教育思想的主要核心。此后,美国哥伦比亚大学教授格林(Maxine Greene)致力于将美学的思想与教育相联结,其一系列著作不断地确立并充实了她运用美学视角解读教育问题的意愿,如 1973 年出版的《教师即陌生人》、1978 年出版的《学习的全景》以及1995 年出版的《释放想象力:教育、艺术、社会变革文集》。此外,斯坦福大学的艾斯纳(Elliot W. Eisner)教授也致力于将艺术与教育问题相联系,他主张运用艺术鉴赏理论对当前的学校课程做出批评。其观点见诸于著作《美学与心智的创造》《教育的艺术视野》《认知与课程》《教育想象——学校课程设计与评价》。此后,愈来愈多的课程学者接受了将课程视为一个"美学文本"的观点,从不同的美学角度探讨课程的审美趣味和美学本质,使得美学取向课程研究呈现出多元化的局面。如罗赛欧(Jose Rosario)、范兰斯(Elizabeth Vallance)、巴罗(Thomas Barone)侧重于探索审美的认知方式、知识获得的途径与思维的方式与学校课程的关系;巴耶尔(Landon Beyer)侧重于从社会、政治、艺术的角度阐述学校课程内容的选择;艾斯纳、费金斯(Margo Figgins)侧重于将美学的理论作为理解课程的依据。从美学的角度审视课程,为课程的多元理解赋予了新的意义。

1. 课程是一种生命美感的体验过程

美学是一门精神科学,其思想核心是关注人的精神价值和心灵世界,它为当代课程研究提供了一种新的立场,为课程研究提供了坚实的理论支持,并提醒我们对课程的价值进行重新审视和思考。

（1）课程应该以追求生命的美感为目的

美是人最根本的追求，富有美感的人生首先应具有自由的精神，自由作为生命体文化生活的基础和内涵，是人的终极追求。美学取向的课程是引导人走向自由的阶梯，通过具有美感的课程，向教育对象传递知识，解放人的思想，引导人不断跨越现状去追求新的自由。如格林所言，"课程应提供机会，帮助人们在今天这个日益开放的世界里获取意义"，[16]自由是意义的核心，只有心灵自由的时候才能更好地体会到生命的意义。教师和学生作为课程的主体，应该是自由和平等的，应该共同将个人的经验和情感投入到课程设计、课程实施、课程评价等过程。作为自由主体的教师应该树立自己的教育信条，善于独立思考，为学生的发展提供广阔的空间，让学生能自由地呼吸，能自主地选择，能勇敢地尝试、探索和超越，从而体验探索过程中的快乐和困惑，积累超越自我和他人的信心和勇气，感受生命过程的美学光芒。

（2）具有美感的课程应该建立在学生的经验基础上

杜威的经验概念特指"一个经验"，即完整的经验整体。"不完整的经验不具有累积性，不给人以深刻印象，时过境迁，我们可能很快就会将它忘记了"。[17]"人有完成一个经验的兴趣"，[18]经验本身具有令人满意的情感性质，因为它拥有内在的、通过有规则和有组织的运动而实现的完整性和完满性"。[19]杜威认为，经验具有审美性，而人们往往有一种将新旧经验进行联系的兴趣，这种联系的过程就是美感的体验过程。"经验"不仅是美的核心，也是课程的核心。课程的出发点是经验，所有一切人类的教育活动都源于人的经验，学术性的学科和学校的课程都是从直接经验中衍生而来的；课程的目的也是经验，课程就是要帮助人接受经验、改造经验和统整经验。具有美感的课程应该是真正尊重学生的经验，善待每一个学生具有差异的个性和经历，能为每一位学生的成长提供适合其自身发展的机会的课程，并且能让学生在课程学习过程中感受美和体验美，从而体验到生命的意义与价值。

2. 课程是一种诗化的智慧

（1）课程的灵魂在于想象

课程研究需要想象去分析和认识到它的多种可能性。格林在《释放想象力》中提到,"想象力是一种得以不同方式看待与观看事情的能力,唤起与开发想象力是要让我们能够打破那些僵死与既定的、客观而独立的真实⋯⋯以不熟悉的角度去面对眼前万变的处境⋯⋯"[20]同样,杜威也认为"审美经验是想象性的",如人们对于艺术作品的欣赏,就是将人的经验与文艺符合表达的意义通过想象来达成,因此他说"所有有意识的经验都必然在某种程度上具有想象性",[21]杜威用想象将旧的经验和新的经验联系起来,以想象作为从事理性思维活动的动力。如果将课程比作艺术品,对课程的理解便需要一种理性的想象了,借助这种想象,课程就有了多层的含义。作为名词的课程意为"固定的跑道",从动词的词义上说,解释为"奔跑,在跑道上的奔跑"。对课程的这两种解释为课程的理解提供了想象的空间。作为名词的课程被理解为教科书、文件、计划,是一个实体的文本,作为动词的课程则具有交往、对话、理解的特性。这样,课程由原来侧重于预设具体目标(跑道),转向了个人奔跑经验的积累过程(奔跑)。这种转向意味着对于课程理解的根本性改变:课程是一条边铺边走的道路,不是一条事先指定、只需按照线路走下去就能够到达终点的道路。[22]

(2) 课程的活力在于尊重人的多重感知方式

艾斯纳认为,人对于外界事物的理解与表征形式是多元的,人可以透过不同的符号系统来建构自己对世界的理解,而选择不同的符号是基于个体的不同经验,而学校往往侧重于语言、数理学科对学生认知能力的培养,忽略了艺术等其他认知方式的培养。[23]与以往注重"思辨""逻辑""推理"的理性思维方式不同,美学为人的学习探究活动提供了一种以"审美""感受""想象"为特征的思维方式。前一种认知方式往往适用于认识抽象和具有普遍规律的概念和定律的推演、验证;后一种认知方式则强调感知,以直观、具体事物为对象,通过感知觉来认识和理解世界,这种认识具有独特性和特殊性。它更加强调认知主体的主观能动性和积极体验,能够为经验建构者提供"想象"的审美体验,也可以为理解和分析课程问题提供全新的视角。

(3) 课程的灵性在于惊奇

教师日复一日从事同样的教学生活很容易倦怠,这对于教师而言是极其危险的。教师像艺术家一样,对于学校的生活始终保持一种敏感、机智和惊奇是非常必要的。格林在她的著作《教师即陌生人》中也极力提醒教师"面对日常生活的现实,采取一种陌生人的观点,就是要以一种探究的、怀疑的眼光看待自己所生活的世界".[24]陌生的感觉让人始终保持一种积极、新奇、质疑的状态对待事物,也就常常会发现生活中美好的细节。她还强调,教师要提升自我的意识,要保持一种不安的情绪,时刻挑战过去习惯的环境,心怀面对新奇事物的激情,在平常的教育工作中发现更多的可能性,构建新的意义世界。教学是教师的主要生命形式,教师应该从这个角度来看待教育的过程。教师要以个体的生命感触融入课程实践中,以美学的眼光看待课程中的人和事,以真挚的感情投入教学过程,将每一次课程任务都如同是第一次那样充满感动和惊奇。具有诗性智慧的课程提醒我们以一种"剥洋葱"的方法,剥去课程严密的外壳,进入到鲜活的教育现场,用素描的手法呈现生活的原色,以关照每一个主体的内心、经历,发现自我的意义与价值,唤醒个体对自我的意识和认同。

课程的美学转向是课程研究的一个新的视角,作为一种思潮,它为课程研究在方法论上提供的价值远甚于其操作意义。正如艾斯纳所言,"它不能为有效的教学提供处方,也不能为有效课程方案贡献诀窍",[25]但是它为课程研究投射了一束绚丽的光芒。作为课程研究的一种新的话语,它为探寻课程的本质和意义提供了一种新的方法与路径。

参考文献

[1][美]派纳著,张华等译. 理解课程:历史与当代课程话语研究导论[M]. 北京:教育科学出版社,2003:590.

[2][德]库恩著,傅大伟等译. 科学革命的结构[M]. 台北:允晨文化事业有限公司,1974:42.

[3][德]库恩著,傅大伟等译. 科学革命的结构[M]. 台北:允晨文化事业有限公司,1974:183.

[4]张华. 走向课程理解:西方课程理论新进展[J]. 全球教育展望,2001(7):40—48.

[5][美]艾伦·C.奥恩斯坦等著,柯森译. 课程:基础、原理和问题[M]. 南京:江苏教育出版社,2002:11.

[6][德]席勒著,冯至等译.审美教育书简[M].北京:北京大学出版社,1985:155.

[7]徐复观.中国艺术精神[M].长春:春风文艺出版社,1987:53.

[8]卢世林.美与人性的教育——席勒美学思想研究[M].北京:人民出版社,2009:173.

[9][德]席勒著,冯至等译.审美教育书简[M].北京:北京大学出版社,1985:155:12.

[10] Eisner E. Cognition and Curriculum Reconsidered[M]. New York: Teachers College Press,1994:20.

[11]李雅婷.课程美学探究取向的理论与实践之研究[D].台北:台湾师范大学,2002:23.

[12][德]黑格尔著,朱光潜译.美学[M].北京:商务印书局,2008:11.

[13][美]艾略特·W·艾斯纳著,孙宏等译.儿童的知觉与视觉的发展[M].长沙:湖南美术出版社,1994:7.

[14][美]艾略特·W·艾斯纳著,孙宏等译.儿童的知觉与视觉的发展[M].长沙:湖南美术出版社,1994:8.

[15]周淑卿.无教学不足以成课程:美感认知理论的观点[J].西南大学学报,2009(11):58—61.

[16] Green M. The Artistic-Aesthetic and Curriculum[J]. Curriculum Inquiry,1977(6):283—284.

[17][美]杜威著,高建平译.艺术即经验[M].北京:商务出版社,2007:13.

[18][美]杜威著,高建平译.艺术即经验[M].北京:商务出版社,2007:4.

[19][美]杜威著,高建平译.艺术即经验[M].北京:商务出版社,2007:41.

[20]杨忠斌.教育美学:美学与教育问题述评[M].台北:师大书苑有限公司,2008:296.

[21][美]杜威著,高建平译.艺术即经验[M].北京:商务出版社,2007:272.

［22］［美］派纳著,陈时见译.课程:走向新身份［M］.北京:教育科学出版社,2008:77.

［23］Eisner E. Cognition and Curriculum Reconsidered［M］. New York:Teachers College Press,1994:21.

［24］Greene,M. Teacher as Stranger:Educational Philosophy for the Modern Age［M］. Belmont,CA:Wadsworth,1973:121.

［25］［美］艾斯纳著,李雁冰译.教育想象——学校课程设计与评价［M］.北京:教育科学出版社,2008:2.

（本文发表于《比较教育研究》2010 年第 12 期。作者何茜,时属单位为西南大学教育学院国际与比较教育研究所）

五、女性主义课程观述评

女性主义教育思潮是产生于20世纪60年代末70年代初的一种教育思潮,20世纪70年代初期,课程成了女性主义特别关注的问题。女性主义早期的研究主要集中在性别刻板印象(sex stereotyping)、性别再生(sex reproduction)等上面,其后致力研究课程、知识和权力之间的关系,并进行了较大规模的课程实践。[1]女性主义课程观是女性主义教育思潮的重要组成部分,其代表人物主要有凯利(Kelly,A.)、斯彭德(Spenedr,D.)、诺丁斯(Noddings,N.)、柯林斯(Collins,C.)、韦纳(Weiner,G.)等。女性主义课程观对西方国家的课程改革产生了重要影响,对我国的课程改革也有借鉴和启发意义。

(一) 女性主义课程观的主要内容

女性主义教育思潮包括众多的流派,这些流派主要有自由主义女性主义、激进女性主义、社会主义女性主义、后现代女性主义等。不同流派的女性主义在课程上的观点并不一致,有的还相去甚远。总体来看,女性主义课程观有两个特点:一是特别关注课程中的性别不平等问题;二是主张建构服务于妇女解放的课程。对女性主义课程观介绍和分析如下:

1. 特别关注课程中的性别不平等问题

一般来说,女性主义既是一种社会思潮,也是一种政治实践,而且它作为社会思潮和政治实践不可分离地联系着。这在女性主义教育理论和实践中也有较明显的反映。在女性主义看来,为性别平等而进行的斗争是更广泛的民主斗争的一部分,女性主义教育理论和实践有助于这种争取民主的斗争。[2]女性主义课程观作为女性主义教育理论和实践的重要组成部分,其深层的目的是消解主流课程观中的男性霸权,谋求妇女的解放。

(1) 揭露和批判课程内容中存在的性别偏见对女子教育的消极影响

自由主义女性主义认为,女人和男人同样是理性的人,她们应当同男人一样享有平等的民主、权利。在自由主义女性主义看来,教育,特别是课程,是建构一个男女平等社会的关键。这种流派的女性主义认为,既存的课程内容中存有性别偏见,正是通过这种存有性别偏见的课程内容,性别(gender)成为影响学生学业成败的重要因素。凯利对学校教科书中的插图、语言、主题选择等一系列问题进行了研究,发现教科书使用的是男性化语言,教科书中的插图、主题选择大多是男性形象,女子形象较为缺乏。[3]在自由主义女性主义看来,这些带有性别偏见的课程内容是导致女子在教育中处于不利地位的根源之一,正是因为某些学科缺乏女子形象、忽视女子的知识和经验而增加了女子学习这些学科的难度;某些学科女子形象的缺乏也导致女子疏远这些学科,如女子在选择学科时往往倾向于家庭经济、艺术等,而把数学、物理、化学等排除在外。

(2)揭露和批判课程中存在的性别刻板印象和性别再生现象

20世纪70年代到80年代早期,女性主义者进行了大量的研究,以期揭露课程中存在的性别刻板印象。通过对小学教科书的分析,人们发现在教科书中无论是在男性和女性出现的次数上,还是在男性和女性承担的角色和任务上,均表明性别刻板印象普遍存在。例如,从对小学教科书中男孩和女孩角色的分析发现,男孩总是被描述为主动的,具有冒险精神;而女孩总是被描述为被动的、保守的;男人更多地被描述为倾向于在有偿劳动市场上寻找工作,妇女则描述为倾向于承担家庭角色。[4]总之,女性主义认为,在教科书中,男性往往被赋予受人尊敬的品质,如理智、客观性、独立性等;女性则较多地被分配给一些带有侮辱性质的品质,如情绪化、不理智、依赖性等。对学生来说,教科书是他(她)们学习的重要材料,正在成长中的男孩、女孩可能正是从教科书中的这些性别形象中获得自己效仿和学习的样板的。在女性主义看来,课程中的性别刻板印象反映了官方的性别角色意识形态,它对男性和女性不同的性别期望正是通过带有性别歧视的课程被合法化的。

激进女性主义特别关注课程控制问题,认为课程控制是性别再生的重要渠道。激进女性主义认为,父权制是社会建构的,男人对女人的家长制权力是人类社会的一种基本权力关系,这一权力关系不仅仅限制在政治和经济这种公共领域中,它是一切两性关系的根本特征。这派女性主义就是以此为理论基础分析学校教育和课程的。在激进女性主义看来,学校教育是维护现代西方社会的重要工具,学校通过根植于其中的组织结构、社会互动模式,当然也包括课程,继续再生父权制社会。[5]斯彭德认为,全部课程都是由男性知识构成的,是男性有权决定哪些知识可以进入课程。在她看来,这就使男性处于继续创造社会知识的特权地位,致使传统陈腐的性别关系得以复制、家长制永存。[6]那么,性别再生是怎样进行的呢? 激进女性主义认为,隐蔽课程在性别再生方面发挥着重要作用,它是学校中男性和女性间不平等权力分配得以实施的重要途径,通过隐蔽课程,日常生活中压制妇女的知识得以合法化。女性主义认为,在教育中,特别是在课程中存在的性别刻板印象和性别再生现象,这些不仅不利于女孩、也不利于男孩的课程选择。柯林斯通过研究发现,大多数男孩倾向于避免选择传统上被认为是女孩应学习的科目,他们往往把体育活动作为主要的业余活动(extra curriculum);相似地对某些课程选择上的优先考虑同样影响了女孩。[7]男孩和女孩在课程选择上的性别分离,无疑将影响他(她)们未来的发展。

2. 主张建构服务于妇女解放的课程

20 世纪 70 年代初,女性主义意识到源自女性和关于女性的知识在很大程度上是被排斥在诸学科之外的。在女性主义看来,任何被主动排斥或从未进入课程的知识很容易被遗忘。因此,女性主义认为,应把有关女性自己的知识,借助学院发展计划进入课程。有的女性主义则认为,应开发女性自己的课程,以彻底改变女性在教育中的不利地位。

女性主义认为应当对现存的课程进行改革,并提出了一系列旨在消除隐藏在课程中的性别歧视的主张。这些主张包括:课程改革应致力于揭露父权家长制控制课程的机制;关注女性关心的问题和女子科目(female subjects),如学术科目中的男性中心问题、学校在男权再生产中的作用问题及女性的历史等;课程应采取不同的编排和呈现方式,以改变男性经验被视为标准的状况;课程中的性别角色应保持男性和女性平等,等等。女性主义认为,课程改革应反映妇女的利益,服务于妇女的解放。

有的女性主义认为,女性主义课程实践的基本目标之一是挑战和改变那些被认为理所当然成为课程内容的知识。这部分女性主义认为,仅仅赞同妇女的要求或在课程中增加妇女的数量是不够的,更为重要的是,应对课程所宣称的事实、必然性、普遍性提出挑战。[8]因此,这部分女性主义试图开发一种女性主义课程(feminist curriculum),对抗男性中心的课程(male−centered curriculum)。在这个问题上,激进女性主义和后现代女性主义都提出了自己的观点,虽然其具体观点存在很大的差异,但在本质上,这些观点都是围绕着"妇女中心"展开的,目的都是为了谋求妇女的解放。

激进女性主义认为,女性主义课程应具有明确的政治目的,它包括批判既存的教育制度及女性相对于男性的受教育机会不均等,关注女性的情感和经验,提供女性自己的知识等。[9]这种课程把女性经验主义(feminist empiricism)、女性主义立场认识论(feminist standpoint epistemology)作为自己的认识论基础。

后现代女性主义在如何建构女性主义课程问题上也提出了自己的主张。诺丁斯认为,"关爱"是女性的思维方式和行为方式,是建立一个在伦理上和道德上强盛而统一的世界、一个与现在的世界完全不同的世界的基础。要引导现代教育走出困境,必须采用一种和男性截然不同的思维方式来组织教育,这一方式即女性的关爱。关于课程,她认为,必须采用关爱和人与人之间的理智来建构。[10]这种课程由教师和学生通过共同协商来规划,制订课程需要考虑的因素包括:学生需要什么? 他(她)们可能对什么感兴趣? 怎样把学生和教师的各种不同的生活经验和背景结合到课程中去等。[11]

(二) 对女性主义课程观的简要评论

1. 女性主义课程观具有反对性别偏见的合理性

女性主义教育思潮的出现不是偶然的,而是现代西方社会内部矛盾激化的结果。以服务于妇女解放为宗旨的女性主义在20世纪60年代的再度高涨,为女性主义教育思潮的出现提供了思想基础。现代西方社会普遍存在的性别不平等现象,为女性主义教育思潮的出现奠定了社会基础。

女性主义从女性的角度、立场、观点出发,解构现代西方国家的主流课程,揭露在课程中妇女及其知识、经验被边缘化的状况,鞭挞课程控制中的男性霸权,女性主义所揭露和批判的这些存在于课程中的种种性别歧视现象,在某种程度上确实反映了西方国家课程的真实状况。知识社会学认为,所有的知识都是社会的,而不是超然的、孤立的、外在于社会生活的。学校中的知识(既包括存在于师生之间的日常意义的知识,也包括存在于正式课程中的知识),是一种社会产品，是在社会、文化、历史的过程中创造出来的。现代西方社会性别不平等普遍存在，这种不平等总是表现为男性支配女性，在这种男权制社会中，不仅在物质上，而且在精神上，妇女都要低于男人。这种充斥着男性中心的价值体系的社会状况，导致了反映男性利益的知识必定会通过各种形式渗入课程中，致使课程成为再生性别不平等的重要渠道。

女性主义批判主流课程中存在的性别刻板印象、性别再生现象，其目的是为了解构主流课程中的男性霸权。女性主义关于性别刻板印象、性别再生将影响课程选择中的性别分离的观点，使我们意识到男孩和女孩同是性别刻板印象、性别再生的牺牲品。所以，在教育中，特别是在课程中，如果不追求性别平等，我们也就不可能提供给男孩一种好的教育，即使我们可以提供给他们某些特权。一种好的教育，应既有利于男孩，也有利于女孩，这种教育应依据社会公平、正义的原则进行构建。

西方国家主流课程中存在的性别歧视现象是这些国家占主导地位的性别角色意识形态在课程中的反映，要克服这些问题是一个长期的历史过程。女性主义在课程观上关注妇女，强调妇女的知识、经验、情感，反对性别歧视，反对把男性经验世界的知识整体地推演到女性经验世界，这对纠正主流课程中忽略妇女和妇女经验的状况无疑是有裨益的。这也在一定程度上推动了西方国家的课程改革。自 20 世纪 70 年代以来，由于女性主义者和具有性别平等观念的社会各界人士的努力，西方各国在涉及性别形象的教材改革方面做了不少工作，带有明显性别歧视色彩的内容在教材中有所减少。女性主义课程观对西方国家课程改革的影响由此可窥见一斑。

2. 女性主义课程观存在女性认知优越的偏见

女性主义课程观以女性主义认识论作为理论基础。女性主义认识论强调经验，尤其强调女性经验对于认识世界的重要性，认为女性经验是认识的基础。女性主义立场认识论是女性主义经验论的特殊形式，它强调由于女性处在社会边缘，她们的经验要优于居于主流社会的男性的经验。因此，女性主义者认为，由于女性的经验知识更少具偏颇性，因而更能正确地反映社会现实。在认识论上，知识社会学强调"主体-主体"的关系，认为一定的主体相对于其他主体不同的社会存在，对认识具有决定意义。可以肯定的是，女性相对于男性具有不同的社会存在,但女性主义从未对女性以及女性经验与男性经验的关系进行充分的考察和明晰的界定,武断地肯定一方而否定另一方,这无疑昭示我们,建立在女性经验基础上的认识论仍然存在着女性认知优越的偏见。在思维方式上,女性主义认为,男性和女性的思维方式是不同的。女性的思维方式是包容的、合作的,对人、对社会、对自然采取一种发自内心的关爱态度;男性的思维方式则是攻击性的、容易造成等级制的,对自然和社会采取一种利用和掠夺的态度。女性主义的结论是,女性的思维方式才是引导人类走出危机的惟一思维方式。男性和女性的思维方式存在着某些不同,这是没有疑义的。但女性主义在缺乏充分论证的情况下,仅凭某些表象而断然认定男性和女性的思维方式存在着本质的不同,且女性的思维方式优于男性的思维方式。可以说,女性主义虽然批判男性霸权的思维方式存在严重缺陷,但同样没有摆脱这种思维方式的影响。可以看出,女性主义在认识论上也存在着性别偏见。

女性主义在认识论上存在的性别偏见影响了其课程观。女性主义试图开发女性自己的课程,这种课程或片面强调女性的经验、知识对于认识世界的重要性,或过度抬高女性的关爱对于引导现代教育走出困境的重要性。这就潜藏着女性认知优越的倾向,似乎只有妇女的知识才正确地反映了现实,只有妇女的关爱才是革除现代教育弊端的良药,给人一种矫枉过正的感觉。用这种观点指导课程实践,不仅不利于男性,最终也将有害于女性。

3. 女性主义课程观对我国的课程改革的启发意义

"与以往相比,当今中国在女性教育研究方面不但有了零的突破,而且有了长足的进步""但是,无论从时代和我国社会发展的角度看,还是从研究所涉及的广度和达到的深度看,或是从与其他领域研究达到的水平相比较,中国女性教育的研究都面临着深化的迫切任务。"[12]"女性主义及女性主义教育研究,是富有变革色彩的学术思潮,深入地研究它们,无疑有助于我们反思我们的教育理论和教育实践。"[13]女性主义课程观揭露西方国家主流课程中的性别歧视,关注女性的知识和经验等,对于深化我们的课程改革是有所助益的。女性主义课程观给我们的课程改革的最大启示或许是,在性别偏见客观存在的情况下,如何把男女平等的原则切实贯彻落实到课程中去,以期建构一种性别公平化教育,这种教育的目的不是使人消除性别观念,而是使人消除性别偏见。

　　新中国成立后,中国妇女的社会地位获得了空前的改善和提高,但传统的社会意识依旧根深蒂固,中国妇女从获得形式上的解放到获得实质上的解放,仍有一段漫长的路要走。受传统陈腐性别观念的影响,教育领域的性别歧视现象也不同程度地存在着。在我们的某些教材中便存在有性别歧视现象。[14]课程是性别预成的重要途径之一,在某种程度上,正是通过课程,男生和女生"自愿地"接受了他(她)们在性别分层体系中的地位。因此,教材中存在的性别歧视现象对中小学生形成"男强女弱"的性别观起着潜移默化的作用,这极易使女生产生自卑感,从而影响她们的成就动机、抱负水平及心理的健康发展。所以,在当下的课程改革中,反性别歧视取向应是我们进行课程改革必须具有的价值取向,我们应对课程的主题选择、语言、插图等进行有意识地选择,坚决避免带有性别歧视倾向的内容进入课程,同时应设计开发体现性别公平化的多元文化课程等。

　　机会均等取向是我们进行课程改革应具有的另一价值取向。女性与男性相比,在受教育机会均等方面,无论在"起点"上还是在"过程"及"结果"上,都处于明显的劣势。当下,我们急需关注女性在"过程"和"结果"方面受教育机会的不均等。我们的课程对此也具有不可推卸的责任。如在教育实践中,女性较多地倾向于不选择逻辑性较强的科目。对此,人们习惯上解释为女性不适合学习逻辑性较强的科目。但有研究指出,教材在编排上不符合女性的兴趣和特点,是导致女性对这些学科不感兴趣的关键。由于课程编排方面的原因所导致的女性倾向不选择逻辑性较强的科目,将影响她们的职业期望及对人生道路的选择,从而在事实上影响了她们机会均等地接受教育。这说明,男性和女性在生理、心理和社会行为等方面的差异也应是课程改革不容忽视的一方面。因此,我们不能仅仅满足于把受教育者作为"完整的人"来看待,更重要的是应把受教育者作为"有性别的人"来看待,这就要求我们的课程应是一种双焦点课程。具体而言,这种课程应做到男性形象和女性形象的平衡;既要提供男性的知识和经验,也要提供女性的知识和经验;在课程的呈现和编排上,既要考虑男性的兴趣和特点,也要考虑女性的兴趣和特点等。

参考文献

[1] Coffey A，Delamont S. Feminism and the Classroom Teacher：Research，Praxis，Pedagogy[M]. London：Routledge Falmer,2000:34.

[2] Arnot M. Introduction. In：Arnot M，Weiler K(eds). Feminism and Social Justice in Education：International Perspectives[M]. London：The Falmer Press,1993:38.

[3] Donn G. Feminist Approach to the Curriculum. In：Saha L J（ed）. International Encyclopedia of the Sociology of Education[M]. Pergamon, 1997:130.

[4] Coffey A，Delamont S. Feminism and the Classroom Teacher：Research，Praxis，Pedagogy[M]. London：Routledge Falmer,2000:34.

[5] Morrow R A，Torres C A. Social Theory and Education：A Critique of Theories of Social and Cultural Reproduction[M]. New York：State University of New York Press,1995:392.

[6] Donn G. Feminist Approach to the Curriculum. In：Saha L J（ed）. International Encyclopedia of the Sociology of Education[M]. Pergamon, 1997:132.

[7] Lingard B，Douglas P. Men Engaging Feminisms：Pro－feminism, Backlashes and Schooling[M]. Philadelphia：Open University Press, 1999:110.

[8] Loffey A，Delamont S. Feminism and the Classroom Teacher：Research，Praxis，Pedagogy[M]. London：Routledge Falmer，2000:38.

[9] Donn G. Feminist Approach to the Curriculum. In：Saha L J（ed）. International Encyclopedia of the Sociology of Education. Pergamon, 1997:134.

[10] Middleton S. A post－modern Pedagogy for the Sociology of Women's Education. In：Arnot M，Weiler K(des). Feminism and Social Justice in Education：International Perspectives[M]. London：The Falmer Press,

1993:130.

　　[11] 张文军.后现代女性主义教育学述评[J].比较教育研究,2000(2):
8—11.

　　[12] 叶澜.女性教育研究深化之我见[J].中国妇运,1995(3):18—20.

　　[13] 杨昌勇,胡振京.论女性主义教育研究方法和方法论[J].教育理论与
实践,2001(5):1—5.

　　[14] 朱晓斌.从我国三种小学语文课本看儿童性别角色的社会化——兼
与美国一种阅读课本的比较[J].教育研究,1994(4):52—57.

　　(本文发表于《比较教育研究》2003 年第 11 期。作者胡振京、杨昌勇,时属
单位为西南师范大学教科院)

第三章　课程类型

一、游戏在儿童早期教育中的价值

(一) 问题的提出

每一个孩子都在自发地游戏,自己去选择游戏。游戏是儿童期的一种固有的和快乐的活动。但是,游戏除了能给儿童欢乐之外,还有其他作用吗? 克莱铂(Clepper)1974 年在《在游戏中成长——父母指南》一书中说:"游戏是儿童期的工作,是儿童发展自己的头脑和肌肉,发现自我和自己的能力的方法。"

这里提出的问题是阐明游戏在儿童早期的重要性。过去,人们怎样看待这个问题,而更为重要的是,现在人们认为游戏具有什么样的价值。

(二) 游戏的定义

考察游戏在儿童早期的重要性,首先应当给游戏下定义,这才是合乎逻辑的开端。巴特勒、戈特斯和奎森伯里在 1978 年提出这样一种观点,即给游戏下一个明确的定义是困难的。他们认为,游戏的定义不是固定的,它取决于各个定义者对游戏的理解。幼儿是带着知识、技能和态度进入游戏情境之中的,而且,他们还有关于自我的一定的观念和态度(如自我评价、自我概念的形成,等等),对即将加入游戏的其他孩子也有自己的看法和理解。诸如此类的变量的相互作用,决定着活动进程和结果的变化。因此,巴特勒和她的同事们认为,游戏不是儿童所作出的孤立的行动或动作群,它所包括的内容要丰富得多。他们也相信,人们观察儿童游戏,可能会把游戏归结为与学习或生长、发展过程相关的活动;或者,也可能完全相反,认为游戏是与学习或生长、发展过程完全无关的、毫无必要的活动。巴特勒和她的同事们由此得出结论:"要提出一个正式的游戏定义是困难的。"

弗兰克意识到许多人都关心儿童和游戏的意义。他写道,在许多人的头脑里,对于游戏的含义和游戏的必要性仍然是不清楚的。他提出了一个基本的观点,即工作(劳动)和游戏(娱乐)是不同的。许多人都赞同这种看法。但他又认为游戏是儿童的工作,通过游戏,儿童能获得关于他们的世界以及自己在这个世界中的位置的观念。当孩子们探究,发展着知觉、概念、语言和智力技能的时候,他们就是在工作和学习。虽然为游戏下一个公式化的定义是一件困难的事,但是某些关于游戏的描述性特征是被人们广泛接受的。弗兰克、巴特勒和戈特斯都曾提到加维 1977 年所概括的一些游戏的特征。加维的游戏特征说中包括几种变量,但是还远远不能说已包括了游戏的全部特征。加维主张,游戏应当是由内驱力所策动的、一种快乐的活动。游戏应该是自愿的行动,而不应当为它规定任何外部的目的。他又进一步规定,儿童必须是积极地参加到游戏中去的,并且发现游戏是一种愉快的经验。

在关于这个问题的全部讨论中,对游戏的任何鉴定,都意味着游戏这种活动恰恰具有前面所引证的那些描述性特征。

(三) 历史上对游戏的看法

"游戏与有文字记载的历史一样古老悠久。"儿童为什么要游戏? 关于这个问题,历史上有很多看法。但是,直到今天,对游戏的本质和价值还很少有系统性的考察。20 世纪 70 年代的幼儿教育工作者看来已经重新认识到了儿童游戏的价值,注意到了游戏对于儿童认知和情感发展的潜在作用。而在 20 世纪之前,许多人把游戏看作是不道德的,是时间和精力的浪费。19 世纪的一位教育家,除了看到游戏在消耗剩余精力方面的作用之外,对游戏的价值几乎没有认识。一些学校和一部分家长也把过多的精力释放看作是游戏的唯一目的,而不需要任何想象和计划。只要儿童在积极活动,任何形式的游戏,其价值都是相同的。

有一些早期的理论家把游戏看作是帮助儿童松弛、恢复精力的一种手段。还有一些人则假设游戏起着更有意义的作用,然而他们几乎余都轻视游戏的内容和游戏的发展顺序。对游戏的这些观点、看法,现在正被当代思想家们的观点取代或发展。这些思想家们著书立说,使赞成游戏的文献著作的数量急剧增长。

历史上一些早期的理论家认为游戏的价值是有一定限度的。早期的希腊思想家们把游戏看作是学习的一种工具。他们相信,游戏是重要的,通过游戏,儿童能够使一些机能得到锻炼,而这些机能是成年以后的安全和经济上有保障所必需的。约翰·洛克相信,运动和游戏应该是所有儿童的活动,因为它不仅在保持健康、改善身体的适应能力方面起着重要的作用,而且能使儿童"检验自己的能力,发现自己能做些什么或不能做什么"。福录贝尔使游戏在教育过程中发挥了重要作用,相信自发的游戏是儿童学习的最重要的途径。在他看来,游戏是儿童内心活动的自由表现,是儿童最纯洁、最神圣的心灵活动的产物。

(四) 儿童为什么要游戏,他们怎样游戏

为了去理解和驾驭周围的环境,幼儿游戏着,游戏是他们生活中最重要的方面。游戏对于幼儿就是严肃的工作。正是这种目的的严肃性而使游戏获得了教育上的价值。幼儿的游戏把严肃的目的与快乐的情绪结合起来了,这一点常常遭到成年人的嫉妒。"幼儿把一种热烈的情感带进了游戏活动之中,他们就好像是小小的研究家,正在从事自己所热爱的工作"。

游戏允许儿童去学习如何恰当地表现自己的行为、如何去应付、控制一生中必然会碰到的各种各样的问题和困难。戈德斯·沃思(1971)说,游戏是正在成长中的儿童最大的心理需求。他相信,如果确实是在良好的情况下让孩子们去游戏的话,游戏不仅会产生在思考和推理活动中所表现出来的心理活动的积极性,而且象丰富的经验一样,也会导致最佳的学习。

孩子们也把游戏作为创造性地表现自己的一种手段。角色游戏、建筑结构活动、唱歌、跳舞以及艺术方面的一切努力,都为他们提供了创造的机会和途径。

　　单纯的言语活动对于幼儿是不够的。通过操作具体形象的和可感知的材料来积极地游戏,是孩子们学习的最好方式。游戏是幼儿探究周围世界、进行实验活动的途径,从而使他们与周围世界、与其他人以及他们彼此之间构成了种种的关系和联系。通过游戏这种途径,幼儿学习集中注意力,锻炼想象力,形成自己的看法,练习成年人的行为举止。通过游戏,幼儿就能发现怎样才能与外部世界协调一致,怎样去解决生活中的任务,去掌握新的技能,从而获得自信心,把自己看作是一个有价值的人。游戏提供了一种媒介作用,通过这种媒介作用,儿童能够用尝试错误的方法去学习:正是通过这种方法,他们学会了如何去应付现实的世界。

　　游戏是儿童学习的自然方法。自然总是袒护偏爱年幼的学习者的。在儿童出生之时,自然就赋予他们一种永不会满足的好奇心。他们学得越多,想知道的也就越多。他们想说话,想模仿别人,想探究发现。除非在他们的发展过程中出现了某种不正常状态因而遭受痛苦,或者是被置于一个受到限制的环境,否则,他们看来是不能不游戏的。只要把材料留给他们去操作、去探究,他们的好奇心和爱寻根究底的天性就会引导他们去调查问题和解决问题。

(五) 游戏在儿童生活中的价值

　　早期的思想家认为游戏和教育是对立的,但是,当代的教育家、心理学家和幼儿专家们已经发现,游戏是学习知识的最有效的手段。众所周知,幼儿是最好的学习者。在学前年龄阶段,孩子们比以后一生中任何时期都要学得多学得快。把儿童早期狭窄地理解成娱乐的时期和身体发育成长的时期,是一种陈腐过时的、不恰当的观点。马斯洛和罗伊德(1972)写道:"儿童早期是奠定智力发展的基础的令人兴奋的、有效的时期。游戏的过程正是智力发生的非同一般的、特殊的过程,这恰恰是游戏的作用之所在。"

　　游戏在儿童各方面的发展中(智力的、情感的、社会性的、身体的)起着重要的作用。当代一些理论家试图对正在成长中的儿童的游戏内容进行分析,并且把它与更为基本的、儿童总体的发展问题联系起来。例如,他们建议通过游戏去影响儿童的自我发展,解决发展中的冲突和矛盾,控制他们的攻击性行为,发展他们的动作技能,等等。

1. 游戏在认知发展中的作用

在儿童早期,游戏保证着儿童的智力发展,它是智力发展的动力。皮亚杰把儿童的游戏解释成为"一种同化超过顺应的优势"。史普德克(1972)认为:"游戏是一种方法,通过这种方法,儿童接收外部世界的信息,并且对它们进行加工处理,使之适应自己内部的编码图式。因此,游戏在儿童的智力发展中起着极重要的作用,而且其影响在某种程度上继续保持下去,并且经常显示在人的行为之中。"皮亚杰提出,游戏,特别是假想的游戏可能是创造性想象的根源。一般认为,儿童在游戏气氛中与环境相互作用,能够在一些客体与观念之间形成一些独特的关系和联想,这些客体与观念在受限制的同化思维中通常是难以形成任何关系和联系的。由于操作,儿童开始注意到所遇到的物体之间的相似性与不同点。人们认为当儿童发展到水平较高的阶段,具有了抽象思维的技术模式时,那些在早年游戏中遇到的物体在这时就有助于他们对物体进行分类,从而使简单的类别与概念得到发展。

布鲁纳把幼儿与环境的相互作用看成是一种途径,通过这种途径,就有可能对构成一种行为的各个分动作进行游戏性的练习,这些分动作在以后解决实际问题的过程中就会联结起来。辛格(Singer)提出:"自由想象的能力是与思维的集中、流畅和独立性有关的一种认知技能,同样它与组织和综合各种各样的刺激的能力也有关系。"

利普等人(1974)指出,游戏促进语言的发展。孩子们在相互接触中,产生了交流的迫切要求,语言就发展起来了。游戏完全吸引了孩子们的注意。游戏提供了重复的机会,重复是儿童学习的主要方法之一。他们通过游戏来进行反复的练习,直到完全掌握了一种技能为止。成功的结果使他们满足,而这种满足又变成了新的动机。在游戏的情境中,他们还在发展着与人交往、相处的能力——这些能力又成为进一步学习的基础。

通过游戏,孩子们学会了把工作坚持到底去完成任务。他们掌握了阅读的基本技能:① 注意集中和坚持的能力;② 区分不同形状的能力;③ 对词义的理解能力;④ 解决问题和作出决定的能力。在游戏中,儿童发现了自我,发现了外部世界的规则以及社会文化的准则和期望。

在游戏中儿童开始推理,开始发展逻辑思维的能力,他们的词汇量增加了,他们开始发现数的关系和科学上的事实。如果儿童的先天能力要得到充分的利用,要发展解决抽象问题的能力,那么,游戏的经验是必不可少的。

2. 游戏在情感发展中的作用

(1) 游戏对于儿童情感的满足和稳定具有重要的价值

游戏是他们表现自己的情感的一种方法,与其他人一起进行表演游戏和艺术性活动使他们的情感得到了表现。如果创造性成就欲望得到了极大的满足,就可以为自我约束和自制提供一种动机作用。

(2) 游戏对于心理保健是必要的

孩子们在游戏时全神贯注、无拘无束,意识不到自我,显露出了自己的真正本性。因此,游戏好比是巧妙的指示器,能够使我们了解孩子们的情绪状态。我们在观察一个正在游戏着的孩子时,会看到种种情绪表现:喜悦、恐惧或期望。

(3) 游戏是克服情绪紧张的一种手段

孩子们在游戏中可以学习解决问题的方法。例如,一个孩子可能挑选一种玩具,这种玩具代表着他所惧怕的或是不喜欢的东西。在游戏中解决疑难的问题,能够使孩子觉得自己有能力去解决问题,从而增强自信心。

(4) 游戏帮助孩子消除愤怒的心情

他们只要对那些引起自己愤怒的思想有了较好的理解和认识之后,就能心平气和地接受这些思想,因而游戏就变得平静了。正是通过想象的和幻想的游戏,儿童才了解自己所生活的世界的外部和内部。

卡斯(1971)说,儿童是带着一种独具特点的创新的、自发的动作进入想象性游戏的情境之中的。他相信,这些特性对于日后在生活中的成功不仅是有用的,而且是必要的,在儿童时期发展起来的想象力,是解决问题、预见未来和结果的能力的基础,也是完成各年龄阶段都会碰到的其他方面的(认知的、情感的、身体的和创造性的)任务的能力的基础。卡斯慨叹,随着孩子们年龄的增长,他们在想象的游戏中所表现出来的独创性和自发性以及各人所独有的特点都轻易地丧失殆尽。为了防止这种退化,他告诫所有关心儿童利益的人,不要去阻碍给儿童提供那些"能助长、刺激想象生活"的活动,否则,将会导致"全部的教育贫困化"。

儿童的各种情感,不管是积极的或消极的情感都需要得到表现。游戏为他们提供了学习如何安全、妥当地表现自己的情感的途径,从而能够设法驾驭、控制不友好的、攻击性的行为。

3. 游戏在社会性发展中的作用

在游戏的情境中,孩子们逐渐了解了"我的"和"你的"之间的区别。他们首先学会发现自我然后扩展到发现他人。他们在游戏中还积累了许多实际经验:了解了他们自己是什么样的,知道了自己的行动会带来什么样的后果,别人对自己会有什么样的反应,以及自己对别人会有什么样的反应。儿童的游戏一般要经历一个发展的过程。游戏的整个发展过程通常包括 3～5 岁儿童的活动,可以分为 6 种表现:① 无占有物的活动;② 单独游戏;③ 旁观行为;④ 平行游戏;⑤ 联合游戏;⑥ 协调游戏。

孩子们在游戏中作为集体的成员,开始学会互相理解,这也许是游戏经验在社会性发展方面的最重要的价值。这种相互作用,有助于他们形成对待他人的态度和行为。正是通过游戏,他们对社会文化、自己的个性特点和情感才有所了解。共同游戏帮助他们学会遵守规则、接受集体的支配、履行集体的一致要求、学会与人相处。孩子们对游戏充满了兴趣,这种兴趣使他们进入了新的社交环境,并学会去应付新的情境。借助于游戏,孩子们的社会性协作可以达到最高水平。

孩子们通过游戏了解了生活的基本型式。他们的想象力和对创造性表演游戏的喜爱,使他们能够接受各种各样的规则要求、各种情绪情感和态度。这种对能力的演习在以后的生活中是会有用处的。史普德克把游戏看作是儿童学习本社会的经济学和地理学方面的知识原理的一种途径。同样,通过这种途径,儿童能够掌握测量的技能。他认为儿童在游戏环境中担任社会的职责,是儿童在许多方面得到发展的适宜时期。

4. 游戏在身体的生长发育中的作用

游戏保障身体的生长发育。当孩子在跑、蹦、跳跃、攀登时,正是他们增进身体健康之时。通过对已经习得的协调动作的练习和运用,他们掌握了新的技能。爬攀登架、锤击和拼摆镶嵌之类的桌上游戏活动都能促进对肌肉运动的控制。在幼儿的学习环境中布置安排一些大型的物体,如供玩耍追逐的长长的跑道、大张的纸以及大量的适于活动、游戏的空间是很重要的。桶中游戏在幼儿看来也许仅仅是一种娱乐，但是从桶里爬进爬出，为幼儿身体的正常发展提供了许多必要的动作和运动。小肌肉群活动的技能对于眼和手的肌肉协调也是重要的。使用蜡笔、剪刀和其他一些操作性的材料，为书写和阅读准备了许多必要的技能。

（六）教师在游戏中的作用

优秀的教师通过分享孩子们的兴趣与快乐来鼓励他们学习，保持学习的气氛，并且保证使学习既有一定的难度，但又不会使孩子遭到连续的失败而灰心丧气。优秀的教师是用一种无拘束的、自由的方法来提出新的情境和信息，吸引孩子们参加活动，而不是限制他们或要他们按成人既定的模式去行动。

有能力的教师通过一种有组织的环境，一种能为幼儿的探究和讨论提供许多机会的深思熟虑、精心制订的计划，来促进幼儿的学习。具体形象的、可感知的材料既是幼儿的基本学习材料，又是环境的重要组成部分。教师要建立一种可信任的气氛，帮助孩子们去发现事物之间的关系和联系，鼓励他们提问，让他们参加到学习活动中来。成人只有与孩子一起游戏，帮助他们布置游戏的情境，才能对他们的发展起决定性的作用。

学校里的游戏时间就是教学时间。教师必须安排能促进心理活动发展的种种特殊的活动，必须保证儿童在认知的、情感的、社会性的和身体的等方面的发展。教师要鼓励孩子们合作、分享、互助，并为此提供种种机会。经过教师改进了的设备和活动，要能够扩展儿童的兴趣，增进他们的相互交往，发展他们的概念和语言。教师有责任使孩子们有机会以适当的方式方法表现自己的情感。

游戏时间就是对孩子们进行分析诊断的时间。孩子游戏或者没有能力胜任游戏，都表明了他在智力的、社会性的、情感的和身体方面的发展状况。因而教师就能洞悉儿童的概念和语言的发展状况以及动作、活动发展的水平。儿童在游戏中的种种行为，反映了他们的情绪状态。通过观察孩子的游戏，教师就可以对忧虑、恐惧或对抗性情绪加以辨别、审查。发展缓慢的孩子游戏经验有限，需要教师去教他用有意义的、建设性的方法来进行游戏。这些孩子的无能的行为表现是闲逛和厌倦，而破坏性游戏和争斗是攻击性行为的表现。愉快的游戏，则几乎总是孩子们心理健康的一种标志。适应能力强的孩子能在想象的游戏中轻易地变换各种各样的角色。

教师必须为孩子提供他们能够有信心、有能力进行操作的材料。这些材料的设计应当是能够鼓励孩子在自发的游戏和结构性游戏中学习掌握种种技能的。自发的游戏是儿童自己创造的活动,结构性游戏则是由教师设计的、向儿童提出来的,与儿童的能力、兴趣和经验的发展水平相称的活动。

（七）结论

在儿童早期,游戏在生长发育和发展的过程中具有非常重要的价值。它确实是幼儿智力、情感、社会性、身体等方面成长发展的一种途径。观察一下儿童的游戏,就可以发现游戏中的成长发展现象是很明显的。

游戏是 0 岁到 8 岁儿童的一种非常严肃的活动。游戏帮助他们去完成许多事情。它促进生长,帮助孩子按照自己特有的模式去成长、发展,帮助他们在社会文化背景中找到自己的位置,使他们觉得自己是有能力的人。在游戏世界中孩子们处于主动的地位,他们能够自己选择游戏活动而不受来自现实世界的限制与约束。他们还能够自己组织安排种种冒险、奇遇并且进行体验。如果出现了某种反常状况,也可以对它进行测验、鉴定。游戏为语言发展提供了一种基础,它允许儿童在一个愉快舒适的情境中与他人交往接触,建立起人与人之间的种种新的关系。游戏也有助于孩子获得掌握自己身体的能力,鼓励他们的兴趣,使注意集中的能力得到发展。游戏还使他们能了解成人的种种职责。

童年在人的整个一生中是一个特殊的、极为重要的发展阶段;游戏是这个发展阶段的一个基本的和有力的方面。在这个时期,儿童的生活应当是充实的、丰富的。如果童年的经验是丰富的,而且能够不断增长新的经验,那么,将来就能够为进一步学习提供一个基础。童年的游戏不仅是一种娱乐,而且也是使儿童成长、发展和学习的一种有价值的活动。

（本文发表于《外国教育动态》1984 年第 3 期。作者 B. D. 戴伊著,时属单位为美国北卡莱罗纳大学课程与教学系;作者刘炎译,时属单位为北京师范大学教育系）

二、模块课程：现代课程中的新概念、新形态

"模块课程"(module curriculum)概念始见于 20 世纪 80 年代初的英国课程研究和编制文献。很快，这一概念便异常迅速地进入了英国大中学校和各种职业教育机构，成为英国许多学校采用的一种课程新形态。本文将着重考察分析"模块课程"的基本特性、内在优势和实施条件，供国内同行研究参考。

（一）何为"模块课程"

要研究"模块课程"，就首先要了解什么是"模块"。"模块"来源于英语中的（module）和（modular）一词。module 是名词，原意为建筑施工中使用的标准砌块，如尺寸一律的砖块、水泥预制件等。计算机科学兴起后，module 一词又为计算机专业广泛运用，被译为"模块"和"组件"，指软件和完整程序中可以组合、更换的标准单元、组件和子程序。

modular 为形容词，通常译为"模块的"或者"模块化的"。所谓"模块化的"，在计算机科学中，就是指将一个系统或完整程序，按功能分解为若干个彼此具有一定独立性、完整性，同时又有一定联系的部分，换句话说，就是使一个完整的系统或程序由若干个可以分解的部分（模块）组合而成。软件开发程序设计人员和计算机操作人员都认为，实现程序模块化的最大好处在于灵活方便，易于操作。具体地说，就是易读写，易调试，容易重新修订，便于编制，便于系统和程序既能发挥整体功能，又能发挥各个部分的独特功能。

（二）何为"模块课程"

所谓"模块课程"，就是按程序模块化的构想和编制原则去编制设计课程，使课程实现"模块化"，或者说，形成模块结构的课程。从最早提倡模块课程的专家摩恩（Bob Moon）、伍瑞克（David Warwick）的专著中，从最早制定模块课程方案的牛津地区、莱斯特郡和谢菲尔德市教育当局的文献中，至少可以发现模块课程的几个特性：

1. 模块课程的基本组成单位是短小而完整的模块(亦可称为"单元")

所谓"短小"是与传统的需要学习二三年的学科课程比较而言的。在模块课程中,每个模块通常 6～18 周就能学完(约 12～36 课时)。所谓"完整",是指每个模块,都有其明确的教学目标和内容。当然,不同的模块有不同的目标和不同的实现、表达方式。一些目标突出展示、实验性;另一些目标更具改变行为的性质;还有许多模块,常提出知识、技能、行为、理解方面的数个目标。有位英国教师说,所谓完整"就好比文章中的句子,每句都有自己的主语,一个或数个动词,等等"。每个模块都是独立的教育、学习和评价单位。

2. 模块是学生选修的直接对象

在实施模块课程的地方,学生们不再直接选修一门门需几年才学完的科目,而直接选目标明确、完整短小的模块。以英国中学普遍开设的"计算机"课为例,不设模块课程的学校,要么选修要学 2～3 年的"计算机"课,要么不选。在开设"计算机"模块课程的学校,学生选修的不再是"计算机"课,而是构成"计算机"课程的各个模块,如"文字处理""计算机制图""信息系统基础",等等。

3. 每个模块既是完整独立、目标明确的教学、评价单位,又与其他模块发生水平序列或领域方面的关系,能够组合成具有更大目标的完整的模块课程

仍以"计算机"课程为例,英国中部的莱斯特教育局规定,构成计算机模块课程的模块有:信息系统基础、微机操作控制、文字处理、计算机制图、计算机辅助生产、机器人的使用控制、模拟仿真、计算机维护修理和计算机与电子通讯,等等。每个模块大致需 24 课时学完。学生每学完一个模块,即参加一次评价,选学满任何 5 个模块、成绩合格,即能获得计算机模块课程方面的"普通中等教育证书"。

在上述 8 个模块中,前二个模块相对于其他模块,显然具有基础性,与后 5 个模块主要发生水平序列方面的关系,其他 5 个模块之间,更主要的是不同功能、不同领域方面的关系。

4. 一个模块可以是数种模块课程的组成部分

一个完整的模块课程也完全可能由来自于不同学科的模块构成。前文提及的"文字处理"模块,不仅可以是"计算机"课程的组成部分,也完全可以是"商务""文秘""语言交际",甚至"工艺美术"课的组成部分。同样的道理,像"法国

研究""当代美国""社区服务""环境科学与保护""科学、技术与社会"(STS)"社会研究""人文科学"等新型课程,大多都是由不同学科的模块构成的。这些课程的形成都以每个模块的独立性、完整性以及能与其他模块相组合的特性为前提,又都反映出现代社会需要运用各学科相关知识、方法、技能才能深入认识研究和解决某些复杂的社会、自然现象的新趋势。

(三)"模块课程"的实施条件

从英国已实施"模块课程"的学校和地区看,试行"模块课程",大致需要以下条件:

1. 学生有较大的选修课程权

不设选修课,就无须使课程模块化,学生是否有选修课程的充足机会,对师资队伍、仪器设备、用房场地的数量和质量也是考验。为此,许多学校都从条件较充裕的科目和科域开始。

2. 向学生提供咨询指导

模块课程的目标并不只是为学生创造更多的选课机会,提供者更不希望课程模块化而使学生所学内容更加零碎无用。模块化的价值在于能使学生选择最有兴趣、最为需要的内容学习,而若干模块的合理组合又能够构成具有更大、更长远目标的整体,从而使学生所学的知识、技能、价值观念结构化。许多学校都为学生提供模块结合建议,告诉学生怎样将眼前最需要、最有兴趣的模块与自己的基本能力性向、职业前途、社会需要结合起来,使所选模块能构成合理有用的模块课程。这里的关键是,教师应对各模块的水平序列、领域方面和与其它学科模块的组合可能性有较为深入的理解。

3. 模块课程要求建立相应的评价考试制度

模块课程更需要经常性的、以模块为单位的评定、成绩报告办法。英国1986年新设立的"普通中等教育证书"考试制度,根据《1985年教育改革法》确定的"学校学业成就评定报告办法"和各科教学纲要、评价标准,都为"模块课程"的试行实施留下了巨大的空间和可能性。例如,科学课并未简单地分为物理、化学、生物等学科,而是规定了22个教学和评价目标。如"生命的多样性""生命的过程""遗传与进化""材料的种类和应用""材料的性质""地球与大气",

等等。每个目标又规定了大致的教学年级、学生年龄和 10 个水平的易难程度。科学课纲要还指出,科学课可以按不同的组合模块组织教学。

(四)"模块课程"的优势

英国教育界一向注重和尊重传统。"模块课程"之所以一经提倡,就为人们所认可,主要原因自然离不开此种课程形态的内在合理性和可行性,或者说,它具有传统课程形态所不具备的优势。目前,模块课程已开始显露出的优势主要有:

1. 课程模块化有利于学生在动机最强烈的时候,选修最感需要、最有兴趣的内容学习

一个即将走上银行员岗位的学生,有可能很想学"计算机文字处理"模块,而暂时并不想学习"机器人使用和控制"。如果我们承认,学生的动机和兴趣与学习效果有很高的正相关,那么,允许学生通过选修模块,直接选择动机强烈的学习内容,是有利于提高教学效果的。

2. 每个模块都较短小,又有明确的目标,有利于教师和学生保持教学热情,有助于学生看到"成功的希望",并因此为在较短时间内获得成功而努力奋斗

由于模块短小,即便学习失败,损失也较小,心理压力较小,较易及时调整。摩恩认为,科学课模块化后,女生和"差生"选修各种科学模块的人数明显上升,这是由于女生和"差生"因此打消了选修三年毫无把握的科学课,花了巨大精力时间,结果却一事无成的顾虑。他们至少可以由易到难,试选一些自己确实感兴趣,又能与自己的职业前途相吻合的模块了。

3. 模块课程具有很强的开放性、适应性

这一优势有利于学校课程的改革更新。教育研究、管理部门和学校教师可以根据社会、科学、经济的发展、市场和学生的需求变化,及时地通过模块删减陈旧重复的内容,吸收最新科技成果,调整课程重心,提供新内容新方法,直至组织全新的课程。

英国教育工作者还通过模块课程,作了许多学术性课程内容与职业技术性内容相结合的尝试,以及普通学校、大专院校而向社会、而向非传统学生的尝

试。对于成年人,在职进修人员、伤残人来说,"模块"使他们真正有可能学习所需的内容,而这一点往往是他们回归学校学习的出发点。

"模块课程"虽有上述优势,也已从书面的概念、设想成为大学、中学、职业教育机构的一种课程设置形态,但它毕竟仍是个新概念、新形态、新事物。"模块课"是否能在英国教育领域稳定下来,并为各国所仿效,还有待于时间的考验。

参考文献

[1] Moon, Bob (1988). Modular Curriculum. London: P. C Publishing, Ltd.

[2] Watwick, David (1988). Teaching and Learning though Modules. London, Oxford: Basil Blackwell.

[3] GCSE Support Group (1986). GCSE Modular Curriculum Convention. Leicester, Leicester LEA.

[4] Midland Examining Group(1986) Leicestershire Modular Framework Mode Ⅲ GCSE Syllabus. Nottingham.

(本文发表于《比较教育研究》1993 年第 6 期。作者张民选,时属单位为上海师范大学教科所)

三、校本课程开发:背景、进展及现状

20 世纪六七十年代,西方国家兴起了一股强劲的校本课程开发运动。80 年代末 90 年代初,校本课程开发的概念和思想引起了台湾和香港部分学者的关注。90 年代中期开始,中国大陆的少数课程研究者对校本课程开发表示了兴趣。如今,教育部正在进行的新一轮课程改革,将实施国家、地方、学校三级课程管理模式,这使得校本课程开发一时成为众人关注的焦点问题之一。本文拟对校本课程开发这一概念提出的国际背景、校本课程开发的理论和实践在不同国家的进展及现状作一考察,以求更好地理解校本课程开发的真义。

(一) 背景

"校本课程开发"一词是 1973 年菲吕马克(Furumark. A. M)和麦克来伦(Mc−Mullen. I)两位学者在爱尔兰阿尔斯特大学召开的国际课程研讨会上提出的,其英文表述是 School-based Curriculum Development 或 Site-based Curriculum Development,缩写词为 SBCD。

校本课程开发是个新概念。由于各国教育制度与文化传统的差异,新概念支持下的校本课程开发运动在各国兴起的具体时间和背景并不一致。概略地说,时间大致是在 20 世纪 60 年代中后期,历史背景可从 3 个方面来分析。

1. 自上而下的全国规模的课程改革运动的失败

美苏竞争使得美国于 20 世纪 50 年代末发起了一场旨在提高全民科学素质、增强国防力量的全国性的课程改革运动。联邦政府直接拨款资助,并组织各个领域的专家制订了一套全新的课程计划和教材体系,但未到 5 年的时间便宣告失败。他们发现学校没有发生任何实质性的变化,教师们虽然手里拿的是新编的教材,但在观念和教法上"依然故我"。

继美国课程改革之后,许多国家也发动了全国性的课程改革运动,但是效果同样不尽如人意。这种由政府发布、学校执行的自上而下的大规模课程改革的失败,深深刺激了课程改革的发起者、研究者和参与者。他们开始怀疑这种自上而下的改革模式的可行性和实效性,他们认识到自下而上的"草根式"的课程改革模式才能够真正地改进学校及整个国家的教育。

2. 全球民主化运动的高涨

第二次世界大战之后,西方各国经历了十多年的稳定、繁荣、发展时期。富足的物质生活和丰富的现代信息使得人们更加注重个体的自我价值并反叛工业社会的文化价值和政治制度。

60年代中后期,发生了以法国和美国为代表的席卷全球的学潮风暴,70年代又兴起了一股强大的女权运动,民主运动一时高涨。进入八九十年代,不论是集权制国家还是分权制国家,都出现了一股强劲的"去中心化"(decentraliza-tion)思潮(即反对权力集中、呼吁权力下放的民主思潮)。民众希望能够参与公共生活,愿意对公众事务发出自己的声音。这种强调个体价值的"草根式"的民主运动对教育产生了巨大的冲击。学校呼唤自主的管理权限,教育的所有纳税人都希望参与教育的决策过程。校本课程开发的理念回应了这种民主的呼声。

3. 教师专业自主的需要

课程改革把教师摆到了显著的位置,教师的专业精神和专业技能是任何教育改革成败的关键,这一点引起了诸多研究者的注意。

1966年,联合国教科文组织发表《关于教师地位的建议》中提出:"教育工作应被视为专门职业,这种职业是一种形态的公众服务,它需要教师的专业知识及特殊技能,而且这些知识和技能需要经过持续的努力与研究才能获得并维持。"[1]这实际上是在正式认定,教师职业是一种专门职业,教师是一个专业工作者。

成为专业工作者的一个重要条件就是要拥有专业自主权,即能够对自己专业内的事务有充分的决定权。校本课程开发正回应了教师对这种自主权的需求。

(二) 进展

由于各国不同的政治制度和教育传统,校本课程开发在各国的发展路径不尽相同。总体上,由于分权制国家(如英国、美国)的课程管理制度比集权制国家(如法国、奥地利)宽松,因此,实施校本课程开发的条件也相对较为优越。但是,这并非必然地意味着校本课程开发只适合在分权制国家实施。校本课程开发如今已成为一个世界性的课程改革运动,不仅在分权制国家得到了有效的实施,在集权制国家照样也不乏成功的案例。

仅就四个主要英语国家而言,校本课程开发在澳大利亚和英国比在美国和加拿大更为普遍,而且在校本课程开发的方式与侧重点上也有所不同。[2]

在澳大利亚,州教育局对教育负有主要责任。校本课程开发从一开始就得到了许多州教育局的大力支持。例如,1967 年维多利亚州成立了一个课程咨询委员会,建议并敦促各学校开发自己的地方性课程。为了鼓励学校的课程开发,该委员会特许学校有专门的"课程日",这天教师不用上课,大家聚集在一起讨论和规划。

七八十年代,联邦政府对校本课程开发也产生了兴趣。1973~1981 年,有几千个校本课程开发项目得到了联邦政府的资助。1977 年,在悉尼举行了一次校本课程开发全国研讨会,此外还专门设立了一个重要机构:课程发展中心(CDC)。该中心的第一任主任斯基尔贝克(Skilbeck. M)就是推动澳大利亚各项校本课程开发计划的中心人物,他也因此而成为一名享有国际声誉的课程学者。

在英国,传统上学校教师享有较高的专业自主权,教什么的问题主要由教师决定,因此可以说,英国(尤其是英格兰和威尔士)一直就有着校本课程开发的传统。

然而,六七十年代,在英格兰和威尔士兴起一股国家课程开发的势力,他们确立了一系列的国家课程开发项目,试图控制地方和学校过多的自主权。于是在七八十年代,英国政府内部出现了两股势力的较量,政府中一部分机构如皇家督学团(HMT)、教育和科学部(DES),试图对教育实行更多的控制,他们致力于为 5~16 岁学生开发统一的国家课程。另一部分,如地方教育协会(LEA)、高等教育机构、教师协会等,则通过建立课程研究协会(ASC)和课堂行动研究网络(CARN)等非官方的组织来支持校本课程开发。

虽然没有最高教育行政部门的支持,但由于长期形成的校本开发的传统,英国的校本课程开发无论在内容上还是在形式上都十分丰富、多样。从已出版的有关校本课程开发的教育文献中可以看出,报道得最多的是英国的案例。

另据埃格尔斯顿(Eggleston. J,1979)总结,英国的校本课程开发有两种主要的形式:一种形式是,外部驱动的校本课程开发,即起因来自于国家的要求、任务或规定,但学校以自己所独有的方式来接受、完成校外的任务;另一种形式是,内部驱动的校本课程开发,即校本课程开发完全是由于学校内部发动的,而且是学校自身所独有的。每一种形式又有着不同的变式。用图表可表示为:

国家驱动的校本课程开发	1. 在国家课程计划框架内"做自己的事情"
	2. 突破、改编和超越国家课程计划框架以适应学校的特定需要
	3. 接管国家的课程开发项目,使其演变为完全的校本课程开发

| 学校驱动的校本课程开发 | 1. 服务于学校自身的明确的课程和教学目标的长期、整体的课程创新 |
| | 2. 应对即时的教学需求的短期、局部的课程创新 |

资料来源:OECD：1979,School-Based Curriculum Development,pp. 88～102.

值得注意的是,在英国民间组织支持之下开展的校本课程开发通常被标示为"行动研究",其最有影响力的人物是著名的课程论学者斯藤豪斯(Stenhouse. L)。

在美国,地方学区具有特别大的教育自主权。自 19 世纪地方学区形成之时起,政府一直强调社区参与课程开发,因此在美国的校本课程开发,更强调包括学校成员、外部专家、社区代表在内的、参与式的集体审议和决策。

另外一个有趣的现象是,在美国的教育文献中,提得更多的是"儿童中心""课程改革""学校改进""学校效率"等术语,而不是"校本课程开发"。

20 世纪 70 年代中期以后,美国兴起了一股强劲的"学校改进运动",这使得学校一级的教育团体纷纷卷入校本课程开发。但是这时的"校本课程开发"更多的是被纳入"校本管理"的范畴之内,许多教育文献中所报道的"校本课程开发"的案例同时也被视为"校本管理"的案例。

在加拿大,各个省的教育局掌握着教育的立法大权,但校本课程开发并没有得到法律上的支持而成为加拿大教育实践的一个有机的组成部分。不过,也有些省确实试图从改变其制定的课程指南的指令性质入手来支持和鼓励校本课程开发。例如,在安大略省,1975 年所制定的《小学和中学教育》这一课程指南就不大具有指令的性质。该《指南》只是概括地阐述了小学和中学的教育目标,并为地方学区及学校拟定了一个大致的课程框架,至于更详细的课程计划则由教师或学区自行负责。这无疑为校本课程开发提供了一个绝好的机会。同样在英属哥伦比亚,教育局允许学生以自己的速度学习,并规定在 4～10 年级的课程中,80％的课程由省制定法定的计划,余下的 20％的省一级或地方一级的计划由学区自行处理。

另外值得注意的是,加拿大有一部分著名的课程学者更倾向于强调"教师成为课程编制者"(Teacher as Curriculum Developers)这个概念,而不是校本课程开发。

此外,校本课程开发在一些集权制国家(如法国、以色列、奥地利、意大利等国)也得到了政府和民间的支持。在这些国家,一般都是首先由政府"放权"给予鼓励和支持的政策。

比如在法国,[3]迫于 1968 年"五月风暴"学潮中学生要求参与学校管理的呼声,教育部长于 1973 年 3 月正式发布通知,从 1973～1974 学年开始,从年度的课程时间表上腾出每个科目的 10％的时间留给学校自己负责。各个学校可以根据自己的情况来处理并负责这 10％的课时。按照法国当时的学年计划的安排,每个科目的 10％的课时意味着学校每周可以有 3 个小时的时间自由处理,这对于一向高度集中统一的法国课程管理体制来说,无疑是为校本课程开发打开了一个历史的端口。

在以色列,[4]20 世纪 70 年代,民间兴起一股"去中心化"(decentralization)的思潮,认为课程应该能够满足不同学生的学习需要,地方应该参与课程的决策。这一思潮随即引发了 1984 年的一场争取"充分自主权"(full autonomy)的运动。学校呼吁要享有完全充分的自主权。

为了回应民间的呼声,以色列教育部从改变政府制定的课程指导原则和实施途径入手,鼓励和推动校本课程开发。例如,原先所强调的遵从和统一的课程指导原则被删除了,取而代之的是多元主义和多样性原则。1985 年,在以色列举行了一次为期 4 天的小型的校本课程开发国际研讨会,来自加拿大、英国和以色列的 50 位代表就校本课程开发的诸多理论和实践问题展开了讨论。

（三）现状

90 年代之后，校本课程开发在分权制国家发展的势头总体上有所减弱。这一方面是因为这些国家越来越强调政府对学校的控制，如英国于 1988 年开始推出的国家课程计划就要求所有的学校必须开设由英国科学和教育部统一规定的核心课程；再如，美国州政府试图通过效能核定的成绩评估来加强对学区的控制。另一方面，经过了七八十年代的大量的校本课程开发实践，校本课程开发也出现了一些难以解决的实际问题。例如由于教育财政的不断缩减，经费问题日益突出；另外，校本课程开发的时间消耗也是一个不太好解决的实际问题。这样，一些条件不充分的学校也只能"回头是岸"。

但是，这些并不能说明不需要校本课程开发，它只能表明，校本课程开发不再是一种起激励和鼓动作用的教育口号，而是一种已经融入了学校教育实践当中的正常活动或工作。校本课程开发在目前所需要做的已不再是"大喊大叫"制造声势，而是创造条件，克服困难，以解决所面临的实际问题。

特别值得注意的是，80 年代末 90 年代初，"校本课程开发"在香港和台湾受到了越来越多的重视。

在香港，由于受到英国教育政策的影响，教育署一直重视学校为本位的课程开发。港府自 1988 年 9 月开始推进"学校本位课程设计"计划，教育署课程发展处设立了三类特别资助的学校本位的课程设计项目：① 就课程发展议会课程纲要或指引所提供的课题，设计新的教学方式；② 就课程发展议会课程纲要或指引所提供的课题，另外设计一些可供替代的新教学单元或课题；③ 就课程发展议会课程纲要或指引所提供的课题，针对某一程度学生（主要是成绩不良的学生，即第五级学生）的需要，设计适用的教材。

1988~1998 这 10 年间，已完成的校本课程设计达 514 项，参与的学校及老师分别为 428 所及 1 233 人次。教育署每年安排一次展览，把当年教师们设计的课程计划介绍给全港的教师。[5] 展览结束后由"目标为本教育资源中心"统一保管以供查阅和参考。从 1998 年开始，教育署重点资助和鼓励学校和教师们进行资讯科技方面的课程设计，以迎接 21 世纪的挑战。

台湾过去一直由"教育部"控制着全部的教育决策权，教科书由台湾"国立编译馆"统一发行,课程开发仅限于"中央"层次。80 年代中后期,部分学者开始引入了西方教育文献中频频出现的"校本课程开发"的概念。与此同时,一些民间教改团体在"教育自由化、民主化、多元化"的诉求之下自发地进行课程改革。其中如森林小学、毛毛虫学苑(后改为种子学苑)、全人中学、北政国中等等学校,皆旨在以"学校本位"的精神开展课程与教学的革新,于是一股强劲的校本课程开发运动应运而生。[6]

台湾"教育部"于 1998 年 9 月 30 日公布了《国民教育阶段九年一贯课程总纲》,该课程纲要的一个最大特色之一就是强调学校本位的课程开发。纲要规定各校应成立课程委员会及各学习领域课程小组,于学期上课前整体规划、设计教学主题与教学活动。[7]这大大推动了校本课程开发的进程。

目前,200 余所国中小学正在试验纲要的课程构想,他们在试用新纲要的同时也展开了学校本位课程开发的实际工作。

中国大陆过去所实施的是"一纲一本"、高度集中的"国家本位"课程开发模式和课程管理体制。1985 年《中共中央关于教育体制改革的决定》公布之后,地方获得了部分的教育管理权限。80 年代后期开始在部分地区(如上海、广州、浙江等地)实施地方课程开发。1999 年元月,教育部颁布《21 世纪教育振兴行动计划》,2000 年春开始正式启动素质教育工程的核心工程"全国基础教育课程改革项目",新一轮课程改革进一步推动了课程管理体制的改革,确立了国家、地方、学校三级课程管理模式。学校在课程方面有了部分的决策自主权,校本课程开发于是引起了部分学者、政策制定者及校长和教师的关注。

其实,校本课程开发在大陆一些较为先进的学校中早就存在了。上海市大同中学早在 80 年代初就开始自己探索和构想有利于培养学生特长的课程结构。上海市闸北区和田路小学的以"和田十二创造技法"为主要内容的科技小发明活动也是在 80 年代初就开始的。像这样的案例全国很多,只是没有引起足够的重视或没有用校本课程的基本理论加以概括而已。

从 1997 年开始,华东师大教育科学学院的一部分课程教授和博士对"校本课程开发"表示了浓厚的兴趣。他们一边对校本课程开发进行理论的研究,一边在部分学校开展实验研究。江苏省锡山高级中学课程改革实验就是这批学者与学校合作的成果。

参考文献

[1] "中华民国"课程与教学委员会. 学校本位课程与教学创新[M]. 1998:7.

[2] Marsh, C. Reconceptualizing school－based curriculum development[M]. The Falmer Press, 1990:3—45.

[3] OECD. School－based curriculum development[M]. Paris, 1979:107—128.

[4] Sabar, N. School－based curriculum development: reflection from an international seminar[J]. Curriculum Studies, 1985,17(4):452—454.

[5] 香港教育署课程发展处研究、评估与设计组. 1997—1998 年度以学校为本位的课程设计简介[Z]. 1998.

[6] [台] 陈伯璋. 课程决策的意识形态分析兼论台湾九年一贯课程决策的正当性[Z]. 内地、台湾和香港义务教育课程之比较研究学术研讨会,北京, 2000:6.

[7] 欧田生. 学校本位课程改革"一"争议与回应[J]. 台湾:国民教育, 2000,40:(3).

(本文发表于《比较教育研究》2001 年第 8 期。作者徐玉珍,时属单位为首都师范大学教育科学学院教育学系)

四、论科学课程的社会建构观

——国外科学课程研究的最新发展及启示

（一）科学知识的社会建构分析

人们对科学知识性质问题的探讨是从对科学知识的深刻反思开始的。20世纪的西方，科学知识在理论和应用都取得了巨大进步，使科学知识在现代社会中几乎取得了惟我独尊的霸权地位；同时也由于科学知识的应用而造成的大量社会、文化问题，使得人们对其合理性展开了深入的批判。特别是当科学知识拥有了"生机控制能力"，开始协同主宰国家和社会的兴衰，当科学理性披上意识形态的外衣，开始排斥和打击非科学知识时，它却成了其他知识、文化怀疑和批判的靶子。有人甚至提出了"科学的终结"来促使人们对科学知识的性质进行再思考。[1]

后现代主义的代表人物德里达、福柯、利奥塔等，对作为现代思想典范的科学知识进行了深入的批判。福柯认为，将现代社会同古代社会区分开来的关键因素就是科学知识的社会建构及其在社会中的应用。因为现存知识领域中的科学话语同现代社会政治领域中权力的运作，在策略上是相互勾结的。一方面，科学知识以"客观""价值无涉"和"普遍正确"的真理身份在社会中广泛传播；另一方面，又作为一定社会的权力和意识形态在实施着社会控制的基本功能，起着规范人们社会生活的重要作用。实际上，那些被认同的、被允许存在的科学知识其实都是作为一种权力话语而存在的。[2]

后现代科学哲学也对科学知识的性质展开了深入的批判。在传统认识论看来，科学知识是已经被证明为真的命题，其方法论是运用无误的推理从客观的、无误的初始前提得到科学知识，不带有任何社会性、价值性的成分；科学知识评价的方法也证明科学主张为真的方法。然而科学知识的后来发展，特别是相对论和量子力学的诞生很快表明，科学知识并不能被证明为真，科学体制并不能保证一定产生真理。以库恩、波普尔、拉卡托斯、费耶阿本德等为代表的科学哲学家,对传统的认识论和科学知识观进行了彻底清算,质疑那种坚持"观察""逻辑""实验"和"证据"等是科学知识有效性和合理性的理性主义,坚信"观察渗透理论""客观的、价值无涉的研究是不可能的"等观念。费耶阿本德甚至对科学知识进行了伦理学和政治学的批判,不仅提出"多元主义"和"怎么都行"的科学研究方法论,而且主张对"科学沙文主义"进行深刻批判以及科学知识与政治权力分离、一切知识皆平等的"自由主义"观点。[3]

在众多学科和理论流派对科学知识性质问题的研究中,科学知识社会学、实在论的建构主义的研究颇具代表性,值得我们借鉴。

1. 科学知识社会学的研究

科学知识社会学是对科学知识的性质、来源以及它同社会因素之间的关系问题进行社会学研究。其最具感染力的思想就是呼吁科学家、哲学家、社会学家,以及生活在我们这个时代的普通人,对我们已经习以为常的科学知识的性质以及人们的科学知识观进行深入的反思和批判。

致力于该研究的是英国爱丁堡学派和巴斯学派的社会学家们。他们从 20 世纪 80 年代开始,在广泛吸取前人思想的基础上,借助知识社会学、科学社会学的有关研究成果,在科学知识的社会学研究领域做了大量的理论研究和经验研究工作。在理论研究方面,他们一方面通过批判传统的知识划界标准来对科学和数学等领域的知识体系进行社会学考察,同时,他们也否认真理的一致性,以超越理性的标准来证明各种理论体系不仅会产生出各自合理合法的论据,而且会产生出各自合理合法的标准;另一方面,他们又广泛吸收当代科学哲学思想,尤其是库恩和波普尔的思想,坚信经验知识是渗透理论的,而理论又受制于科学共同体所尊奉的特定范式,独立于理论的经验知识是无意义的,所谓的"客观观察"和"价值无涉"等原则在经验知识的生产和实践中是不可能贯彻到底的。

科学知识社会学家布鲁尔的"强纲领"极具代表性。他认为不论是何种知识,都应该进行彻底的研究,没有什么限制固存于科学知识"绝对的、客观的"本质之中。[4]巴恩斯也从解释学的角度建构了"利益模型"。在他看来,科学知识本质上是在个体价值与群体利益相协商的基础上形成的,是在特定群体价值的驱动下得以建构的社会产品。[5]

科学知识社会学家科林斯、皮克林、马尔凯、拉都尔等对科学知识中的有关问题也进行了深入的经验研究。比如,他们通过对目前有关科学知识问题的争论,像"冷聚变"、"社会生物学"、"爱滋病"等的科学争论的建构论分析;通过对"利益模式"即为了解决所谓"归因问题",也即通过对"思想或信念是否以及如何能被认为是社会阶级或其他集团的特殊利益的结果"的分析,阐明了科学知识真理性的社会建构;他们还通过对科学家实验室工作的研究,尤其是卡林·诺尔—塞蒂纳对科学家实验室生活所进行的长期的人类学观察和研究,对科学知识的制造进行了"深描",从而说明了科学事实的社会建构。不仅如此,他们还通过对科学文本和科学话语的解读,打开了科学文本和话语的"黑箱",阐明了科学知识表述的社会建构。[6]

总之,科学知识社会学通过所采用的独特方法,不仅从理论研究,而且从经验研究的角度论证了构成科学知识的各个要素实际上都是在社会因素的影响之下而得以确定的,科学知识是社会建构的结果。然而,由于他们所选取的案例常常是现代或当代科学知识中的例子,对于已达成共识的科学知识(如科学常识)很少涉及,所以,难怪有人仍坚持认为并非所有的科学知识都是社会建构的。那么,到底应该怎样认识科学知识的社会建构呢?

2. 实在论的建构主义对科学知识划分的研究

实在论的建构主义的代表人物科尔,他认为,要具体考察科学知识的性质问题,就必须考虑到不同类型的科学知识有不同的情况,不能一概而论。要做到这一点,就必须对科学知识进行必要的划分。[7]他认为,科学知识应划分为"核心知识"和"外围知识"。"核心知识"是科学知识中的一个小部分,是被科学共同体承认为"真实的"和"重要的"那一部分知识;"外围知识"则是由科学研究人员产生的在核心知识之外的、所有尚未被普遍认可的知识。由于核心知识已经得到了公众的普遍认可,而外围知识尚未得到普遍承认,因此核心知识属于"公众知识成果",而外围知识则属于"地方知识成果"。

依据他的解释,地方知识成果是由一个或更多的科学家在一种地方环境中制造出来的。既然地方知识成果是在社会环境中构造出来的,因此它们肯定要受到社会因素的影响。核心知识又是从地方知识成果转化而来的,所以科学知识是由社会建构的。但这种建构不是随心所欲的,因为它也要受到经验事实的制约。那么,为什么有的地方知识成果会获得人们的一致认可而进入核心知识成为公共知识成果,而大多数地方知识成果却没有引起人们的重视被拒之于核心知识的大门之外呢? 科尔借助于"效用"这一概念来回答这个问题。在他看来,被科学共同体成员视为能够提出和解决重要难题的那些地方知识成果具有很强的效用,它们比其他地方知识成果更有可能进入核心知识。[8]但是地方知识成果有没有效用以及效用的强弱又是由什么决定的呢? 尽管这是一个复杂的问题,但无疑是与经验事实相联系的。在他看来,一个地方知识成果中包含的经验事实的多少是影响其效用的一个重要因素。所以,对于外围知识成果来说,社会因素的制约性较强,经验事实的作用较弱;而对于核心知识来说,经验事实对其认识内容则起着重要作用。

那么,如何完整、准确地理解"科学知识的社会建构"呢? 我们认为应注意如下几点:① 开放性,即不能将其仅仅等同于机械的因果决定,而应看到社会因素对科学知识的决定有多条渠道和多种方式,看到其中的复杂性、多样性;② 具体性,即要进行具体的理解。科学知识有多种类型,不同类型的科学知识在内容、形式、特征上也往往不尽相同;③ 动态性,即要进行动态的理解。要作到这一点,就要注意考察人们的社会交往对科学知识的作用和影响;④ 灵活性,即要进行灵活地理解。科学知识的社会建构不应当排除经验事实因素的作用和影响。经验事实、逻辑规则等并非可有可无。

承认非社会因素对于科学知识的作用和影响并不会使科学知识的社会学分析成为多余,再者,经验事实、逻辑规则等本身与社会因素有着内在关联。

(二) 科学课程的社会建构分析

如同对科学知识的性质理解一样,科学课程也被认为是具有"客观性""价值无涉性"和"完全正确性"的,科学课程是信守"价值中立""无偏见"的人们从科学知识的总体中选取出来的。其实,在本质上科学课程已不同于原本的科学知识,它是一定社会对科学知识重新选择、增减、置换,并被赋予一定价值取向的结果。那么,科学课程的"社会性""价值性"和"角度性"等特性是如何被赋予的呢?

1. 主体与意识形态

如果将科学知识视为客体,而将科学课程的决定者视为主体的话,那么,主体与客体之间存在怎样的关系呢?

我们先来看客体。客体是相对于主体而言的,处在一定历史形态下的主体总是通过各种命名的形式,即语言的形式去描述、认识客体的。可以说,整个客体世界都漂浮在语言中,人是通过语言认识客体并与之打交道的。任何一种语言只要投入实际使用,它在形式上就必须符合一定的语法和逻辑,否则,与语言活动相伴随的理解和交流便是不可能的;同时,语言在内容上必然会自觉不自觉地以一定社会的意识形态为导向。一定的意识形态总是以一定的语言为载体的。也就是说,既不存在无语言载体的意识形态,也不存在无意识形态导向的空洞的语言形式。在这个意义上,可以进一步说,客体乃至整个客体世界都漂浮在意识形态之中。主体并不直接与客体世界打交道,而是通过意识形态的媒介(语言)去认识、理解并改变客体世界的。可见,科学课程决定者对科学知识的认识、取舍的过程,都是通过意识形态的媒介而起作用的。

我们再来看主体。当一个人刚出生在世界上的时候,他本质上是一个自然的存在物,这个自然存在物要转化为社会存在物,换言之,要成为一个社会的成员并在其中生活,就不得不接受教化,而教化的过程也是以语言为媒介的。所以,一个人接受教化的过程,就是他学习语言的过程。如前所述,语言不是一个空洞的外壳,语言在实际运用中总是自觉不自觉地以一定的意识形态为导向的。这就是说,传授一种空洞的语言是不可能的,传授语言的过程本质上就是传授意识形态的过程。可见,接受教化的过程也就是接受意识形态的过程。意识形态不是空洞的说教,而是一个人进入一个社会、并在其中生存的许可证书。一个人只有通过教化与该社会的意识形态认同,才可能与以这种意识形态为主导思想的社会认同。所以黑格尔告诉我们,一个人在社会中接受的教化愈多,他在该社会中就愈具有现实的力量。[9]

由此,我们可以看到,科学课程的决定者无论他们是在个人社会化的过程中,还是在决定科学课程形成的过程中,一定社会的意识形态对他们的作用或影响是始终在起着重要作用的。通常的情况是,科学课程的决定者也同其他人一样,常常是将一个社会意识形态的价值取向内化为他自身的价值取向,并在他们决定科学课程的形成过程中,将其自觉不自觉地灌输其中,从而使科学课程也或明或暗地呈现出一定社会意识形态的价值取向。

2. 主体看问题的"角度"

对于科学课程的决定者而言,由于他们所处的社会境况、社会位置不同,他们看待并选取科学知识的"角度"也是不同的,从而使科学课程也内在地具有一定的"角度性"。

著名知识社会学家曼海姆的"思想社会境况决定论"认为,尽管能够进行思想的只能是个人,但个人的思想却是由个人所处的社会境况和社会位置决定的。个人生活在群体之中,个人在两个方面是被预先决定的:一方面,一个人只能生活在一定的社会境况中、处于一定的社会位置上;另一方面,这个人在这种社会境况中、这样的社会位置上只能具有特定的思维方式、产生特定的观点和思想。所以,我们必须透过思想个体性的外观去认识思想形成的社会条件。[10]

同时,他还认为,一个人看待社会问题时,总是从一定的社会角度出发的,这一特定的角度就决定了思想形成的"角度性"。例如,一个人在空间观看一个物体,从特定的位置只能得到该物体某一侧面的图像,不可能同时再现物体的全貌。因此,任何观察都是从一定的角度出发的,都带有一定的"角度性"。另一方面,虽然人们由此所获得的观点是片面的、有局限的,然而由于人们是从一定的社会境况和社会位置出发来认识事物的,所以,他们所形成的思想和观点也具有一定的"社会性"和"价值性"。

那么,为什么决定科学课程形成的主体,会在一个看起来是科学事实的问题上,总不能避免价值判断而显示出某种价值取向,以及他们之间总存在一定的差异呢?这是因为科学课程的形成本身就包含着它的价值前提,科学课程决定者对科学课程的选取是从自己的价值立场出发的,而不是从纯粹的科学知识逻辑或纯粹的经验立场出发的。科学课程决定者对科学课程形成过程中一系列问题的解决,既不是出于对科学知识完备性的考虑,也不是出于应付新的纯粹经验的挑战,而是出于不同时代、不同社会主导价值观的要求。纵观近代以来世界各国中小学科学课程的形成,无一不是为了满足社会意识形态的需求,无一不是这种新的需求和某个群体的个人发展的要求与旧的科学课程理念、内容、结构等发生了矛盾,才提出了新的科学课程形成的要求。科学课程的形成在这里就包含了科学课程决定者以及他们所处社会对科学知识需求的价值取向,科学课程的形成也因此而包含着价值的选择,选择的立场导引着他们对科学知识的选取、决定着科学课程的形成。科学课程的形成是如此,科学课程问题乃至整个教育问题也是如此。可以说,一部科学课程形成的历史,在其主要的方面并不表征人类逐渐逼近绝对的"科学知识之真"的历史,而是在社会价值需求的引导下,不断地对科学知识进行挑选及其所包含的价值、意义重新诠释,对科学课程行为重新规范,从而建构新的"科学课程"的历史。所以,科学课程决定的主体是在一个充满着价值取向的科学课程问题领域中去从事自己的种种活动的,从决定科学课程形成的那一刻开始就已经深深地卷入到这一问题之中,成为科学课程形成中的一个不可忽视的重要因素。不仅如此,在科学课程的形成过程中,科学课程的决定者并不对一般意义上的"科学知识"感兴趣,而是对自己首先认为"重要的"那部分科学知识感兴趣,并由此而决定科学课程的内容、结构和形式等等,从而使得包含"价值取向的""有角度性的"现实的各种科学课程文本最终得以形成。

可见,科学课程不仅内在地包含着一定社会意识形态的价值取向,具有"社会性""价值性"等特性,而且也是具有一定的"角度性"的。无疑,科学课程也是社会建构的。

(三) 树立科学课程社会建构观的教育意义

1. 有利于改变人们原有的科学课程观

帮助人们打破旧观念的束缚和制约,逐步树立起"科学课程是一种社会建构""科学课程知识是一定社会重新组织、筛选出来的""科学课程并非就是客观的、价值无涉的""科学课程也不是永远正确、确定无疑的""科学课程是有价值取向的""科学课程是存在角度性的"等新观念。由此人们便能够完整、深刻地理解科学课程。在对待科学课程问题上,不仅关注科学课程内容本身,即关注科学课程目标的制定、内容的选取、结构的变更、授受和评价过程等,而且关注科学课程产生和变化的社会背景、价值动因;不仅从观念上克服"客观主义""永恒主义""价值中立论"等对他们的左右和影响,而且克服"科学霸权""西方中心主义""文化霸权"等对他们思想的束缚和控制,使他们在科学课程观念改变的基础上,反思、探究有关科学课程各个方面的变更,探索科学课程改革的社会意义,为平等、民主的教育理想的实现做出自己的贡献。

2. 有利于深化科学课程的理论研究

研究者将认识到对科学课程中科学知识的内在逻辑结构、科学课程内容与学生心理发展水平、科学课程编制与学生有效学习等原有科学课程"工艺学"和"心理学"方面的研究是远远不够的。对科学课程问题的研究不能局限于科学课程问题本身,应将其放在广阔、复杂的社会背景之中,不仅用教育学、心理学等学科的眼光来看待和探讨,同时也要用科学史、科学哲学、科学社会学、科学知识社会学等学科以及后现代主义、后殖民主义、女性主义等学术流派的视角来加以审视和研究;不仅看到科学课程是科学知识的一种特殊的呈现方式,而且看到科学课程是社会的、价值的一种表现形式,是负载着特定社会的某种使命的。科学课程研究者只有放弃客观的科学课程观念,意识到科学课程的研究是不可避免地要涉及到特定社会的种种价值因素以及决定科学课程形成者的"角度"的,就会以一种开阔的视野、批判的眼光,借助有关的理论和方法,来重新审视、反思和追问历史上、现在以及未来已进行过的、正在进行的和将要进行的科学课程的理论研究,就会敏锐地发现科学课程研究中的诸多问题。从而使科学课程的理论研究走出"不需要研究""理论研究是多余的"等误区,使科学课程的理论研究不再迷失在"客观化"的道路上,使研究者在充满问题的科学课程理论研究领域恢复主体性、有用武之地,并真正促进该研究的深入进行。

3. 有利于克服科学课程的教学危机

科学课程的教学危机突出的表现是学生的厌学以及科学课程学业成绩的不良。当然这一问题的存在,原因是多方面的。但其中的重要原因之一就是教师和学生所固有的科学课程观。因为科学课程被视为"客观的""完全正确的",所以,传授科学课程知识就显得尤其重要,而科学精神、科学方法、科学态度等则是不重要的或可有可无的。科学课程教学的任务就成为传授不容质疑的科学真理,教学目的也成为使学生达到对这些知识完整、牢固地掌握和记忆,并准备在日后的考试中将其系统、准确地加以呈现。在此情况下,学生的主体性、能动性被剥夺了,他们的怀疑、批判和探究意识被否定了,所谓的学习也成为了一种纯粹被动、机械的接受活动,"填鸭式教学""满堂灌"等教学现象普遍产生了。

随着师生对科学课程社会建构的认同,科学课程"客观性""永恒正确性""价值无涉性"等神话被打破,师生将认识到科学课程是需要进一步追问、反思、批判和发展的。科学课程是为特定社会意识形态而服务的,是渗透、隐含着社会价值观以及决定科学课程形成者们的偏见的,显然,如此的课程肯定是可疑的,而非客观的;是要辨明其价值取向的,而非价值无涉的;是需要深入批判、探究、修正和追问的,而非完全正确、不容质疑的。由此,师生将树立起一种正确的科学课程观以及相应的教学和学习态度,克服"客观主义""永恒主义""价值中立论"等对他们思想的束缚,使他们深刻领悟到在这个世界上"没有哪一种课程就不需要质疑、反驳、批判和发展""所有的课程都可能是存在错误的",从而使科学课程的教学过程由原来教师生硬地传授、机械地灌输以及学生枯燥无味地背诵、记忆,转化为教师通过引导、保护和鼓励学生对科学课程进行大胆质疑、问难和探索的过程,不仅使学生学到应该学习的科学知识,而且也在教学过程中培养他们对各种知识以及社会生活的反思、怀疑和批判意识,使他们的创新意识和能力得到真正的加强,改变他们的被动地位,使他们的主体性、能动性和自主性得到充分地发挥和展现。

参考文献

[1] [美]杰拉耳德·霍耳顿,范岱年等译. 科学与反科学[M]. 南昌:江西教育出版社,1999:159—178.

[2] [法]米歇尔·福柯,谢强等译. 知识考古学[M]. 北京:生活·读书·新知三联书店,1998:230—254.

[3] 张之沧. 与理性告别——费耶阿本德对理性的再一次进攻[J]. 自然辩证法通讯,1994,(3):18—25. 或王治河. 扑朔迷离的游戏——后现代哲学思潮研究[M]. 北京:社会科学文献出版社,1998:234—235.

[4] [英]大卫·布鲁尔. 知识社会学中的强纲领[J]. 国外社会学,1998(3):13—24.

[5] Barry Barnes. Interests and the Growth of Knowledge[M]. London:Routledge & Kegan Paul,1977.

［6］Schaffer，S. Glass Works：Newton's Prisms and the Use of Experiment. In D. Gooding，T. Pinch & S. Schaffer（Eds）. The Use of Experiment：Studies in the Natural Science［M］. New York：Cambridge University Publishing，1989：67—104.

［7］［美］史蒂芬·科尔，林建成等译. 科学的制造——在自然界与社会之间［M］. 上海：上海人民出版社，2001：8—10.

［8］S. Cole. Making Science—Between Nature and Society［M］. The University of Harvard Press，1995：253.

［9］俞吾金. 意识形态论［M］. 上海：上海人民出版社，1993：3.

［10］［德］卡尔·曼海姆，艾彦译. 意识形态和乌托邦［M］. 北京：华夏出版社，2001：3—4.

（本文发表于《比较教育研究》2004 年第 3 期。作者楚江亭，时属单位为北京师范大学教育管理学院）

五、儒家伦理课程对现代文化价值观的形塑：新加坡的经验与启示

1904年，当清政府在西方资本主义列强的侵凌下处于风雨飘摇之时，德国人马克斯·韦伯(Max Weber)发表了《新教伦理与资本主义精神》，他把资本主义在欧洲的成功归结为基督教的新教伦理(protestantism)，认为是基督教的新教伦理和价值观推动了欧洲资本主义经济的发展，而东方的儒教、佛教和道教等则不能带来资本主义的发展。[1]多少年来，韦伯的观点广为流传，不少西方学者坚信，西方经济模式的成功在于，其背后无形的精神和价值观，如果不具备这种精神和价值观，就不可能实现经济和社会的现代化。然而，20世纪80年代以来，深受中国传统文化影响的多个亚洲国家和地区的经济崛起证明，韦伯所阐述的新教伦理与经济发展的这种因果关系过于单一和线性化，东方的伦理和价值观中同样也存在促进经济发展和现代化的精神力量。

新加坡地处东南亚马来半岛南端，19世纪早期就被英国殖民者占领，"二战"期间又被日本占领，直到1965年才独立建国。从20世纪70年代后期开始，新加坡的经济就迅速发展，一跃而成为新兴工业国家。显然，支撑新加坡经济发展和社会进步的精神力量并不是新教伦理和基督教文化。众所周知，华人到新加坡移居的历史悠久，而且持续时间长，最终使新加坡成为一个以华人为主体的地区。随着华人的大量移入，中国传统的儒家文化也必然被带入了新加坡并发展为主流的文化。那么，中国的传统儒家文化又是如何为新加坡的崛起提供助力的呢？答案之一在于，以儒家传统文化为主导的新加坡文化成功地塑造了符合现代化国家发展的文化价值观，由此推动了各种族的国家意识和民族认同，这为新加坡的崛起奠定了基本的精神力量。

（一）新加坡对儒家伦理道德和价值观的传承

1. 新加坡的儒家文化传统

新加坡著名学者许云樵认为，"南洋初无文化可言，有之自中、印两大文化主流之传入始。"[2]从历史上看，大约从唐代开始，不少华人因为躲避战乱背井离乡来到东南亚并在此聚居。在清代的中后期，华人掀起了移入新加坡的热潮，"尽管中国政府反对国民移向海外，但是在 19 世纪上半叶，还是有数以千计的华人设法来到了新加坡。"[3]

人种的迁移又是一个文化植入和文化改造的过程。华人到达新加坡后，自然把中国的民间习俗和传统文化带入到移居地。而中国传统文化的格局，自汉唐以来，则是儒释道三足鼎立的，其中又以儒家文化为主导。儒家思想是由我国春秋时期著名思想家和教育家孔子提出，他修《诗》《书》，订《礼》《乐》，序《周易》，撰《春秋》，确立了以"孝悌""仁义""礼治""忠信"等为核心的思想体系。中国的传统儒家思想传入新加坡后经过不同时代儒家学者的继承和发扬，新加坡的儒家文化逐渐形成了自身稳定的思想导向和价值追求。正如前总理李光耀所言："新加坡的华人，多数是移民的后代。这些移民大都贫穷，没有受过什么教育。他们不像那些学者或知识分子，因为受五四运动的影响，而抗拒儒家思想。因此，虽然多数人都没有受过正统的儒家思想教育，也就是说，没有所谓的高文化，可是，大家在日常生活里，却实行儒家的道德教义。他们具有的，是从父母和亲人那里学来的、水平比较低的文化或民间风俗。"[4]

2. 新加坡的"八德"与共同价值观

20 世纪 80 年代，新加坡从之前的殖民地一跃而成为现代化国家。这一变化来得如此突然，以至于新加坡根本没有时间去进行精神层面的调适，整个社会的价值观念发生急剧变化，由此导致严重的社会问题。一方面，传统观念被冲淡，东方价值观面临失落的危险；另一方面，西方的价值观乘虚而入并不断蔓延，导致西化倾向和道德危机。这迫使新加坡领导人开始系统思考新加坡人应该遵从的基本道德原则。1982 年，李光耀在主持华人春节献词中号召新加坡人发扬儒家道德传统，提出新加坡人应该遵从 8 种美德，即忠、孝、仁、爱、礼、义、廉、耻。显然，这"八德"来源于儒家传统文化。在儒家伦理道德方面，孔子强调"君子三达德",即智、仁、勇,所谓"智者不惑,仁者不忧,勇者不惧"(《论语·子罕》)。后世儒家在此基础上进一步进行了阐发,孟子提出"四端"——"仁、义、礼、智";汉代儒家董仲舒在此基础上又增加"信",扩充为"五常",即"仁、义、礼、智、信",并将其确定为天长地久的经常法则。关于"廉耻",春秋时期管子提出,"礼义廉耻,国之四维。四维不张,国乃灭亡"(《管子·牧民》)。可见,新加坡的"八德"其实就是中国儒家传统伦理价值观的翻版,但也进行了必要的改造,使其更加适应新加坡的发展需求。

在倡导"八德"的同时,新加坡努力确立全社会共同遵从的共同价值。"新加坡社会正处于急剧变迁之时,人民普遍接受英文教育。受到西方文化的影响,社会有完全西化的危险。因此,有必要提出一种新的价值观,以建立新加坡自已的价值体系。"[5]为此,新加坡政府弘扬以儒家思想为核心的东方文化传统,努力培养国民的"国家意识"。1988年,新加坡第一副总理吴作栋提出了发展"国家意识"的建议。他认为,新加坡只有建立"国家意识",并将其作为立国之本、治国之纲,人民才会有归属感和思想的凝聚力,才具有共同的动力源泉。这种"国家意识",显然就是所有新加坡人都赞同并赖以生存的共同价值观。1991年1月,新加坡政府正式发表《共同价值观白皮书》,提出五大价值观:国家至上,社会为先;家庭为根,社会为本;社会关怀,尊重个人;协商共识,避免冲突;种族和谐,宗教宽容。通过对这五大价值观的宣扬,新加坡逐渐建立起了一个具有道德意识和凝聚力的社会。这五大价值观的背后,显然有着传统儒家文化的影子。

(二) 20 世纪 80 年代新加坡儒家伦理课程的开设

1. 儒家伦理课程开设的背景

1979年9月,新加坡道德教育委员会发表《道德教育报告书》,拉开了儒家文化运动的序幕。《道德教育报告书》在指出了现行道德教育的一系列缺陷之后提出了一些建议,这几乎成为其后道德教育课程的教学大纲:"① 有关科目应称为'道德教育',并局限在道德教育及儿童的纪律训练方面。② 中小学的单一道德教育课程应该包括以下 3 个主要范围:个人行为、社会责任感以及效忠国家。小学的道德教育课程应该把重点放在培养良好习惯及发展良好品格方面,而中学的道德教育课程则应该更广泛地教授,并阐释对社会和国家的义务。③ 从小学一年级到中二,道德教育课程应该以母语教授,中三及中四的课程应该以第一语文教授。"[6] 儒家伦理课程一开始并不是以独立的一门课程出现,而是被作为宗教知识课程的一部分。后来,新加坡教育部将"儒家思想"正式列入中三、中四学生必修的宗教和道德教育的第六个科目,同时制定了详细的计划,准备分阶段实施教学。

1982 年 7 月,新加坡成立了"儒家伦理思想委员会",其任务是协助海外学者的访问、推动儒家伦理的传播、策划儒家伦理课程纲要。从 7 月开始接下来的 3 个月,新加坡热闹非凡,8 位海外儒学专家(包括杜维明、余英时等)被邀请到新加坡,这就是著名的"群儒会狮城"。他们通过调研、走访、研讨,在新加坡对儒学思想进行了大规模的理论阐述和宣讲宣传,为儒家伦理课程的开设奠定了基础。

2. 儒家伦理课程的研发与实施

1983 年初,新加坡教育部成立了"儒家伦理课程编写组"并着手编写教材。1983 年 7 月开始试教,同时培训师资。1984 年初,根据新加坡教育部公布的儒家伦理课程大纲,中学三年级的《儒家伦理》教材正式出版,中学四年级的教材1985 年初正式出版。为配合课本的使用,还有相对浅白易懂的通俗读本《他们走过的路》,供学生课外阅读。

《儒家伦理》课程的教学目标主要是,把适合新加坡社会的儒家伦理价值观念传给年轻的学生,使学生成为有理想、有道德修养的人;介绍华族固有的道德观念,并使学生认识华族的文化根源;培养学生积极的、正确的人生观,使学生将来能够过有意义的生活,等等。中学三年级的教材内容以个人修身和"五伦"(即古人所谓君臣、父子、兄弟、夫妇、朋友 5 种人伦关系)关系为主,分为绪论、儒学大师、修身、生活和"五伦"。绪论讨论为什么要学习儒家伦理,儒学大师部分介绍了孔子、孟子、荀子、朱熹、王阳明。中学四年级的教材内容则从个人修身扩展到群体、社会和国家,介绍了儒家的美德及君子之道,如仁义礼智信勇以及己所不欲勿施于人、己欲立而立人、中庸的思想、个性修成以及理想人格等。

《儒家伦理》课程从中国传统儒学课程中选取课程要素,根据受教育者的接受程度而进行了相应的编排,在思想上基本上体现了传统儒家"修身、齐家、治国、平天下"的政治理想。该课程对传统儒学思想进行了现代性的诠释,对儒家概念去芜存菁,去除陈旧的封建观念。在具体阐述相关原理时,书中既有人们耳熟能详的历史故事,也有来自西方的故事和新加坡本地的故事,体现了编者的包容态度,以及在处理多元文化问题时的敏感性和现代性。例如,对传统的"五伦"所涉及的人际关系,教材把"父子"改为"父母与子女",把"君臣"改为"国家与人民",把"兄弟"改为"兄弟姐妹",对丈夫和妻子之间的伦理则强调了男女平等,剔除了"夫为妻纲"的内涵。

然而,《儒家伦理》课程在新加坡的推行并不顺利,最终被取消了。最根本的原因在于,本以防止新加坡过于西化的宗教知识课程,在进入实践层面时恰恰带来基督教狂热地进行宗教宣传,大肆鼓吹人们皈依基督教,这又强化了佛教徒和回教徒的传教热情。种族和宗教问题是新加坡最敏感的社会话题,显然当政者很清楚这样会带来的危险。尽管新加坡教育部在《儒家伦理》课程推行之初就一再向学校校长、教师发出指令,避免将宗教知识的课程变为传播宗教信仰的课程,但在实际上这是不可能截然划分清楚的。于是1989年10月,新加坡教育部结束了宗教课程的讲授,将宗教知识课驱逐出课堂。作为宗教课程的科目之一而被捆绑在宗教课程体系中的《儒家伦理》课程也随之终结。20世纪90年代后,传统儒学课程不再以独立的科目出现在新加坡中小学的课程体系中,而是被整合于诸如华文、历史、公民和道德教育等科目中。

(三) 新加坡传统儒学课程的当代发展

1. 华文课程中的传统儒学思想教育

尽管新加坡在推行传统儒学课程方面遭遇挫折,但只有传统文化教育才能抵御过于强调英文教育而带来的消极影响。"英语源流的张扬……造成了人们对母语语文和文化的疏离,造成了对东方价值的忽视和心灵的无根和失落,这就使西方的个人至上主义有空可钻,入侵新加坡社会并造成部分人的道德沦丧"。[7]当前,新加坡吸取了上世纪80年代《儒家伦理》课程的经验和教训,不再将儒家文化教育的使命系于独立开设一门科目上,而是将儒家传统文化教育分散在中小学的多门课程中。

在新加坡中小学课程体系中,体现儒家传统文化的教育内容,可以在不少课程和教学科目中找到,包括《华文》《历史》《社会科》《公民和道德教育》,以及部分大学先修课程中。在华文教育方面,新加坡教育部于 2004 年 2 月成立"华文课程与教学法检讨委员会",对华文课程进行了全面的检讨。2006 年,新加坡教育部颁布了《小学华文课程标准》,2007 年开始实施。该《标准》规定,新加坡从小学一年级到四年级(被称为奠基阶段)开设《华文》和《高级华文》,小学五年级和六年级(被称为定向阶段)还要开设《基础华文》。课程的理念:兼顾语言能力的培养与人文素养的提高,注重华文的实用功能,遵循语言学习的规律,提高学习效益,重视个别差异,发掘学生潜能,培养积极、自主学习的精神和发展学生的思维能力。课程的总目标:① 培养语言能力,如能以华语与人交谈、能阅读适合程度的儿童读物、能根据图意或要求写内容较丰富的短文、能在生活中用华文表达自己的感受等;② 提高人文素养,如培养积极的人生态度与正确的价值观、认识并传承优秀的华族文化、关爱家人、热爱生活等;③ 培养通用能力,如能发挥想象力和创造力、具备基本的自学能力、具备社交技能与情绪管理能力、能对自己有一定的认识并能和周围的人建立良好的关系等。[8]

为了实现"人文素养"目标,华文课程在内容上划分了 4 个维度:① 价值观,要求学生能分辨是非、具有责任感、正义感,积极进取、勇于创新,对未来充满信心;② 华族文化,要求学生培养伦理道德,并在生活中加以实践,了解传统的节日和风俗习惯,认识传统的文化艺术,了解著名的历史人物和历史故事;③ 关爱意识,要求学生关爱家人、尊敬长辈,热爱祖国,爱护自然,关爱世界;④ 审美情趣,要求学生热爱生活,感受美、欣赏美等。

2. 道德教育中的传统儒学思想教育

2006 年,新加坡教育部颁发了《公民和道德教育大纲(2007 版)》,指出"新加坡的公民和道德教育关注的是通过帮助学生获得那些可以指导他们做出合适选择和正确行为以及表现出正确态度的价值,而发展学生的道德福祉"。[9]该大纲的总体框架包括培养良好的价值观、道德认知、道德情感、道德行为以及将道德价值观应用于实践。内容上包括 6 个部分:尊重、责任、融合、关爱、柔韧、和睦。在这 6 个部分的不少方面都谈到了文化传承的问题,如在"和睦"部分,设置的第一个专题就是"欣赏文化的差异性",要求学生能够知道并欣赏存在于我们多元文化社会中的宗教和文化实践。

在高中,新加坡还开设了《中国通识》和《华文》等大学先修课程。2007年颁布的《中国通识》课程标准要求开设4个专题。其中,第一个专题"社会与文化"部分的教学内容包括中国概观、中国的社会和文化,要求教师必须讲授中国哲学思想对中华文化、中国社会、中国人思维的影响。[10] 2010年新加坡教育部设立了"母语课程检讨委员会",全面检讨了母语课程与教学的情况。配合全球语言学习的趋势与本国的双语环境,该委员会以培养有效使用母语的学生为目标,列出母语教学的三大目的:① 让学生掌握母语,能够有效地与人沟通;② 使学生对自己的文化、文学与历史有更深入的认识,从而产生文化认同;③ 让我们的学生与本区域,甚至世界各地有着相同语言与文化的社群建立联系。为此,2012年教育部颁布《大学先修班华文课程标准》,其课程目标之一就是"提高学生的人文素养",要求在教学中"注入有关个人修养、公德心、环球意识、传统文化等价值观探讨的内容,以提高学生的人文素养",帮助学生提高品德修养,培养积极正面的价值观;关爱家人、关心社会、热爱国家;认识与传承优秀的华族文化;关心天下大事,具备环球意识。[11]

(四) 结论及启示

1. 明智的文化战略对新加坡现代化的成功发挥了不可取代的作用

文化战略是国家战略的一部分,对于提升国民的国家意识和民族认同具有重要作用。文化又是一种"软实力",尽管它不能直接带来外显的经济成果和国力威慑,但它通过激发民族的凝聚力、提升国民的身份认同和自豪感而产生出不可抗拒的力量,它能够激发国民建设国家的热情,从而在国家现代化战略中发挥重要作用。纵观新加坡的现代化发展路径我们可以发现,通过复兴传统儒家文化,新加坡在国家层面确立的"八种美德"和"五种共同价值观",构成了新加坡精神大厦的支柱。它吸收了儒家文化的精华,同时又借鉴其他文化的积极成分,在国民中树立起敬业乐群、勤劳进取、廉洁奉公、安定和谐的新加坡精神。

2011年10月,中国共产党十七届六中全会提出,坚持中国特色社会主义文化发展道路,努力建设社会主义文化强国。这一倡导从时代要求与战略全局出发,以高度的文化自觉和文化自信,在中国第一次明确提出了建设社会主义文化强国的奋斗目标。在当今时代,大国的影响力更多地体现在其优势文化上,因为文化是一个国家精神力量的集中反映,折射出物质力量的强度,日益成为国家核心竞争力的基础内容,文化之间的竞争成为国际竞争的重要内容。中华民族的复兴和崛起,必然需要文化和精神的崛起,具体说,物质文明和精神文明"两条腿走路",德治与法制并举。中国作为一个正在迅速发展的大国,要在激烈的国际竞争中立于不败之地,必须顺应时代潮流,大力推动文化发展,充分发挥文化对国家整体发展的引领作用。

2. 儒家传统文化是消除现代人精神层面问题的一剂良药

新加坡前总统黄金辉曾在施政演说中说:"我国人民尤其是年轻一代的态度和人生观在不到一代人的时间内都有了改变。传统亚洲价值观里的道德、义务和社会观念在过去曾支撑并引导我们的人民,现在这种价值观已经逐渐消失,取而代之的是西方化、个人主义和以自我为中心的人生观"。[12]李光耀也看到了这种倾向,决定在学校里倡导儒家道德课程和其他宗教科目,以加强家庭的影响力,目的是防止新加坡过度西化。可以说,新加坡传统文化再生运动的基本驱动力,在于国家现代化过程中出现的个人主义、自我中心、道德下滑和文化荒芜,显然这些问题都属于精神范畴中的问题,也是人们富裕起来后很容易出现的精神问题。新加坡掀起文化再生运动,正是看好儒家传统文化对这些精神问题的矫正和消解作用。

1979 年 6 月,新加坡开始了年年举行的"全国礼貌月运动";1979 年 9 月,开始了年年举行的"全国推广华语月活动";1979 年 11 月开始了"敬老周运动"。随后李光耀号召新加坡人要保持发扬中华民族儒家的传统道德,提出将"八种美德"作为政府必须坚持贯彻执行的"治国之纲";然后是"群儒会狮城",从理论、内容、逻辑和方法等方面帮助设计和拟定教学大纲;最后新加坡教育部宣布在中学三、四年级开始设《儒家伦理》课程,文化再生运动进入新的阶段。可以说,新加坡的"80 后"们是在文化再生运动中成长起来的,他们深受儒家传统文化的熏陶和教导;与此相比,中国的"80 后"们比较缺乏系统的儒家传统文化的熏陶与训练。与新加坡相比,起码在这个年龄段上,我国的年轻人似乎存在一定的"文化缺失",对传统文化的无知很容易导致对西方文化的盲目崇拜和民族虚无主义。2013 年 11 月,《中共中央关于全面深化改革若干重大问题的决定》明确提出,"全面贯彻党的教育方针,坚持立德树人,加强社会主义核心价值体系教育,完善中华优秀传统文化教育,形成爱学习、爱劳动、爱祖国活动的有效形式和长效机制,增强学生社会责任感、创新精神、实践能力",这对于提高年轻人对传统文化的认同具有重要的指导意义。

3. 中国传统文化中的积极因素必将成为现代文化价值观的有益因子

一谈到"现代化",人们往往不自觉地就想到了西方文明,认为现代文化价值观是在西方文化土壤中生发出来的。显然,这是韦伯的观点不断流传的结果,只有西方文化才能支撑现代化的大厦成了根深蒂固的一种偏见,这恰恰违背了文化的融合与适应的基本规律。中国传统文化诞生时赖以存在的经济基础是农业经济模式,免不了包含一些封建的糟粕。然而,中国传统文化又具有极强的柔韧性和适应性,在五千年发展的历程中它曾经多次遭遇外来文化的挑战,但最终成功地同化外来文化并不断丰富自身。在近代,中国传统文化也遭遇了西方文化强有力的挑战,当时的中国人积极为这种冲突寻求出路,无论是"中体西用"还是"西风东渐",这都代表了中国传统文化痛苦的再生。在当今的文化生态中,中国传统文化中有一些积极因素是超越时空的,如天人合一、刚健有为、反求诸己、立己达人、止于至善等,这些必将为世界现代化文化带来亮丽的一笔,成为现代文化价值观的有益因子。

新加坡的文化繁荣与社会和谐在于他们批判继承了儒家传统文化精神和伦理道德取向,同时也积极借鉴吸收西方文化和其他各种族的优秀文化,经过去芜存菁和现代化的改造,最终形成了多元文化并存、物质文明与精神文明并举的良好格局。在教育上,新加坡积极将传统儒学课程的内容渗透到中小学课程中,甚至直接开设《儒家伦理课程》,这体现了对传统文化教育的改革和创新。而且,新加坡在实践中也积极开展各种教育和社会实践活动,引领青少年学生加深对儒家传统文化的理解,增加文化体现,从而实现更好的教育效果。中国是传统儒家文化的故乡,我们有责任对传统文化进行批判继承,从而使这种古老的人类文化老树绽开新花,历久而弥新。

参考文献

[1] 马克思·韦伯著,黄晓京等译.新教伦理与资本主义精神[M].北京:

三联书店,1992.

　　[2] 许云樵.南洋史(上卷)[M].新加坡:星洲世界书局有限公司,1961:214.

　　[3] [新加坡]苏瑞福.新加坡的移民[J].南洋资料译丛,2009(1):18.

　　[4] 中国孔子基金会.儒学与 21 世纪:纪念孔子诞辰 2545 周年暨国际儒学讨论会会议论文[C].北京:华夏出版社,1995:7.

　　[5] 李路曲.新加坡"共同价值观"评析[J].晋阳学刊,1997(4):48.

　　[6] 严春宝.新加坡儒家文化传承研究[D].北京:北京师范大学,2007:151.

　　[7] 李路由.新加坡现代化之路:过程、模式与文化选择[M].北京:新华出版社,1996:97.

　　[8] 新加坡教育部课程规划与发展司.小学华文课程标准,2007:11—13.

　　[9] Ministry of Education,Singapore. Civics and Moral Education Syllabus 2007[EB/OL]. 2006,4. http://www. moe. gov. sg. [2013—6—20].

　　[10] 新加坡教育部课程规划与发展司.中国通识(华文)课程标准[EB/OL]. http://www. moe. gov. sg. [2013—6—20].

　　[11] 新加坡教育部课程规划与发展司.大学先修班华文课程标准[EB/OL]. http://www. moe. gov. sg. [2013—6—20].

　　[12] 王芳.论儒家文化对新加坡现代化进程的影响[N].太原:山西大学,1989—1—10.

　　(本文发表于《比较教育研究》2014 年第 6 期。作者杨明全,时属单位为北京师范大学国际与比较教育研究院)

第四章　课程设计与改革

一、中国课程改革:挑战与反思

(一)危机引发改革,改革产生困惑

"危机引发改革,改革产生困惑。"这是诸多国家发展的通则。课程改革也是同样,它不是某些人的心血来潮,是危机引发了改革:因为存在课程危机,我们才策划改革。"应试教育"使得我们的课堂异化、学校异化、人格异化,说得彻底一点,教育的使命和魅力荡然无存。奴役学生、摧残人才的"应试教育"同当今时代的发展格格不入,应当寿终正寝了。一方面,教育改革特别是课程改革势在必行;另一方面,在改革实践中又产生了许多困惑:从观念到体制、机制都不能适应,课程改革面临重重困难。不过,应当说,许多矛盾和困惑并不是由新课程本身产生的,它不过是催化旧体制、旧机制的问题浮出水面而已。在我看来,特别是下面"三个瓶颈"导致了当前课程改革的种种困惑,需要抓紧解决。

1. 高考制度滞后

尽管教育部已经明确了大体的改革方向——"下放、多样、扩大大学自主招生权",但至今缺乏一个强有力的研究班子来具体地落实这些原则;尽管我们有一些考试院之类的机构,但它们的着力点好像不在于研究,而是行使职能,严格地说,是一种职能机构,谈不上研究机构。中国的教育人口极其庞大,加上"应试教育"积重难返,如果缺乏指导性的、具体的操作规程的研究,学科教学改革和综合实践活动将难以推进,普通高中的课程改革可能崩溃,而高中课改一旦崩溃,会影响到初中、小学,导致应试教育全面复辟。

2. 教育立法滞后

《义务教育法》《高等教育法》等教育法制不到位。比如,义务教育是一种免费的、强迫的教育。义务教育的要件是如下 4 项义务:① 就学义务——监护者(家长)送子女入学的义务;② 办学义务——国家或者地方公共团体设置学校的义务;③ 就学保障义务——义务教育免费。对由于经济缘由而就学困难的学龄子女的保护者,地方公共团体必须给以必要的补助——奖学义务;④ 规避义务——限制学龄子女劳动的学龄子女雇用者的避止义务。[1]义务教育原则上不分种族、信条、性别、社会身份、经济地位,以所有儿童为对象,实行"强迫的""免费的"教育。我们不能否定这样一个有目共睹的事实:政府的教育投入不足,是造成教育乱收费的根源。现行的所谓"义务教育"实践水分太大。因此,修订《义务教育法》等教育法规乃是理所当然的。不过,这种修订需要有一个公众讨论、教育学术界通力合作的过程。

3. 教师研究滞后

在新课程的实施中提出了一个响亮的口号——"教师即课程"。但要把这个口号化成每一个教师专业成长的实践,需要改变教师被研究的状态。近 20 多年来的国际教师研究经历了一连串的进展:教师技能研究→教师思维研究→教师知识研究→教师"反思性教学"研究。[2]"作为研究者的教师"是当今国际教育界新出现的一个热潮,越来越多的教育学者和一线中小学教师以各种形式积极从事教育、教学研究,包括"教育叙事""教学研究""行动研究",等等。我国缺乏教师研究的积累,如何帮助教师转换角色是我们面临的严峻课题。

面对种种观念的障碍和包括评价制度、问责制度、中介性监管机制在内的制度建设的缺失,假如缺乏强有力的跟进措施,那么,这次课程改革可能虎头蛇尾,而作为改革对象的应试教育可能愈演愈烈。现在我们的中小学每日每时围着应试教育转,学生每日每时从教科书到教科书,身心发展堪忧。原本应当是"文化殿堂"的学校被异化为"文化沙漠"。应当说,课程改革的必要性和紧迫性是有目共睹的,改革的大方向不容逆转。基础教育课程改革既是一种政府行为,更是一种专业行为,需要寻求整体推进课程改革的合理的、适度的步伐。在新课程的实施过程中,新旧教育观念的冲突是不可避免的。改革与反改革的声浪,恐怕会持续改革的全过程。我们需要清晰地向整个社会传递这样的信息:素质教育是既定方针,不可动摇。课程改革要进行到底,倒退没有出路。

(二) 新课程是旨在每一个学生健全成长的活动,而不是 "教化"和"训练"

应当承认,多年来我国课程教学改革的文本,甚至一些地方新出台的课程改革的计划,基本上局限于动物学习心理学的视野,一味崇尚行为主义的学习理论,把教育和学习归结为训练。列宁早在《共青团的任务》里面就强调了不能把教育归结为机械的训练。教育,应当是汲取全人类优秀文化遗产的一种文化实践活动。第八次课程改革区别于前七次课程改革的分水岭,就是从课程总体设计到课堂教学设计,始终把学生的发展置于中心地位。新课程背景下的教育是旨在每一个学生健全成长的活动,而不是"教化"和"训练"。教育部出台的驱动第八次课程改革的总体课程设计方案——《基础教育课程改革纲要(试行)》(2001)以全新的话语系统规划了新世纪我国基础教育课程改革的蓝图,反映了当今时代课程理论和课程改革实践的进步趋势。它从保障每一个人的"学习权"的高度,明确提出改革的基本理念——"为了中华民族的复兴,为了每位学生的发展",不仅推出了"三级课程管理"的基础教育课程政策,而且针对应试教育的弊端提示了一整套推进大众主义教育的改革方略,包括强化品德教育,关注人文素养,重视媒体教育,确立两种课程,等等。[3]特别值得一提的是,这次课程改革关注课程的整体设计,期望确立两种课程——学科课程与综合实践活动。两种课程的共同点是,基于同样的课程目标,诸如改造学习方式,发展学生个性;拥有同样的基本要素——知识与经验。两种课程不是二元对立的。不能以为学科课程是知识课程,综合实践活动课程是经验课程。两种课程的差异在于不过是知识与经验的组织方式的差异——学科课程是以学科内容为核心组织知识与经验的;综合实践活动是以现实的主题为核心组织知识与经验的。就是说,综合实践活动是学科课程所排除了的现代社会以及人类与人生的切实问题作为课程内容的,它打破了传统的分科主义课程的束缚,为学生提供了一种学习经验的基本框架。这是我国课程发展的重要里程碑。

概括起来,按照《纲要》的规定,这次课程改革力图实现三大转型:课程政策从"集权"到"放权"的转型;课程范式从"科学中心主义课程"到"社会建构中心课程"的转型;教学规范从"传递中心教学"到"探究中心教学"的转型。这个改革的大方向得到国内教育界乃至国际课程学界的高度评价。这种改革是全方位的,许多目标不可能一蹴而就,不可能急于求成,需要稳步推进,这是一方面。但是另一方面,新课程本身也有一个成长、成熟的过程。加上缺乏强有力的跟进措施,确实产生了一些偏差。例如,各门学科之间的衔接,综合实践活动课程实施中的精英主义、功利主义的倾向;教科书编制中的克隆现象,甚至跟"一纲多本"的教科书政策背道而驰的行政举措;等等。另外,由于教师的"课程惰性"等原因,凡是改革力度大的学科和教材,往往会遭到更加尖锐的批评意见。因此,一般说来,在"总体设计——课程标准——课堂教学"的设计链中总会存在两个落差:在"总体设计与课程标准"之间存在第一落差;在"课程标准——课堂教学"之间存在第二落差。

第一落差需要通过对话、讨论(概念重建过程)来解决。大凡付诸实施的重要举措,不宜朝令夕改,不能因为少数人有不同意见就叫停。上海一期课改时就因为某些人告状,把"公民"课程扼杀在摇篮里。今年两会期间,又有三位数学家告状,要求高中数学课改停步,造成了不好的社会影响。学术数学不等于学校数学;数学不等于数学教育。每一个人的见解都是相对的,不是绝对的。同样,即便是权威学者的见解,有深度未必有广度,有局部未必有整体。而教育问题、课程问题是一个整体的问题,需要整体的、全局的思考,也需要善意的批评和理性的响应。学会主张,学会倾听,学会宽容,学会妥协,学会分享,这才是和谐社会所需要的。教育是一个公共文化的领域,教育的公共性决定了教育问题需要作为公共的论题加以思考和讨论。我们需要"对话文化"而不是"告状文化"。

第二落差需要通过教师培训(教师专业成长)来解决。课程实施是一种教育实践过程,是教师行动研究的过程,亦即教师专业成长的过程。新课程实施强调"教师培训""校本研修"是新课程的一个亮点。但是,新课程的教师培训除了国家级、省市级培训之外,县级以下的培训往往由低层次的教师进修学校或是一些公司把持,加上师范大学不重视,未能积极介入,培训质量成问题。师范大学不关注中小学课程改革,简直就是一种自杀行为!但是看看国际教育界,近年来,美国有不少教师团体以日本的"教学研究"为榜样,潜心"教学实践"的研究;日本有的教育大学尝试旨在培养"实践性知识"的教师养成课程的开发,在教师教育的课程中引进"体验性学习""实践性课程的开发",充实教学见习、模拟教学等课程,值得我们借鉴。归根结底,新课程的实施,呼唤新的教师培训制度的确立。

(三) 我国的教育发展缺乏资金、人员、技术,但更缺的是思维方式的变革

我国的教育发展缺乏资金、人员、技术,但更缺的是思维方式的变革。长期以来,我国基础教育课程的发展,在课程规划、基础理论、课堂教学等方面,占主导地位的是"非此即彼"的二元对立的思维方式,就是一个明证。

1. 课程规划

我国以往 7 次的课程改革,充其量不过是学科范围内的知识系统的调整,缺乏高屋建瓴的总体设计,造成分科主义课程的格局。这是因为,我们缺乏"课程意识",把课程理解为少数人研制、多数人被动实施的过程,自然不需要对课程进行规划和反思。可以说,这次课程改革在这方面迈开了回归专业的小小的一步。从纲要文本来看,体现了国际教育界倡导的教育发展的基本准则——"国际视野"与"本土行动"。"国际视野"与"本土行动"原本不是二元对立的,而是相辅相成的,不汲取先人的成就,缺乏国际视野,这样的理论和行动不可能有什么高度。国际教育界从 20 世纪 80 年代就经历了教育研究范式的转换,经历了"概念重建"的过程,有关课程与教学的话语系统更新了,并且有相当丰富的研究积累。我们需要反思我国教育科学发展的现状。在新中国成立以来的教育科学发展过程中,主要汲取的是凯洛夫教育学、巴甫洛夫的"条件反射学说",等等,却丢弃了苏联教育科学的精华所在——例如说,维果茨基的"最近发展区"理论。正如顾明远教授指出的,以凯洛夫教育学为代表的苏联教育学的理论体系,"从根本上来讲,实际上没有摆脱赫尔巴特(J. F. Herbart)理论的影响。它强调的是学科中心、课堂中心、教师中心。"[4]凯洛夫教育学的基本特征就是

缺乏"以人为本"的精神,"目中无人"。用苏联教育学界自己的说法,叫做"教育学中无儿童"。早在上世纪 60 年代的苏联教育学"解冻时期",苏联教育界就已经把这些清理掉了。这是世界教育史上的典型历史教训。我国一些动辄标榜历史认识辩证法、动辄记取"历史教训"的学者,为什么对此讳莫如深呢? 有人批评这次课程改革的理念是"理想主义",不适合中国国情。其实,"不适国情论"不是什么新东西,早在上世纪 20 年代,《大公报》针对当时国民党老是在宣传所谓中国的国情,发表社论《贵顺潮流而不贵适国情》抨击道,我们珍贵的是要符合时代的潮流,不是要适合中国的国情。因为国情是人造的,是可以改变的,"国情要适合真理,而不是真理要适合国情"。所以,"不适国情论"的逻辑可以休矣。[5]我们在思考教育问题的时候,需要兼顾两个维度——"现实维度"和"未来维度",这两个维度也不是二元对立的。我们需要求得"变与不变"两者的统一,而两者的统一只能通过改革实践本身来解决。中国最大的教育现实就是教育发展不平衡。然而,"均衡发展"不等于"平均发展",更不等于"削高填谷"。东部发达地区要创造先进经验引领中西部不发达地区的教育发展。"发展是硬道理",西部地区的教育不能永远落后,不能被"唯条件论"牵着鼻子走。我们正是要通过课程改革来推进西部地区的教育发展。

2. 基础理论

综观世界各国课程文本的历史发展,大体经历了 3 个里程碑——"行为主义→认知主义→建构主义",这是一种历史的进步。而"建构主义"也已经从"个人建构主义"发展到"社会建构主义"。社会建构主义知识论的一个基本立场,就是旨在消解个体与社会文化的二元对立。在社会建构主义看来,知识的生成并不是单纯个人的事件,而是通过彼此之间心灵的交互作用建构的。就是说,人是在社会文化情境中接受其影响,通过直接地跟他人的交互作用,来建构自己的见解与知识的。更进一步说,人的学习不应当是封闭于个人主义的操作过程,而是以集体主义为基础的"学习共同体"的"文化实践"过程——一种对话过程和修炼过程。这种社会建构主义兼容了"反映"与"建构"两种机制,是符合马克思主义认识论的。[6]我们当然不应当原封不动地照搬照抄外国建构主义的一套,但是,为什么不可以在立足自身改革实践、博采众长的基础上,建构我们的建构主义呢? 有人把"后现代主义"视为洪水猛兽。然而,它作为一种世界性文化思潮,其理论建树和思维方式是不容忽视的。它通过揭示世界的复杂性、事物的不确定性而强有力地挑战现代占主导地位的"划一思维",有助于我们重新审视人与世界的关系、人与人的关系;后现代主义教育学把儿童置于"自我变革"的主体,有助于儿童基于差异的"多元智慧"和"批判意识"的形成。[7]有人嘲笑说,我们还处于"现代化"时代,何谈"后现代"。后现代主义尽管是一个跟时代相关的词汇,但它实际上代表一种思维方式。我们不能简单化地、线性地理解为"前现代——现代——后现代"的时间系列关系,而是一种"扬弃""建构"和"超越"的关系。后现代主义的思想不过是对于现代性的缺陷加以弥补而已。"现代"与"后现代"并不是一种非此即彼的关系。我们为什么不能从后现代主义的思想资源中汲取"尊重他人、倾听他人"的"后现代意识"和"开放心态"呢?我想,后现代主义批判归根结底只能促进而不会阻碍中国教育的现代化。

3. 课堂教学

20世纪60年代以来,教学实践已经发生变化:"行为主义范式——信息处理范式——建构主义范式"。就是说,从控制学习者行为的行为主义,转型为学习者自身挑战客观世界、发现其价值与意义,从而再建客观世界之意义的建构主义。因此可以说,"传递中心教学"同"探究中心教学"的差异之一,就在于课堂控制的性格。传递中心教学是尽量把课堂中的人际关系、时间和空间均质化,强调有效地发挥作用的"系统化"的控制;探究中心教学是把课堂中的人际关系、时间和空间多元化、多层化,在课堂中实现多样的个性的交响。我国的课堂教学模式几十年一贯制,从"满堂灌"到"满堂问",课堂教学的本质并没有改变。这是因为,我们缺乏"教学觉醒",把教学归结为单纯的技术操作过程,导致了刻板划一的教学。"教学觉醒"意味着教学主体的回归,意味着教学过程是一种对话过程。在新课程背景下的课堂教学本身就是一种对话的过程,就是引导学生"与客观世界对话、与他人对话、与自我对话,并且通过这种对话,形成一种活动性、合作性、反思性的学习,也就是形成认知性实践、社会性实践、伦理性实践的'三位一体'的过程"。[8]这种课堂教学的过程是超越二元论的:它强调知识的主观与客观、知识的接受与发现、知识的解构与建构、知识的抽象性与具体性等诸多关系的统一。例如,"接受学习"与"探究学习"作为人类的两种基本学习方式,在具体的实践过程中往往是交织在一道的,并非势不两立。因此,新课程凸显"探究学习",并非全盘否定"接受学习",而是旨在改造学生的学习方式,以"探究文化"取代"应试文化"。有人却强调"一切学习都是接受学习",批评新课程强调教学与社会生活联系的问题解决型的"探究学习"就是在否定"接受学习",甚至主张西部地区只能是"接受学习"甚至"灌输式教学",发达地区才适于"探究教学",这种"二元对立"的思维方式导致了赤裸裸的"教育歧视"。有人批评新课程强调知识技能、情感和价值观的"三维目标"就是"轻视知识",等等,所有这些,反映了我们对于新课程背景下的知识观、课程观、学校知识价值观转向的基本特征和基本意义尚缺乏起码的认识。

课程改革的前提是变革思维方式,重建话语系统。长期以来,我国的教育理论界和实践界存在着一种对课程教学的"简单思维"的偏好,希望得到极端的、普适的秘诀。这就是"非此即彼"的二元对立的思维方式。杜威在他的《经验与教育》中开宗明义地指出,他们"……喜欢采用极端对立的方式去思考。他们惯用'非此即彼'的公式来阐述他们的信念,认为在两个极端之间没有种种调和的可能性。当他们被迫承认极端的主张行不通的时候,他们仍然认为他们的理论完全正确……"。[9]然而,非此即彼的二元对立的思维方式对于课程改革文本的种种误读,以及对于课程改革实践的种种曲解,恰恰违背了马克思主义辩证法,危害无穷,需要断然抛弃。

(四)课程改革需要良好的社会舆论环境的准备和配套经费的支撑

课程改革需要良好的社会舆论环境的准备和配套经费的支撑。如果说,没有建国之初大张旗鼓地学习苏联教育学的运动和教育经费的投入,就没有新中国教育的早期建设,那么,建国以来的第八次(从教育思想和课程范式转型的角度说,是第二次)国家规模的课程改革,倘若没有相应的舆论准备,没有新一轮强有力的概念重建运动,没有必要的配套经费的支撑,那是不可想象的。

我国现行中小学课程的功能仅仅归结为百科全书式的"知识灌输"而缺失了"人格建构",是经不起拷问的。尽管我们喊了几十年的"双基",但究竟什么是"基本知识""基本技能",还是一笔糊涂帐。"课程即知识"的偏见所带来的危害和教训,难道还不够吗! 例如,曾经有一名留日的中国学生居然在日本出版一本极度反华、严重歪曲了许多重要的史实的书籍,这在很大程度上透视了我国基础教育的缺乏。

这次课程改革为新的课程教学的创造提供了契机。在当今时代,基础教育课程的功能归根结底在于使得学生"学会关心,发展智慧",基础教育的课程需要从"科学中心主义课程"转型为"社会建构中心课程"——一种基于新的知识观和学习观,求得学生人格健全发展的社会建构主义的课程。就是说,第一,这种课程聚焦人类关爱的主题,为学生的人格发展奠基,这是首要的课题。正如诺丁斯(N. Noddings)指出的,"关心是一切成功教育的基石""以关心为核心的道德人生应该成为教育的主要追求"。[10]第二,这种课程聚焦人类的文化和智慧的发展,为学生的终身学习奠基。就是说,为学生的智力发展和学术发展提供坚实的"文化基础"(例如,美国的"核心知识"、英国和法国的"共同文化"、德国的"关键技能"、日本的"基础学力")。可惜,类似这样的研究,在我国几乎是一片空白。[11]我国的课程研究任重道远。事实上,新课程实施五年来,种种抵制新课程的舆论甚嚣尘上,有的甚至把原本是应试教育的弊端硬加在新课程的头上。面对种种的挑战——来自旧观念的挑战,来自旧体制的挑战,来自应试教育的利益集团的挑战,以及来自新课程成长过程本身的挑战,我们也不能听之任之,需要认真对待。

课程改革既然是一种教育思想和课程范式转型的过程,一场破旧立新的运动,我们不仅需要有强劲的专业话语的声音,也需要有一个积极推进新课程实施的社会舆论环境。时下大众媒体展开讨论的教育改革话题多半是不着边际的、鸡毛蒜皮的文字游戏,诸如,"课堂教学该不该放讲台""教研员要不要参与课堂教学""金庸小说进教材好不好""刘翔进教材行不行"之类,无聊至极。除了像日本社会科教科书违背历史事实成为国际政治问题之外,大多问题属于教科书内容设计的问题,或者说,属于教师的专业自律的范畴,不必"全民讨论"的。全社会该讨论的倒应当是"什么是义务教育""如何推进公平教育""基础教育的'基础'是什么","什么是优质教育"之类的大问题。目前我国连九年义务教育都难以不折不扣地实施,某些人居然提出实施十二年义务教育。其客观效果只能是模糊视线,粉刷太平。精心选择大众媒体讨论的公共教育话题,是新闻战线的社会责任,也是教育战线的社会责任。新课程的实施,呼唤良好的社会舆论的环境,而良好的社会舆论环境的形成,是需要新的概念重建运动作为支撑的。

我国自改革开放以来,基础教育事业得到了长足的发展,但同经济发展的速度相比,我国的教育投资是不成比例的。谁都承认,"投资教育,就是投资国家和民族的未来",但我们的认识仅仅停留于口号。4%的国家教育预算,何年何月才能兑现? 关系到我国基础教育健全发展的这次国家规模的课程改革,乃至国家教育科学研究院的建设,何年何月才会有必要的投资预算? 课程和教学的改革是学校改革的中心,这种改革何时才能纳入国家教育行政的议事日程和学校改革实践的中心地位? ——所有这些问题,都需要有高瞻远瞩的发展规划。

基于上述,我的结论和建议:① 我们需要寻求整体推进课程改革的合理的、适度的、透明的步伐。"不进则退""冒进则废""慢进则毁",而倒退是没有出路的。② 新课程的实施呼唤一系列教育制度——包括教师教育制度、教育评价制度、问责制度、中介性监管机制——的确立,呼唤教育科学的重建。③ 课程改革需要有良好的社会舆论环境和配套的经费支撑。归根结底,课程改革是一种"学校文化"的转型。"这场教育革命要求根本性的结构性的变化。仅此而言,它决非是一场一蹴而就的革命。因为教育实践是一种文化,而文化变革越是缓慢,才越能得到确实的成果"。[12]

参考文献

[1] 钟启泉."教育制度"与"学习社会"[J].上海:教育发展研究,2005,(4):66.

[2] [日] 佐藤学,钟启泉译.课程与教师[M].北京:教育科学出版社,2003:217—238.

[3] 教育部.基础教育课程改革纲要[A].∥钟启泉等主编.为了中华民族的复兴,为了每位学生的发展——《基础教育课程改革纲要(试行)解读》[C].上海:华东师范大学出版社,2001:3—13.

[4] 顾明远.中国教育的文化基础[M].太原:山西教育出版社,2004:243.

[5] 何兆武.文化漫谈[M].北京:中国人民大学出版社,2004:50.

[6]［日］佐藤公治.在对话中学习和成长［M］.东京：金子书房,1999：62—70.

[7]［日］增浏幸男等编.现代教育学的视野［M］.东京：南窗社,2001：63—69.

[8]［日］佐藤学著,钟启泉译.学习的快乐——走向对话［M］.北京：教育科学出版社,2004：38—43.

[9]［美］杜威著,姜文闵译.我们怎样思维? 经验与教育［M］.北京：人民教育出版社,1991：249.

[10]［美］诺丁斯著,于天龙译.学会关心——教育的另一种模式［M］.北京：教育科学出版社,2003：38,221.

[11]钟启泉.国际普通高中基础学科解析［M］.上海：华东师范大学出版社,2003.

[12]［日］佐藤学著,李季湄译.静悄悄的革命［M］.长春：长春出版社,2003：8.

（本文发表于《比较教育研究》2005 年第 12 期。作者钟启泉,时属单位为华东师范大学国际与比较教育研究所）

二、20 世纪 90 年代以来亚洲国家的中小学
课程改革

（一）教育问题与课程改革

20 世纪 90 年代以来，教育改革逐渐形成一股跨世纪的洪流，在世界各地造成了极大的震撼。亚洲不同的国家和地区，也积极地、全方位地检讨自己的教育制度和课程，评估未来社会的发展趋势和需要，从而提出种种改革方案，以期为自己的社会提高竞争力。这些教育改革方案有很多共通的地方，所针对的都是大家所遇到的共同的问题。仔细分析，不难发现，它们都牵涉到课程的问题，并且可归纳为下列几项：教育制度过于值化，未能适应急速发展的社会需要；教学过于考试主导，未能发展创新精神和实践能力；教学过程缺乏弹性，未能适应学生个别差异和需要；传统科目界限森严，未能融合新社会带来的新知识；教育过于偏重智向，教与学的经验单一而缺乏多元；学习目的偏于工具化，缺少人性化和终身学习的内驱力。

面对这种种问题，世界各地都作出相应的课程改革，以回应新时代的挑战。联合国教科文组织下属的国际教育局（International Bureau of Education，IBE）1998 年在瑞士开发了一个面向 21 世纪挑战基础教育内容调适的课程，课程的一个环节是，要求参与的国家描述其最近的课程目标和发展趋势。参与这次活动的有 15 个国家。这些国家的课程描述报告显示了很多不约而同的课程发展特点：强调每个个体的整体发展，包括智性、灵性、德性、情绪、社交、体育和美育等；强调培养学生的适应能力，以面对剧变的、多元文化的，以及科技更新的社会，并藉以加强其就业机会；强调培养学生的科学思维、批判理性、解难能力；强调发展跨科目的综合课程学习；强调培养正确的价值观念与态度；强调外语学习及环保教育（BIE，1998）。

（二）亚洲国家的课程改革

2000 年 12 月，IBE 在曼谷举办了一次东亚与东南亚课程专家能力培养研讨会，大会的总结报告详列了亚洲各国世纪课程改革的重点。现摘录如下：

日本　日本订立了国家课程标准，基于全民教育机会均等的理念，要培养孩子能够智慧地、有创意地思考，能面对转变，有国际社会的意识，而每所学校都应建立自己的特色。新的课程标准所带来的改变有：① 将小学一、二年级的社会科和自然科合并成为"生命与环境教育"；② 提供综合学科；③ 配合每周上课 5 天的新规定，减少教学时数。新制度将于 2002 年实施，老师有 3 年时间准备新的教材。日本课程改革面临的问题是，在课时缩短的情况下如何决定教学范围。

蒙古　蒙古教育部于 1998 年进行课程改革。"普通中学课程计划"将课程划分为"核心"和"选修"两部分。核心课程根据国家的课程标准，占 80％；选修课程可以按照学校的特殊需要而制定。新课程要为学生教授知识、技能以及文化价值观，让个体成为有责任感的公民。蒙古的课程是以螺旋式逐年递增深度与密度。人文科学在每年级的课程中都占较大的比重，而电脑教育则与数学混合。

韩国　根据总统委任的教育改革委员会的纲领，韩国正在进行第七次课程改革，影响涉及所有学年。中央制订了国家课程，并提供了课程纲要、教学资料以及执行指引。新课程的最大特点是：① 为不同学术能力组别的学生提供不同的学习内容；② 将课程内容缩减 30％；③ 在中学引入资讯技术（ICT）科。韩国课程改革的主要问题是如何将国家课程与地方需要协调，导致在实践上教师抗拒中央的改革，教师没有能力教授新的科目，而学校亦缺乏经费与设备。

印尼　印尼于 1999 年颁布了课程发展与改革的国家指引，强调：① 需要多元化的课程以满足学生在能力、学习资源以及文化上存在的巨大分歧；② 增加弹性，配合现代社会的种种转变；③ 扩大分权，将更多权力与责任交给地区；④ 提供个人及社会的价值教育与道德教育。印尼期望新的课程能培养健康、独立、具文化意识、有好的道德与行为、工作道德、有学识、懂科技，而又爱国的学生。

菲律宾 菲律宾的中学教育正在进行课程改革。这项改革是由 1999 年"21 世纪中学教育课程"的发展计划所推动的。改革的重点是通过检讨"菲律宾中学学校学习能力表现"来处理一连串的课程问题,包括:课程内容过于繁重、综合课程、普通教育与特殊教育的平衡、选修课程合理化等。菲律宾成立了一个核心研究小组,制订新的发展远景、重整学习能力、编写课程指引、发展教材、进行师资培训等。

马来西亚 马来西亚课程改革以螺旋式进行,先进行需要分析,继而编订计划、执行与评估,然后再重新进行需要评估。马来西亚于 1996 年开始进行课程改革,纳入种种新的学习元素,如多元智能、情商、学习的四大支柱、资讯技术(ICT)、知识经济等。马来西亚课程改革所面临的问题包括:课程的深度与广度的抉择、在不同学校环境中实施、教师的抗拒等。

柬埔寨 柬埔寨的教育、青年与体育部引入了 19 个课程与 72 个优先行动计划,包括课程改革、课本发展与通识教育等。新的课程于 1996 年生效,教导一系列的价值观和合作、环境关注、人权与多元化等。引入通识教育的目的主要是帮助学生发展成为负责任和有思想的公民。课程设计的重点是以问题讨论和培养能力为出发点。柬埔寨课程改革面对的主要问题是缺乏适当的师资、教室空间太小、学生过挤、教学法过于保守等。

老挝 老挝的课程改革引进了通识教育,提供通才的教育体系,与国际接轨,同时让国民成为积极的公民,有道德及爱国心。因此,课程发展重视国际化,将现代化的教育与传统教育融合。老挝建立了 5 根教育支柱,就是德育、智育、劳动、体育与美育。课程改革同时引进了现代化的教学法,如头脑风暴、角色扮演、游戏学习、辩论和个案研究等。老挝课程改革面对的问题包括:课程设计还未能针对来自不同族群、语言、文化背景的学生;学校设备与教学设施不足、教学法未能跟上时代等。

泰国 泰国于 1999 年颁布了"基础教育课程理论框架",提出课程发展的理由,陈列基础教育课程内容、课程指引与课程管理。课程改革的方向主要有:① 增加弹性以适应不同地区的需要;② 扩大多元化以针对不同学生需要、发展他们的潜能;③ 教育管理进一步分权,让学校、家长、地区以及其他团体参与课程发展。

越南　越南国会在 1998 年通过了教育法，为越南开展了自 1950 以来的第四轮教育改革。新的教育法为越南人力资源发展订立蓝图直至 2002 年。课程发展的重点是要配合未来的发展，为国家的工业化与现代化提供所需要的技能，开发新的教材，使之合理化（Miralao & Gergorio，2000）。

上述亚洲国家的课程改革大致有几个特点：亚洲国家不约而同地在 20 世纪 90 年代，尤其 90 年代下叶，都进行了课程改革；课程发展、课程实施、课程管理均朝向分权发展，以配合地区与学校不同的需要；增加课程弹性，以配合不同学校、不同能力组别的学生、来自不同族群、语言、文化背景的学生的需要；有些国家开始设置核心课程与选修课程，希望可以保证达到国家课程指标的同时，增加课程弹性；有些国家开始减少课程内容，减幅达 30%；很多国家朝向发展通识教育与综合课程，希望能培养全面发展的通才学生；所有国家都朝向发展资讯技术教育；课程内容的制订与实施渐渐开放，让更多人士可以参与。

（三）课程改革要关注的问题

亚洲国家的课程改革同时也遇到了不少问题。这些问题包括：课程如何综合还在摸索的阶段；课程适切性是一个很好的理想，但如何达致是一个挑战；如何平衡学术性与实用性的课程？在课堂实践资讯技术教育的教学法，还在摸索的阶段；应如何让更多人参与课程制订与实施？如何将课程改革向有关人士解释与交代？事实上，民间与一线教师对改革存在着一定的抗拒；如何有效地让师资培训配合改革？这些问题的存在说明亚洲各国都看到了教育改革与课程改革的问题，而且都有具体的行动。改革的方向都表现了一定的一致性，也许这也代表了全球化的发展趋势，以及相应改革的需要。但是如何落实，却是大家面对的共同难题。不过，根据以往教育改革失效的经验教训，大概可以注意到实施改革时所遇到的问题，从而加以避免。金淑伊（1996）在评论韩国教育改革问题时指出："经过几次的教育改革方案，还是解决不了问题，留存教育问题的同时，又产生了新的问题。"Torres（1996）在分析教育改革失效时列举了一系列因素，可以作为借鉴：每次引进新政策、新计划都从零开始，忽略了以前的经验与知识；集中训练教师，而不是管理层；将训练与其他经验条件分割（如工作环境和组织状况等）；忽略教师的实际条件与需要；改革往往从上而下；改革的实施往往一刀切；依赖外在的动机诱发机制和手段（如评分、升迁等）；过于从解决问题着眼，以至过分强调弱点和矫正错误；措施政策过于学术化和理论化，忽略了教学实践是最重要的根源。

参考文献

[1] 金淑伊. 韩国教育改革概况[J]. 教改通讯,1996.

[2] IBE. Educational Innovation and Information. 1998,(12).

[3] Miralao，V. A. and Gregorio，L. C. （2000）. Synthesis of County Reports and General Trends and Needs in Final Report of Training Seminar on Capacity－Building for Curriculum Specialists in East and South－East Asia[R/OL]. http://www. Ibe. unesco. org/Regional/AsianNetwork/bangfinal. htm

[4] OECD. Education Policy Analysis[M]. Pairs：OECD,2001.

[5] Torres，R. M. Teacher Education：From Rhetoric to Action. Partership in Teacher Development for a New Era[M]. Bangkok：UNISCO Principal Regional Office for Asia and the Pacific,1996.

（本文发表于《比较教育研究》2002 年第 9 期。作者李荣安，时属单位为香港教育学院公民教育中心）

三、中国大陆与台湾地区初中课程目标的比较社会学分析

"课程目标"在中国大陆多称为"教学目的",明确规定在"教学大纲"中,在台湾地区则称为"课程目标",明确规定在"课程标准"中,它包括总目标和各分学科目标。课程目标集中体现着作为"法定文化"的课程的主旨,是国家与各种社会优势力量为其社会再生产及创新而对未来社会成员所应具基本素质的统一合法规定。在课程体系中,它规范着课程的编制、授受与评价。

本研究的对象是当前分别正在中国大陆和台湾地区实行的两套初中课程目标,拟从社会学的视角对之进行比较与分析。之所以选取大陆与台湾地区两套课程目标进行比较,是因两岸社会文化同宗同源,具有极大的相似性,因此,也最具比较价值与相互借鉴意义;采取社会学的分析视角,旨在进行社会性因素的揭示与分析。就笔者目力所及,目前相关研究并不多见。

(一) 研究设计

1. 研究范围的确定

本研究是对大陆和台湾地区现行初中课程目标的比较。材料来自大陆于1992 年 8 月颁布的《九年义务教育全日制小学、初级中学课程方案(试行)》和台湾地区于 1994 年 10 月修正发布的《国民中学课程标准》。

台湾地区课程分为必修课和选修课。鉴于选修课的课程目标不具有普遍意义,且主要是必修课程所规定的知识能力的深化,因此,本研究在进行分类目标比较分析时将对其不予考虑,而仅考虑必修课部分。在进行综合比较分析时则通盘考虑。

无论大陆还是台湾地区,课程目标都包括总目标和各分学科目标。本研究一概兼涉。大陆教学大纲中个别学科教学目的与教学要求不分,本研究只能一起考虑,而对于有明确区分的,则只考虑教学目的部分。

2. 研究方式与工具的确定

(1) 分析方式的选择

分析方式的选择包括分类分析和综合分析两种:

① 分类分析　分类分析有利于具体明确地把握两套课程目标的异同,其核心是确定类目体系然后归类比较分析。

所谓类目体系是指对课程目标中所含有的纷繁复杂的概念起统领作用的结构化概念体系。从不同的研究视角可以确定不同的类目体系。依每个概念所蕴含的社会关系方面素养的不同,可确定如下的类目体系(表1)。

表 1　基本素养

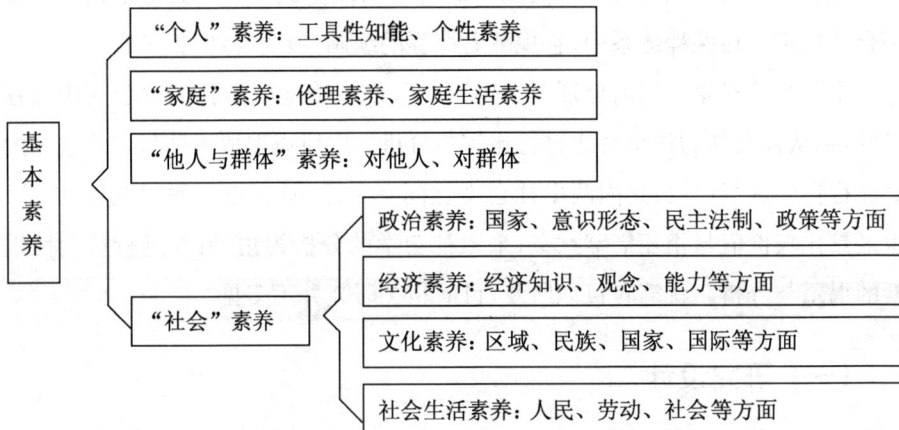

② 综合分析　对于课程目标中存在的不能由上述类目体系包含的具有社会学意义的特征需要进行综合分析。这包括语言社会学方面的特征、理论视野的差异及课程目标体系中不同学科的地位与结构特征等。

(2) 比较方式的选择

海峡两岸意识形态和文化发展的差异,致使两套课程目标所使用的概念不完全一致,其内涵也往往不完全一致,甚至差异很大。这就需要对意义进行诠释,在诠释的基础上进行比较,因此必须运用诠释作为比较的工具。

另外,同一概念在课程目标中出现的次数往往反映出其受重视的程度,因此,也可适当运用统计作为比较的工具。

（二）研究结果与分析

首先进行分类比较分析。根据上述类目体系依次展开如下。

1. 个人素养

课程目标中有关工具性知能和个性素养的规定可归入此类目。

（1）工具性知能

每套课程目标中,对于工具性知能的规定都占较大的篇幅。社会学研究对此关注的旨趣在于:对不同类型知识及能力的选择和强调,往往具有社会学的意涵。综观台湾地区与大陆两套课程目标对于工具性知能的规定有同有异,具体分述如下。

① 都强调思维能力、创造能力、解决问题能力的培养　三者在大陆课程目标中分别出现了 8 次、4 次、6 次,在台湾地区课程目标中则均出现了 8 次。这可视为海峡两岸社会共同面临着经济迅猛发展、社会快速变迁而对其社会成员所做出的基本要求。

② 均重视科学精神的培养　在大陆称为"实事求是的科学态度",出现 6 次;在台湾地区则称为"科学素养、科学态度或科学观念",出现 4 次。这反映了科学在当今社会生产生活中的重要地位。所不同的是,大陆同时强调破除迷信的重要性,而台湾地区则并未提及。这与大陆很多地区文化发展相对落后的现实及主导意识形态对封建迷信的彻底否定不无关系。

③ 在知识教育方面,大陆课程目标更重视知识的掌握,台湾地区课程目标则似尽量避免知识灌输的色彩　这体现在以下几方面:第一,在课程总目标中,大陆强调"掌握必要的文化科学技术知识",而台湾地区则没有涉及知识教育的内容;第二,在分学科目标中,对于有关知识教育问题的表述方式不同,因而其内涵亦有所差异。大陆的一般表述方式为"掌握（获得）……的基本知识",而台湾地区则为"了解（认识）……";另外,这种特点也反映在"知识"一词在两套课程目标中出现的频率上,大陆课程目标中出现多达 12 次,而台湾地区课程目标中仅出现了 4 次。对知识教育的重视与教育场域中教师的绝对权威地位的确立密不可分,因教师是法定的知识传播者,与之相反的则是学生自主权的增大[1]。同时,对知识教育的重视亦与当前作为重要社会选拔机制的教育考试密切相关,二者皆来源于社

会对学术性知识作为一种高地位知识的尊重与认同。教育的社会选拔功能的主导地位抑制了教育的本质功能(即培养人)的充分发挥,从而又有悖于人们对教育的基本期望,尤其当社会迅猛发展提出新的人才需求时更是如此。大陆当前对于素质教育的呼吁即源于此。然而,知识教育的削弱与全面素质教育的实现必有赖于社会整体力量结构的变革,台湾地区在这方面已走在了大陆的前面。

(2) 个性素养

在这方面,两套课程目标所运用的概念不一,其内涵也有同有异。将每套课程目标中表述或意义相近的概念合并后列表(表2),以资比较。

表 2　个性素养比较表

大　陆	台湾地区
勤奋	勤劳
自立	自尊
乐观进取	乐观进取
文明	尚仪、良好风度
勇敢顽强奋斗	坚韧毅力
勤俭节约	勤俭
艰苦朴素	肯定生命的意义 美化生活之志趣与理想

通过比较,分析如下:

第一,两套课程目标的共同之处在于,都重视勤奋、节俭、顽强坚韧的毅力、乐观进取的精神以及文明的风度,这与我们中华民族的传统精神不无关联。

第二,两者主要的不同之处在于,大陆强调艰苦朴素、艰苦奋斗,而台湾地区则强调肯定生命的意义、美化生活之志趣与理想。这一方面与两岸间经济生活水平差异有关,另一方面也体现出两岸所倡导的不同文化意识形态:大陆提倡一种革命战争年代的生活作风;而台湾地区则注重一种中产阶级的生活情调。

2."家庭"素养

大陆课程目标中只有一处涉及到家庭问题,即"孝敬父母"。而台湾地区则有多处提及,如"爱家""孝悌"等概念,还设有"家政"课程,它规定以下目标:"充实日常生活所需之家政知能,养成适应现代生活之健全国民,培养美化生活之志趣与理想"。

大陆与台湾地区课程目标均重视"孝敬父母",这是传统文化在其中的共同体现,也表明了这种价值观念在当今社会仍具有生命力。然而,对于具体的家庭生活方面,大陆的课程目标则丝毫没有提及,这暗涵着学生在这方面的知识、能力与素养只能从家庭或社会学得并养成。然而,由于现今社会变迁的迅速,家庭的结构与功能、人们的家庭观念都在迅速转变,这需要给尚未成年的学生以有意识的引导。台湾地区已注意到了这点,这也体现了其重视生活教育的宗旨。大陆课程目标在这方面的缺乏或许是由于大陆的社会变迁尚未对此提出明确要求。

3. "他人与群体"素养

主要包括个人在日常生活中处理与他人群体的关系时应具备的基本素养。将每套课程目标中有关于此的概念经合并后列表(表3)。

表3 "他人与群体"素养比较表

大　陆	台湾地区
尊重他人	尊重别人
诚实守信	诚实仁爱
礼貌	礼节
团结协作	互助团结合作
相互交往的能力	良好人际关系
集体主义	群己合谐
关心集体	修己善群
认真负责	负责尽职
树立群体意识	团队精神
组织性、纪律性	合群心性
集体荣誉感	爱群
遵守纪律	

通过比较,分析如下:

(1) 在对待他人方面

两套课程目标的要求基本一致,都强调尊重、礼貌、诚实、合作与团结。

(2) 在与群体(集体)关系方面

两套课程目标都重视群体精神的培养,但具体内涵有所不同。大陆更强调遵守纪律、对集体的义务和责任感、关心集体;台湾地区则较重视群己和谐、修己善群、爱群。这显示了两岸意识形态不同的取向,即大陆是绝对集体取向的,强调个人对集体的无限责任;台湾地区则较多地从个人角度出发来对待群体,强调个人与群体的和谐。另外,台湾地区重视团队精神的培养,这在大陆可能会被等同于"小团体主义",因为它强调对单个群体的忠诚,而大陆则更重视对整个社会的忠诚。这与两岸社会制度的差别不无关联。

4."社会"素养

这里的"社会"指较为宏观的间接与个人发生作用的政治、经济、文化、社会生活等方面的社会因素。个人在这方面所应具备的素养权且称为"社会素养"。

(1) 政治素养

包括国家、意识形态、民主法制、政党政策等。

① 国家　大陆与台湾地区的课程目标均强调爱国主义教育,不过提法不同,内涵也有所差异。大陆的课程目标将爱国主义放在了极为重要的地位,在整套目标中以不同形式出现的"爱国主义"高达 16 次之多,超过了其他任何一项具体类目。当今中国处在激烈的国际竞争中,用爱国主义思想激发人们的积极性、创造性、凝聚力,努力维护国家的利益,这是民族富强所必须的。然而,在世界日益一体化的今天,似应将对"爱国主义"的强调与对具有宽阔的世界胸怀的强调结合起来,在后面对于"文化"素养的比较中将再次涉及。

台湾地区同样强调爱国主义教育,不过始终将爱乡、爱国并提(在整个课程目标中出现了 8 次),并且强调民族意识的培养,如陶冶民族意识、厚植民族精神。其"爱乡"指的是爱台湾地区,"爱国"指的是爱中国,"民族意识"指的是中华民族意识。台湾地区重民族意识的培养目的在于,让其社会成员明白自己是中华民族的一员。

② 意识形态　台湾地区现行的初中课程目标中,基本上没有与其主导意识形态直接相关的内容。大陆的课程目标中则有,主要体现在以下的概念中:"爱社会主义""辩证唯物主义、历史唯物主义的基本观点""群众观点""阶级观点""社会主义思想品质""认识社会主义优越性"等,其中,尤其将"辩证唯物主义""历史唯物主义"放在重要位置(分别出现了 7 次和 3 次)。这些概念基本上全是政治语言,由于其模糊性和抽象性而很难说是教育语言,由此亦可看出政治话语对课程目标的渗透。

③ 民主法制　两套课程目标中都列有培养学生"民主法治"观念。台湾地区在其课程总目标中将民主法制教育与生活教育、品德教育并列为国民中学教育的中心;而大陆的课程总目标中未提及。可见台湾地区对此的重视程度高于大陆。大陆在对此条目的具体解释中,更强调法制观念的培养与行为的养成,在共7条的解释中,只有1条是关于民主的,即"正确运用民主权利",其他6条则皆关于遵纪守法、责任、义务等。

④ 政党政策　在台湾地区的课程目标中没有直接与其政党政策相关的内容,大陆的课程目标中则列有"热爱中国共产党"及"对学生进行我国的基本国情及建设有中国特色的社会主义有关内容的教育,使他们初步认识我国社会主义初级阶段的基本路线和奋斗目标,初步树立只有在中国共产党领导下建设有中国特色的社会主义才能使中国强盛起来的信念,了解人民民主专政的社会主义国家的性质和任务"。

（2）经济素养

大陆的课程目标中没有与经济直接有关的内容,台湾地区则列有"加强学生对经济的基本认识,使养成正确的经济观念,具有参与经济建设的能力"。在继后的教材纲要中所列的有关此方面的要点包括"经济与生活""国民所得""投资与储蓄""产业与贸易""货币与银行""政府的收入与支出""职业道德与企业的社会责任""消费与消费者保护""公害防治与环境保护""正确的财富观"等内容。由此可见其关注范围的具体与全面。

经济在当今社会中日益具有重要的地位,每个社会成员都会卷入其中。由于经济现象的复杂及其与每个社会成员关系的密切,因而有必要在义务教育阶段教给学生较为系统的基本的经济知识,引导其正确的经济观念。由大陆课程在此方面的欠缺可看出,大陆课程与日常生活的相对脱离及其相对于社会发展的滞后。

（3）文化素养

这里从形态学意义上使用"文化"一词,即以区域、民族、国家以至全人类范围所界定的"文化",其核心在于强调不同文化的异质性或统一性及世界文化的多元性。

大陆课程目标中基本上没有此方面的内容,台湾地区课程目标多有提及,具体分列如下:"扩展多元文化的视野""养成珍惜文化资产的观念""了解乡土文化""陶冶学生爱家、爱乡、爱国之民族文化情操""增进学生对中华文化的基本认识与欣赏兴趣,使其具有发扬我国优良文化的能力""增进学生对国际文化的基本认识与欣赏兴趣,养成尊重不同文化的态度""培养自尊尊人的民族情操及和谐共荣的世界眼光""具有开阔的心胸,并成为具有世界观的国民""领悟世界多元文化的特质和价值"等。

中国大陆幅员辽阔、民族众多,不同区域、不同民族往往都具有其独特的文化。随着社会流动的加速,不同文化间的交往将会影响到绝大多数的社会成员,如何体认自身文化并尊重不同文化,体现了社会成员的基本素养,并会影响社会的稳定与和谐。另外,随着改革开放的深入,国际交往日益频繁,外来文化甚至渗透到了社会的每一个角落。"种族中心主义"与"崇洋媚外"早已成了人们共同关心的问题,外来文化的无孔不入使我们不得不有所甄别,如何教导学生认识这些问题并引导合适的态度与行为,这是教育应正确面对的问题。

（4）"社会生活"素养

包括对待人民、社会、劳动等方面的素养。将两套课程目标中有关的概念罗列成表（表4）,以资比较。

表 4　"社会生活"素养比较表

	大　陆	台 湾 地 区
对人民	爱人民	民胞物与的胸怀
	为人民服务	服务助人
	忠于人民	仁民爱物
	树立群众观点	四海一家的人生观
	热爱劳动人民	
对社会	遵守社会公德	关怀社会的情操与参与能力适应社会变迁的能力
		在科技社会中生活调适能力
		良好社会生活规范实践能力
对劳动	爱劳动	
	正确的劳动态度	
	良好的劳动习惯	
	树立劳动观点	

通过比较,分析如下:

第一,在对"人民"方面,大陆强调"热爱人民""为人民服务";台湾地区则强调"民胞物与""服务助人"。二者在具体所指对象方面差不多,但由于各自意识形态取向不同其内涵亦有所差异。"热爱人民""为人民服务"是社会主义的道德要求,而"民胞物与"则体现了中国传统的贵族风度。

第二,在对"社会"(指狭义的"社会")方面,大陆只列有"遵守社会公德"一条,台湾地区则包括"关怀社会的情操""适应社会变迁的能力"等内容。这一方面与大陆将有关此方面的内容列入政治范畴有关,另一方面台湾地区对"适应社会变迁"的关注是大陆所没有的。当前大陆的社会变迁同样快速、深刻,会波及到每一个社会成员。如何有意识地引导学生适应这一变迁,应该引起重视。这也进一步显示了大陆课程相对于社会发展的滞后及对日常生活的关注不够。

第三,在对"劳动"方面,台湾地区课程目标基本上没有直接提及,大陆则有多处提及并专门设有劳动技术课程。这种差异与两岸教育目的的不同有关(大陆强调"德、智、体、美、劳全面发展",台湾地区则强调"德、智、体、美、群五育并举"),这里不再赘述。

以上是依类目体系对课程目标进行的分类比较分析。另外,还有些特征无法全面地涵盖在这些类目体系中,需要进行综合分析。这主要包括以下两个方面:

第一,两套课程目标在语言方面的差异。

在大陆,课程目标中政治语言占很大比重,有很多话语是对政治语言的直接套用,这在前面的分类分析中已多有提及,在此不再多加细述。台湾地区课程目标中很少有政治语言的出现,较多的是专业语言(即教育语言)。政治语言与教育语言的差异在于,前者的特点在于其社会感召力,因而往往是口号式的,其要求也往往是自上而下的;后者则更多地从适应学生个人的角度出发,其要求往往是自下而上源于生活的。当前全国范围内道德教育的困境与这种体现在课程目标中的专业语言的贫乏及政治语言的错位当不无关系。

第二,两套课程目标所反映的人文社会科学视野的差异。

人文社会科学视野作为一种通过影响课程目标制定者的理论思维从而影响课程目标制定的因素发挥着作用。这种视野的有无反映了对某类社会问题认识的广度和深度及对与之相关的教育问题的考虑程度。对这种视野的分析需要向社会中的有关学术场域展开透视。

大陆课程目标所反映的此种视野主要有：① 哲学视野，主要是马克思主义哲学，如"辩证唯物主义""历史唯物主义""教育劳动观点""群众观点""阶级观点"等概念；② 心理学视野，如诸多知识、技能、能力、态度、兴趣等概念。

台湾地区的文本则反映了更多的学科视野，包括：① 哲学视野，如"心胸宽阔的人文素养""热爱生命"等概念；② 心理学视野，如能力、创造力等概念；③ 社会学视野，如"社会变迁"等概念；④ 经济学视野，如"经济观念"等概念；⑤ 文化学视野，如"多元文化的视野"等概念；⑥ 终生教育学视野，如"终生学习的态度"等概念。

大陆课程目标所体现的学科视野的困乏，一方面反映了大陆各人文社会科学学科尚未真正成熟，另一方面也反映了大陆课程目标制定者的理论视野的局限。

(三) 讨论

通过以上的比较与分析，笔者认为可以为目前正在进行的课程改革，尤其是新的课程目标的制定提供以下启示：

1. 课程目标应涵盖更为全面的素养

相对于台湾地区初中课程目标而言，大陆初中课程目标在经济素养、家庭素养以及民主法制素养等方面明显缺乏，涵涉甚少。这就意味着学生在相应方面的发展将难以得到学校教育积极的引导。

2. 课程目标应更接近学生的日常生活世界以及现实体验

大陆课程目标存有与学生日常生活及现实体验相脱离的倾向，这在以上的分析中已多次指出。如过分重视知识的获得，而不强调学生的认识与领会；在个性素养方面，忽视学生内在的生命体验而强调外在精神的灌输；在政治素养方面，强调灌输而缺乏反省；在社会生活素养方面，缺乏对社会变迁问题的关注。由此培养出的学生将难以具备适应现实生活的充分素质，所进行的教育也难以被学生所全面接受。

3. 课程目标的制定应进一步专业化

应体现合理的教育理念,多学科的学术视野,而不应过多局限于政治政策的层面,应真正地立足于人的发展。

参考文献

[1] 国家教育委员会基础教育司. 九年义务教育教学文件汇编(初中部分). 北京:北京师范大学出版社,1994.

[2] 国民中学课程标准."台湾教育部"编印,1995.

[3] Michael F. D. Young. Knowledge and Control:New Direction for the Sociology of Education[M]. London:Collier—Macmillan,1971:19—46.

(本文发表于《比较教育研究》2000 年第 6 期。作者王有升,时属单位为南京师范大学教育科学学院)

四、从《劝学篇》比较福泽谕吉与张之洞的人才观

　　培养人才,这是各国共同的教育目的。什么是人才? 教育应培养什么样的人才? 各国的人才观却不尽相同,存在着历史与文化的差异。比较历史文化背景对人才观的影响则是比较教育研究一个十分重要的课题,因为人才观作为对所期望造就的人在功能与素质结构方面进行的观念设计,是指导与制约整个教育制度确立的思想基础。可以说,有什么样的人才观便有什么样的教育。只有了解了各国人才观的异同,才能真正从整体上、从根本上理解与把握各国教育的异同。

　　中日两国虽传统教育均深受儒家文化的影响,支配教育的人才观均是儒家的君子型人才观,即伦理道德型的统治人才观。但两国教育现代化的取向、进程及结果却不尽相同,甚至形成鲜明对照。这与两国人才观的现代化取向密切相关,是两国人才观存在着差异的反映。两国人才观的不同又是被两国现代化的历史、文化背景不同所决定的。从《劝学篇》比较福泽与张之洞的人才观则是探讨中日人才观异同的重要视角。

(一)《劝学篇》的背景与动机

　　历史似乎常以其形似质异的某些现象来引发后人的比较与思考。19 世纪后半期,中日均出版了一部对两国教育现代化取向产生深远影响的《劝学篇》。其作者一个是被奉为日本近代教育之父的福泽谕吉(1835～1901);一个是左右了清末教育现代化取向的张之洞(1837～1909)。

　　福泽的《劝学篇》发行百万余册,影响了全日本,并一度被作为中小学教科书使用。福泽的《劝学篇》是由 17 篇论文组成的小册子,各分册早在 1872～1876 年就已陆续出版。这种方式本身似乎就已表明作者的写作动机,即对"大众"进行启蒙。在其自传中,他曾说一生的一大志愿就是把日本人从封建束缚下解放出来,把全国大多数人引导到学习西方文明中去,他自己"宛如为输入西洋文化的东道主一样"[1]。福泽写作与出版这部名著时,正值日本明治初期西

化、启蒙思潮占主导地位之际。经过"王政复古"的明治政权,正领导着如天皇在《五条誓文》中所说的"将实行我国前所未有的变革"。在"富国强兵""殖产兴业""文明开化"的三大政策下,福泽的劝学正配合并促进了三大政策的实施。

张之洞的《劝学篇》"挟朝廷之力以行之,不胫而遍于海内"[2]。张之洞著《劝学篇》时,中国正处甲午战败后。由早期改良主义思潮演变而来的维新变法思潮已经兴起并呼声很高,与此同时,以清议自居的顽固保守派透过甲午战争洋务运动的失败,更坚定了以祖宗之法治国求强的主张,反对学习西方。士大夫阶层围绕西学与中学、或新学与旧学的论争日趋激烈。作为洋务运动后期最重要的思想家,张之洞试图从理论上解决中西文化的冲突,以其不偏不倚的态度表达洋务派的"中体西用"观。他想以此作为抵制当时日益高涨的变法启蒙思潮,同时,驳斥顽固派抗拒不变的愚蠢态度。他的劝学如其本人所说既要正人心,又要开风气。"规时势、综本末""教士化民"。可见,福泽与张之洞的劝学其背景与动机在某些方面恰好形成鲜明对比:一个是为了宣传西方启蒙运动的思想,一个则是为了抵制启蒙思潮;一个是为了大多数国民走向文明开化、全方位学习西方,一个是为了规范世人的选择,尤其是将士阶层引向以保教、保传统的有限地学习西方之路。

(二)《劝学篇》的文化现代化取向

劝学的背景与动机不同,决定了两人在劝学内容上有着不同的选择,反映了在两种文化碰撞下,张之洞与福泽对儒家文化与西方文化的不同认识、评价,表达了他们不同的文化现代化取向。

作为启蒙思想家的代表,福泽在其《劝学篇》中对儒家文化传统基本上持否定态度,而对西方文化则主张全方位吸取。他以自由、平等、民权为评价文化现代化的标准,认为西方文化代表着文明精神。日本若要成为具有文明精神的国家,就会同西洋各国平起平坐,成为自由独立的国家。为此,他运用天赋人权的理论,从自由、平等的角度对儒家的名分论和忠孝道德进行了反思与批判,认为这样的道德"归根到底是让他人之魂占据我身"。所谓忠臣义士不过是"他人之魂止宿的旅舍"。至于"自古以来日本与中国劝奖孝行的故事……实在是愚蠢而又可笑"[3]。他将卢梭"人生而自由平等"的话在《劝学篇》的开篇以"天不生人上之人，也不生人下之人”的方式表达出来。认为人的自由平等就是每个人都有重视其生命、财产、名誉的权力，任何人不能侵犯，即便是“政府官吏”亦不能。这意味着人人使自己自由的同时又不妨碍别人的自由，既维护自身的权利又不侵害别人的权利。对于儒家的学问，他从西方实证主义科学的角度出发，认为儒学虽能给人以精神安慰，有些益处，但却缺少科学精神，即怀疑精神、实验、实证的精神，容易使人陷于盲从轻信，从而失去精神上的自由。他亦从儒学远离日常生活需要，尤其是无助于商贾农人的买卖、理家等角度，批判儒学为“虚学”，而不是“实学”。因此，福泽指出儒学并不像儒者所说的那样可贵，而可贵的则是接近世间一般日用的实学，既包括社会生活中必需的实用知识、技能，更包括西方的科学技术。

与福泽不同，作为洋务派的代表，张之洞在其《劝学篇》中对儒家文化传统基本上持肯定态度，而对西方文化则主张限定地吸取。他以传统的儒家文化为其价值参考系，从本末的角度，认为儒家的圣道即伦纪、心术，是不变的本学，是优于西方的。以此看西方的自由、民主、平等的民权说则如此说“不可行也”，是“无一益而有百害”。他认为“三纲为中国神圣相传之至教，礼教之本原，人禽之大防”[4]。“中国学术精微，纲常名教以及经世大法，无不毕具，但取西人制造之长，补我不逮，足矣”。如果说福泽认为西方代表着文明的精神，日本应努力成为如西方一样的国家；那么，张之洞则认为中国代表着“道”，学习西方是为了“保国、保教、保种”，保住“圣道”。因此，学西学不过是补圣道之不足，主张“中学为内学，西学为外学，中学治身心，西学应世事”“旧学为体，新学为用，不可偏废”。

福泽与张之洞不同的文化价值取向，使两人面对西方冲击时态度自然有别。而学问取向的不同，则蕴含了两人对所期望造就的人的不同设计。

（三）《劝学篇》的人才培养目标

福泽的劝学，其根本目的是使日本成为独立、富强之国，如何才能使日本成为这样的国家呢？福泽认为唯有人人独立，“先谋个人的独立，再求一国的富强”“人人独立，国家就能独立”。对独立的人的阐述，是其《劝学篇》的中心观念。他运用天赋人权说，认为独立的人就是具有文明精神的人，即独立精神的人，"所谓独立，就是没有依赖他人的心理，能够自己支配自己"。主要表现在以下两个方面：一是谋求物质的独立，二是追求精神的独立。物质的独立，意味着人通过自己的努力能自食其力，积累财富，既不依赖别人，同时也不为物役；精神的独立，即具有自由的精神，表现为对真理的热爱与追求，不盲从轻信，而是有怀疑精神及追求的勇气。他将人保持自己的这份自由视为本分，认为只要是真理，"就是舍生拼命也要力争""如无志同道合的朋友，就是单人独马"也要担负起独立的职责。具有独立精神的人，方能成为一国人民中的一分子，"把国家兴亡的责任承担在自己身上"，尽国民的本分。

如何才能使人成为独立的人呢？福泽指出只有一个途径，那就是勤于学问。学问使人明白事理，知道自己的本分，顺乎人情，不妨碍他人而发挥自己的自由，以自己的学问赢得自己的身分。他认为学问是使人产生差异的唯一因素，勤于学问，使人高贵，没有学问的人就成为贫贱。而学问则指"实学"。

反差是鲜明的，张之洞的劝学虽根本目的也在使国家富强独立，但达到这一目的的途径则不是人人独立，而是使君成为明君，民成为尊奉"三纲"的臣民。臣民不是独立的人，而是"被养"的子民，无须具有独立思考和怀疑精神，是信奉圣人的指教，按圣人的说教行事的人；臣民间的关系是伦理的、非平等的；除非做官，否则参政、议政非臣民的权利、"本分"，如此等等。在张之洞看来，人之所以为人而不是禽兽，就在于人是行"三纲"之说的人，是伦理的人，而要成为这样的人则需教化，道德是评价人的标准。总之，在《劝学篇》中，张之洞强化的是臣民意识，塑造的是"知本""守本"的人。与以往的"臣民"不同的是，张之洞期望的臣民亦是知变、顺时势的人，即懂西学的人。

不同的文化现代化选择，使福泽与张之洞有着不同的受教育者的理想形象。"独立的人"可以说是近代理想市民的形象，而"臣民"则仍是具有封建色彩的国民。两人教育的人才观取向源于其文化选择，而文化选择又取决于两人所处的国内现实背景不同。此外，造成两人如此差异的另一个重要原因是两人的经历有很大的不同。福泽出生于日本下级士族家庭。等级制的存在，使下级武士有机会学到儒学以外的实用学问，如以医学为主的"兰学"。无科举应试的羁绊，使福泽能够较自由地钻研学问，尤其是作为武士的后代，在日本被迫开国后，他开始致力于与军事炮术相关的洋学。日本幕末已有很多私立洋学所存在,通过荷兰文、英文,以及医学、炮术、物理、化学等自然科学的学习,使福泽对西方文化有了初步了解。从 1860 年开始至 1867 年,他曾三次出使欧美,成为日本开国后最早研究西方的知识分子。与福泽不同,张之洞出生在世代为官的官僚家庭,从小饱读儒家诗书并通过科举步入仕途。这使他的思想学识局限于儒家经典,而对西学则知之不多,尤其是从未出国门一步。福泽与张之洞虽为同时代的人,但两人对西学的了解、对西方的认识却如同隔代。两人可以说是中日士阶层的典型代表。正由于不同的社会背景及个人经历,使两人一个致力于文明开化的全面西化运动,一个却领导着"中体西用"的"变器不变道"的洋务运动;一个期望造就"独立的人";一个期望培养"中体西用"式的臣民。虽为同样的《劝学篇》,却表达了不同的人才观,反映了中日不同的现代化取向。人才观取向的差异,则使同时代的中日,有着不尽相同的教育。日本致力于"人人独立"的义务教育与英才教育,确立了现代学校体制;中国则仅关注与"洋务"活动相关的专门英才的培养,现代学校的教育刚刚处在萌芽状态。

参考文献

[1] 福泽谕吉自传(中译本)[M]. 北京:商务印书馆,1980:294.

[2] 毛礼锐,沈灌群主编. 中国教育通史(四)[M]. 济南:山东教育出版社,1988:148.

[3] 福泽谕吉自传(中译本)[M]. 北京:商务印书馆,1984.

[4] 参见张之洞:《劝学篇》。

(本文发表于《比较教育研究》1994 年第 4 期。作者桂勤,时属单位为北京师范大学外国教育研究所)

五、国外课程设计改革问题研究

课程设计改革是教育改革中极其关键与困难的系统工程。国外 20 世纪的课程改革经验表明,课程设计改革牵涉到教育系统乃至整个社会系统的方方面面,要想取得实质性的进展,不仅需要课程设计理论研究与实践探索本身的长期努力,而且需要协调诸多直接或间接地制约着课程设计改革的复杂因素,具备使课程设计改革对现代教育发展能发挥最佳功能的一定客观条件。

(一)问题回顾

20 世纪以来国外不少课程设计改革都表明极其缺乏成熟的理论指导,课程设计理论领域仍是急需开垦的处女地。课程设计是指课程的实质性结构、课程基本要素的性质,以及这些要素的组织形式或安排。这些基本要素一般包括目标、内容、学习活动及评价程序。课程设计改革涉及深层的课程结构问题,要求深入研究上述基本要素的性质及其相互联系的实质性结构。然而,诸多课程设计学说仍处于描述这些基本要素及其性质的阶段,并基于一定的哲学或价值观立场强调不同要素在课程设计中所占的不同份量。虽然形成了诸如学科中心设计、学习者中心设计、问题中心设计等几种设计模式,却没有深入探讨课程的实质性结构、课程基本要素的性质及其它们相互作用的本质联系。特别是对于不断受到外界政治、经济、文化、心理等因素影响的课程基本要素和结构的动态特征缺乏深入的研究。课程设计模式应该怎样具备有效地协调社会的、心理的、科技和知识发展等各种相冲突需求的机制,以达到结构对应功能的最佳效果,更是当前课程设计改革中迫切需要解决的难题。

1. 课程改革的动力与阻力

课程改革的动力可以用朗斯特里特提出的经验的浓缩(experience compression)和同代人内部的分裂(intragenerational disjuncture)所反映的变化来概括。[1]经验的浓缩主要指人类经验特征的变化。随着空间技术、信息交流、交通及资料管理等方面的大量革新,以及快速更新的信息的冲击,人类经验特征已表现出很大的变化。传统上以理性为基础从现实背景中的时间顺序、地理空间上的邻近及逻辑上的因果关系来联结事物的方式,已被借助于先进技术的、跳跃式的和高度浓缩的经验形式所取代。人们感官的平衡相互作用,以感觉到的证据为基础的归纳分析与推理的确定性受到了怀疑,而人的理性也受到了削弱和挑战。由于感觉经验的精减,人们的经验似乎是与推理相联不紧的许多分离孤立事件的拼贴。这种经验的浓缩现象也是人类面临的许多不确定因素之一,使得人类总是在推翻自己对世界与事物的接受,总是处于不确定的状态之中。因而,受到科学技术知识快速发展和人类经验形式变化冲击的学校学科知识体系也难免受到质疑,重新构建知识体系,改变现行学校学科为基础的科目设置形式,是课程理论的最重要课题。

同一代人内部的分裂是指,现代社会的急剧变化不仅使得没有任何一代人会生活在类似于他们长辈的生活环境中,而且使得同一代中个人成长的童年时期和他的成年生活之间也发生了巨大差异,致于任何已形成和调整了一套信仰和标准的人们都发现,在实际情境中,这些信仰与标准很难跟上急剧变化的环境,那些在人的成长早期形成的思想倾向往往到成年后变成无效,甚至会给人成年后的决策过程带来混乱。

经验的浓缩和同代人内部分裂的现象表明,学校教育与课程从适应社会的急剧变化和日益加重的知识爆炸压力角度而迫切需要改革。从人类经验特征的变化而言,也迫切需要能适合培养开放地联系于变化的心理素质的课程,要求改变只适合传统的静止社会的、知识覆盖型和事实记忆型的课程。这对现行学校中流行的、注重学科知识完整体系的课程设置,提出了严峻挑战。

学校课程设计的变革受到重重阻力,有来自人们深层心理上的文化惰性阻力,有来自现行教育系统内部活力和人才筛选标准及筛选手段的约束,还有来自社会、政治、经济、军事、文化、心理等方面的各种相冲突的需求与价值取向的困挠。

文化惰性被朗斯特里特描述为文化思想倾向(cultural mindsets),是指社会在年轻人还不能理智地评价自己学习了些什么时,就已经把传统向年轻人进行了长期的传递,把社会的期望与行为深深地嵌入年轻人的心灵。这种人生初期就被包装好、印刻上的社会传统态度和信仰,往往是处于意识的阈下水平,使得人类很难超越他们的文化环境,倾向于惰性并追随我们曾经成长于其中的文化环境。因而,当 20 世纪的社会和生活令人难于置信地革新变化时,课程却如此明显地不服从急需的变化,表现出超乎寻常的抵制变化的惰性。所以,尽管在发达国家课程改革接连不断,但由于一代一代先入为主深嵌在人们头脑中的社会传统的渗透作用,人们仍然使用与 19 世纪和 20 世纪之交时期相同的课程设计和相似的年级系统,依然依赖于反映着工厂经济管理特点的学校层级管理制度,19 世纪末奠定的中小学各科分立的课程设计模式仍然占据统治地位。

2. 教育系统内部的评价问题

学校教育内部缺乏有效地应付外界的压力与挑战的活力,也是现行课程设计改革困难的重要原因之一。课程设计改革是教育系统整体改革的有机成分,任何离开教育系统整体改革的课程设计改革都不可能获得成功。

在现行教育系统中,不少国家课程改革面临的共同问题,是 20 世纪流行的标准化测验形式只适合于评估知识覆盖型和事实记忆型课程,而不适合于评价现代社会所迫切需要的、介入了学生高级的心理过程和解决问题与创造性反应的学习。

评价系统的不适应性对课程设计改革的侵害,则反映为使得课程结构的性质发生严重扭曲或颠倒。课程目标应该是把课程内容与丰富的课程资源联系起来的可靠中介与选择编制的标准,应该对社会发展、学科知识的进步、学生身心的发展需要保持高度的开放性与敏感性,同时又必须在整个课程活动中起到核心指导作用。由于评价系统的技术与手段不适合于评价课程目标所规定的人才素质特点,而评价获得的标准结果又实际行使着社会筛选功能,这就很可能迫使课程目标自身封闭以迎合评价的需要,使得课程目标、内容及学习活动无一不在极不合理的评价标准与手段的钳制之下。所以,课程设计改革迫切需要教育评价系统的彻底变革。

3. 课程目标问题

现代社会各种相互冲突的需求和多元教育价值取向也在不同方向上影响着学校课程设计,特别是直接影响到教育目的和课程目标的确定。如上所述,课程目标对外界的开放性或封闭性直接受到教育内部运行机制(特别是评价机制)的制约。但课程目标能否在整个课程活动中起到核心指导作用,也很大程度上取决于教育目的和课程目标本身对外界的开放性与敏感性。从理论上说，教育目的和课程目标越是能适当地反映社会发展、学科进步和人的身心发展规律的需要，就越能获得社会成员的广泛接受，也就越能具有对课程活动的指导作用与渗透活力。

然而，现代社会各种复杂需求与教育价值取向的多元化特征，使得教育目的和课程目标的确定越来越复杂。社会政治、经济、军事、文化的需要，国家和民族在国际竞争中综合国力的提高，科学技术的持续进步，个人择业机会、经济和社会地位的变化及生活质量的提高，人的身心发展和求真、求善、求美的需要，乃至于为学历化社会所驱而争得一纸文凭作为社会地位的标志与头衔等，所有这些价值取向都对学校教育寄予着期望、施加着压力，学校课程也因此处于各种需求的冲突和摩擦中。其中，最明显的冲突与摩擦表现为社会与个人、公平与效率、生活适应与追求优异、教材的心理程序与学科的逻辑体系之间的矛盾。20世纪前期和中期的两次世界性课程改革，都是为了解决这些矛盾。前期改革主要是针对传统古典主义教育脱离生活实际的弊病，要求"生活适应"课程。中期改革则针对"生活适应"导致学术水平下降的问题，提出教育必须满足现代科技发展的迫切需要，提倡"追求优异"，以培养科学家与工程师为目的。这两次改革中追求的课程目标都在一定程度上反映了当时占主流的教育价值取向，但两次改革也都潜伏着以"一元"代替"多元"而导致矫枉过正的简单化倾向。两次世界性课程改革未能获得成功的主要原因之一，正是未能较理想地协调与平衡多元教育价值取向，介入到课程改革中的专家与教师们没有在现代教育观念和课程目标上获得共识。

课程设计改革的研究必须与教育制度改革的研究相结合，不仅需要成熟的理论基础，而且要求大量的改革实践经验的支持。国外一个世纪以来的改革经验证明，几乎没有任何简单的理论设想或模式可以较理想地使各种制约因素达到协调平衡。面对社会变化对学校课程变革提出的挑战，学校课程总是年复一年地在各种困难的选择中采用一种阻力最小和最易实行的途径，却不服从明显需要的变化。课程研究者被唤起一种深深的危机意识，认为这是课程改革中的"一种关于我们相信自己能够怎么样地计划和能计划什么方面的危机"，"是教育危机的危机"。可以说，这种危机意识是在日益加深了的对课程问题复杂性理解的基础上萌发的,是课程发生质的变革的必要思想先兆。

(二) 研究进展

20 世纪末的课程设计改革,充分吸收本世纪课程设计理论研究与实践改革的成果与教训,密切结合社会发展对学校课程的新挑战。研究者不再只停留在对课程基本要素及其关系的纯粹理论描述,而是把对关于诸要素之间实质性结构研究,同"教什么"这一最棘手的问题紧密结合起来,充分关注信息化社会对学校课程设计改革带来的挑战和机遇。

关于课程诸要素及其相互联系的结构问题,在 20 世纪中叶曾被许多课程理论专家所关注。特别是以泰勒为首的"目标-结构"研究范式,其突出的特点就是注重预测与控制,关心目的-手段-结果之间的逻辑关系,推崇采用理性的分析方法,去研究课程诸要素及其相互关系,从理论上描述课程概念模式和结构体系。然而,这种理论研究却把"教什么"的难题搁置不理,对课程的内容问题存而不论,因而,与课程改革实践严重脱节。20 世纪末的课程设计改革则注重把这些理论成果与课程内容现代化问题相结合;特别关注研究什么样的知识对年轻人进入到快速变化、充满着冲撞断裂、失衡失控等问题的未来世界最有价值,重视以现代和未来社会对人才素质的要求来确定教育目标和课程目标,并充分考虑信息技术对教学评价技术革新的潜力;重新审度中小学生必须学习的基本知识与基本能力的新内涵。

1. 面向 21 世纪的课程目标定位

20 世纪末不少国家关于中小学教育目标和课程目标的确定都重新定位于:面向 21 世纪社会发展的需要,把培养一个人继续学习的能力作为重点。1990 年《世界全民教育宣言》提出,全民教育的目标在于满足每一个人基本的学习需要,在中小学课程中体现为基本的学习手段(如读、写、口头表达、演算、问题解决),以及基本的学习内容(如知识、技能、价值观念和态度);强调这些内容不是一成不变的知识,而是人类为了生存和发展,为了有尊严地生活和工作,为了充分参与、发展和改善自己的生活质量和作出明智的决策而必需的继续学习的能力。

日本 1996 年 7 月在《关于面向 21 世纪我国教育的发展方向》的中央教育

审议会咨询报告中,[2]把"生存能力"作为教育应培养的面向 21 世纪人才所必备的素质和能力。它包括自己发现问题、独立思考判断、主动行动和恰当地解决问题的素质和能力。报告中还把"生存能力"作为今后终身学习的基础,认为对这些素质与能力的强调,是课程目标必须适应社会变化的"时代性"特征。该咨询报告还提出,培养"生存能力"的中小学课程内容必须沿着基础知识和基本能力的方向精选教育内容,充分考虑到学校教育在时间上、内容程度上都有一定的限度,要求把迄今为止偏重知识积累,因考试竞争造成学业负担过重,以至于压抑人才成长的教育,转变为与少年儿童身心发展相适应的,能提高学生生动活泼学习愿望的、"轻松宽裕"的教育,并且要求学校教育与社区教育、与学生的直接生活体验教育相互联系和紧密配合。

20 世纪末的新技术革命,社会发展的信息化和国际化趋势,环境污染和能源危机意识,也对中小学课程改革提出了严峻挑战。未来学家德雷珀·考夫曼曾把对中小学课程的要求概括为以下 6 点[3]:① 课程本身必须有利于培养学生搜集信息和利用信息的能力;② 课程必须有利于培养学生具有清晰的思维能力和分析、解决问题的方法及对未来的预测;③ 必须有利于培养学生对人类环境深刻的理解力;④ 课程必须有利于培养学生社会交际活动能力;⑤ 课程必须有利于培养学生理解人类和社会的能力;⑥ 课程必须有利于培养学生个人能力,包括自卫、安全、卫生、营养及性的教育,消费教育,人际交往的基本技能,个人学习的最佳方式或策略,以及自知之明和自我克制的能力。

2."基础知识"与"基本能力"涵义的重新限定

中小学课程内容仍然要坚持让学生学习"基础知识"与"基本能力",但其基本内涵依据面向 21 世纪的课程目标重新限定,把重点放在培养学生继续学习的能力和适应社会变化的生存能力方面。具体表现在以下几个方面:

(1) 基础知识与基本能力必须包括利用现代信息技术的能力

必须让中小学生学会如何获取、储存和运用知识的策略,培养年轻一代利用信息技术,广泛地理解、选择、整理、创造和传递信息的能力;在信息泛滥的环境下保持去伪存真的清醒头脑,了解信息技术的可能潜力与局限性;懂得一定的信息伦理和信息化社会的有关知识。

(2) 必须把年轻人视为掌握了强有力的信息手段的主体,而不是把他们当

作只死记硬背事实性知识的被动容器

在此前提下考虑基础知识与基本能力的内涵,不仅要考虑"永恒性"与"时代性"的要求和个人独特性的结合,而且还要考虑基础知识与基本能力对培养个性发展的适合性。要真正使中小学课程内容适合于培养学生的独特个性,就急需挖掘现代信息技术对课程编制、教学与评价技术革新的潜力,使得有可能以多样化的教学方式和多元的评价标准来促使每个学生独特性的发展。

(3) 基础知识与基本能力的涵义必须重视以课程目标为依据精选课程内容,减轻中小学课程科目过多的压力

这不仅要求删减脱离现代社会需要和学生发展需要的内容;把学生在直接经验中能学会的知识与技能转移到校外配合社区生活体验教育进行学习;把脱离儿童年龄心理特征的深难内容移至更高的年级中学习;要求吸收课程现代化与一体化改革的研究成果,深入探讨学科本身中哪些基础知识适合培养继续学习的能力,课程内容怎样有效地结合国际交流与理解、信息化社会、环境资源保护等时代课题,使学校所设科目之间达到实质上的一体化。所以,精选不仅意味着对原有内容的增减调整,而且意味着有必要突破现行的学科课程设计模式,在课程内容现代化与课程内容编制一体化改革的成功基础上,达到更深层、更实质性的精选。

3. 面向未来的课程设计模式设想

朗斯特里特等在《面向新的一千年的课程》一书中,提出了一种超越现实的、面向新的一千年的课程设计模式设想。这一设想意欲突破现行学校中学科为中心的课程设计模式,认为学科的结构、分类等本身带有很大的人为因素;知识处于不断的更新与改造过程中,没有任何一套知识在其重要性上能替代所有其它知识;强调学校科目的主要核心应围绕着日益显示出其重要性的、关于个人处理不确定的未来的理解与能力来安排。因此,他们不仅要求学生接触每一门学科独特的结构、概念、原理、事实和过程,还要学习对处理和控制未来更有用的知识,并且把这类知识分为 6 个领域:① 交流和信息处理　重点发展计算机操作的知识、影视技术、阅读、写作等现代交流手段和技巧,以满足人们理解、操作和控制结果的需要;信息的利用和传播的需要;理解技术爆炸的时代和我们生活中持续不断地变化着的关系的需要。② 不确定性科目　主要是探索变

化的概念及其相关的现象。这一科目覆盖面很广,同代人内部的分裂,经验的浓缩,文化的惰性,社会生活的过度不安等,都是不确定性科目的关键主题。特殊的主题可能包括诸如爱因斯坦的相对论,及其所带来的我们对时间和宇宙本质理解方面的激变;人类持续没有找到满意的核损耗的储存方法,以及它可能对人类的生活产生的反响等。③ 价值发展科目　要求学生在活动中形成他们作为个体和作为民主社会公民的价值。通过学生参与到创造性的生产活动中,以批判性的评价方式,达到逻辑严密的判断,从而建立自己个人的价值系统和以民主社会为基础的价值系统。④ 民主社会公民科目　主要发展学生参与民主社会事务的决策技巧。要求具备丰富的政治现实知识,热情活跃地参与民主政治生活,善于在复杂冲突的情景中作出明智的价值判断,并能根据不断变化的情况修改调整自己的决定。⑤ 探究科目　涉及到对各种科学研究的探究。这些科学研究有各种方法论基础,包括从经典的科学研究到混沌学这样与传统范式断裂的探究模式的研究。学生应该在掌握收集信息和发展知识的一般研究方法基础上,分析比较因不同的知识结构而导致的某些原理和知识的种类的区别,在分析比较的基础上选择自己进一步探究深造的领域。⑥ 未来科目主要包括为了发展学生形成可能的未来方案所必须学习的过程、态度、方法和技巧,以及认识和预测趋势的本领。未来科目是其他 5 门科目的联结中枢。

上述 6 门科目作为未来课程设计模式的框架,还提出了一些重要的设计问题。诸如特殊内容的选择与顺序安排,要求以学生的经验和能力为基础和起点,然后扩大到更广阔更概括化的经验,从联系于特殊技巧或概念理解的内容,到涉及了所有复杂技巧和问题解决能力的主题;利用迁移学习的原理有效地把技巧和基本概念的学习与更复杂的一体化学习结合起来;按照是否促进年轻人处理不确定未来的能力发展的价值标准来进行终结性评价等。

课程设计改革研究是课程结构改革的奠基性工程。虽然学校课程设计改革仍处于突破分科隔离设计形式的探索阶段,然而,有些问题已逐渐在人们观念上得到了澄清。

首先,课程目标应该是课程诸要素中最重要的核心,它充当着沟通教育系统内部和外部的重要桥梁,肩负着把社会与文化科学知识发展的需求及时反映到中小学课程中的任务,并且应结合儿童与青少年的身心发展规律和教育过程的规律来确定具体的课程目标或指南。只有真正贯彻课程目标的核心导向作用,才可能保证学校课程对外界的开放性,故确定正确的课程目标是成功的课程改革的前提条件。

其次,重视课程目标发挥实际的导向作用,而不是屈从于标准化测验分数。人们认识到,要在实践中真正疏通课程诸要素之间的正常关系,极其需要现行教育评价标准、手段与技术的突破,要有教学改革、师资质量提高等各方面工作的通力合作。

最后,人们还深刻认识到现代信息技术对学校课程改革提出的挑战与机遇。可以预料,在未来社会,谁能充分利用信息技术对课程编制、实施与评价等方面的巨大潜力,谁就有可能更早地从基础教育和课程改革面临的困境中解放出来,建立起面向 21 世纪的崭新课程体系。

参考文献

[1] Wilma S. Long street and Harold G. Shane, Curriculum for a New Millennium[M];Allyn & Bacon,1993:101;164;15;162;36;210—211.

[2]《关于面向二十一世纪我国教育的发展方向——培养生存能力,提倡轻松宽裕的教育》,日本 1996 年 7 月第 15 届中央教育审议会咨询报告(内部资料)。

[3]《课程改革:世界性的课题》(内部资料)。

(本文发表于《比较教育研究》1998 年第 2 期。作者吴国珍,时属单位为北京师范大学课程与教学研究中心)

中篇
教学比较研究

第一章　教学理论流派

一、传授知识与培养能力的统一
——布鲁纳等人的一些教学论观点

二次大战后的 20 世纪五六十年代,美国心理学家杰罗姆·布鲁纳、本杰明·布鲁姆以及亨利·林格伦等人,就教学过程中传授知识与培养能力的关系、培养能力的途径和方法等问题提出了一些看法。本文试将他们的部分教学论观点作一简要介绍,供广大教师和教育工作者参考。

(一) 发展能力的含义

在 19 世纪末、20 世纪初,美国学校只注重让学生一般地掌握知识。在进步教育运动对美国影响较大的几十年中,又过多地强调了养成具体技能和传授琐碎的事实。杰罗姆·布鲁纳认为,这种状况同"知识爆炸"的客观形势极不适应,同"获得更好的生存机会"的战略目标极不适应。沿袭传统教育片面强调传授知识的作法,或效法进步教育名为发展学生能力、实则培养一般操作技能的实践,都是不可取的。布鲁纳指出,"处于工艺和社会异常复杂的时代"的美国教育,必须"把培养优异成绩作为教育的最一般的目标""要帮助每个学生获得最好的智力发展""促使所有的学生充分利用他们的智力"。

在改变教学只强调传授知识的状况,进而把培养能力作为教学的任务之一这一点上,本杰明·布鲁姆等美国心理学家同布鲁纳的看法是基本一致的。布鲁姆等认为,培养学生的能力是时代和社会的要求。在不断变化的社会中,此时的解决方法可能不适合于彼时的问题,而且遇到的问题也不会是一样的。因此,教学应当强调教会学生解决问题的方法,培养学生把知识应用于新情境的能力。

发展学生的能力应当包含哪些内容呢?

布鲁纳把学生在学校学习的特征,解释为智力成长,特别是综合和使用新的信息的能力的增长。随着认知过程的发展,学生便能够独立地用符号来处理刺激。因而,智力成长包括学生重现客体和事务的内部系统的发展过程和精炼过程;包括使用符号和词汇对已完成的任务和将要从事的活动进行逻辑分析的能力。学生的智力,是通过师生共同对客观事物进行系统的探究来培养的。随着智力的成长,学生便能够同时进行多种活动,并且能合理地运用自己的智力。从布鲁纳的这些观点可以看出,他所说的智力成长,包含了观察、记忆、思维和言语表达等能力的发展。它们是认识客观事物、综合和使用新的信息必须具备的能力。

布鲁姆等人认为,为了从已有的知识经验中找出解决新问题的方法,应当强调培养学生的分析力、理解力、判断力和运用知识的能力等。他们对构成智力的各种能力所下的"最一般的"定义是,这些能力应当使"个体能够在可影响新问题、新情境的已有经验中找出适当的资料和方法。这就要求对新情境进行一定的分析或理解;要求有便于运用的知识和方法,要求对已有经验和新情境之间的适当关系有一定的辨别力"。

布鲁纳和布鲁姆对于培养学生能力的内容的看法虽然不尽相同,但是,他们所谈到的各种能力,都是学生适应科学技术发展必须具备的基本能力,在教学实践中培养学生的这些能力,是完全可能的。

(二) 传授知识与培养能力的关系

知识和能力是学生在个体发展中不可缺少的两个方面。处理好传授知识与培养能力的关系,是教学成败的关键之一。对布鲁纳在这个问题上的主张。我们可以从两个方面进行分析。

1. 从知识对能力发展的作用来看

布鲁纳把学生在校学习的特征解释为智力成长,特别是发展结合新的信息、使用新的信息的能力。由于学生在学校接触的信息大量地或主要地是通过各种教学方式呈现出来的各个学科的基本知识,因此,可以认为,布鲁纳所讲的这两种能力,即学习和运用知识的能力。知识在认知发展过程中所起的作用,是刺激学生运用符号进行逻辑思维。这种知识应当具有较强的科学性、理论性、系统性和适用性,它应当反映当代科技发展的最新成果,有利于学生在新情境中解决实际问题。布鲁纳认为,"用理论武装起来的人,受到指引,指向他将要处理的资料,使他预先指向较为相关的资料",主动灵活地处理周围环境中的各种问题。这种理论知识对于学生各方面能力的发展是不可缺少的。

2. 学生学习知识也需要开展积极的智力活动

布鲁纳认为,"学习一门学科看起来包含着三个差不多同时发生的过程",即新知识的获得、知识的转换和知识的评价。那么,这三个过程需要具备哪些能力呢?

(1) 关于知识的获得

布鲁纳说:"新知识,往往同一个人以前模模糊糊地或清清楚楚地知道的知识相违背,或者是它的一种替代。至少可以说,是先前知识的重新提炼。"由于新知识的出现,破坏了旧的认知结构的平衡,形成了新的认知冲突。认知冲突是在一定的学习情境中,经过对新知识的观察与注意、对旧知识的回忆与联想、对新旧知识的分析与判断等过程才形成的,每一个步骤都需要学生运用有关的能力,否则,便无法获得新的知识。

(2) 关于知识的转换

布鲁纳说:这"是处理知识使之适合新任务的过程。我们学习'揭露'或分析知识,把它安排好,使所得的知识经过外插法、内插法或变换法,整理成另一种形式"。这个过程要求学生充分运用思维能力,对知识进行分析综合、抽象概括、归纳演绎,把握事物的本质特征,把知识纳入已有的认知结构,或使原有的认知结构发生顺应性改造,以便接受新的信息。"转换就包含着我们处理知识的各种方式,目的在于学得更多的知识"。

（3）关于知识的评价

即"核对一下我们处理知识的方法是不是合于这个任务。概括得恰当吗？外插得合适吗？运算得正确吗？"它要求学生具备一定的分析判断能力、想象能力和推理能力等，通过对处理知识的方式的评价，使知识掌握得更牢固，使认知能力提高到新的水平。

由于学习知识所经过的上述三个过程都是在各种能力的参与下完成的，能力的发展状况就决定着获得知识的速度、转换知识的水平和评价知识的正确与错误。能力的发展对于知识的学习同样是不可缺少的。

布鲁纳认为，学习知识应当重在掌握基本概念和基本原理，而"教授基本概念最重要的一点，是要帮助儿童不断地由具体思维向利用在概念上更恰当的思维方式前进"。教学既要适合学生已有的认知水平，又应当看到他们智力发展潜在的可能性，积极创造条件，"向学生提供挑战性但是合适的机会使发展步步向前"。

综上所述，知识与能力在学生认知结构的发展和学习过程当中，不是互相孤立、互相分离的，而是交融在同一过程中。完成学习过程需要运用各方面的能力，认知结构的发展在学习知识的过程中实现。发展学生的能力，可以使他们在更高的水平上掌握知识；知识的传授与学习，又反过来促进学生的认知水平向较高级的程度发展。因此，知识的学习与能力的发展，是教学过程中互相依存、互相制约的两个方面。它们是互相依存的，缺少一个方面，教学便不是有效的；它们又是互相制约的，忽视一个方面，就会影响人材培养的质量。

布鲁姆和其他一些美国心理学家为了帮助教师和其他教育工作者确定课程并对之进评价，对教育目标作了分类。从布鲁姆等人对教育目标的分类中，我们也可分析出他们对传授知识与培养能力之间的关系持有的观点。

布鲁姆等人把教育目标分为 6 类，每一类中又包含几个水平不一的阶段，其主要内容是：① 知识主要包括具体知识、关于处理具体事务的方式方法的知识、某个领域中全面的和抽象的知识等等；② 理解主要包括解释、说明和推导；③ 应用；④ 分析主要包括分析成分、分析关系和分析组成原理；⑤ 综合主要包括对单一信息的结果、对计划或准备进行的一组运算的结果以及对一组抽象关系的来源进行综合；⑥ 评价主要包括根据内部依据做出的判断和根据外部标准作出的判断。

布鲁姆等认为,上述"知识"一项中包含的内容,同能力的较高水平是有区别的。以此为目标的教学"最明显的特征,是它强调记忆的心理过程""学生能够证明,他用记忆或识记的方法,记住了他在教育过程中所接触的某些现象"。这种教学的水平,显然是比较低的。

与知识相比,以发展学生能力为目标的教学所要求的,不仅仅限于记忆。它要求通过对已记住的知识进行组合和重新组合,应用这些知识解决难度较大的问题。以此为目标的教学,水平是高的。

布鲁姆等人认为,知识和能力对学生的发展都是必要的。系统的科学知识对能力的发展有着重要的意义。人对现实的了解,是随着知识或信息的增加而发展的,但在知识急速变换的领域中,知识只有同其他教育目标相联系才能获得。对其他教育目标来说,知识是基础,是学习方法和解决新的探究领域中的问题的基础。但由于教学的简单化和对知识的评价的简单化,知识作为一种教育目标,其有用性和对个体发展的关系常常被强调得过分了。

从布鲁姆等人对教育目标的分类和对知识与能力的观点中可以看出,他们倾向于以培养学生的各种能力为更重要的目标。培养学生能力的教学中包含了知识的传授,以传授知识为主的教学却未必能发展学生的能力。知识是学生获得理解能力、分析综合能力、判断推理能力,提高认知水平的基础,它对学生的学习是必要的。但是,单纯以传授知识为目标的教学是低水平的教学,它主要发展学生的记忆力。而以理解、应用、分析、综合等为目标的教学,则不但可以提高学生的认知水平,而且,由于在实现这些目标的教学中包括了知识的传授和学习,因而可以在知识和能力两方面使学生得到提高和发展。

布鲁纳和布鲁姆研究教学过程中传授知识和培养能力的关系的角度不同,但他们的观点有许多共同之处。这些共同点是:教学应当重视发展学生的能力,知识的传授是必要的,传授知识与培养能力在教学过程中应当是统一的。

(三)实现传授知识与培养能力相统一的途径和方法

在教学过程中要做到传授知识与培养能力的统一,就要研究教材的安排和教学方法。

1. 教材的安排

布鲁纳为达到既传授知识，又培养能力的目的设计了教学内容，这就是他的学科结构论。

布鲁纳认为，任何学科都有其基本的结构，即最能反映一门学科的本质的基本概念、原理和规则等，例如，生物学中的向性、数学中的交换律、分配律和结合律，等等。布鲁纳说："一个人为了能够认识某一观念对新情境的适用性或不适用性，从而增广他的学识，他对他所研究的现象的普遍本质，必须心中有数。他学到的观念越是基本，几乎归结为定义，则它对新问题的适用性就越宽广。"因此，"无论我们选教什么学科，务必使学生理解该学科的基本结构"。对学生来说，"学习结构就是学习事物是怎样相互关联的"。"如果理解了知识结构，这种理解就会使你靠自己的力量前进；你无须为了了解事物的本质而接触每一件事物，只要理解某些深刻的原理，就可以根据需要推断出各种细节"。

布鲁纳把教授和掌握学科结构的意义归结为 4 点：① "懂得基本原理使得学科更容易理解"；② 学习普遍的或基本的原理，可以"保证记忆的丧失不是全部丧失，而遗留下来的东西将使我们在需要的时候得以把一件件事情重新构思起来"；③ 领会基本的原理和观念，"是通向适当的'训练迁移'的大道"；④ 强调结构和原理，"能够缩小'高级'知识和'初级'知识的间隙"，使教材能够反映最新的科学研究成果。

如果教学内容的基本结构脉络不清楚，"在几个深远的意义上，是不经济的"。第一，这样的教学难于使学生"从已学得的知识推广到他后来碰到的问题"，第二，"从激发智慧来说，不大有收获"；第三，学得的知识是一种"多半会被遗忘的知识"。因此，不利于学生真正掌握知识，不利于学生能力的发展。

如果按照学科结构的思想编排教学内容，就会有效地发展学生的能力。布鲁纳根据学科结构的理论，提出了编写教材的两项原则，即教材的编写和课程的安排以学科基本结构为中心，把教材分成不同的水平，使之适应学校中不同年级不同能力的学生。为此，布鲁纳提出三条途径：

第一，教学应当适应儿童"自己观察世界和解释世界的独特方式""就儿童力所能及的水平上"，采用适当的方法教授基本概念和原理；同时，教学不应被学生的发展水平所局限，而应"引导智慧发展"。

第二,合理安排学习节目的长短和新旧知识的比例,唤起学生对教材的兴趣,引导学生主动探索,靠自己引出知识,对知识的来源进行检验和估计,并且在这个过程中获得更多的知识。

第三,课程围绕社会公认的重大问题、原理和价值螺旋式安排,把教材内容转译为儿童的逻辑形式,并极力鞭策学生,诱使其前进。学习内容在以后的年级中应不断扩展。

根据布鲁纳的学科结构论,美国 60 年代的教学改革在课程内容的安排上作了大量变革,由精通各门学科基本原理的第一流科学家参加教材编写工作,教学内容力求反映科技发展最新成就,提高教材的难度和深度,并特别注意适合天才生的特殊需要。其中有些特点,至今仍见于美国中学的教材中。

2. 教学方法的改革

传统教学的特征之一,是讲授法几乎独占所有学科的教学活动,这就往往导致死记硬背和机械训练等弊病。为了改变这种状况,发展学生的能力,美国中学在 60 年代的改革中作了大量尝试,力求改进教学方法。其中较重要的,是采用发现法和讨论法。

(1) 发现法

亦称假设法或探究法。这种方法是学生在教师的指导下,像科学家发现真理一样,通过自己的探索和学习,发现事物变化的起因和内部联系,从中找出规律,形成概念,在这个过程中体验发现知识的兴奋感和完成任务的胜任感。发现法的目的是,要使学生专注于科学家在发现新知识时是怎样工作的。布鲁纳说"我们教一门科目,不是建造一个有关这一科目的一个小型的现代图书室,而是使学生亲自像数学家那样思考数学,像一名历史学家那样思考史学,使知识的获得过程体现出来",让学生"参与使知识可以建立起来的过程之中"。

发现法是一种极为灵活的教学方法,一般认为,它大致可包括以下步骤: ① 教师选定一个或几个一般原理,由学生自己去发现;② 建立问题情境。问题情境是一种特殊的学习情境,在这种情境中,学生所遇到的问题,既适合他们已有的知识能力,又要经过一番努力才能解决;③ 组织提问、演示等活动,把组成一般原理的各种基本因素显示给学生;④ 在活动中向学生显示出教学材料中的对比因素;⑤ 组织学生根据活动中的发现,提取一般原理或概念;⑥ 把一般原理或概念付诸实践。

发现法要求学生必须积极主动地学习。学生在发现学习的过程中一般可进行这样几项活动:从教师提供的材料中发现问题;根据这些问题,对感性材料进行细致观察、比较分析和归类;就比较分析的结果进行推导,提出假设;设计实验,解释和分析从实验中得到的资料;检验核实。

发现法要求教师明确,要通过教学教会学生怎样学习。教师在使用发现法时可组织以下活动:① 在问题情境中,安排好引导学生进行发现的各个阶段,要求学生象科学家从事科学活动一样,发挥自己在学习中的作用。② 用大量时间进行实验室教学,为学生提供丰富的感性认识,让学生在实验过程中发现和解决问题。这里所说的实验室教学,包括在普通教室中所做的简单实验和实地观察等。③ 用一定的时间进行讨论,帮助学生把感性认识上升为理性认识,把实验室教学同学科的基本结构统一起来。在讨论中,教师应主要通过提问,引导学生自己去发现问题的答案。④ 应当鼓励学生的怀疑态度,学生可以对问题提出不同看法,当时未能得出一致看法的问题,允许存疑。有的问题教师也从未遇到过,这时,师生可以共同研究解决。⑤ 为了防止放任自流、盲目发现,应尽可能多为学生提供与基本原理或基本概念有关的事例和材料。

布鲁纳认为,发现法有 4 点好处:① 提高学生的智力潜力。学生可以学会解决问题的方法,学会转换和组织信息,从中得到尽可能多的有用的东西。② 有利于外部动机向内部动机的转化。通过发现事物间的相互关系来学习概念和原理,比接受别人的分析阐述,能使学生从学习过程本身获得更大的满足,养成从学习中获得内在奖励的态度。③ 可以学会启发式的研究方法和工作方法,为进一步进行发现打好基础。只有通过探索,才能学会探索的方法,改进探索的技巧。④ 有助于记忆和回忆信息,有助于把所学的知识迁移到新的情境中去。

(2) 讨论法

言语(口头交流)是学习的工具。以讲授为主的教学往往阻碍学生进行交流,限制学生的思考,不利于学生的能力发展。

美国心理学家亨利·林格伦用图示法说明了单纯讲授与讨论在交流效果上的差异:林格伦认为,第一种情况是最传统的做法,是教师讲述、发出命令,不要求即时反应的情境的特点。第二种情况有所改进,教师寻求得到反馈,以便搞清楚他所讲的是否被学生理解了,这就使教师有机会纠正自己的错误和学生的误解。第三种情况,交流进一步得到改进,允许学生之间互相学习,取长补短。第四种情况,开拓了更多的交流渠道。

林格伦认为,教学如果要达到预期的效果,教学过程中的交流就应当是双向的,最好是三向的。但是,师生往往都没有意识到这种交流渠道,忽视了它的重要性,未能有效地利用它。这种交流应当由教师来发起,因为正是教师才能使学生知道,他们有权力与教师和同学展开交流,他们提出的意见会被采纳,他们在学习当中遇到的问题会在交流中得到解答。林格伦在这里所说的交流,就是指的师生双方通过语言进行的交流。

在教学中组织讨论,达到双向或三向交流的目的,要求教师事先作好充分准备,确定讨论所要达到的目标,预先想好一些问题,以便帮助学生达到这些目标。在讨论中,应注意分析学生的思维过程,并尽量让学生自己得出问题的答案。讨论的简单模式可包含下列步骤:① 提出问题;② 鼓励学生提出假设或对问题的答案提出根据;③ 用提问考察学生解决问题时的认知过程。例如,可以作出哪些假设? 哪个假设最好? 为什么? 怎样才能得出结论? 结论的依据是什么? 怎样得出更好的结论?

组织讨论应注意:① 在课堂上造成学生不仅欢迎提问,而且盼望教师提问的气氛。尽可能使讨论引起学生的兴趣;② 问题难度要适中;③ 尽量给学生以积极的强化。以学生本人的理解水平为基础,对他们的答案作出评价,以便鼓励他们积极思维;④ 如果学生提出科学上尚未解决的问题,应据实相告,让学生了解需要进一步探讨的方向。

美国教育家认为,讨论法有 4 点好处:① 中学生注意力维持周期仍然较短,讨论可适当调剂学生大脑的兴奋灶。② 可以使学生有时间、有机会展开积极的思维活动。学生在准备回答提问时就要积极思考。③ 学生回答问题时,要学习评价、分析、综合知识,也可能经过努力发现基本观念。因此,讨论既可加深对知识的理解,又可发展认知能力。④ 教师可以从讨论中及时得到教学效果的反馈。

运用发现法和讨论法旨在把传授知识和培养能力结合于教学过程中。这种结合应当是有机的结合,而不应生吞活剥某种教学方法。教学方法可以灵活选择和运用,但其前提是明确既传授知识又培养能力的教学主导思想,明确传授知识与培养能力在教学过程中的辨证统一关系。

根据以上论述,我们认为,我国中小学教学应从以下几个方面加以改进:

第一,进一步明确教学过程中传授知识与培养能力是统一的,从这一点出发,树立教学的主导思想,既反对单纯传授知识,又应防止片面强调发展学生能力而忽视知识的传授。

第二,培养学生能力应体现于教学的各个环节。安排授课内容、授课步骤、课时安排、教学方法、教学活动时,都应考虑到如何发展学生的能力。

第三,教材的编写和使用应注意发展学生的能力。例如,改变平铺直叙地呈现教材的方法,有些教学内容可以不下结论,引导学生思考;教材的编写形式应有利于教师选择多种教学方法;安排难度不同的作业和实验,适合不同能力学生的需要,等等。

第四,防止"教学＝讲授""练习-考试-练习"等错误理论和错误实践,应给学生从事发现、进行思维的时间和机会,把教学过程变成学生主动学习的过程。

(本文发表于《外国教育动态》1982 年第 4 期。作者王觉非)

二、建构主义教学思想及其在我国的
本土化问题

建构主义作为一种认识论,兴起于20世纪80年代,此后形成一股影响力很强的理论思潮,迅速影响到各个学科领域,被视为一种新的方法论思路和研究范式。这种新的理论思潮在教育领域掀起了很大的波澜,尤其在我国。有人把它看成是"革新传统教学的理论基础",[1]有人把它视为"当代教育心理学中的一场革命",[2]它甚至成为我国新一轮基础教育课程改革的理论基础之一。确实,由于建构主义教学理论关于知识和知识获得的观点与当代学习社会人们关于学习的价值取向相吻合,更与我国当前人们对传统教学方式不满的思想和要求实施素质教育的教育革新思想相合拍,它对于我国改革传统教学模式、实施素质教育起了推波助澜的作用。目前,我国教育理论与实践领域在借用建构主义理论革新传统教育弊端的过程中,出现了一些"盲目""过热""走样"等问题。"言必称建构主义"成为一种时尚,似乎不讲建构主义就没有新意。有的是由于文献介绍不够等限制,在理解、移植、应用过程中出现走样现象;有的学校本身不愿意进行"新课改",只是为了参加上级或专家的"改革"而身不由己,或只是打着"建构主义"旗号"作秀",实际上还是搞原来的那一套应试教育,[3]这实际上是一种伪建构主义。鉴于此,有必要对建构主义教学思想的基本观点、其优势与局限性、其适应性条件及其在我国的本土化问题进行论述。

(一) 建构主义教学思想的基本观点

建构主义起源于意大利著名学者维柯的"真理即创造""人只能认识自己所创造的东西"等思想,扩展于德国哲学家康德的"主体建构个体"的"哥白尼倒转"思想,而首先明确提出建构主义概念的是瑞士哲学家、心理学家皮亚杰。皮亚杰的"认识来源于主客体相互作用"的"主客体双向建构"理论奠定了个体建构主义思想的理论基础。而苏联心理学家维果茨基的社会文化理论中关于"儿童心理发展阶段理论"使他成为社会建构主义学习思想的鼻祖。皮亚杰和维果茨基被看作是建构主义学习理论的先驱。然而,真正促进建构主义兴起和传播的是20世纪90年代美国乔治亚大学教育学院连续组织的"教育中的新认识论"系列研讨会。该系列研讨会的标志性成果是目前流行广泛的《教育中的建构主义》一书。[4]建构主义教学思想是建构主义在教育领域的体现。本文参照国内外有关文献对建构主义知识观、学习观、教学观作简明扼要的归纳。

建构主义知识观是对什么是知识、怎样看待知识、如何获取知识等问题的解释和回答。建构主义以批判客观主义为立足点提出自己的知识观:① 知识不是对现实的客观反映和准确表征,只是人们借助于符号系统对客观现实作出的一种"解释""假设",它不是问题的最终答案和标准答案;② 知识不是静止不变的,知识是发展的、演化的;③ 知识不能准确无误地概括世界的规律和法则,知识只是个人经验的合理化,因此,不存在绝对的终极真理;④ 知识总是内在于主体的,知识不可能以实体的形式存在于个体之外,每一个学习者对知识的理解只能够由他自己基于自己的经验背景而建构起来,并取决于特定背景下的学习过程;⑤ 知识不是被动接受的,而是认知主体积极建构的;⑥ 知识不是被发现的,而是主体为适应环境而发明的工具、手段,掌握知识的目的不是为了探究和掌握真理,而是为了生存。[5][6]由此可见,建构主义知识观强调的只是知识的主观性、相对性、个体性、情境性、工具性等性质。

建构主义学习观是关于学习的实质、学习内容、学习目标、影响学习的因素等方面问题的观点。建构主义学习观认为学习的实质是:① 学习是学习者认知结构改变的过程,同化与顺应是学习者认知结构发生变化的两种途径;② 学习是结构决定的自组织循环过程;③ 学习是主体主动建构自己知识的过程。关于学习的内容,建构主义认为,学习内容不应该事先被确定下来和系统化,学习内容包含在学习环境中(包括教学材料、教室、媒体和其他辅助工具、学校等),每一个体从各自的现状出发,学习那些认为是重要的、想要的、有用的东西。关于学习目标,建构主义认为,学习是"保证学习者作为自生产系统去应付生活",即培养能够在现实生活世界中应用的能力。关于影响学习的因素,建构主义认为存在以下几个影响学习的关键因素:① 先前经验的作用,学习是在先前经验的基础上进行的;② 真实情境的作用;③ 协作与对话的作用,学习是学习共同体间的协商与对话;④ 情感的作用,情感是学习的发动机和调节器;⑤ 错误与失败的意义;⑥ 评价的作用,评价应该成为学习环境的整合的、持续的、浑然一起的部分,学习者本人是学习的最好评价者。[7][8]可见,建构主义学习观强调学习者自身的主动建构、情境的作用、情感的作用、相互合作的作用,不同于传统学习观的强调接受、记忆的作用。

建构主义教学观是以建构主义知识观、学习观为指导的。这里主要介绍建构主义教学目标、教学活动、教学过程、教学模式等。建构主义教学目标强调:① 把"理解的认知过程"和有用的"意义建构"作为教学的中心目标;② 把社会化、文化适应和培养"生存力"作为教学目标。关于教学活动,建构主义极力主张要建立和组织好教学活动。认为教学应在一个丰富的教学环境中进行,复杂的多维度的教学活动可建立多元的联系,产生多元的理解视角;教学活动应能保证学习者在真实的情境中,从复杂的真实的问题中建构新知识;教学活动要创设一个丰富的学习环境,学习者能有足够的自我建构的空间去建构知识并积累生活经验;教学活动应保证学习者在他的学习中总是处于"最近发展区";教师应能按照学生的经验世界和认知结构来组织教学活动,促进学习者的自主精神和首创精神;等等。关于教学过程,建构主义强调教学过程是建构和理解的过程。教学是在教师的促进下学生积极主动地建构自己的理解过程。教学就是促进学生已有的知识、态度和兴趣与新的经验发生相互作用,通过这个相互作用,学生从其自身内部建构自己的理解。所以,教学不是传授者与接受者之间简单的、直接的过程,而是一个循环的、反省的、互动的过程。建构主义教学模式是建构主义教学理论在现代教育技术的支持下产生的,目前具有广泛影响的教学模式有 4 种:① 抛锚式教学模式[9];② 认知学徒制教学模式[10];③ 随机通达教学模式[11];④ 支架式教学模式。[12][13][14]建构主义教学模式强调以学生为主体,重视问题情境的创设,重视学生具体经验的获得,重视学生的认知失调、体验、反馈等的过程,强调互动合作学习等,是建构主义教学思想在教学活动中的集中反映。

(二) 建构主义教学思想在我国的本土化问题

建构主义教学思想在我国的本土化是非常必要的。一是因为建构主义教学思想本身需要不断地完善和发展；二是这种理论能否指导教学实践还有一个运用与检验的过程；三是为了避免这种教学在我国的误用和泛用，还需要有一个全面了解、正确理解和试验的过程；四是这种"外来"的理论是否符合中国的文化、制度、教育实践，还需要一个适应、改造、检验的过程。以下从几方面来谈谈建构主义在我国的本土化问题。

1. 正确认识与评价建构主义教学思想

建构主义作为一种知识论、认识论，是以反客观主义起家的，它对教育领域产生了重大影响。建构主义反对客观反映论的认识论信条，认为知识是主体以已有的经验图式来建构客观世界的，学习是一种自组织的认知结构的改变过程。建构主义关于知识、学习的认识论立场实现了由客体到主体、由外部到内部的认识论倒转，给人以耳目一新的感觉，深化了人们关于知识、学习的本质性认识。建构主义学习理论强调在自然情境、问题情境中的学习，使学习具有生态学效度和工具性价值，这不仅对教育实践具有指导意义，也丰富了学习理论本身。另外，建构主义教学观与现代教育信息技术实现相互促进、共同发展。一方面建构主义理论在多媒体的支持下得以将自身的理念转化成教学产品，从而扩大了影响；另一方面，多媒体信息技术借助于建构主义教学理论进行教学设计，开发了许多富有人性化的高效率教学软件，促进了教育信息技术的发展。建构主义教学思想对我国影响最大的是促进了教育改革。建构主义作为我国新一轮基础教育课程改革的基础理论之一，对于反思我国传统的知识观、学习观、课程观、教学观，转变教育观念，树立新的教育理念，探索多样化的教学模式起到强有力的推动作用。这些是应该给予肯定的，这也是导致"言必称建构主义"的原因之一。

但是在认识到建构主义的价值的同时，也要认识到它的局限性。建构主义认识论只强调人们对自己的经验世界加以建构，而无视客观世界的真实性，具有狭隘的唯我论的主观经验主义倾向；在真理观上，建构主义不承认真理的客观性和普适性，认为每个人只能建构出他自己经验的世界，以人的"相对意义赋予"取代"客观真理"，因而具有明显的怀疑主义和相对主义倾向；建构主义学习观认为学习是学习主体自我"建构"和"理解"知识的过程，完全否定知识传递的作用，否认教师在知识传递中的作用，这是片面的；在知识社会中，知识的作用与价值得到了前所未有的提升,知识的生产、传播、应用成为社会发展的决定力量,学习者没有必要从头建构所有的知识,知识通过教学进行传递已成为知识获得的一个最便捷的途径。而建构主义完全强调知识来源于自认为有用的自我建构,以至于作为建构者自己可以不承担对建构的结果的责任感,不接受别人对自己建构的正确性或真实性的批评,也是不负责任的表现;同时,建构主义对建构者、建构材料、建构原则、建构计划等都没有清楚的规定,因而反映在建构过程上是不明确的;建构主义认为认识的功能是适应,知识学习的目的是提高学习者的"生存力",否认知识学习的社会作用,具有明显的实用主义和功利主义倾向;建构主义理论指导下的教学模式多适合于高级知识的获得,并需要精心设计问题情境和较高的多媒体技术设备和师资水平,因而在我国不是一种普适性的教学模式。可见,正确看待建构主义教学理论对于我们如何借鉴这种理论指导教学改革是非常重要的。

2. 充分认识建构主义教学观运用于教学实践所依赖的条件

建构主义教学思想在运用于教学实践中需要依赖许多条件的支持,如教育信息技术、学习情境设计、教师素质、学生特点等。以下就从这几方面进行论述。

(1) 建构主义教学模式多数需要教育信息技术的支持

如抛锚式教学模式就是以技术学为基础的一种教学范型。抛锚式教学模式是由温特比尔特认知与技术小组开发的。自 1990 年以来,他们工作的重点就是利用影像作为"锚"为教与学提供一个可以依靠的宏观背景。他们已经开发了两个软件:《年轻的夏洛克·霍姆斯和奥立佛》和《杰斯帕·伍德巴瑞问题解决系列》,主要用于 5~6 年级的教学。[15]如认知弹性理论指导下的认知弹性超文本和随机通达教学就是用多媒体交互技术(光盘、超文本)为学习者提供一个复杂的、结构不良的学习环境。[16]建构主义教学模式正是在与信息技术、多媒体技术的互动中产生的。

(2) 建构主义教学对学习环境的设计有很高的要求

建构主义学习环境是指"学习者在追求学习目标和问题解决的活动中可以使用多样的工具和信息资源,并相互合作和支持的场所"。珀金斯(Perkins)认为学习环境由 5 个要素构成:① 信息库 知识信息的来源和信息全库,包括教科书、教师、百科全书、录像带和光盘等,是学习环境中最重要的资源;② 符号薄　指建构和处理符号与语言的媒介,包括学生的笔记本、索引卡片、文字处理器、信息库程序等;③ 表现场　所指表现、观察和控制事件的地方,主要是教学的模拟环境;④ 建构工具包　用于帮助学生寻找特定信息、完成认知操作、实现某种设想等,实验室设备是最常用的工具包,而计算机扩展了工具包的种类;⑤ 任务管理者　指环境中确定任务、提供指导、反馈和方向改变的那些成分,这些控制和管理的职责主要由学生承担。[17]珀金斯还根据这五个要素区分了两类学习环境:"贫乏"的学习环境和"丰富"的学习环境。[18]传统的教室就是典型的"贫乏"的学习环境,而建构主义学习环境要求是"丰富"的学习环境。"丰富"的学习环境包括更多的表现场所和建构工具,学生自己是管理者,强调学生自己控制学习,教师只起指导者和促进者的作用。

　　建构主义教学观虽然削弱了教师在教学中的作用,但对教师的要求却是很高的。如要求教师能像专家一样为学生设计合适的学习环境以供学生作为知识建构的背景或支撑物("锚");要求教师了解学生的兴趣、需要、态度等以鼓励学生自我建构;当学生以建构主义的方式探讨问题时,教师要能了解学生何时需要指导;教师必须掌握独立建构和指导学生建构的方法和技巧;教师要成为学生学习的伙伴,因而必须学会放下"知识权威"的架子;等等。这些对于教师来说都是比较困难的。

　　建构主义教学观对作为建构主体的学生也有要求:① 学生应具有主动性和积极建构的心向(需要、动机、态度等);② 学生应具有丰富的经验储备,以作为建构的基础和材料;③ 学生要有一定的合作精神,以便与教师和同伴互动合作;④ 学生要对自己的建构结果负责,避免散漫和浮躁;⑤ 学生要掌握自我建构的方法和技巧,尤其是要掌握无认知策略以便调节自己的建构过程;⑥ 学生要学会自我评价和正确归因,以便了解自己的进步,给自己后续的不断建构添加动力。可见,学生自身的素质和特性影响到学习的效果。

　　此外,建构主义是多学科交叉渗透的产物,但建构主义教学观适合各学科教学吗? 建构主义教学模式适合所有的知识教学吗(如认知弹性超文本与随机通达教学只适合于复杂的、结构不良的高级知识的获得)? 建构主义教学是否适合所有年龄阶段(或年级)学生的教学(有人认为它适合于大学教学,[19]有人认为它符合基础教育课程教学)？这些问题建构主义都没有给出明确回答。但对于这些问题在运用时必须加以思考。因此,我们在运用建构主义教学理论于教学实践中时,一定要考察其条件和实用性,否则会劳而无功,甚至适得其反。

3. 建构主义教学思想在我国的适应性问题

建构主义教学思想对我国传统的教育教学已经产生了很大的冲击,然而它的基本思想与我国现行的文化观念、价值观、教师观、学生观、教育制度等存在着许多不和谐、不相容的方面。如在目前我国的教师、家长,甚至学生自己心目中,考上重点大学的学生是好学生,考不上大学的学生是差学生;升学率高的学校是好学校,升学率低的学校是差学校;学生的考试成绩和名次是评价一个学生或一所学校的主要标准。这种考试制度和评价制度与建构主义教学思想是格格不入的。对于教师,传统的"传道、授业、解惑"的教师是负责任的教师,知识广博的教师是水平高的教师,也是威信高的教师,而这样的教师也是不符合建构主义对教师的要求。同时,要求教师放下"知识权威"的架子,做学生的"学习伙伴",教师也是难以适应的。至于学生,由于从小就受"听话的孩子是好孩子"的思想熏陶,学生乐于接受教师的指导和这样的指导方式,缺乏建构主义教学所要求的建构心向、建构能力、建构个性和合作精神等;建构主义所要求的教学环境设计和教学手段在目前我国大多数学校还难以做到。所以建构主义教学思想在我国推广、运用将是一个艰巨的、长期的适应过程。这种适应包括 3个方面:一是改变我国传统的教学观念、价值观念和教育制度,改善学校的教学条件,为建构主义教学思想在我国生根、发芽、成长提供适宜的土壤;二是建构主义理论本身需要不断地完善、统一,对理论与实践的结合必须给予系统的思考。目前,建构主义内部存在着不同的派别,如激进建构主义、社会建构主义、社会文化认知理论、信息加工建构主义、社会建构论、控制系统观等,这些派别在知识观、学习观、教学观等方面还存在很大的差异,建构主义各派之间要相互吸收、不断完善。建构主义要对自身的理论在教学实践中运用的具体问题进行系统的思考,以使理论确实能指导实践,取得较好的教学效果;三是建构主义教学思想与我国的教学实践的结合需要一个"磨合"的过程,以达到相互适应的目的。一方面,根据我国教育教学实践改造这种理论,取其长为我所用;另一方面,根据这种理论中的长处,改革我国教育、教学中的弊端,以达到培养现代社会所需要的创新型人才的目的。因而这是一个不断改造、实验和适应的过程。

　　建构主义教学思想对我国的教育、教学已产生重大的影响,并且仍将产生巨大的影响,而建构主义教学思想在我国的本土化也将是艰巨而漫长的。我们不应该因为建构主义教学所具有的强大优势而盲目搬用,也不应该因为它存在如此多的缺陷而弃之不理,我们应该敢于面对它、了解它,并积极地与它"对话",取其合理成分为我国教学服务所用。

参考文献

　　[1] 何克抗.建构主义——革新传统教学的理论基础[J].学科教育,1998:3—6.

　　[2] 张建伟,陈琦.从认知主义到建构主义[J].北京师范大学学报(社会科学版),1996(4):75—82.

　　[3] 任友群.建构主义教育思想研究中需要注意的问题[J].全球教育展望,2004(7):44—45.

　　[4] Leslie P. Steffe, Jerry Gale. Constructivism in Education[M]. Lawrence Erlbaum Associates, Inc,1995.

　　[5] 张桂春.激进建构主义教学思想研究[M].大连:辽宁师范大学出版社,2002:125—138.

　　[6] 郭本禹.当代心理学的新进展[M].济南:山东教育出版社,2003:308—309.

　　[7] 张桂春.激进建构主义教学思想研究[M].大连:辽宁师范大学出版社,2002:139—160.

　　[8] 郭本禹.当代心理学的新进展[M].济南:山东教育出版社,2003:309—310.

　　[9] 高文.抛锚式教学模式[J].外国教育资料,1998(3):68—71;(4):31—35.

　　[10] 高文.认知学徒制——一种基于情境的有效学习模式[J].外国教育资料,1998(5):14—19.

[11] 高文.认知谈性理论、超文本与随机通达教学——一种折中的建构主义学习与教学理论[J].外国教育资料,1998(6):1—4.

[12] 高文.教育中的若干建构主义范型[J].全球教育展望,2001(10):3—9.

[13] 张建伟,陈琦.从认知主义到建构主义[J].北京师范大学学报(社会科学版),1996(4):75—82.

[14] 何克抗.建构主义的教学模式、教学方法和教学设计[J].北京师范大学学报(社会科学版),1997(5):74—81.

[15] CTGV. Anchored Instruction and Situated Cognition Revised[J]. Educational Technology, 1993,33(3):52—70.

[16] Spiro，R. J. ,Feltovich, P. J. , Jacobson, M. J. , & Coulson, R. L. Cognitive Flexibility, Constructivism, and Hypertext: Random Access Instruction for Advanced Knowledge Acquisition in Ⅲ-Structured Domains[J]. Educational Technology, 1991(31):24—33.

[17] Perkins，D. N. Technology Meets Constructivism: Do They Make a Marriage? [J]. Educational Technology, 1991(31):18—23.

[18] Perkins，D. N. Technology Meets Constructivism: Do They Make a Marriage? [J]. Educational Technology, 1991(31):18—23.

[19] 赵蒙成.建构主义教学的条件[J].高等教育研究,2002(3):72.

(本文发表于《比较教育研究》2005 年第 7 期。作者刘万伦,时属单位为淮南师范学院教育系)

三、多元智力理论与主题教学

将多元智力理论应用于课程与教学,多元智力理论的研究者及实践者探寻了一种新的教学方式——主题教学。相比于传统的分科教学,这种主题教学以跨学科的综合性教学,使学习内容更接近于学生真实的生活经验,强调"通过多种智力而教",强调在学科学习中发展学生的多元智力。这种更加综合开放的教学方式使教学中学生的学习更加丰富多彩。

(一) 主题教学产生的缘由:课程统整

1. 对传统分科课程的质疑

传统学校教育的课程都是以分科课程的形式加以设置,它所呈现的学科知识,代表了教育活动中人们对知识的分类和对"什么知识最有价值"的思考。然而,近些年来,无论是理论研究者还是教育实践者却开始对分科课程提出疑问,倡导课程的统整。其主要观点归纳如下:

(1) 分科课程所包含的学科知识,更多地是一种学术性的、精英主义的知识选择

这种知识体系本身具有很大的狭隘性,因为它主要反映了社会主流族群、中上阶层的观点。从多元文化、教育社会学的观点来分析,人们对这种分科课程提出了反思:谁在决定学校课程的内容? 谁的知识最有价值? 虽然课程统整并不能完全解决这一问题,但课程统整所主张的学科与经验的统整、学校与社会的统整,通过主题把学生所经历的学科内容、个人经验和社会文化加以结合,就大大地扩展了课程内容的丰富性。

(2) 分科课程本身所传授的知识,是一种人为分割的知识体系,学生所学到的知识也是支离破碎的,与实际生活缺乏联系

在实际生活中,当面临具体的问题时,我们并不能简单地将问题划分为语文问题、数学问题。面临复杂的社会,正如后现代主义课程观所主张的,学校课程需要一种开放的、整合的课程体系。多元智力理论以及脑神经研究的结论指

出学生学习的多元性和整合性。分化的课程与学生所感受的世界整体性却正好违背。课程统整修正了这种人为的分割,为学生创造了与他们经验相一致的、全面的理解途径,建立和加强了各科目间的关联。

(3)在分科课程中,专家是课程的制定者和设计者,教师和学生都缺乏对课程设置的参与机会,仅仅成为分科课程的"接受者"和"实施者"

在这种课程组织下,知识的教与学容易衍生为知识的传递、强化与复制,而非建构、理解与应用。课程统整为教师和学生提供了课程参与的机会,在设计课程的过程中,教师和学生能够更好地把握自己、掌握课程,有更多地机会达成知识的理解与应用。课程统整的倡导者所主张的是打破学科之间的界限,使学生获得整体性、连贯性的知识,而不是片面的、零碎的知识,主张将书本知识与学生的经验结合起来,以解决实际生活的问题。

2. 课程统整与主题教学

人们对传统分科课程与教学的质疑和修正使课程统整成为目前课程改革的热点。课程统整的目标是"打破分科之间的界限",正如有的研究者指出的,"所谓'打破'学科界限是一个相当模糊不清的说法,究竟统整课程中的学习内容是否仍应保留清楚的学科性质,而注重寻求学科内容之间的联结? 学科与学科之间应如何联结才是统整? 统整课程是不是应该完全去除任何学习内容的学科属性,让学科完全消失? 另外,分科课程是不是就无法培养解决生活问题的能力? 学生缺乏解决问题的能力,是学科本身的问题,还是学科课程设计不当所致"。[1]尽管在课程统整的理论上还存在许多有待澄清的问题,但人们对分科课程的批评还是推动了教育实践中课程统整与相应教学的改革。阿姆斯壮(Thomas Armstrong)在研究中指出:"越来越多的教育者认识到用跨学科的观点来教育学生的重要性。虽然学术能力或部分知识的传统对学生进一步的教育可能提供充裕的条件或背景信息,但却经常没有把学生与实际社会——过几年后他们将作为公民、发挥所长的社会相联系。所以,教育者开始将教学转向为一种能以某种明显的方式更紧密地模仿或反映真实生活的模式,这种教学实际上经常是有主题的教学。"[2]在主题的设计下,采用多元智力教学的教师发现课程是可以统整的。因此,主题教学的出现是与课程的统整密切相关。

（二）多元智力理论指导下的主题教学：三种模式

将多元智力理论应用于课程统整，实施主题教学，与一般的课程统整和主题教学相比，其特点是，在课程统整的基础上还增加了对多元智力的关注。教师在具体教学中，实际要面临的是：在一个主题之下，第一，如何将多元智力与分科课程整合；第二，在一种主题之下，如何将不同学科加以整合。因此，主题教学实际是课程整合之下的一种跨学科教学。不同的实践者在以多元智力理论为指导去实施这种主题教学时，他们对"跨学科教学"的理解是不一样的，因此，主题教学也呈现几种不同的模式。在此，我们根据其主题的不同，将多元智力理论指导下的主题教学分为以下 3 种，将结合案例分析和说明如下：

1. 模式一："单学科-主题"的主题教学

在这种模式中，主题直接来自某一学科科目（如物理或数学），而且很多时候，这种主题直接就是一个概念或一个定理。这种主题教学与传统学科教学非常相近，因为它都是在进行对某一学科知识点的教与学。但它又与传统教学有区别，区别在于，传统分科教学不具有跨学科性质，如数学学科知识点的学习是由数学讲解、习题演算和练习来进行，很少采用其他学科的概念、方式来学习。而在多元智力的这种主题教学中，数学学科的学习可以利用其他学科的技巧、方式来加强对概念或原理的理解。如用艺术课舞蹈的方式学习数学"对称"概念，用语文故事的方式学习"倍数"概念，通过音乐、身体动觉等方式学习"时间——时、分"的概念（表 1）。

案例　主题教学（时间——时、分）的教学安排示例（见表 1）

表 1　通过多种求知方式及管道进行

（时间——时、分）学习的教学安排示例

1. 语言	2. 音乐	3. 逻辑数学
向学生讲述一个关于没有时间概念的地方欲建立时间制度的故事，让儿童扮演报"一点钟"、"两点钟"等的钟声角色	配合每小时的报时活动，让扮演各钟点角色的儿童轮流按时唱儿歌："我的名字叫一点钟，我现在报时……"	扮演报时儿童唱完儿歌后按钟点数目敲打锣鼓，用较为灵活的方法学习数数

（续表）

4. 空间 儿童利用大型钟面认识各钟点在钟面的位置及时针、分针的钟面行走时的速度和路径	时间概念:时、分 （小学一年级）	5. 身体动觉 扮演报时的儿童利用双手代表时针和分针,在大型钟面面前创作能表达钟点时间的动作
6. 人际 12 位儿童相互合作,围成圈以律动形式庆祝他们所居住的地方终于建立了一个一天有24 小时的时间制度	7. 内省 儿童反思时间的重要性,没有时间观念的地方有什么不方便之处,这些地方的起居生活与时钟的关系	8. 自然观察 儿童认识日月交替等自然现象与时钟的关系

注:表格内容来源于阿姆斯特朗(Armstrong)(1994),此处增加了自然观察智力部分,使示例更为完整。转引自张国祥《符合多元智力理论的教学活动设计》一文,《学前教育研究》2003,(1)。

　　在这种主题模式下,所谈的跨学科教学更趋向于一种教与学的技巧,在课程的层次上,还不太涉及统整的概念,因而还具有传统学科分科教学的很多特点,如主题局限于一个学科之内、主题单元学习时间安排很集中,往往由某一学科教师单独担任主题教学等。不过,在这种单学科-主题教学中,它特别强调多元智力与学科的统整与融合。在文中案例"时间——时、分"的教学中,我们可以看到教师在这一主题教学中,通过 8 种详见下页智力方式使学生对"时间"的概念理解远远超过了传统纯数学教学中"时间——时、分"仅仅是时间计量概念的认识。如学生通过时间制度的故事可以了解时间与人类生活的关系、通过对大自然的观察,还可以了解时间计量与大自然变化的关系。

　　2. 模式二:"多学科-主题"的主题教学

　　在这种模式中,主题并不是某一分科学科的课程内容,而是通过学科之外的一个主题或议题对各学科加以连结,但学科的框架特色依然保持完整。

[案例]

案例学校:台湾地区永建国小

主题教学:我长大了

教学设计及目的:以多元智力理论为依据和指导,对现有一年级各学科教科书内容进行统整,形成一个大主题和三个子题,进行主题循环教学,将学生的学科学习与多元智力活动充分融合,创设生动活泼的教与学。大主题及子主题的具体教学安排(表2)。

表2　"我长大了"教学活动日程安排

日期	主题:我长大了		
第一、二周	子主题1:长大大不同	相关单元	主题学习活动大纲
	学习目标: 1. 让学生体验生长的概念; 2. 让学生体验自己的生理与心理的变化	语文:第1课(小树);第14课(小母鸡种稻) 数学:第1、2、3、8单元 社会:第1单元,我会交朋友;第5单元,我长大了;第6单元,我能为家里做什么? 道健:第5单元,健康的感觉真好;第7单元,吃出健康,吃出快乐 自然:第2单元,豆子发芽了 美劳:豆子贴画,运用日常生活品表示器官的运作 音乐:重编"只要我长大了"的影响 体育:做碰碰操(身体器官的互动)模仿小树长大的过程	语文:第1周叙述长大的感受,做概念图;第2周认写同学的名字和身体部位的字词 数理逻辑:辨别长大的生理变化 视觉空间:利用生活用品了解器官的运作;豆子的六面画 身体动觉:做碰碰操 音乐:学唱"只要我长大了" 人际:角色扮演"两位好朋友相处" 内省:制订长大的目标与计划 自然观察者:豆子的观察日记

（续表）

日期	主题:我长大了		
第三、四周	子主题2: 心情放大镜	相关单元	主题学习活动大纲
	学习目标: 1. 让学生透过不同的学习活动,学习处理自己的情绪	语文:第5课(下课了) 第10课(全家福) 数学:第1、2、3、8单元 社会:我会交朋友 自然:第5单元,帮天气写日记 美劳:制作心情布偶 音乐:利用生活物品制作心情乐器 体育:利用肢体动作表达心情	语文:叙述心情的情景故事 数理逻辑:认识日历与天气日记;画自己的心情心电图 视觉空间:制作"心情好吗"布偶 身体动觉;用肢体动作表达心情 音乐:制作心情乐器 人际:角色扮演,心情情境处理 内省:写心情日记,写心情问卷 自然观察者:讨论分析动物的情绪表现,记录它们的情绪表现
第五、六周	子主题3: 做我自己	相关单元	主题学习活动大纲
	学习目标: 学生能欣赏自己的长相,分析自己个性; 学生能了解自己的优点,学习发现自己的长处,而为人服务; 能辨识他人不合理的要求,适当地拒绝他人及保护自己	语文:第2课(门牙掉了) 数学:第1、2、3、8单元 道健:第1单元,我真的很不错;第4单元,我掉了一颗牙 美劳:制作表达自己的乐器 音乐:接受自己的长期(角色扮演)	语文:用形容词表达自己的身体部位(第5周);利用"我"的概念图转成短文 数理逻辑:配对讨论自己和他人的异同,归纳出自己的独特之处 视觉空间:制作"我"的概念图(第5周);制作我的生活记录本(第6周) 身体动觉:故事演剧"乌鸦选鸟王"(第5周);角色扮演—处理困境 音乐:改编"做我自己"的音乐 制定班级服务计划(第5周) 人际:推行班级服务计划 自省:我的一级棒:认识自己的优点 自然观察者:记录看到的不合理情境

注:表格为笔者根据林月荣《多元智力在永建》一文绘制,(台湾)《教师天地》106 期,第 61~71 页。

在"我长大了"这一"多学科-主题"的主题教学中,我们可以看到,教学设计者虽然以"我长大了"这一主题统整了语文、数学、道健、美劳和音乐 5 科,但在具体的教学内容及活动安排上依然完整保留着各个学科的独特内容。在这一模式中,学科知识及概念仍是学习的重要目标,主题似乎是各个学科间学习的一种组织中心,而非直接的学习目标。

与第一种"单学科-主题"的主题教学相比,"多学科-主题"的主题教学在学科课程的统整层次上有所提升,它要求深入分析各学科的具体内容,以寻找一个可能的共同主题来组织各学科学习的内容,虽然没有突破学科的框架,但各个分科课程的学习不再是内容上(而不仅仅指方法上)完全没有联系的隔离状态。主题与各学科间的关系,可以用图 1 表示:

图 1

从图 1 我们可以清晰地看到,在这种"多学科-主题"的主题教学模式下,学科的统整只是把各学科中与主题有关的内容有目的地经过选择,组织"放置"在一起,形成一个单元时间内共同的"知识群",它并没有破坏和消解学科的界限。

3. 模式三:"跨学科-主题"的主题教学

在这种模式中,主题也同样超越某一具体的分科学科,但与"多学科-主题"主题教学的差异在于这种主题教学之下,学科的框架和界限或有部分保留,或完全没有保留,从而在课程层次上,真正体现了统整。

[案例]

案例学校:香港柴湾信爱学校下午校

主题教学:香港是我家

教学设计目的:这一主题教学以跨学科的理念为依据,以学生的生活经验为起点,结合柴湾区的情境及资源使学生掌握知识和概念(本单元主题的概念为公民意识),并培养其多元能力,加深认识和爱护香港。"香港是我家"主题教学具体教学活动安排(表3)。

表 3 "香港是我家"教学活动日程安排

日 期	学 习 活 动	特 点
1月至3月	准备期:整个设计理念及教学策略经多次讨论、修改	老师非常主动、积极参与,不断改进、反思、交流和分享
3月10日 强效学习日	全体小四学生到柴湾屋博物馆参观,作游客,宝血女子中学中六学生(曾接受香港跃进学校计划领袖培训)充当导游,示范沟通的知识技巧和态度,并且答问和讲述罗屋的历史和生活情况,学生们透过观察、访问、填答问卷及工作纸等认识柴湾的过去、现在和未来,并对罗屋附近的土地利用有一概括认识	同伴学习(peer learning)及层阶式学习(cascade learning)同时出现,中学学生做小老师,具亲切感,且学以致用 建立中小学互助 引入家长参与学习活动,帮助解释及接受学生访问
3月17日 至3月31 日	在不同的学科的课堂活动中配合特区小导游的主题学习,包括:1. 在中文课学习当导游的知识、技能、态度,例如,写名片介绍自己,角色扮演指导老师参观学校,搜集香港各景点资料,写明信片 在数学课学习整理参观后访问所获得的资料	学习活动需要协作和配合,不同岗位的老师携手合作,在原来的课程框架及课节下腾出空间,进行统整学习 要学生转变为主动学习,敢于尝试,需要老师谆谆善诱,并不怕出错,让学生多读、多写、多想、多试,对学生拥有高期望

（续表）

日期	学习活动	特点
	在音乐课学唱《香港是我家》及（so long farewell）歌曲等 在美劳课制作布偶、学生学习表演布偶 在英文课和普通话课学习当小导游的态度和部分景点的内容	
3 月 31 日 强效学习日	小导游训练班学习活动 时光隧道（数、常） Welcome to Hong Kong（英） 香港如此多 fun（普通话） 行程知多少？（中）	此学习日为一课程统整的设计，结合了不同科目范畴，培养学生多方面的能力 学习活动多元化：由游戏、观察、讨论、统计、设计到利用电脑及资讯科技学习
4 月 1 日 强效学习日	小导游实习——分为三大部分： 以小组间比赛的方式复习之前所学。 实习导游工作——小四同学充当导游，利用母语、英语及普通话，带领其他学校老师、宝血女子中学喜诺撒书院中六学生及家长游香港 [创造未来]集体创作活动 在宝血女子中学中六学生的引领下，学生先幻想未来世界的景象，讨论有关资源运用的状况，然后分组设计房屋和衣服以解决预计将来会出现的问题	这是一个崭新的尝试，学生从没有类似经验，希望藉助这些活动，培养学生善于沟通和勇于承担的能力，就算学生表现并不一定好，亦不应打击其努力，此学习过程对培养学生信心极为重要 问题为本学习（problem - based learning）的设计能引导学生的创意有适当地发挥，避免出现无意识的堆砌和误解创意

注：案例材料来源《香港跃进学校计划》——第三届优质教育基金计划汇展资料册，香港中文大学教育学院，2001 年 3 月，第 30～31 页。

在"香港是我家"的主题教学案例中，我们可以看到该种模式与前两个模式的显著差异，那就是，学科知识已不再是整个教学设计中的目标和起点，教学主题源起于学生真实的经验"香港是我家",并透过"公民意识"这一单元概念,将实地参观、学科学习和"小导游"活动有机结合。在这种主题教学中,学科学习只是实现主题学习的众多方式之一。而且,正是由于突破了学科的界限与体系,这种"跨学科-主题"的主题教学才具有了比前两种模式大得多的开放性,这种开放性不仅体现为课程的充分统整,而且表现为教学时空上的完全开放。在这次主题教学中,广泛参与、平等看待每一位同学成为学习的特色之一。教学中每一位同学都有广泛参与学习的机会,同学以不同的组合(个人、小组、大组)进行学习,以切合拥有不同能力及不同多元智力潜质的需要。而且,在学生学习活动的产出和成果评估中,也采取了档案评估,对学生的学习日记、制作模型、海报、专题设计等进行整体评估。该种模式下主题与各学科的关系可用右图 2 表示。

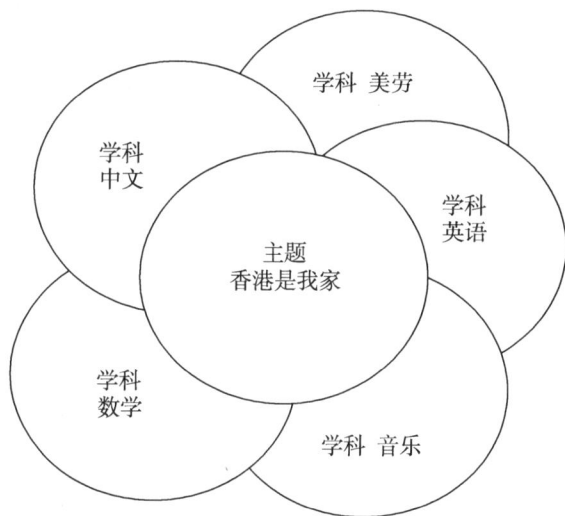

图 2

对多元智力理论指导下的主题教学实践案例进行归纳、整理与分类,其意义在于:① 帮助我们理解主题教学与学科课程的关系;② 有助于进一步研究主题教学的主题如何开发与设计;③ 有助于形成多种课程统整与主题教学下的多元智力教与学的策略。

（三）对多元智力主题教学的反思

1. 学科的价值

多元智力主题教学的实践其理想是实现多元智力与学科课程的统整以及学科间课程的统整。由于实施的复杂性,多元智力主题教学依然有很多理论与实践的问题还有待深入研究,其中一个问题已经引起了研究者的充分关注,这就是主题教学与学科课程的关系。加德纳及一些研究者提出学科存在的价值,并指出完全轻视学科的训练,有可能导致主题学习的肤浅化。

加德纳在他的著作《受过训练的智力:什么是全体学生应该理解的》(The Disciplined Mind:What All Students Should Understand)一书中阐述了他对学科重要性的理解。在与《教育领导》杂志的读者讨论中,他进一步阐发了自己的主张和见解。"我相信这些学科是人类制造的最重要的东西之一。它们在几百年前就被发明出来了,作为帮助人们对真正重要的事情进行思考的方法;我们是谁,世界是由什么构成的,我们独自或者一起能完成什么事,我们怎样才能控制和适应我们的环境,做得对意味着什么,等等。简言之,关于人们对什么是真理,什么是美,什么是善的探求,没有学科,我们就没有精密复杂的思想装备;我们就是未开化的。"[3]而且,加德纳认为,学科在学校这样正式的机构里学习才是最好的,学校的价值也将因它能成功地教授这些被称之为"学科"的宝贵思想而彰显其存在的必要性与重要性。因此,加德纳把自己称作为"学科的捍卫者"。

在谈到一些跨学科的教学时,加德纳提出了批评,他指出"不具备学科训练的人,只有退缩到常识层面,以及无可避免的谬误和阴暗面",因此,"必须先精通好几个学科,才能将各学科的思想方式掌握自如,进而融会贯通,进入跨学科思考的层次"。[4]对有些人将分科教学看作为跨学科教学的障碍,加德纳指出,"依我所见,大部分所谓跨学科课程,充其量只停留在常识阶段,或原型学科的层次,这些课程往往没有运用学科思考",不宜称之为跨学科。[5]

针对有关上述问题的讨论,有研究者提出,加德纳的批评与阐释提醒教育实践者在主题教学,课程统整的实践中,"要恰当地处理基础教学阶段的跨学科教学与学习,较好地平衡特定的学科思考训练与人们自主随意探究世界的关系。"[6]如果处理不好,牺牲最基本的学科思考训练,那么教师和学生的教与学就会肤浅化。

2. 主题教学中学科的"边缘化"问题

在多元智力主题教学中,有研究者也提出要反思学科内容与主题的协调问题。"在一般的主题中,音乐科常配合主题教唱或欣赏一首歌曲;美劳科配合完成一幅图画劳作作品;体育则配合主题作某种动作或游戏。久而久之,这些科目变成教学活动活泼化的工具。"[7]这便导致在主题教学的课程统整中,有些科目内容产生了"边缘化"问题。在实践中,不少教师在这一问题上缺少应有的警觉,而且认为自己已经很好地实践了多元智力理论,如果对此不能予以纠正,那么情形将会很糟糕。

参考文献

[1]周淑卿.课程统整的设计模式解析[A]. //课程统整第四届"两岸三地课程理论研讨会"论文集[C].香港:香港中文大学教育学院,2002:71.

[2]汤姆斯·阿姆斯特朗(Thomas Armstrong)著,李平译.经营多元智慧[M].台北:台湾远流出版事业股份公司,1997:76.

[3] http://www. ascd. Org. [1999—09—08].

[4] http://www. ascd. Org. [1999—09—08].

[5] http://www. ascd. Org. [1999—09—08].

[6]香港中文大学教育学院.课程统整——第四届"两岸三地课程理论研讨会"论文集[C].香港:香港中文大学,2002:125.

[7]香港中文大学教育学院.课程统整——第四届"两岸三地课程理论研讨会"论文集[C].香港:香港中文大学,2002:53.

(本文发表于《比较教育研究》2005年第4期。作者蒋曦,时属单位为四川西昌学院教育系;作者曾晓洁,时属单位为北京师范大学比较教育研究中心)

第二章　教学过程和策略

一、巴班斯基论十大教学原则

近 20 年来,苏联在教学论的研究方面十分活跃,教育界的许多学者都试图建立各自的教学论体系,出版了许多有代表性的教学论专著,如:Л・В・赞科夫的《教学论与生活》,Ю・К・巴班斯基的《教学过程的最优化》和《当前普通教育学校的教学原则》,M・A・达尼洛夫和 M・H・斯卡特金主编的《中学教学论》,P・И・休金娜主编的《学校教育学》,И・Я・列尔涅尔的《教学过程及其规律性》,等等。

教学原则是教学论的一个十分重要的组成部分,苏联教育界的各家学者也争相建立各自的教学原则体系,展开着激烈的争论,如对赞科夫提出的高速度和高难度教学原则就争议很大。加之,在苏联普及十年制义务教育过程中,出现了许多矛盾,如教学大纲和教科书内容过深,学生的学习负担过重。以致勃列日涅夫在苏共二十六大上不得不指出,教学大纲和教科书"过于复杂","这给教学带来了困难,造成了儿童不适当的过重负担。教育部、教育科学院必须立即纠正这种状况"。

正是在上述背景下,苏联教育科学院院士 Ю・К・巴班斯基作为教育界的权威人物,几年来不断发表专著和文章,例如,除上面提到的外还有《改进课堂教学的若干问题》《改进课堂教学方法的若干问题》《当前课堂教学效果的分析》《论四至十年级学生学习负担的最优化》《在解决重要任务的行程中》,等等。当时他的"教学过程最优化"观点在苏联影响很大,特别是莫斯科市的所有普通学校都在贯彻他的"最优化"观点,据称效果良好。

巴班斯基认为,教学原则历史地、具体地反映着一定社会的需要。随着社会的进步,随着新的教学规律的揭示和教学经验的积累,教学原则能够而且应当不断加以改进和完善。他认为在当前阶段,完善教学原则体系和阐明这些原则的条件已经成熟。为此,他提出了如下十大教学原则并逐条作了论述。

(一) 教学的目的性原则

巴班斯基指出,个性的全面发展是共产主义建设的一条规律,没有个性的全面发展就不可能有共产主义,正如没有相应的物质技术基础就不可能有共产主义一样。正是由这条社会规律导出了教学的目的性原则,即教学的目的在于促使学生个性全面而和谐的发展。具体地说,就是综合解决教养、教育、发展三项任务。教学的教养任务在于使学生获得社会一政治的、人文的、自然一数学的、技术的多方面的基础知识,掌握每门学科所特有的技能,以及合理组织脑力劳动的一般学习技能和技巧,为形成学生的世界观打下基础。

教学的教育任务在于把学生的智育、思想政治教育、德育、劳动教育、美育、体育紧密结合起来。它也跟教养任务一样,极大地影响着学生的世界观、信念、积极的生括态度的形成。

教学的发展任务在于发展学生的注意力、记忆力、辩证思维能力、个人的意志与情感、个人的兴趣、才能、天赋、感觉能力、生理条件。巴班斯基特地强调,"发展"这一术语在这里是从狭义上获得理解的,也就是说,主要是指心理和生理方面的发展。

巴班斯基指出,每一节课都要保证上述三项任务的"最优结合",不可忘记其中某项任务,不可过分夸大一项任务而忽视其他任务,并要力求一项任务的解决有助于其他任务的解决。

巴班斯基还指出,三项任务兼顾的"综合观",要求教学过程的一切组成部分即教学任务、教学内容、教学形式、教学方法都应具有"综合性",都应为保证学生的教养、教育、发展这一总的教学目的服务。

（二）教学的科学性以及与生活实践相联系的原则

巴班斯基认为，教学的科学性原则不仅要求给学生介绍科学事实，而且要求发展他们从事科学探索的初步能力，要使学生懂得脑力劳动的科学组织方法。为了达到上述目的，要在教学中运用问题研究法，开展科学实验，进行实践性作业，要教会学生如何进行观察和如何分析观察结果，要发展他们进行科学争论、证明自己的观点、合理利用书籍的能力。给学生介绍杰出学者的创造活动和科学发明史，也能促进学生科学思维能力的发展。

形成学生辩证唯物主义的世界观是科学性原则对教学的要求。为此，要在每一个讲授课题中抽出主要的世界观思想，揭示出这一思想发展的辩证法，使学生确信这一思想的科学客观性。要指出科学本身发展的辩证法、科学发展过程的统一性和矛盾性，如科学知识的分解与整合、科学知识的普遍化与专门化、科学情报的"雪崩式"积累与迅速提取，等等。必须教会学生从被研究材料中抽出主要东西来，这是科学性原则的一个重要要求，这一要求在情报资料加速积累的情况下尤其重要。

巴班斯基进而指出，要把教学的科学性原则同教学与生活、生产实践相联系的原则结合起来。因为科学同社会生活和生产实践的联系越来越直接了，科学正在变为直接的生产力。社会生活和现代生产本身渗透着科学思想，科学思想如此迅速地运用于生活，科学基础知识的学习必须同科学在工业、农业、社会生活中的运用紧密结合起来。只有在这种情况下，学生才会形成看待生活现象的真正科学观，而共产主义事业才会被他们理解为有科学依据的过程。

（三）教学的系统性、连贯性原则

巴班斯基指出，系统性、连贯性原则，要求有系统地、按一定顺序地形成学生的知识、技能和技巧，要求教材的各个部分有逻辑上的联系，后学的内容依据先学的内容并为理解新内容作好准备。心理学断定，由于遵循逻辑上的联系，教材的识记就更广更牢。这不止一次地为实践所检验，为每个教师的经验所证实。

系统性、连贯性原则应首先体现在教学大纲和教科书的内容上，它们还应体现在专题讲授计划和按课讲授计划中。

系统性、连贯性原则不仅为教师的活动所需要,而且为学生本人的活动所需要。要在这一原则指导下形成学生的各种技巧,如正确计划学习活动,构思合乎逻辑的答案,撰写作文,完成实验作业。

(四) 可接受性原则

巴班斯基指出,教学的可接受性原则,要求把教学建立在学生现实的脑力潜能的水平上,要根据学生智力发展的最近水平来确定课堂教学的内容、方式、方法。可接受性原则还要求:不可使学生承受有损身心健康而过重的智力负担、体力负担和精神负担,不可使学生在学习上过分地、超过卫生指标地消耗时间和精力。由于该原则导源于学生的年龄和个性特征,所以又叫做考虑年龄与个性特征的原则。

巴班斯基特别强调该原则的最新含义,他指出,从前在解释该原则时,着重强调的是教材对于相应年龄来说应当十分简单和完全可被理解,现在对教学的发展功能所作的研究表明,教材对学生来说应当尽量复杂些、难一些,才能给学生带来特别有力的发展影响;相反,简易化的教学常使学生不动脑子,失去学习兴趣。

巴班斯基还针对赞科夫提出的高速度原则发表意见说,高速度原则能够加强教学的发展功能。但这里应当遵守一定的限度,因为教学的高速度降低了识记的效果。他对可接受性原则与教材难度和教学速度的关系作了如下表述:可接受性应当既跟一定的难度相联系,又跟教学的最优速度相联系。因此可以说,教材的广度和难度以及教学的速度,应当适合学生在最近发展区的现实的学习可能性。

巴班斯基认为,"可接受性"这一概念具有相对性:过去认为小学生不可接受的东西,现在列入了小学教学大纲;随着社会的发展,学生的学习能力也起了变化。可接受性还与教学方法的改进有关:如果方法对头,一定的问题也将成为可接受的。

巴班斯基承认,当前苏联中小学学生所以学习负担过重,部分原因确系教学大纲和教科书过于复杂,次要材料过多,因而有必要修改教学大纲和教科书。但是他反对把可接受性原则同科学性原则对立起来,反对片面地认为高度的科学性是导致教材不易接受的唯一原因。他认为教材的不可接受性常常不是因为教材的科学复杂性,而是由于多方面的原因所致,如缺乏有效的教学法体系,不善于贯彻连贯性原则,不善于突出教材中主要的东西,不善于剔除次要成分。所以他建议教师应在这些方面下功夫。

(五) 激发学生的认识兴趣和知识需求的原则

巴班斯基认为这个原则涉及学习动机问题,而学习动机分两类:一是兴趣动机,二是责任动机。

激发兴趣动机的办法有:引用新颖事例,把科学上和生活中的新事例以及科学技术上的新发明纳入教材内,把教材讲得引人入胜和充满感情色彩,组织学习上的探索活动,做教学游戏、开展学习方面的争论,进行比较和类推,依据学生的生活经验和现有知识来理解新教材。巴班斯基特别强调,让学生亲自克服认识领域的困难,是激发兴趣动机的最重要、最有效的办法。

此外,巴班斯基认为,把对学习的刺激只归结为唤起认识兴趣还有些片面。对学习的义务感与责任心这一动机也具有重要意义。

(六) 积极性、自觉性、独立性原则

巴班斯基指出,教学是教授过程和学习过程的有机统一体。没有学生积极而自觉的学习,老师的教授就不可能取得预想的结果。所以,在发挥教师的指导作用的前提下,充分发挥学生在教学过程中的积极性、自觉性、独立性十分重要。

该原则首先反映了学生在教学中的积极作用,强调学生是教学过程的主体,而不是消极的客体。学生发挥积极性的目的,不仅在于领会、掌握教材,而且在于独立地获取知识、研究事实、对事实作出结论。学生的学习积极性不仅应当表现在课堂上,而且应当表现在完成家庭作业的时候,表现在课外和校外的各种作业中,表现在听选修课的时候。

巴班斯基对学习的自觉性作了如下论述:学习不仅应当是积极的,而且应当是自觉的。他同意 Л·В·赞科夫的如下观点:学生认识学习过程是强化教学过程的发展作用的最重要条件。自觉掌握教材可以防止形式主义,可以促使学生变知识为深刻而坚定的信念。

巴班斯基最后指出,除积极、自觉地掌握知识以外,该教学原则还要求发展学习的独立性。因为经常能遇到一些学生,他们自觉地领会教材,积极地完成作业,但这一切是在教师的严格管理和详细指导下进行的,因此缺乏对待事物的独立性、创造性、独到性。当这样的学生独自处理事情时,往往无力采取任何积极举动。所以应当重视独立性的培养。

巴班斯基总结该原则时说,学习的积极性、自觉性、独立性之间应紧密结合发展,互相补充,互相渗透。

(七) 各种教学方法最优结合的原则

这里所谓各种教学方法和方式包括:直观,实践,语言,复现,探索,归纳,演绎,教师讲授与学生独立作业,教师检查与学生自我检查。

巴班斯基指出,这条原则首先涉及直观因素和抽象思维因素在教学中的作用问题。现今苏联学者们对这个问题发表了一些新的见解:一是充分肯定直观的积极作用,其依据是,如果视觉、触觉、听觉等各种感觉器官参与掌握知识、技能、技巧的过程,则这个过程最有成效。二是看到直观的消极作用——限制学生抽象思维的发展。三是强调抽象思维、理论因素在教学中的巨大作用。四是强调直观性与抽象性的最优结合。巴班斯基还具体地指出,Л·В·赞科夫在这方面作出了巨大贡献,他对语言与直观结合的各种形式进行了研究,指出了其中最合理的形式。M·A·达尼洛夫和 H·B·萨文等人的教学论专著中改变了对直观原则的表述,开始把直观原则同抽象原则结合起来。B·B·达维多夫和 Д·Б·艾利康宁在他们的专著中指出,教学实践中普遍低估了理论思维、概括、演绎的作用。苏联神经生理学家 Л·K·阿诺辛提出了感知依靠思维的观点,这个观点已被公认是正确的。

正是在上述背景下,巴班斯基提出了自己的一条教学原则:把生动的、直观的、抽象的思维以及实践最优地结合起来,也就是把语言、直观、实践、复现、探索、归纳、演绎各种教学方法最优地结合起来。

巴班斯基强调指出,该原则并非要求上述教学方法的平均结合,而是根据具体教学任务确定以哪种教学方法为主。教学任务的多样性要求教学方法的多样化,但每个具体场合必须以一种教学方法为主而结合其他方法。

巴班斯基还指出,该原则强调认识上的感性因素与理性因素的最优结合。思维离不开感知,感知也离不开思维。但思维与感知的联系,理性与感性的统一,并非意味着学习上的认识过程单一地遵循如下严格的顺序:从直观感知到抽象思维,或者相反。这里仍须根据教材的特点、学生的可能条件、所提任务的性质而灵活安排。

巴班斯基认为,必须把复现法与探索法最优地结合起来。复现法对于建立必要的知识储备有重要意义,只有在这种知识储备的基础上才有可能采用探索法。探索法通常在学习中等难度的教材时使用。

教学过程还要求归纳法与演绎法的最优结合。在科学变成直接生产力的条件下,必须培养学生结合运用归纳法与演绎法的能力。

教师的讲授与学生的独立作业也必须实行最优结合。为使学生有适应未来生活的谁备、为使他们在无边的科技和社会情报洪流中识别方向,培养独立作业的能力至关重要。但在增加独立作业的比重时,不可降低教师的指导作用,否则就谈不上独立作业。

(八) 各种教学形式最优结合的原则

巴班斯基指出,在现代教学论中,教学形式常划分为课堂教学形式和课外教学形式(如参观、实习课、生产作业、制作教学设备、测验、考试)。课堂教学和课外作业又分班级、小组、个人等形式。教师在作课题——日程计划时,要考虑到课堂教学和课外作业的最优结合方式。

班级教学形式的优点是,能保证教师对全体学生的领导,能全盘操控知识材料的领会过程,以及知识、技能、技巧的复习和巩固过程;能促进学生集体的形成和学习上的互相帮助。但班级教学形式不能照顾到不同进度的学生的特点。

把全班临时划分为若干小组开展教学活动叫做小组教学形式。划会法可以有两种:一是按程度高低来划,二是将程度高者和程度低者混合编组,以利于互相帮助。小组教学形式能够较周到地照顾到学生的特点、要求以及他们在学习上的现实可能性,能在小组作业过程中共同努力,互相帮助,但仍然照顾不到个别处于消极状态的学生的个人特点。

个别教学和个人作业形式则能充分照顾到个人学习上的特点、素养以及脑力劳动方式。但它要求教师下更大的功夫,甚至增加教师员额;它降低了集体帮助的可能性。

各种教学形式各有利弊,所以要求将它们有机地结合起来,在每个具体场合选取一种为主的形式。

(九) 为教学创造最优条件的原则

巴班斯基指出,为保证教学的顺利进行,必须创造一定的条件。这些条件是:

1. 教学物质条件

即必须拥有教学房舍,有演示和图解教具,有实验设备,有教学技术手段,有教学分发材料。

2. 学习的卫生条件

即遵守教学房舍的容积标准,保证适宜的温度、阳光、空气,遵守保健指标,保证学生在校、在家的饮食条件,保证作息的合理结合,保证学生开展运动的最佳条件。

3. 精神-心理条件

即要求具备师生交往的最佳条件。为此,各位教师所提出的要求必须一致,要讲求教育分寸,要有合理的严格要求,要恰如其分地鼓励学生的学业成绩;学生集体中要展开正常的交往,班级里要有道德高尚的公共舆论,要有同志式的互助气氛。

在上述三方面的条件中,有的应由行政部门保证,有的应由班主任协同班上积极分子创造,有的则由教师本人直接创造。

为了给教学创造必要的精神-心理气氛,教师必须具备如下品质:① 必须热爱自己的职业,必须有做孩子的工作的兴趣;② 必须以"严格要求的和善态度"与"和善的严格要求"对待学生;③ 必须进行自我检查和自我分析,必须对无意识地损害学生人格的言行作自我斗争;④ 必须掌握教育分寸,必须在复杂的情况下善于忍耐,善于克制自己的情绪;⑤ 必须以平等态度对待学生,不可偏袒自己喜欢的学生;⑥ 必须防止评分时的形式主义,不可不加分析地给学生打上 2 分,必须保证评分的积极效果。

班上良好的精神-心理气氛在许多方面取决于集体中的交往方式,取决于正确的公共舆论,取决于同志式互助精神。班主任和每个教师必须按这些因素来培养集体,从而给教学创造良好的气氛。

(十) 教学成果的巩固性和效用性原则

这里所谓教学成果,指的是教学所取得的教养成果、教育成果、发展成果。所谓效用性,指的是教学成果的积极运用、积极发挥作用。

巴班斯基指出,这个教学原则扩充了知识巩固性原则的传统要求。造成这种扩充的原因是,在科技革命和社会进步的条件下,社会对教学提出了新的任务和要求。这个教学原则付诸于实践,能够更好地保证教学过程中的教养、教育、发展三者的统一。该原则的内容,要求对各科教学工作的评定标准作重要的补充。也就是说,评定中不仅应当反映学生的知识、技能和技巧,而且应当反映学生的世界观、思想道德品质、劳动品质,还应当反映学生在智力、意志、情感诸方面的发展。

巴班斯基还强调,该原则不仅要求储备一定数量的教养性知识、教育性知识、发展性知识,而且要求所有这些知识积极发挥作用(而不是"消极张望")。也就是说,必须保证知识与信念的统一,保证说与做、认识与行动的一致。

知识的效用性具体表现在:学生积极运用知识去解决学习和生活方面的实际问题,随时把知识用于社会公益劳动,用于班集体的生活,用于跟同龄者的交往。因此,在估价教学成果的巩固性和效用性时,不仅要估价当前的效用,而且估价长远的效用。例如,必须对以前各年级的情况定期开展总结性检查工作;必须利用高等学校或生产部门对自己的毕业生提供的鉴定书来评价自己的教学工作。

以上是巴班斯基关于十大教学原则的主要观点。他总结性地强调指出,不容许把十大原则中的这个或那个原则绝对化。教学过程中不能只"弹一根弦",而要有嘹亮、清晰的抑扬顿挫。只有总体地实施诸教学原则,才能保证工作的成效。忘记某些原则,会降低教学过程最重要部分乃至整个教学过程的效果。诸教学原则应当综合地、优选地加以运用,只有这样,才能保证教学和教育的高质量。

(本文发表于《外国教育动态》1981 年第 5 期。作者王义高)

二、教学结构理论的比较研究

自从系统科学的原理引进教育科学的领域之后,教育理论家较常用系统的观点来考察教育问题。对教学活动进行结构分析,就是其具体表现之一。

用系统观点对教学活动进行结构分析,具有巨大的理论和实践意义。因为这有利于教育工作者认清教学活动系统的构成要素(或称基本成分),以及各要素之间的相互联系和相互作用,从而有效地控制教学系统、优化教学结构、提高教学效率。

本文拟从介绍当代国内外有代表性的教育理论家或教育学派对教学结构的见解入手,通过比较分析,提出一孔之见,以求正于高明。

(一)诸家之说

1. 三要素论

日本的柴田义松认为,教学是教师和学生之间的共同活动。在这个过程中必须有可供教学的教材。因此,构成教学的基本成分是:① 教授——教师的活动;② 学习——学生的活动;③ 教材。[1]

2. 四要素论

南京师范大学教育系编的《教育学》指出:"教师、学生、教学内容和教学手段成了教学过程不可缺少的基本要素。它们之间存在着必然的、内在的联系。这些基本因素之间的相互联系和作用就构成了完整的教学系统。"[2]

3. 五要素论

德国控制论意义上的教学论学派认为:"教学控制系统把教学目标作为'应有值',把教师作为'控制者'或信息的'发播者',把学生作为'受控制者'或信息的'接收者',把人的或技术的媒介作为'纽带',把学习的检查作为'检测器'。"[3]

4. 六要素论

德国柏林教学论学派则认为,"对教学过程产生基本影响的基本因素是:教

243

学意向(意图)、教学课题(内容、对象)、方法(措施)、媒介(工具),以及教师决定意向、课题、方法与媒介的先决条件——人类学条件与社会文化条件。"[4]

5. 七要素论

美国学者巴特勒(F·C·Butler)认为,"影响教学过程的主要因素有:① 情境　对学习新知识或新技能(简称新知能)产生影响的各种情况,也包括学生外部的情况;② 动机　学习新知能的各种诱因;③ 组织　新知能及必要的旧知能的结构和特征;④ 应用　新知能的初步尝试;⑤ 评价　新知能的初步尝试之评定;⑥ 重复　新知能之练习;⑦ 概括　把新知能迁移到各种新的情境中。"[5]

我国教学论家李秉德认为,教学活动包括下列七要素:① 学生　主要指的是学生的身心发展水平、已有的知能结构、个性特点、能力倾向和学习前的准备情况等。② 教学目的　目的有远的、有近的;有比较抽象的,有比较具体的。它所包括的范围大小也可能很不一样,大之如一个现代化公民应具备的素质标准和各级各类人材的培养规格,中之如学校中一门学科该完成的教学任务,小之如一个学习单元或一节课所完成的具体目的,乃至学生方面的学习动机,都可以包括在教学目的这一要素的含义之中。这些不同层次、不同性质或方面的目的应该形成一个完整的体系或结构,落实到学生身上。③ 教学内容,或者说是课程　这是教学活动中最有实质性的因素。它指的是由一定的知识、能力、思想与情感等方面内容组成的结构或体系。④ 教学方法　包括教师在课内和课外所使用的各种教学方法、教学艺术、教学手段和各种教学组织形式。⑤ 教学环境　有形的教学环境包括校园的内外是否美化,教室设备和布置是否齐全、合理与整洁,以及当时的气候与温度的变化,等等。无形的环境包括师生之间、同学之间的人际关系,校风、班风,还有课堂上的气氛,等等。⑥ 反馈　教学是在教师和学生之间进行信息传递的交互活动。这种信息交流的情况进行得如何,要靠反馈来表现。⑦ 教师　教师这个要素主要指的是教师的思想和业务水平、个性修养、教学态度、教学能力等。[6]

6. 三加六要素论

苏联教育理论家巴班斯基在分析教学过程的结构时首先指出,教学是人类的一种活动,它具有双边的性质。它必然是教师和学生(个别学生或全体学生)

在一定条件(教学物质条件、道德心理条件和审美条件)下所产生的相互作用。他认为,教师、学生、条件可以列为系统(学校、班级)的成分。对于教学过程,他认为"过程"这个概念经常用以表示某种事物的进程、经过、进展,并且反映彼此相随的各种发展因素的有规律地、循序地、不断地更替。因此,他认为教学过程包括这样的成分:① 教学目的　教学目的是由社会决定的。在具体的一轮教学过程中,教学的目的任务是根据教学大纲的要求,考虑具体班级的特点,学生以前的学业、教养、教育和发展水平,以及考虑教师本身的可能性和专用教室设备的潜力等等来决定的。② 激发动机　这是指教师要采取措施来激发学生的兴趣和需要,以解决向这轮教学提出的教育教学任务。激发应当引起学生产生积极学习动机的内在过程。③ 教学内容　它决定于教学计划、教学大纲和教科书,个别课内容由教师根据所提出的任务,顾及学科内容反映学校周围的生产特点和社会特点的必要性,考虑学生的学习水平和兴趣情况予以具体化。④ 操作活动　这一成分最直接地反映教学过程的本质。它是借助教授和学习的一定方法、手段和组织形式来实现的。⑤ 控制调节　指师生同时进行检查,以保证发挥教学过程中的反馈功能。通过反馈,可以发现是否需要校正、调整教学过程,改变教学方法、形式和手段,使它们接近该情况下最优的程度。⑥ 评价结果　教师评价和学生自我评价在教学过程中所获得的成果,判明这些成果是否符合所提出的教学教育任务,查明所发现的偏差原因,设计新任务。[7]

(二) 比较分析

上述几位有代表性的教育家对教学要素所作的分析,乍一看来,似乎人人言殊。仔细分析,也可发现其中有某些共同之处。

1. 基本概念问题

上述教育理论家分析的着眼点是不同的。有的分析"教学结构",有的分析"教学活动结构",有的分析"教学过程结构",有的分析"教学控制系统"。分析的着眼点不同,使用的概念也有差异。我们认为"教学""教学活动""教学过程""教学控制系统"这4个概念是互相联系的;教学是一种具体的活动,活动必有其过程,活动过程可加以控制。虽然如此,但由于使用不同的概念,因而分析的侧重点也有所区别。使用哪个概念更为合适？为了对教学活动进行全面的结构分析，我们倾向于使用"教学结构"这一概念。另者，上述专家在分析结构时，使用了"要素""基本要素""基本因素""主要因素""基本成分"等概念。我们认为，这些概念，用词不一，含义相同。属同一概念。

2. 要素条目问题

从上面所介绍的情况看，要素条目相差甚远，从3条至9条不等。之所以出现这种情况，乃是划分标准不一或角度不同的缘故。例如柴田义雄，把教学划分为教授、学习、教材三个基本成分。这是按教学活动的双边性和教学对象来划分的；若再进行分析，教授和学习都可以再划分出好几个基本成分。又如南京师大教育系编的《教育学》，把教学过程结构划分为教师、学生、教学内容和教学手段等4个基本要素。这里，教学手段应该是广义的，若再进行分析，还可以划分为几个要素。我们认为，要素条目不宜太少或过多，太少恐难以全面说明问题，过多则难免繁琐之嫌。

3. 分析角度问题

通过比较，可以看出一个明显的事实。尽管教师与学生是教学活动的主体，但在结构分析中，有的教育家明确指出他们是教学的要素，有的教育家却只字未提。这究竟为何？原来，这是分析的角度决定的。凡是从教学活动角度来分析的，都指出师生这两个要素，如日本的柴田义雄和德国控制教学论学派就是如此。凡是从纯教学过程的角度来分析的，则不提师生这两个要素。而仅仅分析属于过程的那些要素，如美国学者巴特勒和柏林教学论学派就是如此。凡是兼从教学活功和教学过程来分析教学结构的，既指出师生这两个要素，也分析过程的一些要素，如前苏联的巴班斯基和我国的李秉德就是如此。我们认为，对教学结构进行分析，还是既分析活动的要素，也分析过程的要素比较全面。

4. 要素归类问题

通过比较看出，关于教学结构的要素，有两种排列方式：一种是我国李秉德等人的排列方式，不分类别，凡与教学有关的要素，统统排列在一起。另一种是前苏联巴班斯基的排列方式，按照类别，把与教学有关的要素区别开来，加以分析。应当说，两种方式均可。两种方式比较，我们倾向于后者。但我们认为，巴班斯基的分类也不尽合理,决定尝试新的排列方式。

(三) 一孔之见

通过比较分析,我们认为,从教学活动的主体,教学活动的条件和教学活动的过程三个维度来分析教学结构,似乎更能反映教学结构的内在逻辑。

1. 教学活动的主体

我们认为,教学活动的主体,或称教学活动的物质载体,包括教师和学生两个要素。教师要素主要指教师的学识、思想品德和教学修养等。学生要素主要指学生的身心发展水平、已有的认知结构、能力倾向、个性特征、学习动机等。我们之见大体与李秉德同。

教师和学生这对相互联系的要素,在教学活动中的地位和作用如何呢? 这个问题,古往今来,众说纷纭。走极端者为两派,一为教师中心论,一为儿童中心论。教师中心论者认为,教师是教学活动的主宰,真理的化身,一切唯教师之命是从,儿童是严加管理的对象。儿童中心论者认为儿童是太阳,教学应围绕着儿童转,一切以儿童的兴趣爱好为转移,教师充其量是个协助者。这两派,虽说各有其合理因素,但总地说来,都有很大的片面性,理论上站不住脚,实践上造成极大危害。当前,国外多数教育家并非极端论者。我国亦然。在我国,教师起主导作用,学生居主体地位的论点得到较多人的认可。

关于这一提法,应当从两个方面作正确理解。① 从地位而言。教学活动是一种非常特殊的社会活动,在教学过程中,学生居主体地位,教师亦居主体地位。学生是学习活动的主体,教师是教授活动的主体。学生与教师,作为相互依存、相对独立的两种活动的物质体现者,乃是相互依存、相对独立的两个主体。两者同样重要。顾此失彼或重此轻彼都是错误的。为了纠偏,提出要注意学生在学习中的主体地位是可以的,但这一提法本身,并没有否定教师是教授活动的主体的含义。② 从作用而言。教学活动是一种非常复杂的社会活动,教与学的联系格外密切。在教学过程中,教师起主导作用,学生也要发挥主观能动性,即表现出最大可能的学习积极性和创造性。这主观能动性,可简称为主动作用或能动作用。学生能否起主动作用,应当说,是教师有否起主导作用的标志。教师的主导作用与学生的主动作用,一方面,应当贯穿于教学过程的始终,另一方面,在教学过程的不同阶段,两者的表现形式,也应当有所差别,即有强弱之分,显隐之别。从小学到中学至大学,教师对学生学习活动的指导,逐渐由强转弱,由显转隐。目的在于创造条件,让学生离校后可以完全独立地工作。

由上可见,对"教师起主导作用,学生居主体地位"这一提法,必须作全面、完整的理解,否则将失之于偏。

2. 教学活动的条件

教学活动的条件包括物质条件和精神条件两个要素。前者主要指校舍、校具,普通教具和现代化教学手段,体育运动场地与设施,卫生设备,环境美化等;后者主要指师生之间、学生之间、教师之间的人际关系,以及校风、班风等。

在教学条件的两个要素中,教学物质的硬条件固然必要,人际关系的软条件也十分重要。过去一提条件,人们习惯性地倾注于物质条件而忽略精神条件,这是片面的。

3. 教学活动的过程

教学活动的过程主要包含5个要素:教学目的任务;教学内容(或称课程);教学方法和手段;教学组织形式和教学效果的检查评价。下面,我们对每个要素所包含的问题和应注意之处作简略论述。

(1) 教学目的任务

教学的根本目的在于促进学生在德智体美劳等方面全面和谐的发展,为社会培养具有良好素质的公民。为实现这一目的,教学必须承担的任务是使学生掌握科学文化的基础知识和基本技能,发展其智能和体力,培养其思想品德。这三项任务众所周知,问题在于贯彻。教师在拟定教学任务时,应注意任务的综合性和具体化。综合性指所拟教学任务尽可能包含上述三项内容,并保持其有机联系。具体化指所拟任务具体明确,既符合教学大纲的要求,又适应学生的具体情况。师生通过努力,有可能圆满完成或基本完成。

(2) 教学内容

要完成上述任务,必须有实质的内容。这个方面,应注意下列问题:① 课程设置的求实性　在编制课程时应遵循3个原则:一是针对性,使所学课程与社会和个人的目标相协调,与国家目标一致,并适合当地条件;二是实用性,即重视教育与生产劳动的相互作用,使学校课程与职业生活保持一定的联系;三是可接受性,即精选必要的基础课程,使课程适应儿童的身心发展,防止学生负担过重。② 课程内容的现代化 注意及时反映科学技术的最新成就和社会生活的基本要求,注意教材的难度和分量,既满足社会发展的需要,又照顾个体发展的愿望。③ 课程形式的多样化 实行必修课为主,选修课为辅,二者结合的制度。选修课程注意多样化和微型化。

（3）教学方法和手段

要掌握实质性内容和完成教学任务,必须采用一定的教学方法。学校历来采用的教学方法有讲述、谈话、演示、参观、实验、观察、练习、复习、自学,等等。这些方法至今仍然不失为有效的教学方法,当然,在运用时应强调贯穿现代的启发精神。

"二战"以后出现的许多新的教学方法,如发现学习法、掌握学习法、范例教学法、问题教学法、学习指导法、暗示教学法,等等,可称为现代教学方法,有的可称为教学模式。它们也或多或少地在运用之中。现代教学方法具有下列特征:① 双边性。不仅注意教师传递信息、控制活动的教授法,而且重视学生获取信息、调节活动的学习法,体现了教与学的和谐统一。② 发展性。不仅注意知识和基本技能的教学,而且十分重视发展学生的能力,体现了知识教学与智能培养的和谐统一。③ 最优化。各种教学方法都有其优点,也有其局限性,不能寻求一种"万应的教学方法"来教所有学科和适应所有的教学情况。教学时应当根据教学任务的要求、教学内容的特点、班级学生的身心特征和学业程度,以及教师本身运用各种教学方法的技能技巧来选择教学方法的最优组合方案,以争取最佳的教学效果。

至于教学手段,主要是指制造和利用各种直观教具,运用电视、电影、幻灯、投影器、录音机、电唱机等技术手段。工业发达国家还把微电子技术引进教学领域,使用电子计算机和微处理机辅助教学。

（4）教学组织形式

当代教学,注意各种教学形式(班级教学、小组教学和个别教学)的合理配合运用,重视因材施教。班级授课制度仍为当前各国采用,作为教学的基本组织形式。教师上课应注意课的类型的选择和课的结构的安排,以提高课堂教学的效率。

（5）教学效果的检查与评价

当前，各国在教学检查方面注意全面性、客观性和主动性。全面性指不仅检查知识技能的掌握情况，而且检查智能的发展情况和品德的形成情况。客观性指采取多种检查形式，包括观察、口试、笔试、实验实践作业等，来检查教学过程和效果，使获得的反馈信息客观可靠。主动性指学生不应单纯作为被检查的对象，也应作为检查的主体。在多数情况下应力求教师检查与学生自我检查相结合。

至于评价，当前多数教师采用绝对评价法评定学生的学习成绩。少数教师不采用评分方法，而是采用实质性评价的方法来鉴定学生的学习效果。评价的重点虽仍放在终结性评价上，但人们越来越重视形成性评价的价值。

以上是对教学过程诸要素的简略描述。须着重指出的是，教学过程诸要素是互相联系、互相制约的，其中，教学目的任务为龙头。教学目的任务决定教学内容；教学目的任务和内容共同决定教学方法、手段、形式和检查评价方式。反之，教学检查是对所采用的方法、手段、形式是否有助于掌握教学内容、完成教学任务的检查。教学评价是对学生掌握教学内容、完成教学任务情况的评价。这些要素，一环扣紧一环。教学目的任务既是出发点又是落脚点。各要素互相协调，互相促进，就能大大提高教学过程的整体效应，发挥其最佳功能。

由此可见，我们对教学结构的分析，是从活动主体（物质载体）、活动条件和活动过程三个维度来进行的。教学活动过程必须具备一定的活动条件，它离不开活动主体；教学活动主体的发展变化必须具备一定的条件，而且必然有一个活动过程，这正符合辩证唯物主义的物质运动观：物质是运动着的物质，运动是物质的运动；没有无物质的运动，也没有无运动的物质。从三个维度，按照2＋2＋5要素来分析教学结构，脉络明晰，关系清楚，易于记忆，易于掌握，易于运用。如果这一分析对广大教师开展教学活动有些帮助，对提高教学效率有所促进，我们将感到极大的欣慰。

参考文献

[1] 柴田义松.教授技术——教学论入门[J]//钟启泉编译.现代教学论发

展[M].北京:教育科学出版社,1992:30.

[2] 南京师范大学教育系编.《教育学》[M].北京:人民教育出版社,1984:376.

[3] 李其龙.控制论意义上的教学论[J].外国教育资料,1989(1):9.

[4] 李其龙.柏林教学论学派[J].外国教育资料,1986(2).

[5] 巴特勒著.盛群力编译.教学过程的系统分析[J].外国教育资料,1990(3).

[6] 李秉德.教学论[M].北京:人民教育出版社,1991:12—14.

[7] 巴班斯基著,李子卓等译.教育学[M].北京:人民教育出版社,1986:157—159.

（本文发表于《比较教育研究》1994 年第 6 期。作者吴文侃,时属单位为福建师范大学教育系）

三、当代西方有效教学研究的系统考察与启示

（一）有效教学的概念

尽管准确地解释有效教学的概念和揭示有效教学的本质是很困难的事情，或者说是一项极为艰巨的任务，但在西方关于有效教学的研究中，有一些研究者仍然试图对它进行界定。根据笔者掌握的研究文献，可以将西方学者对有效教学的解释归纳为三种基本取向：

1. 目标取向的定义

有学者认为，有效的教学系指教师通过一系列的变量促进学生取得高水平成就的教学。有效的教师总是着眼于教学目标的取得。也有学者认为，有效的教学就是引导学生积极参与智力学习的教学；有效的教学与学习就是能够激发学生学习欲望，促进学生积极地掌握知识以及团队工作和解决问题的技能，提高批判性思维能力和建立终身学习态度的教学与学习。[1]还有学者认为，有效的教学就是指学生在教师的指导下成功地达成了预定学习目标的教学。从本质上讲，有两个因素制约着有效教学：一是教师必须明确促进什么样的学习；二是教师必须安排和提供给学生获得这种学习的学习经验。[2]不难看出，着眼于目标的定义，重点强调的是预期的教学目标的达成。换句话说，判断有效教学的标准是看教学目标达到的程度。

2. 技能取向的定义

布朗（George Brown）等对有效教学的界定更多地是从教学的复杂性和教师教学技能的角度进行的。他们认为对有效教学的理解起码应从两个方面进行：有效的教学是复杂的智力的要求和社会性挑战的工作；有效教学是由一系列可获得的、可改进的和可发展的教学技能来完成的。他们进一步指出，有效教学是一种智力的要求，需要教师对所教学的学科内容有广泛而深刻地把握。如果教师欲有效地开展教学，就必须具备良好的思维能力、解决问题的能力、对所教主题的选择与分析的能力、对是否运用了恰当教学策略的反思能力、选择

优化的教学策略和合理的教学材料的能力，以及组织和建构自己的观点、信息和任务的能力等。所有这些都不是在真空中发生的，而是真实教学情境的要求。他们还认为，有效的教学是一种社会性的挑战，因为它不仅发生在一定的组织机构中，而且是在对传统教学目的和教学价值观的挑战中发生的。最主要的一点是，有效教学需要教师充分地了解学生的知识背景，能与学生进行清楚地交流与沟通，能够刺激学生积极地学习与思考，进而向他们的教师提出有价值的或挑战性的问题。[3]

3. 成就取向的定义

20 世纪 80 年代末期，英、美等国政府和民众对提高学生学术成绩的强烈呼声，通过有效的教学提高学生学习成绩的研究也开始进一步增加。尤其是 2000 年以来，在布什总统的敦促下，美国国会要求各州都应该将提高学生的学术成就放在重要的位置，并要尽量做到不让一个孩子的学习成绩落后。在英国，目前"通过有效的数学教学提高学生数学成绩的标准已被放在了国家的重要议事日程上"。[4]这就促使研究者更多地将目光放在了有效教学与学生成绩关系的研究上。

通过对文献的考察，可以得出这样的结论：到目前为至并没有一个对有效教学的统一解释，也很难找到一种最佳的界定角度或界定框架，其发展趋势是着眼于学生成功的学习来解释。为此，我们认为，在西方学者目前流行的视角里，有效教学就是能够促进学生学习与发展的教学，或者说，就是通过有效的教学准备、有效的教学活动和有效的教学评价来促进学生学习与发展的教学。

（二）有效教学研究的历史与方法考察

为了进一步说明上述西方学者关于有效教学的不同界定，对其研究的历史发展进行一番考察，从中不仅可以发现研究的不同视角与结论，也可以发现研究方法的变化与发展轨迹。文献表明，自 20 世纪 30 年代初期起，西方学者就已经开始了确认和描述有效教师特征的尝试性研究。根据对有关研究文献的梳理，将其研究的发展大体分为 3 个基本的阶段。

1. 好教师的品质研究（20 世纪 30 年代初至 60 年代末）

早在 1931 年，卡特尔（Cattell）就通过访谈的方式，在教育行政官员、教师培训者、学校教师和学生中进行了关于好教师特征的调查征询,其方法是让人们写出他们认为的好教师的最重要的品质,经过频率分析得出了一个好教师应该具备的品质。[5]但很快,教育理论界就有人对这种试图通过访谈研究教师品质从而找到与教育目标之间关系的研究提出了批评,并称其为是"黑箱"研究。[6]原因在于这种研究完全忽视了教师的工作是在课堂中进行的,而仅凭教师的特点这样一个输入性因素就试图推出学生学习结果这样一个产出性因素,未免显得过于简单化了。60 年代,瑞安(Ryan)和他的同事们实施了一个观察研究方案,通过对教师课堂教学的观察,得出了与有效教学相关的三个方面相对应的两极因素:[7]热情与理解——冷漠与疏远;有组织与有条理——无计划与拖塌;刺激与想象——笨拙与呆板。

根据瑞安的解释,教师的特点越是接近积极因素的一端,其教学就会越有效;相反,教师的特点越是接近消极因素的一端,其教学的有效性就越难得到保证。

2. 好教学的特点研究(20 世纪 70 年代初至 80 年代末)

尽管在 60 年代,有的学者就已经开始反对研究教学的效率问题,因为在他们看来,"教学是在复杂的环境中进行的复杂活动,确定教学效率是一件困难的事情。因为影响有效教学的因素不仅是多样的,而且是错综复杂的"。[8]然而,进入 70 年代以后,西方学者对有效教学的研究不仅没有停止,而且还在反思 60 年代研究的基础上提出了研究好教学特点的主张。一些学者认为,好教师的品质不能完全代表有效教学,判断有效教学的标准应该在教学实践中去寻找,从而开始了对教师课堂教学行为的研究,即好的课堂教学特点的研究。其代表人物有弗兰德斯(Flanders)、罗森夏因(Rosenshine)、弗斯特(Furst)、多勒(Doyle)。

弗兰德斯和他的同事们的研究,主要着眼于教学效率研究。其方法是在课堂上观察两种不同的教学方式:直接教学和间接教学。按照弗兰德斯的解释,直接教学就是指教师通过讲授、批评和分析权威思想,以及直接给学生传授知识进行教学的方式;间接教学就是指教师通过提问、接受学生的情感反应、承认学生的观点,以及通过给予学生表扬和鼓励等方式进行的教学。弗兰德斯的研究表明,教师采用间接教学比采用直接教学更能引起学生的学习兴趣,强化学生的学习态度，而且学生会学得更好。但弗兰德斯同时也建议，直接教学和间接教学两种方式对于好教学来说都是必要的。[9]可见，弗兰德斯的研究在强调间接教学的同时并没有排除直接教学。但很明显，这种研究的目的是想通过对教师在课堂上采用的教学方法的效果来判断教学的有效性。

到了 70 年代后期，有关好教学的研究出现了一个新的转向，即由研究教师的教学行为转向研究学生的学习行为。代表性人物是美国学者伯利纳（Berliner）和蒂奇诺夫（Tichenoff），他们 1976 年主持进行的一个较大规模的研究。[10]这个研究是在中小学的阅读与数学教学中通过对学生学习的观察进行的。其目的是为了探讨有效教学所引起的学生学习行为的变化，进而揭示教学行为与学习行为和学习结果的相关性。研究者认为，观察课堂中学生学习行为的变化是一种研究教学质量的有效方法。通过研究发现，有两个因素是判定教学有效性的根本因素，即教学的意图（目标）与学生的成就。如果教学没有目标，学生所取得的成就只能说成是偶然的；如果学生没有取得成就，教学也就谈不上有效。

3. 有效教学的综合研究（90 年代初期至今）

进入 90 年代以后，西方关于有效教学的研究开始向综合化的方向发展，具体来说就是学者们在考察有效教学的特点和有效教学的标准时，已经走出了单一的思维模式，突破了仅仅把着眼点放在教师品质或教师的课堂教学行为的老圈子，而是试图从多方面、多角度来考察有效教学。典型的研究为 OECD 的研究。

OECD（Organisation for Economic Co-operation and Development，经济合作与发展组织），关于有效教学的研究的数据来自英国、美国、法国、日本和澳大利亚。该组织的研究认为，教学质量（teaching quality）应该是一个综合的概念，对教师教学有效性的考察，应该考虑如下 5 个方面的因素：[11]教师所掌握的实际课程领域的知识和教学内容的知识；教师教学法的技能，包括使用有效教学策略的意识与能力；教师教学反思的能力与自我批评能力以及教师专业化的品质；教师的移情能力与尊重他人的品德；教师教学管理的能力。

与前述关于有效教学的研究相比，OECD 的研究第一次将学科知识放进了考察有效教学之列。在前两个阶段的研究中，拥有学科知识并没有被列为评价有效教学的标准之一。但现在看来，课程与学科知识的确是有效教学的前提和基础。另外，OECD 的研究已经将教师的教学反思能力列为评价有效教学的标准之一，这在 90 年代初期应该是很新的观点了。

（三）思考有效教学的基本范式

在西方关于有效教学的研究中，出现不同研究结果的原因除了方法不同所致，还有一个重要原因是人们思考有效教学的范式不同。代表性的范式包括背景-过程-结果分析范式、表层分析范式、教学的知识基础分析范式等。

1. 背景-过程-结果分析范式

早在 20 世纪 50 年代，美国的一些年轻教育专家运用过程-结果分析模式（Process-Product）试图建立有效的教师培训方案。他们在总结二次大战期间美国培养和训练士兵方法的基础上，设计培养和训练教师的方案，目的是使所有教师都成为有效的教师。"[12]基里亚库（Kyriacou）借鉴了这种思想，提出了思考有效教学的"背景-过程-结果"分析范式。基里亚库认为，对有效教学的思考不仅应该考虑教师的特点，还应该考虑师生之间在课堂教学活动中的相互作用，以及由此产生的教学效果。据此，他提出了思考有效教学的 3 个主要变量：背景变量（输入变量）、过程变量和结果变量（产出变量）。[13]

背景变量系指影响教与学活动的各种输入因素，主要包括教师的特点（如个性、社会阶层、训练程度）、学生的特点（如知识背景、家庭背景）、学科的特点、班级的特点、学校的特点和社区的特点，等等。这些都可能成为影响教学有效性的因素。

过程变量系指教学活动实际进行中影响其有效性的因素，具体包括教师的热情、解释的清晰程度、提问的运用、鼓励与批评的运用、管理策略、纪律要求、课堂气氛、课的组织、学生接受反馈的类型、师生的相互作用以及学生的学习策略等因素。

产出变量系指教师希望达到的一系列与教育目标有关的因素，包括教师的教学计划和教师用以判定教学效果的标准等因素。例如，知识和技能的增加、学生对学科学习兴趣的增加、智力动机的增加、对学科的自信与自我批评能力的增加、自我管理能力的提高以及社会性发展的增强等。

不难看出，基里亚库的研究试图通过对全方位影响因素的考察来建立对有效教学进行思考与判定的基本框架。资料显示,基里亚库的框架已经对众多的关于有效教学的研究产生了影响。但同时,这种思考的范式也给人们带来了一些难题。例如,到底哪些因素是影响对有效教学进行判定的最重要的因素? 如何才能将对三种变量的思考有机地结合在一起?

2. 表层分析范式

这种范式是在对课堂教学的效果进行考察与分析的基础上提出的。其代表人物有克里默斯(Greemers,1994)和费希尔(Fisher,1995)。这种范式强调了两个决定有效教学的建构性因素:实际的学习时间和教学的质量。[14]第一个因素强调的是着眼于教育目标的学习任务和学习活动的质量。从本质上讲,这种分析范式实际上是将有效教学与学生最大限度的时间投入和学生学习活动的质量相等同。换句话说,学生花在学习任务上的实际时间越多,学习活动的质量就越高,教师的教学也就越有效。学生花在学习任务上的实际时间到底有多少,这是以往研究者强调的因素之一。克里默斯认为,学生花在学习上的实际时间与教育目标的达成有密切的关系,如果教师在课堂上能够根据教学目标的要求,给予学生更多的学习时间,而不是浪费时间,教学目标的实现就会有保证。据此,克里默斯认为,学习时间的实际投入与浪费是判定教学有效与无效的重要因素。判断有效教学的第二个建构性因素是教学的质量。这里所谓教学的质量是指通过教学活动本身能够使学生的学习变得更容易,从而实现预定的学习目标。

可以看出,这种范式强调实际的教学时间与教学质量之间的互补关系。即学生实际投入学习的时间越多,教学的质量就越容易保证;教师如果能对教学进行合理的安排,则有利于保证学生对学习实际的投入,从而避免了时间的浪费。很明显,这种分析范式基本上是将重点放在了教学的过程变量上。

3. 教学的知识基础分析范式

这是目前西方分析有效教学的最新范式。这种范式认为,以往大量有关有效教学的研究均忽视了教师所教的学科知识,而这恰恰是评判教学有效性的重要标准。按照逻辑和常理,一个教师如果没有理解学科知识,是根本不可能教好学生的。

密歇根大学的克拉克教授认为,这种分析最突出的贡献是将教师的学科知识与教学法知识提到了重要的位置。他认为,好教师不仅要知道如何管理学生,为学生提供反馈,进行实际的计划和明智的决策,而且应该是一个实践的学者、知识的不断获得者。尤其是在当今的知识社会里,更要成为一个终身的学习者,要不断地学习与更新自己的学科知识,这样才能保证教学有效性的可持续发展。

这种通过教学的知识基础进行分析,从而研究有效教学的范式被一些学者认为是目前最有前途的分析范式,其发展的方向就是用专家教学代替有效教学。[15]而这种专家式的教学并非是具有传统意义上的几种品质的教师就可以完成的,它是建立在扎实的学科知识和教育理论知识基础上的教学。

(四) 理解有效教学:西方研究的启示

从上述对西方有效教学研究的系统考察中,可以得出如下的结论与启示:

1. 有效教学取决于教师对教育目标,尤其是课程目标和课程标准的理解与把握

教师对教育目标和课程目标与标准的理解与把握越好,教学的有效性就会越强。因为有效教学从本质上讲是教师引导学生通过各种各样的活动,从而达到课程目标,实现教育目标的过程。如果一个教师的教学背离了教育的目标和课程目标,那么他的劳动只能被看成是无效的劳动。在我国新基础教育改革的过程中,不仅要建立新的符合素质教育方针的课程方案和课程标准,而且要通过各种途径和方法让第一线的课堂教师明确新课程的目标,为实现新课程的目标而教。

2. 有效教学是通过教师良好的教学品质、教学行为和教学技能以及恰当的教学策略来实现的

如果一个教师既热爱教学,又有高超的教学技艺并能运用优化的教学方法,那么,他的教学效率就会得到保证。这也是多年来人们研究好教师品质和好教学特点的原因。

3. 有效教学与教师对教学实践和自身的专业发展的反思密切联系在一起的

如果一个教师能够经常反思自己的教学理念和教学实践,不断探求新的教

学方法,大胆进行教学改革,并以对教学的反思促进其专业的持续发展,那么他的教学有效性就会从实践上得到根本的保证。简言之,一个有效的教师一定是一个善于反思的实践者。

4. 有效教学的评价标准不仅要看教师的教学行为,更要看在一段教学之后,学生所获得的进步或发展

有效教学对教学效益评判的核心是看学生的进步或发展。根据这一标准来判断我国现今的课堂教学不难发现,无效或低效的课堂实践仍大量存在着。根据新课程促进学生学习与发展的目标,我们必须关注教学的有效性。

5. 有效教学没有固定不变的概念和模式

有效教学是一个随着课程目标和教学目标的变化和学生发展变化影响的动态概念,有效教学是变化与发展的。例如,60年代人们关注的是教师的品质,70年代则强调教学行为,80年代关注教学活动,90年代则更多强调教与学的相互作用,而在21世纪各国普遍关注的是如何通过有效的教学促进学生的学习和发展。因而,我们认为,有效教学是一个动态发展的概念,对有效教学的研究也必然是没有终结的。

参考文献

[1] Koppi. A. J. etc. Effective Teaching and Learning in a High—tech Environment[J]. Innovations in Education and Training International. 1997, 34(4):245.

[2] Kyriacou, C. Kyriacou, C. Effective Teaching in Schools: Theory and Practice[J]. Starley Thornes Publishers, 1997:5.

[3] Geogra, B. and Atkins, M. Effective Teaching in Higher Education[M]. London: Routledge, 1998:1.

[4] Koshy, V. Effective Teaching of Numeracy for The National Mathematics Framework[M]. London: Hodder and Stoughton, 1999:4.

[5] Kyriacou, C. Kyriacou, C. Effective Teaching in Schools: Theory and Practice[M]. Starley Thornes Publishers, 1997:5.

［6］Kyriacou, C. Kyriacou, C. Effective Teaching in Schools：Theory and Practice［M］. Starley Thornes Publishers，1997：5.

［7］Perrott, E. Effective Teaching：a Practical Guide to Improving Your Teaching［M］. New York：Longman，1986：1.

［8］Moyles, Janet. Self-evaluaition：A Primary Teacher's Guide［M］. The NFEN-NELSON Publishing Company,1988：7.

［9］Perrott, E. Effective Teaching：a Practical Guide to Improving Your Teaching［M］. New York：Longman，1986：2.

［10］Perrott, E. Effective Teaching：a Practical Guide to Improving Your Teaching［M］. New York：Longman，1986：2.

［11］Turner-Bisset, Rosie. Expert Teaching：Knowledge and Pedagogy to Lead the Profession［M］. London：David Fulton Publishers，2001：6.

［12］Clark, C. M. Thoughtful Teaching［Z］. Cassell Wellington House，1995：9.

［13］Kyriacou, C. , Kyriacou, C. Effective Teaching in Schools：Theory and Practice［M］. Starley Thornes Publishers，1997：5—7.

［14］Kyriacou, C. , Kyriacou, C. Effective Teaching in Schools：Theory and Practice［M］. Starley Thornes Publishers，1997：16—17.

［15］Kyriacou, C. , Kyriacou, C. Effective Teaching in Schools：Theory and Practice［M］. Starley Thornes Publishers，1997：17.

（本文发表于《比较教育研究》2005 年第 8 期。作者陈晓瑞,时属单位为陕西师范大学教育科学学院;作者史蒂芬·凯斯,时属单位为美国朗伍德大学）

四、认知风格与教学策略

学校管理人员和教师倾向于把认知风格看成是一个抽象的概念。然而,在最近的许多研究中,认知风格的变量揭示出同教师意识到的课堂教学方式之间存在的意想不到而有用的相关性构成某些有趣的假设。

一般地说,认知风格可以被理解为个人感知、组织以及评价信息的独特方式。然而,除此之外,本文要论及的 4 项系列研究运用了两种量表:一种量表是迈尔斯-布立格斯类型量表(Myers-Briggs Type Indicator),这是一套著名的量表,它是以荣格(Junian)的人格理论为基础建立起来的,经常被用作咨询工具。它曾经多次在教育研究中得到实际的应用。根据荣格的理论,个体行为方式的差异可能是由于人们偏爱不同的感知与判断模式,也就是说,用感知、判断人和事的程序与准则不同。如果人们解释信息的方式经常表现出差异性,那么就可以合乎逻辑地推断出他们的价值观、动机和技能也会有所不同。他们也希望在其喜欢使用的程序中发展更好的技能。迈尔斯-布立格斯指示量表是根据 4 个对立的方面来描述这些差异的:① 理性-直觉。理性型的人喜欢根据已知的事实行事,而且采用标准化的解决问题的方式。直觉型的人对灵感的依赖更甚于对经验的依赖,并且喜欢探求解决问题的新方法;② 思维-情感。思维型的人是通过逻辑性地分析情况来做出判断,并且不易显露过激的情感。情感型的人倾向于把判断建立在主观的价值观念之上,并且对于别人的情感特别敏感;③ 判断-感知。判断型的人喜欢有计划、有秩序的生活方式,并且喜欢通过提供不同判断的方式来解决问题。感知型的人对资料的选取比对问题的解决更感兴趣,因为他们不满于固定的模式而尊重对刺激作自主性反应;④ 内向-外向。性格内向的人善于同内部的观念世界发生关系而不善于同周围的人接触联系,喜欢细致的工作,也喜欢为了集中注意力而保持安静。性格外向的人更易于同周围的人接触联系,喜欢变化与行动,甚至是冲动的行为。另一个量表是探究方式问卷量表(Inquiry Mode Questionaire)。这套量表对认知风格的解释是建立在卡奇曼(Churchman)的著作基础之上的。卡奇曼提出了西方哲学的 5 种思维典型：① 综合论者，倾向于把注意力集中在假设与抽象概念上；② 唯心论者，注意力集中在过程、价值以及灵感上；③ 分析论者，注意力集中在方法和计划上，而且通过对资料及具体细节的整理来追求预见力；④ 实在论者，对可用的资料和可以直接理解的事实作出价值判断；⑤ 实用论者，追求直接的报偿并倾向于考虑利益问题。这一分类实际上表明了人们在做出决策时偏爱不同的价值系统。

重要的是，要留心价值观在个人选择认知风格中的潜在作用。价值观是教师认知风格与其课堂教学行为之间联系的理论纽带。教师根据归因理论对学生成绩所做的不同解释和反应，有赖于他们持有的价值观，也就是说，教师会根据自己的信仰系统对学生做出解释和反应。因此，教师采用的教学方法和个人交往的趋向可以被看作是教师认知倾向的直接结果。例如，重视分析推理并把它作为观察方式的教师一般有良好的分析能力，而且他们的教学策略会重视发展学生这方面的能力，而这种教学策略也是以分析性为特征的。教师行为与认知风格之间的理论联系已经得到了实证研究支持。这种研究主要是通过迈尔斯-布立格斯量表分数与教学态度及行为变化之间的某些一致性进行证明的。研究结果表明，在思维或判断测量中获得高分的教师，倾向于由教师计划和控制教学；在直觉、情感或感知测量中获得高分的教师，则更乐于采取灵活的、积极主动的教学风格。

4 项研究的结果资料是经过相关性检验处理了的（表 1）。在个体测量中获得的分数被用作独立的连续变量，代表着不同的人格或认知倾向。诸如"强调分析的教师"或"在分析测量中获得的高分数"等表述是为了表达方便，对它们的理解应该根据变量之间的相关而不是教师间的差异。

表1 四项认知风格研究结果一览表

研究/参与人员	内容(范围)		
	认知风格	教学态度/行为	皮尔逊 γ
幼儿园 51位教师	综合论者	信任儿童中心的班级(自陈报告)	−0.28
	唯心论者	信任儿童中心的班级(自陈报告)	0.32
	唯心论者	以儿童为中心的课堂教学行为(观察的)	0.35
	唯心论者	批评的运用(观察的)	−0.29
	唯心论者	向个别儿童提问而不向全班提问(观察的)	0.36
	唯心论者	学生配对或小组活动而不是全班性活动(观察的)	0.44
	感知情感	上面所列的每一种	
	直觉	变量	0.23—0.4
	判断思维	上面所列的每一种	
	理性	变量	−0.24—0.36
微型课堂 26位研究生	感知	学生讨论(观察的)	0.34
	判断	学生讨论(观察的)	−0.32
	思维	讲授(观察的)	0.37
	理性	提问(观察的)	−0.36
	内向	给人好感的交际家的风格(自陈报告)	−0.38
	外向	生气勃勃的交际家的风格(自陈报告)	0.36
小学 70位教师	实用论者	选择强调个人的校长(自陈报告)	0.23
	分析论者	选择强调任务的校长(自陈报告)	0.22
	分析论者	选择强调个人的校长(自陈报告)	−0.36
	实在论者	更强调职业方面实用论者(自陈报告)	0.23—0.25
	分析论者		
	唯心论者	强调职业方面(自陈报告)	−0.27
未来的教师 107名在教育课程中注册的大学生	情感	在激发学生兴趣方面	
	感知	的教师教学能力居于	
	理性	较高的等级	0.25—0.40
	外向	在引导学生讨论、明确地回答问题和阐释目标方面的教师教学能力居于较高的等级	0.13—0.25
	唯心论者	在利用咨询方面的教师教学能力居于较高的等级	0.27
* atp<0.05	双尾检验,γ=0.38(N,26);0.27(51);0.23(70);0.19(107)		

263

（一）幼儿园教师研究

本研究的目的在于探索幼儿园教师的哲学信仰及其与课堂教学行为之间的关系。这些幼儿园教师是从三个对儿童中心课程更感兴趣的学区中选取的。本研究是根据两种对立的儿童发展理论——皮亚杰理论和操作模型理论——来进行设计的。皮亚杰理论把学习看成是儿童与环境之间主动的相互作用。在这种意义上，儿童被认为在建构他们自己的教育中起着积极的作用，他们的动机是通过发现的内在喜悦形成的。与此相反，操作模型理论则认为儿童的学习是通过教师设计好的程序化情节来进行的。在这里，儿童的作用是被动的，而且要由教师提供的外部奖励来激发反应。

参加本项研究的 51 位幼儿园教师要作自陈报告，以判断其认知风格、教学观念和课堂教行为。教师与儿童中心观相关的程度测量是借助早期儿童教育者研制和用于测试的两个里科特（Likert）量表来进行的。被派到各个幼儿园课堂中的一名局外观察人员负责记录两种行为出现的频率：言语交流行为和师生的相对位置（"图表"资料）。结果表明，教师自己报告的信念和行为与观察记录人员报告的行为是一致的；认为自己是儿童中心论者的教师，在课堂教学中也确实运用了这种教学方法。赞同并采用以儿童为中心教学的教师，倾向于唯心论者，在情感、直觉和感知测量中取得高分。相对强调情感的教师，倾向于同个别学生或学生小组进行言语交往，倾向于对表扬的运用。

（二）微型课堂中的研究生

本研究的注意力集中在探明教师的认知风格、交流风格、师生讨论的比率以及人为的高控制教学情境之间的关系。26 名参与人员是正在任教的研究生，他们接受了迈尔斯-布立格斯量表和里科特自陈报告量表（Self-report Likert Scales）的测试，以判断他们自己的交流风格。每人教一节简短的微型课，由其他学生根据弗兰德交往分析量表（Flanders Interaction Analysis）中的分类进行电视录像和速记。在情感、感知和直觉测量中取得高分的研究生与在思维、判断或理性测量中取得高分的研究生相比，前者更倾向于同学生有较多的讨论和交往，后者则倾向于讲授和提供信息而不进行交往。在"外向"测量中取得高分的教师,往往根据学生喜欢的交际家特点,如给人好感地、动人地、生机勃勃地、开放地或轻松自由地来描述自己。相反,分析型的教师(在思维和判断测量中获得高分的研究生)倾向于把自己看成是相对封闭的交流者,而且与学生交流往往不能作出迅速的反应。

(三) 小学教师

设计第三项研究是为了测试教师的认知风格和他们喜欢的学校校长的领导风格之间的关系。同样也实行了有关教师负担变量的自陈报告。参加人员是 70 名小学教师,他们接受了探究方式量表和里科特量表的测试,以判断其职业负担或喜欢的领导风格。在实用论者与分析论者的测量中,取得的低分是同选择强调过程(个人的相互关系)而不与任务的校长有关。相反,在分析论者、实用论者和实在论者测量中取得的高分与选择强调任务的校长有关。相对而言,实用论的和分析论的教师所报告的职业负担水平比唯心论的教师要高。人们也许会推断,实用论的和分析论的教师更倾向于审查和考虑情境的各个方面,因此,他们更加意识到职业的负担。这些教师对所承受的负担的情感体验也许能部分地解释他们为什么选择旨在尽可能快速而有效地完成任务的校长。

(四) 大学本科师范生

这项研究是要测试未来教师(107 名在教育课程中注册的大学生)的认知风格和他们对他们的教师的教学技能水平的评价之间的关系,他们接受了迈尔斯-布立格斯量表、探究方式量表、学生分析教学量表(Teaching Analysis by Students,TABS)和里科特教师成绩等级量表(Likert Rating Scale of Teaching Performance)的测试。TABS 在测量中,某些方面的差异竟多达 50%,这可以从学生在认知风格变量,尤其是"外向"测量中所取得的分数进行解释。该测量分数与学生对他们的教师的教学能力的评价正相关。这些教学能力,包括教师阐释学科目标的能力、激发(学生)兴趣的能力、明确回答问题的能力、引发和指导课堂讨论的能力以及促进相互尊重的关系的能力。似乎合于逻辑的是,性格相对外向的学生对 TABS 测量中的这些项目特别敏感,对教师同学生交流和相互作用的效果特别敏感。在感知和情感测量中取得的分数,与 TABS 测量中的其他项目正相关。非分析性的、基本上是情感定向的学生,他们最强调教师有效地同学生进行交往的价值。

(五)讨论

在幼儿园研究中使用了课堂教学观察人员,而在这些研究中,认知风格、交流风格、教学思想或行为的各个方面都是受试者作自陈报告。因此,这些不同的量表分数就分别代表了教师自我认识的方式。这是微不足道但却十分关键的一点,因为它与这一系列研究中出现的最为有趣的假设是相关的。当这种相关达到一程度时,教师们就经常把儿童中心教学同情感联系起来,而把以教师为中心的教学同分析性认知联系起来。那些主要通过直觉、情感和感知来评价信息以及倾向于唯心论者的教师,一贯赞同强调学生参与及个别而不是小组学习的教学哲学(思想)和行为,而倾向于选择思维、判断或理性模式以及有实用论和实在论倾向的教师,则赞同教师构建的教学方法以及教师作为信息给予者的角色。即使根据选择的领导风格来说,教师的分析性定向也是同选择相对非情感性的校长有关。正如上面提到的,强调情感的教师倾向于赞同以学生为中心的、灵活的教学形式。

从本研究可以得出几点令人惊异的推论。首先,情感性教学与分析性教学这两种对立的模式似乎可以得到明确的描述。这两种教学可以看作是不一致的,好比是同一教学体的两个对立极。人们可能会作进一步的推断并且指出,一种教学哲学或方法要么是分析性的和严格学术训练的,要么是情感性的和儿童中心的;同样也可以推断出,学生的参与减轻了教学上的认知训练。然而,在一项独立研究中取得的结果表明,同样的假设也存在于除教育领域之外的其他领域的大学生中——智能优异的学生很少喜欢讨论和交往,但却强调直接讲授的课堂气氛。

人们可以得出的第二个推论:认知能力优秀的教师也许会避开以学生为中心的教学方法。因为他们感到这些方法对于学生认知结构的发展是软弱无力的。这一推论可以在幼儿园研究中得到提示。在幼儿园里,那些更具分析和思维特征的教师们,似乎把"儿童中心"的方法看成是对幼儿的情感性反应而不是一种科学的教育方式。根据这些发现,可以建议那些更倾向于儿童中心课程的学区提供一些强调学科基础知识和皮亚杰理论的服务性工场。智力倾向同教师中心教学的选择这二者之间相互联系的进一步证据,已由利雷(Lilley)和威尔金森(Wilkinson)提供了,因为他们发现了教师的 IQ 分数和他们倾向于长时间的讲授并同其他教师讨论这二者之间有正相关。

特别具有理智的、分析性的教师把学生中心的教学看成是浪费时间吗? 抑或他们只是感到不作为信息给予者就无力承担课堂任务? 无论是哪种情况,其结果是:最爽快的教师也许倾向于鼓励学生的依赖性而不是主动求知。显然,学生自己也习惯于把"学生中心"的教学和讨论看作是浪费时间——他们越是爽快,就越喜欢讲授的方法。这是很具有讽刺意义的情况,因为实际情况应该是,智能较好的学生更应该被鼓励在建构他们自己的教育中发挥重要的作用。教师中心的、被动的教学减少了学生综合、扩展和推断其知识体系的机会,而且至少可以部分地解释我们的这种倾向——把学生培养成接受信息而不是提问和独立思考的人。

在这一系列研究中所显示的两种对立的教学模式也许可以追溯到两种相反的教育哲学观。第一种教育哲学观是由贝格莱(Bagley)和 1959 年的科南特报告书(Conant Report)明确地提出来的,它强调要发展学生的认知能力和分析能力。布鲁纳把这种观点称作教育上"建构主义"的经验主义观点,并认为它源于西方亚里士多德主义的哲学基础。另一种教育哲学观强调,教育应当优先考虑学生的整体发展,而教学应该是以儿童为中心的和自然自发的。这种观点的代表人物是杜威(Dewey)和康茨(Counts)。在 20 世纪,中小学的课程取向可以通过教育领导者占优势的观念变化得到了解。在这种背景下,发现两种基本的对立教学模式并不令人感到意外。

把训练式教学看成是强调科学的和分析的技能的倾向也许可以追溯到这种日益发展的价值观——我们以个别的和集体的方式而被置于复杂的技术之上。随着由电子计算机和机器人带来的广泛的经济和社会变革,我们自然应当重视这种科学方法的重要特征(例如,分析的和逻辑思考的方法)。

正如布鲁纳指出的那样,把分析的、规定的教学和儿童中心的、情感的方法看成是相互补充的而不是相互对立的,这也许是更为现实的。事实上,这种两极对立的模式也许是强加的,因为不同的课程需要不同类型的教学。进一步说,无论我们是作为一些个人还是社会团体,都明显地把人类的思想过于简单化了,因为我们总认为,即使是最严密的科学也可以借助严格实证的连续方法进行传授和掌握。直觉的与分析的过程也许不易被区分开来,但直觉与非分析的过程在科学上是占有一席之地的。例如,在讨论有关编写计算机程序的认知和技能时,塞尔(Sheil)指出,计算机程序专家的知识具有"可塑性",亦即借助直觉的飞跃来寻找问题解决的能力,这种直觉的飞跃超出了知识与逻辑的融合。

似乎特别有讽刺意义的是,正是教师自己把教学看成要么是"学生中心"的,要么是认知训练的,因为这种观点把作为一种职业的教学过于简单化而削弱了教学的艺术性。我们中那些在教育学院工作以培养未来教师的人,也许需要有意识地做出努力以消除假想的两种对立教学模式,这就要向未来的教师们生动地展示出:一种严格的学术训练的教学计划怎样能够成为"学生中心"的;相反,一种情感的、学生中心的方法如何未必是缺乏理智的。情感与理智的统一代表了有关教学的一种最完美的解释。

(本文发表于《比较教育研究》1992 年第 1 期,译自美国《教育论坛》1987 年第 4 期。[美]唐纳·M·卡根著,靳玉乐译,译者时属单位为西南师范大学教育科学研究所)

第三章 教与学方法

一、掌握学习与合作学习的若干比较

掌握学习和合作学习是 20 世纪 70 年代年代初兴起于美国,并在 70 年代中期至 80 年代中期取得了实质性进展的两种新的教学策略。它们被广泛地应用于中小学课堂实践,对提高美国基础教育的质量及改善学校的社会心理气氛起到了积极的作用。有关掌握学习的理论及方法,近年来在国内已得到较多的介绍。相对来说,对合作学习的理论及方法介绍则刚刚开始,还很不充分。对这两种理论作若干比较,就会发现,它们之间异中有同、同中有异,其中得到的启示意味深长。

(一) 基本假设:偏态分布与"软件故障"

掌握学习出色地体现了一种乐观主义的教学观。布鲁姆的一个著名论断就是:所有的学生(除外 2%~3% 的身心缺陷者),在有利的教学条件下,都能掌握中小学课程规定的任务。以往对学生学业成绩呈正态分布的假设是毫无理由的。解决目前教育所面临的问题的最好办法是,改变我们对学习者及其学习的看法。学生学业成绩的差异之所以日益扩大,主要是教师对学生学习上的困难没有采取任何措施的结果。

合作学习的倡导者们一般并不直接对学生作如此乐观主义的估计,而是从探究分析学生为什么不爱学习这一角度来思考。心理学家和学生行为咨询专家、现实治疗学派代表人物格拉塞(William Glasser)对此作了大量的调查和评论。他认为许多教师把学习不用功的学生等同于"诵读困难"等身心缺陷者,是不公平的。他说,当人们追究一台计算机的故障原因时,电脑专家的回答总是:99％是软件出了毛病。在学习上,当一个学生说"我不想学习"时,其实也是"软件"的毛病,而很少源于大脑的功能缺陷。格拉塞认为,把学生的个别差异归因于器官功能上的原因,在学校教育中并不能促成有效的学习。

那么,怎样才能矫治学生不愿意学习的"软件"故障呢? 格拉塞指出,关键在于改变满足学生需要的条件。学习用功的学生把学校看成是满足需要的场所,而传统的教学形式恰恰只是满足了少数"尖子"学生的某种需求,只有这些学生才感到自己在班级里是举足轻重的,是赢得老师和家长关注的。所以,实际上隐含着这样一个假设:只要在有利的条件下(改变满足学生需要的选择方式),今日学校教育处于困境的棘手问题就有可能得到解决。

(二) 成功条件:时间保证与需要满足

有人把掌握学习理论称之为"时间本位"模式,这的确是抓住了其特征所在。时间作为一个重要的变量引入教学之中,源于卡罗尔的"学校学习模型"。60 年代初卡罗尔就指出,在学校中直接影响儿童学习的所有变量都可以用时间来界定,通过测量某个学生完成某一既定学习任务所需要的时间与实际花费时间的比例,可以评定他完成这一任务所达到的程度。布鲁姆接受了这一思想,认为,如果"对每个学生都给予最适合他本人的教学和充足的学习时间,就可能期望绝大多数学生都能达到掌握水平"。有了时间这个操作变量,使得掌握学习者们对学生的乐观主义看法有了可资辨别的依据,所谓"优生"和"差生"的概念,也被"快生"与"慢生"所取代。对一个学生来说,如果从心里感到"我并不比别人笨,我只是需要多花些时间而已",这对他将是多大的鼓舞呀!

合作学习的倡导者们则把学习看作是满足主体内部需要的过程。柯尔曼(Coleman)曾指出,青少年学生所以鄙视学业成绩的价值、迷恋于运动场和演艺界的明星人物,原因在于他们内在的强烈归属、从众心理和渴望得到表现的欲望能从中获得满足。他们需要同伴的接受、认可,需要表现其对团体的贡献。格拉塞认为,青少年学生中有 4 种重要的需求值得认真关注,这就是归属(或友谊)、影响别人的力量(或自尊)、自由和娱乐。他说。虽然今天的学校教育过分压抑,不够愉快,但这不是问题之焦点。学生懂得在一个群体情境中不可能让他们自行其是,需要遵循规则和纪律。另一方面,如果有了归属感和影响力,愉快也是自然而然的事情。所以,问题集中到归属的需要和影响的需要。格拉塞为此曾直接询问了 150 名学生,"什么是你感到在学校中最向往的?"回答几乎是一样的:"朋友!"这是学生内心充满拥有友谊和关心的要求。格拉塞又问一些 11~15 岁的学生:"你感到在学校里显得重要吗?"(即能"影响别人",有自尊感),许多学生对此反应漠然,似乎在说:"扯淡! 谁愿意倾听我们的心声呢?"有一半的人作了回答,但他们感到"重要"的地方,几乎都不是在课堂上,而是在运动场、戏剧表演小组、音乐会等课外活动中。当然,在课堂上也有感到自己是"重要"的学生,那是少数在分数竞赛中出尽了风头的"尖子"学生。格拉塞进一步分析了在课堂上影响别人的三种水平:首先得感到有人愿意倾听他的发言(课堂中 99% 的纪律问题是由于没有机会让人倾听、或别人不愿意倾听而引发的);第二是别人不仅愿意倾听,并说:"你是对的";第三,在此基础上,别人愿意说:"你的主意比我的好,我们应该照你那样去做"。因此,格拉塞认定:影响力比归属感更为重要,这是学校困惑的焦点所在。掌握学习和合作学习的倡导者们都把创造成功条件看成是提高学校教育质量的关键。但在什么是"成功的条件"这一点上,出现了较大的分歧。"时间保证"与"需要满足"的分歧,导致了一系列看似类同但却有实质性差异的教学策略。

(三) 保障机制:反馈矫正与奖励结构

在掌握学习的操作策略中,其基本步骤是,制定掌握计划、确定掌握的标准、分解学习任务、诊断学习困难、初始教学、形成性评价、反馈矫正。由于掌握学习,把学习能力看成是学习速度的指数,那么,对"慢生"来说,如何通过形成性评价提供的反馈信息实施矫正性补救,便是关键。诺丁(Nordin)在 1980 年的一项研究中集中比较了布鲁姆提出的影响教学质量的三个关键部分:提示(或向学生呈现材料的明晰程度)、参与(或学生参加学习过程的积极程度)及反馈(矫正),结果发现,反馈(矫正)在提高学习速度方面的作用最优,在引起学习兴趣方面的作用与提示相似。看来,反馈性矫正的重要性同掌握学习的"时间本位"理论是吻合的,因为矫正性反馈增加了"慢生"实际花费在完成学习任务上的学习时间。

合作学习也同样采用了分解学习任务、初始教学、学习竞赛或小测验等一系列步骤。不过,合作学习促使"慢生"达到掌握的水平所依赖的机制不是矫正性反馈,而是奖励结构。合作学习的倡导者们分析了课堂教学技术的三个关键特征:任务结构、奖励结构和权威结构。任务结构主要是指教学活动中师生采用的活动方式(包括内容方面和组织形式方面);权威结构是指教师或学生控制教学活动的程度;奖励结构除了类别、数量、频度、可感受性方面的差异外,主要是指竞争性的奖励和合作性的奖励的区别。传统的课堂教学中,所采用的是竞争性的奖励结构,某个同学所取得的学业成绩只表征他个人的目标达成;对每个人来说,别人的成功就是自己的相对失败。而在合作性的奖励结构中,某个人的成功同时也帮助于其他人(例如小组成员)的成功。这种"息息相关""荣辱与共"的机制促进了"慢生"的进步。合作学习的各种方式,主要改变的是奖励结构。研究证实,这种新的奖励结构是合作学习用以提高学业成绩的最关键之处。

怎样才能保证使"慢生"不致被排斥在学习之外呢?在掌握学习中,"快生"总是捷足先登,乐于"纵横充实自己"。而在合作学习中,以小组奖励为主的合作奖励结构也可能导致"快生"的思考代替了"慢生"的思考,小组学习成为某些人"承包"答案的徒有形式。对此,掌握学习似乎尚未采取相应的措施予以解决,而合作学习却运用行之有效的技术来加以控制,这就是合作学习中的计算个人成绩与小组合计总分的方法。

在合作学习中,教师将不同成绩水平、性别、才能倾向、种族背景的学生组成互相学习小组(即异质分组),鼓励他们相互交流、相互帮助,但同时每人又必须依靠自己的努力去独立完成任务,最终将每个学生的个人成绩加在一起,对各小组的总积分进行比较,并在此基础上进行奖励与评价。如"成绩分阵法"就是一种典型的合作学习技术。它将全班分成几个4～5人一组的异质学习小组,在教授、学习新教材之后即进行分组练习,全体小组成员互帮、互学、互查,至小组练习到相当程度时,全班学生参加一个内容相同的测验,将测验结果(成绩)进行组间比较,各组学生间最优的与最优的相互比,次好的与次好的比,差的与差的比(即构成不同的分阵)。各分阵的成绩最好者为小组争得8分,次好者争得6分,依次类推并计算团体总分,在全班表扬得分最高分的组。这种把各组每个成员的表现与小组总分挂钩、各人在原来的起点上进行合理竞争、公平评价其贡献的方法,最终导致了激励全体学生既要平时加强交流、互相帮助,又必须个人不断努力、力争成功的局面的出现。

(四) 激励途径:学习结果与学习意愿

掌握学习和合作学习都面临着一个共同的问题,即如何使每个学生都学得更好,并且更加热爱学习。这一动机与学习的关系问题便是激励理论的核心所在。弗鲁姆(Vroom)1964 年在《工作与激励》中提出了一个简洁的激励公式:F=VE。即积极性是目标价值与经验预期的乘积。这里必须满足两个条件,一个是目标价值,必须让学生把学习看成是有价值的行为,把学校看成是满足自己需要的场所;第二是经验预期,必须让每个学生都感到实现目标的可能性是足够大的,个人经过努力是可以达到的。从理论上说,这两项条件是互相制约、互相影响、不能区分孰先孰后的。但是从经验上判断,由于期望理论把个人的行为看成是对未来事件的一个期望,预期则可能是一个更为重要的先决条件。一个有价值的目标,如果没有实现的可能性,对个人有什么价值? 只有有很大成功希望的目标才会导致实际中的努力。从这一观点出发,掌握学习和合作学习在提高学生学习期望水平方面都作了努力。掌握学习是通过确立掌握水平、采用矫正性措施来提高学生学习成功的可能性,增强他们的期望水平的;而合作学习则是通过小组合作学习、公平竞赛或测验来做到这一点的。

但是,弗鲁姆这个简洁的公式并没有说明问题的全部。调动学生的学习积极性(动机)是为了满足主体内部的需要,而需要的满足则使个体获得满意的情感。但从"动机"(目标价值与经验预期)到"满意"中间有什么重要的变量呢? 1968 年波特和劳勒尔提出了一个更为复杂的激励理论,其中涉及到了两个主要的制约变量。波特等人认为,经过努力导致绩效(目标达成),最后获得满意。即"先有业绩后有满意",这同传统的"先有满意后有业绩"相悖。孰是孰非,至今难以定论,正是在这一点上导致了掌握学习和合作学习采取了不同的策略。

掌握学习的倡导者信奉的是,只有学得好,才会愿意学。首先要让学生感到经过努力是能够取得业绩的(标准一参照测验),让每个学生都达到掌握的水平,都在学习中有成功的表现,这样才能保证使他们热爱学习、热爱学校,有较强的自信心和自尊感,树立正确的自我观念。掌握学习的倡导者们认为,满意的情感是个体的需要得到满足之后所表现的内心体验,需要的满足一定要建立在业绩之上,而不可能从其他途径获得。就学习来说,学习取得成功的体验是增强学习行为的最好奖赏,也是最大的满意。他们宣称,一个学习单元的掌握是另一个学习单元学习的激励手段;一门学科的成功导致另一门学科的成功;小学学业的成功是中学学业成功的保障。以往学校的一个根本错误在于:总是让大部分学生遭受挫折,经历失败,这种学校教育中的"马太效应"只能适应"选拔精英"的升学模式,而大多数学生只能成为少数跳龙门的学生的陪客。"失败是成功之母",但更重要的,"成功是进步的阶梯",不断的成功将带来更多的满意,最后转化为新的努力。所以,学校教育应为每个学生创造不断成功的机会,而不是人为地制造无休止的失败。

合作学习的倡导者则信奉:只有愿意学,才能学得好。格拉塞坚持说,教师不可能强迫任何学生做他们不愿意做的事情,试图强迫学生学习总是难以奏效的。教师经常告诉学生,学校是一个令人愉快的场所。学生们在小时候也是不加怀疑的,但是,当他们逐渐长大时,至少有半数以上的人开始觉得课堂上所做的一切事情对他们来说并不美妙。学生就转向自己内心体验到的世界而远离学习行为,形成一种"反智次文化",鄙视学业成功的价值。因此只有创造条件满足学生对归属感和影响力的需要,他们才会感到学习是有意义的,才会愿意学习,才能学得更好。

怎样才能促使学生愿意学呢? 格拉塞的回答是:在合作小组中学习(working in team)! 小组成员之间相互交流、相互尊重,既充满温情和友爱,又像课外活动那样充满互助和竞赛。同学之间通过提供帮助既满足了自己,又影响别人的需要,同时通过互相关心满足了归属的需要。在小组中,每个人都有大量的机会发表自己的看法,也乐意倾听他人的意见。当学生一起协调出色工作时,他们得到的也更多,学起来也更愉快。

（本文发表于《比较教育研究》1993 年第 2 期。作者马兰,时属单位为杭州教育学院）

二、师生课堂互动行为类型理论比较研究

在班级课堂里,存在着各种互动行为,其中,师生互动行为是非常重要和常见的一种。师生课堂互动行为有多种类型。为了更深入地了解这些行为的规律,以便为提高师生课堂行为的有效性提供有参考价值的建议,有必要对丰富多彩的互动现象进行分类研究。国内外的教育学者、心理学者和社会学者已经对此进行了不少研究。

(一) 国外关于师生课堂互动行为类型的研究

在西方教育社会学中,师生课堂互动行为是一个专门的研究领域。这一领域自 20 世纪 70 年代产生以来,发展速度很快,在互动类型的分析方面呈现出不同学科的学者以多学科方法相结合研究的特点,产生了诸多研究成果。本文仅介绍和分析其中最具代表性的几种类型。

1. 艾雪黎等人提出的 3 种类型

英国学者艾雪黎(B. J. Ashley)等人根据社会学家帕森斯的社会体系的观点,把师生课堂互动行为分为教师中心式、学生中心式、知识中心式 3 种。[1]

(1) 教师中心式

师生课堂互动行为的目标是把社会文化价值与规范灌输在所有学生的思想观念中,把学生培养成社会所需要的人才。教师在课堂互动过程中的角色被认为是社会文化的代表,在教学活动中起着主导作用,学生仅仅作为教师备课时想象的对象、上课时灌输的对象而存在。教师通常采用强制性的训导方法,伴以奖励和惩罚行为,协调与学生的互动,学生的行为基本上是被动的,更多地采取顺应、被动合作等行为。在这种互动行为类型下,师生之间是控制与服从的关系。

(2) 学生中心式

师生课堂互动行为的目标是充分发展学生的身心素质,学生处在教学活动的中心,以平等的主体身份与教师互动。教学过程主要依据学生身心发展的需

要进行,强调学生主动学习。教师扮演咨询者、辅导者和学习动机激发者的角色。教学采取民主参与方式,在教学目标设计、教学组织、教学方法选择等环节上寻求学生的反馈信息,并据此作出相应调整。对学生的管理强调正面引导,对他们所犯的过失采用规劝为主的行为。在这种互动行为类型下,师生之间是主体与主体的关系。

（3）知识中心式

师生课堂互动行为是建立在强调系统知识重要性的基础上,以有效地传授和获得知识、为学生升入高一级学校或取得更高资格、将来从事理想工作而做准备为目标,师生课堂互动行为仅仅是实现目标的手段。在师生课堂互动中,教师仍然享有一定的权威,这种权威源于他们的专门知识、专业技能和较高的资历,他们对学生的控制方式是以实惠性目标为诱惑,如取得好成绩、获得高学历文凭等。这种互动行为类型下,师生关系是为了达成共同目标而结成的特殊伙伴关系。

2. 利比特与怀特等人提出的 3 种类型

利比特与怀特（R. Lippitt & R. K. White）把教师在课堂上的领导行为分成 3 类:权威式、民主式和放任式。[2]由于互动行为的依赖性特征,相对于教师行为的不同,学生的行为也表现出差异性,由此形成了三种不同的师生课堂互动行为类型。

（1）教师命令式

教师常以命令控制行为与学生的顺从顺应行为进行互动,但是往往会与有侵犯性的学生发生冲突。在这种互动行为类型下,学生能够迅速地完成学习任务,师生能够高效率地达到预期目标,但是学生可能表现出消极情感,如紧张、敌意和侵犯等。在这种互动行为类型下,师生之间是控制与服从的关系。

（2）师生协商式

教师用较多的时间与课堂里的成员联系沟通,建立起班级成员之间（学生—学生、教师—学生）良好的互动模式,鼓励学生对教学目标和方法、对课堂行为规范的制定等发表个人意见,主动参与课堂互动,以便对教学过程中的活动取得一致意见。教师注重激发学生学习的积极性,让学生认识到只有通过每个人自身的努力,才能实现师生共同的课堂教学目标。在这种互动类型中,学生个性情感发展良好,如自信、主动、积极、友好、合作等。但教学效果,尤其是学习成绩的提高,不如在教师命令式下显著。在这种互动行为类型下,师生之间是民主协商关系。

(3) 师生互不干涉式

课堂上教师根据事先的讲稿、教案对教学内容进行讲解说明,不对学生提出明确的学习目标和要求,不参与指导他们的学习行为,采取听之任之的态度,学习与否与怎样学习完全由学生自己决定。在这种互动形式下,学生的学习成绩和个性情感两方面发展都不理想。学生缺少学习和生活经验,需要教师进行必要的指导,如果教师放任不管,学生大部分时间都在摸索和仿徨中度过,造成学生既无学习成绩、又对课堂教学产生厌倦等消极情感。在这种互动行为类型下,师生之间是相互疏远的关系。

(二) 国内关于师生课堂互动行为类型的研究

适应国内教育改革和发展的需要,国内学者对师生课堂互动行为从教育社会学、心理学、哲学、工程学等不同角度进行了探讨,取得了一定的成果。

1. 吴康宁等人从互动主体角度提出的类型

吴康宁等学者认为,课堂教学中的师生互动行为种类繁多,可以按照不同的标准进行划分。[3]

(1) 根据教师行为对象划分类型

① 师个互动 即教师行为指向学生个体的师生互动。具有预期目的与明确对象的师个互动行为常表现为提问与应答、要求与反应、评价与反馈以及个别辅导、直接接触等。这种类型较明确地显示出教师对学生的偏爱或偏见以及学生对教师的评价与策略。在目前我国小学课堂里,师个互动占全部师生互动时间的 54.4%。

② 师班互动 即教师行为指向全班学生群体的师生互动。学生此时认为,自己对教师行为反应是群体反应的一部分,而不是区别于他人的独立个体行为。这种互动常见于组织教学、课堂讲授、课堂提问、课堂评价等过程中。在目前我国小学课堂里,师班互动占全部师生互动时间的 54.4%。

③ 师组互动 即教师行为指向学生小组的互动,是教师针对学生小组群

体而进行的讲解、辅导、评价等。在目前我国小学课堂里,学生小组在教学中并未成为有意义的互动群体,师组互动占全部师生互动时间的 0.2%。[4]

在我国目前小学课堂师生互动行为类型中,师班互动和师个互动是主要形式。

(2) 根据师生行为属性划分类型

① 控制-服从型 师生行为的主要属性首先是控制与服从。课堂中教师指向学生的行为或许会变化频繁,包括采取"民主的"、"平等的"、"合作的"方式,但其根本宗旨即课堂控制不会改变。控制是教师课堂行为的社会学本质。与之相应,学生回应教师的控制行为的期待可以归结为"服从"。服从是教师对于学生的课堂行为属性的一种制度规定。

② 控制-反控制型 多数情况下,学生以"服从"行为与教师互动,但也偶然会发生不服从的情况。这时师生互动行为的属性便转变为"控制"与"反控制"。当学生的控制行为达到一定程度时,师生互动行为的主要属性就会发展成为相互对抗。

③ 相互磋商型 在教师完成预先设计的教学任务和学生免受不必要的惩罚双重压力下,相互对抗可能转化为相互磋商,或既相互对抗又相互磋商。[5]

2. 王家瑾根据互动效果提出的类型

王家瑾采用系统工程分析方法,以教师、学生和教材三要素构建出教学活动的一个三维坐标体系,形成了师生课堂互动模型[6](图1)。

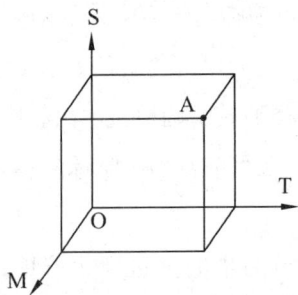

图 1

T:教师"教"的状态变量(教学概念、教书育人与为人师表的敬业精神、教学组织调整、教学方法与技巧等)

S:学生"学"的状态变量(学习欲望、学习态度与学习行为等)

M:教学内容与教学(包括教学媒体)状态变量

A:既定的、期望的优化教学目标的满意值区

在一定的教学环境中,如果教师(T)、学生(S)和教学内容与媒体(M)三者之间实现互动并趋于最佳状态,在坐标体系中就会产生一个以 A 为中心的交会区,A 区就是教学优化目标的满意值区。值得注意的是,其中任何一个要素不趋于最佳值,教学效果就不可能达到满意值区内。

王家瑾还对教师与学生(T 和 S)两个因素进行了分析,构建了二维教学效果动态模型,通过模型分析了师生之间的互动,认为师生间显然存在两种互动类型:正向互动即良好师生沟通——良好的教学效果;反向互动即不良的师生沟通——不良的教学效果。正向互动模型如图 2 所示。

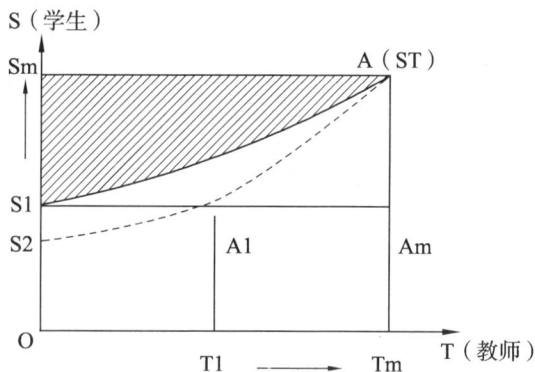

图 2

在图 2 中,Tm 是最理想的教学行为。正向互动中,教师行为由 T1～Tm 正向发展,即行为越来越符合教学规律和学生发展规律,教师具有强烈的敬业精神、优秀的人格品质、积极的教学态度以及良好的教学组织能力和教学技巧,形成理想的教学行为,而且教师与学生在情感上交流默契,由此形成较好的教学气氛,教师状态趋向于最佳值 Tm。这种正向发展促进学生学习积极性的提高,发挥他们学习的自主性,外在与内存的驱动力促进学生主体作用趋向最佳。图 2 中,学生主体作用向最佳值移动,即出现 S1～Tm 的移动,并与教师的最佳值 Tm 交会于 A(ST)点,师生互动的二维关系达到理想满意值区。这种状态

便是师生正向互动。

模型中补充分析了3种例外情况：① 如果教师与学生状态都不佳，分别处于图中的 T1 和 S1，则教学状态便是 A1，远离满意值 A(ST)；② 如果只有教师单方面的积极状态，努力实现 T1～Tm 的发展，但忽略学生主体作用，没有推动学生状态的变化，学生状态仍停留在 S1，教学状态则是 Am，达不到A(ST) 的理想状态；③ 教师的能动性是作用于学生的，其能动性大小是图中的阴影部分，即 S1、Sm 和 A(ST)组成的三角区域，学生状态越差，即 S 值越接近 S2，教师需要调动更大的积极性驱动学生状态的调整，使学生主体作用 S 沿着 S2～S1～Sm 的方向提高。

（三）对国内外研究的分析与借鉴

纵观师生课堂互动行为类型已取得的研究成果，本文认为这些研究呈现出多学科、多角度的特点。国外的艾雪黎运用社会学的理论进行分类研究，利比特与怀特则从师生关系的角度，根据教师领导行为的性质进行分类研究。国内吴康宁等人从教育社会学角度运用实证研究和理论方法进行分类，王家瑾运用系统工程分析方法构建了理论模型。这些研究为认识师生课堂互动的本质和规律，提高互动有效性都具有一定的借鉴意义。

英国学者艾雪黎划分教师中心式、学生中心式和知识中心式的三种互动类型各有利弊。教师中心式能较好地发挥教师在师生课堂互动中的主导作用，易于传播社会主体文化价值规范，培养出大量维护现行社会制度和文化传统的公民，按照冲突理论学派的观点，就是实现现有社会结构的传递和再现。但由于教师的绝对地位容易导致教师的独断专行与学生完全被动的弊端，不利于学生主体性的培养，容易使学生产生对抗性行为而引发师生冲突。互动双方中的学生这一方缺乏互动的积极性，常常影响到正常的教学秩序和教学效果。学生中心式能够较好地发挥学生的主动性和积极性，有利于学生主体性的发展，但是由于学生年龄小、身心发展正在由不成熟到成熟，行为带有自发性和情绪性特点，缺乏行为选择的自觉性和理性，在师生课堂互动过程中，教师不得不占用较多的时间对学生的情绪化行为进行指导和调整，一定程度上影响到课堂教学的效率。学生中心式课堂互动适合小班教学和个别教学，对教师的专业水平也提出更高的要求。知识中心式由于强调知识的传播接受,具有提高课堂教学效率的优势,主要表现在能够提高学生考试成绩和取得较高的升学率。但是这种互动存在明显的弊端,即本应作为主体行为而存在的师生互动行为,由于过分注重知识传授而异化为一种工具,使人的主体性遭到削弱甚至丧失。在目前我国的教育实践中具体表现为,由于片面追求升学率,考试成绩被视为评价学生和教师的惟一尺度,应付考试成为师生课堂互动的主宰,学生的全面发展成为一种口号和虚幻的理想。教师在课堂互动中,要根据实际情况进行综合比较,灵活选取,切勿固守某种类型。

吴康宁根据互动行为主体和对象的分类法具有直观明了的特点,易于观察。显然,我国师生课堂互动的主要形式是师个互动和师班互动,师个互动和师班互动的效果直接决定着师生课堂互动行为的整体效果。师组互动由于本身在整个互动构成中仅占有很少比例,无法对整体互动效果产生影响。但是国外的部分学者研究表明,教师与学生小组的互动,甚至分组行为本身都会对学生行为和教师行为以及对师生互动产生一定影响,最终影响课堂互动的整体效果。在今后的课堂互动中,教师应当充分重视学生小组的使用,尤其是在培养学生学会与人合作方面的重要价值,引导、帮助学生建立具有实际意义的功能小组,增加师组互动的比例。

王家瑾的师生课堂互动模型为分析课堂师生互动行为提供了直观明了的框架,这种思维方法便于人们从理论上认识和分析师生课堂互动行为。然而,由于教师行为和学生行为的复杂性,使课堂互动成为一种非常复杂的过程,这种模型划分显得有些简单,但对于指导教学实践过程和调整师生具体课堂互动行为具有一定的借鉴意义。教师应努力使自己的行为和学生的行为共同向良好的方向发展,提高课堂互动效果。

参考文献

[1] 陈奎熹. 教育社会学研究[M]. 台北:师大书苑有限公司,1992:155—156.

[2] 陈奎熹. 教育社会学研究[M]. 台北:师大书苑有限公司,1992:

137—138.

［3］吴康宁.教育社会学[M].北京:人民教育出版社,1998.

［4］吴永军,等.我国小学课堂交往时间的社会学分析[J].上海教育科研,1995,(5).

［5］吴康宁,等.课堂教学的社会学研究[J].教育研究,1997,(2).

［6］王家瑾.从教与学的互动看优化教学的设计与实践[J].教育研究,1997,(1).

（本文发表于《比较教育研究》2001年第4期。作者亢晓梅,时属单位为天津市教育科学研究院信息所）

三、西方科学教学中概念转变学习理论的形成与发展

（一）概念转变学习理论产生的背景

概念转变学习理论的产生源于西方科学教育工作者关于前概念的研究。何谓前概念？一般认为，学生在接受正规的科学教育之前所形成的概念可称之为前科学概念（pre-science conception）或前概念（preconception）。对于前概念，自20世纪70年代以来，西方一些从事科学教学研究的学者经过大量的研究后发现，学生形成的前科学概念由来以久、根深蒂固，这些前概念中有些是对客观世界的朴素观念（native concept），有的则完全与科学概念相悖，后者也叫错误概念（misconception）。

杜伊特（Duit,R.,1994）认为前概念与错误概念的来源是不同的。[1]前概念有多种来源：① 来源于语言。如"太阳升起来"；② 同家庭成员、朋友、其他成人和同伴群体之间的交互作用；③ 大众媒介；④ 感觉经验。错误概念的来源有：① 教师的以讹传讹；② 大众科普传媒的误导。例如，在德国某科学博物馆的一个展览中，提供的牛顿三定律的完全错误的说明长达数年；③ 学生的错误理解。学生基于原有的错误概念，以完全不同于教师所设想的方式理解教师所呈示的内容。

霍华德（Howard,1987）从图式角度分析了出现错误概念的原因。[2]① 概念须长时间形成，学生的各种图式均在形成过程中；② 学生认为用已有图式已足够应付日常生活，因而将学校里所学的都存入已有图式中，看不出有改变已有图式的必要性；③ 有些课程在短时间内介绍了许多概念，使学生不能深入思考达到全部理解，因而他们往往求助于机械学习。现行的考试也往往鼓励学生进行机械学习而不是理解；④ 有些新图式与学生的已有图式发生严重冲突，学生往往拒绝接受新图式。

　　错误概念往往不单是由于理解偏差或遗忘而造成的错误,它常常与日常直觉经验相联系,植根于一个与科学理论不相容的概念体系,有时,它恰巧是科学界以前所主张的观点,如"太阳围着地球转""重的物体会更快地落地"等。研究发现,[3]错误概念不仅在儿童中出现,甚至在大学生身上也会出现,它们出现的频率在各年龄阶段变化不大。以往的教学只是关注于新知识的传授,但正确概念的传授并不能自动地校正学生原有的错误概念,在教学之后,儿童往往仍然信奉原来的观点。为了帮助学生实现由错误概念向科学概念的转变,必须寻找促进错误概念发生转变的机制、条件、途径,这正是概念转变学习成为当代科学教学研究热点问题的现实原因。

(二) 概念转变学习理论的形成

1. 概念转变的方式、途径

　　泰森等(Tyson et al.,1997)在考察同时代人研究成果的基础上,提出了按概念转变水平不同进行分类的两分法模式,该模式首先按已有认知结构的改变方式将概念转变分为二种:充实和重建。最一般的概念转变类型称之为"充实"(enrichment)。指在现存的概念结构中概念的增加或删除。人们在生活中获得的大量知识充实着他们原有的知识。充实的另一种形式包括对现存概念结构的区分、合并以及增加层级组织。总之,这一途径涉及到原有概念结构的量的扩展(enlargement);另一种是重建。"重建"(restructuring)意味着创造新结构,这种新结构的建构或者为了解释旧的信息,或者为了说明新信息。心理学家对不同的重建类型作了区分。其一是区分弱势(weak)与强势(radical)重建,弱的重建就是在某一概念或一整套概念的内部结构中进行重组。强的重建就是考虑理论中的变化,类似于科学史中理论的改变。强的重建发生在个人获得一种新理论之时,这种新理论不同于其原有结构中的老理论。弱与强的重建形式均涉及某一种特殊领域理论的重建,亦可称之为"特殊领域的重建"。另一类的重建是全局性的重建(global type of restructurings)。其最典型的表现是皮亚杰描述的儿童认知发展过程中知识结构的变化。皮亚杰认为,儿童认知的发展最显著的特征就是被称作"阶段"的全局性重建类型。这种重建要求的是结构中的变化,而这种结构则决定着儿童可以利用的表征方式的性质。根据这个观点,儿童的认知发展经历了 4 个主要阶段,即感觉运算阶段、前运算阶段、具体运算阶段和形式运算阶段。这种类型的重构影响着儿童在所有领域中获取知识的能力,因此这是一种全局性的重建。[4]

杜伊特根据建构主义思想,将概念转变学习分为两种途径,即连续途径和不连续途径。[5]连续途径试图避开在不连续途径中的基本的重建的需要,其概念转变开始于同科学概念一致的学生原有概念结构或是对已有概念的重新解释。在第一种情况中,其要点是概念的变更和目标概念的协调是逐步发展起来的。在涉及科学概念和原理的解释时,并不是任何情况下都必须从学生建构的概念开始的。它也可能开始于与某些问题领域中部分知识的类比,这一问题领域中的科学内容的结构与性质已被阐明。在第二种情况中,“重新解释”策略稍有不同。与之类似的是虽然它也是从学生的前科学概念开始,但对它已用新的方式作出了解释。在有关物理学学生前概念研究中,一个重要发现是,任何年龄的学生都倾向于,任何时候某一物体运动的方向就是此时力作用的方向,物体由推动而运动即说明了这一点(McDermott,1984)。这种观点按牛顿的经典力学是不正确的。按照重新解释策略,就不要告诉学生他们的概念框架是错误的,而是逐步引出学生头脑中已有的东西,并从物理学的观点建构其正确的意义。事实上,确有一种物理量总是指向该物体运动的方向。但这个量是动量而不是力(Jung,1986)。另一个关于重新解释策略的实例是关于电流概念的学习。在简单的电路中涉及电流,学生通常认为,当电流在电路中流动时,电流被消耗,即一些电流被电灯利用,留下较少的电流流回电池。这里也不要告诉学生他们的概念是错误的。相反,教师应鼓励学生按自己的思维方式思考并找出某些完全正确的想法。事实上,电流流动时被“利用”,即能量转换成热并散失。总而言之,连续途径不需要重建科学概念结构,它只是在原有概念基础上的扩展或重新解释。

不连续途径的显著特点是学生已有的概念与科学概念是完全不同的。在不连续途径中,认知冲突(congnitive conflict)策略起关键作用。认知冲突主要有以下 3 种:① 认知冲突产生于学生的预测同其经验结果相反时;② 认知冲突产生于学生的观点与教师不一致时;③ 认知冲突产生于学生之间的不同观念的碰撞中。认知冲突策略来自皮亚杰的思想,即认知冲突引起认知的不平衡,后者决定了同化与顺应之间的相互作用,直至新的平衡的恢复。认知冲突就是在学生的认知心理上造成差异与不平衡。一旦引发这种认知冲突,就会引起学生认知结构上的不平衡,就能激起学生的求知欲和探索心向,促使学生进行认知结构的同化与顺应。引发认知冲突是激励学生概念转变学习的契机与条件。

2. 概念转变模型

发生在学生头脑中的概念转变的机制是什么呢? 这一过程如同库恩(Kuhn,1970)指出的科学发展中的范式转换(paradigm shift),更类似于皮亚杰(Piaget,1985)的同化与顺应机制。波斯纳(Posener)等人 1982 年提出了概念转变模型(Conceptual Change Model,CCM),[6]这个理论是在皮亚杰的认知建构主义理论基础上,参照库恩的科学史与科学哲学对知识的"范式更替"的观点提出来的。这一理论提出了概念转变的条件,即为了促使学生进行概念转变,必须提供 4 个条件:① 学习者对当前的概念产生不满(dissatisfied)。只有感到自己的某个概念失去了作用,他才可能改变原概念,甚至即使他看到了原来的概念的不足,也会尽力做小的调整。个体面对原来的概念所无法解释的事实(反例),从而引发认知冲突,这可以有效地导致对原有概念的不满;② 新概念的可理解性(intelligibility)。学习者需懂得新概念的真正含义,而不仅仅是字面的理解,需要把各片段联系起来,建立整体一致的表征;③ 新概念的合理性(plausibility)。个体需要看到新概念是合理的,而这需要新概念与个体所接受的其他概念、信念相互一致,而不是相互冲突,它们可以一起被重新整合。这种一致包括:与自己的认识论信念的一致;与自己其他理论知识或知识的一致;与自己的经验一致;与自己的直觉一致等。个体看到了新概念的合理性,意味着他相信新概念是真实的;④ 新概念的有效性(fruitfulness)。个体应看到新概念对自己的价值,它能解决其他途径所难以解决的问题,并且能向个体展示出新的可能和方向,具有启发意义。有效性意味着个体把它看作是解释某问题的更好的途径。概念的可理解性、合理性、有效性之间密切相关,其严格程度逐级上升,人对概念有一定的理解是看到概念的合理性的前提,而看到概念的合理性又是意识到其有效性的前提。亨森(Hewson)把概念的可理解性、合理性和有效性称为概念的状态(conceptual status),即可理解的(intelligible)、可相信的(plausible)及可广泛应用的(fruitful)等状态。[7]学习者对于概念所处的状态愈高,其发生概念转变的可能性也就愈高;也就是说,概念转变是发生在学习者能够充分理解与应用新概念时。他还提出,不仅新概念的状态,原有概念的状态也会对概念转变产生影响,两者之间存在交互作用。应注意,概念的上述三种状态不是概念实际上如何,而只是个体所看到、所意识到的可理解性、合理性和有效性,是个体对新、旧信息整合过程的元认知监控。根据波斯纳的观点,如果满足了上述概念转变学习的 4 个条件,学生所持有的错误概念就会被科学概念所替代或改变。

由此可见,所谓概念转变就是学习,就是学生原有概念改变、发展和重建的过程,就是学习者由前科学概念向科学概念的转变过程。为了促进学生实现概念转变,就要进行概念转变教学。为此,教师必须充分了解学生相关学科的原有知识经验背景,了解学生有哪些错误概念,并充分运用学生的原有概念创设教学中的认知冲突(情境),以此作为引发学生进行概念转变学习的契机。要转变学生的错误概念,仅仅告诉学生"正确"的概念是无效的。只有在激励性的情境中,在学生的前概念与科学概念的激烈碰撞中,才能解决前概念与科学概念之间的矛盾冲突,实现由前概念向科学概念的转变。

(三) 概念转变学习理论的发展

波斯纳等人在提出概念转变模型时,认为当学生在学习新概念的时候,若能满足概念转变的条件,也就是不满足(dissatisfied)、更合理(intelligible)、更可信(plausible)、更丰富(fruitful)4 个条件时,新概念的相对状态(status)就会升高,学生自然而然地就愿意接受新的概念,放弃原有的概念。然而,这样的理论并不如预期中的顺利,例如,许多科学知识在用于解释现象时,比前概念还要不能令人满意或难以理解,学生自然没有理由要去进行概念转变。此外,学生也都缺乏对新概念的元认知(metacognition),所以学生常会继续持有他们的错误概念,而将科学概念置之不理(wandersee,mintzes and novak,1994)。[8]这样的结果促使研究者再次重新审视学生概念转变的困难,认为影响学生概念学习的因素不单单只需要满足概念转变模式中的 4 个条件,还应该有更多因素参与概念转变的过程。

1. 概念转变的多维解释框架

针对概念转变模型仅局限于认知方面的不足,平特里克(Pintrich,1993)及其合作者提出了一种新观点,探讨学生的目标、价值观以及情感因素在概念转变过程中的作用。齐等人(Chi et al.,1994)的研究依据本体论观点,将概念转变看作是具有非科学观念的学生必须改变其看待概念的方式的过程。本体论范畴将概念归于学生的心理,认为概念转变必须从非科学类别转变为科学类别。

为了建构一个更加整体化的模型,泰森等综合波斯纳等人(1982)的概念转变模型、弗斯莱特(Vosniadou,1994)架构理论及心智模型观点、齐等人(1994)的本体论观点以及平特里克(1993)的情绪观点,提出概念转变的多维解释框架(multidi-mensional interpretive framework),藉此解释学习者的概念转变。这个架构主要是从认识论(epistemology)、本体论(ontology)与社会/情意(social/affective)三个维度来解释学习者的概念转变。其中,本体论探讨的是学习者对于自然现象的认识与概念的本质。以密度概念的本质为例,物质内部的微观观点将是本体论探讨的重点。认识论探讨的是学习者对于所学知识的理解情形,也就是学习者如何看待知识。以密度概念为例,学习者是否能够以密度概念作为判断物体浮沉问题,将是认识论探讨的重点。社会/情意观点探讨的重点是学习者学习时的态度与情感,例如,参与程度,喜好程度等因素。当然,概念生态组成因子可能不只这些,例如,问题解决的策略(problem-solving strategies)、文化、语言及历史等,都可能对不同的学习者的概念转变学习产生影响。

2. 概念生态

面对批评者的质疑,波斯纳等人开始重视影响学生学习的更复杂的其他背景因素,他们把影响概念发展的个体的经验背景称为"概念生态"(conceptual ecology)。波斯纳认为,概念生态为学生提供了一个概念转变的环境,在该环境中的各个因素都影响着学生概念转变的进行。近年来,许多研究者指出,在学生的概念转变学习中,构成概念生态的要素对学生学习的过程产生着非常重要的影响(Hulland & Munby,1994;Demastes,Good,& Peebles,1995;Hewson,1989,1999;Jones,Carter,& Rua,2000),而且概念生态中的要素也有相当多的交互作用,它们是影响学生建构新概念的原因。

构成概念生态的因素有哪些呢?综合关于概念生态的研究,一般认为概念生态包含以下 7 个组成因子：

（1）认识论信念（epistemological commitments）

认识论信念与个体对概念的理解、相信以及应用的程度有关（Posner, et al., 1982；Strike & Posner, 1985, 1992）。也就是说，个体具有的认识论信念会影响其对概念所处的状态。亨森(1985)和波斯纳等人(1982)的研究指出，通过深入了解学生的概念，研究者可以找出他们对知识的认识论信念的类型。亨森等人(1985)也指出，通过对学生有关认识论信念的了解可以帮助教师决定学习者所处的概念状态（Beeth 1993；Hewson, 1981, 1985；Hewson & Hewson, 1991）。

（2）原有概念（prior knowledge）

学习者的原有概念通常来自于过去的经验。鲍勃（Pope）和吉尔伯特（Gilbert）（1983）指出，个人的过去经验与知识的建构息息相关；也就是说，知识的学习必须与学习者本身的经验有所关连。[9]有研究者（Blum, 1986；Brody 和 Koch, 1989；Ostman 和 Parker, 1987）将某些科学概念与学习者非正式教育所得的经验加以连结进行研究，结果显示，非正式教育环境所接触的课程、阅读、媒体、朋友及亲人，都是学生概念与知识获取的来源，特别是参与课外的科技活动，对于学生科学概念的发展有重大的帮助。

（3）学习的本质（the nature of learning）

指学生如何获取知识，例如，记忆的方式或理解的方式。以密度概念的学习为例，知识的本质探讨的是"什么是密度，它与物体浮沉有何关连性"的问题，学习的本质探讨的是"学生如何学习密度概念"的问题。

（4）概念的本质（the nature of conceptions）

概念的本质探讨的是学习者如何呈现知识。例如，学习者可能运用反例、模拟、隐喻、范例或图像等方式解释密度/浮沉的概念，这些呈现方式都是概念本质的一部分。这些概念的本质会影响学习者直觉地判断自然现象的合理性（Beeth, 1993；Posner, et. al., 1982；Strike & Posner, 1985, 1990）。例如，当学生被教师问及重物是否比较容易下沉时，学生可能会以轮船或大树干也很重的实例，来解释重物不一定就会下沉的现象。以下是一些常被学生用来解释概念的方式：

① 反例(anomalies)　当某事例与原有的概念发生某种冲突时,学习者会将它视为反例。这种冲突对于概念生态的发展有相当重要的影响(Beeth,1993;Lemberger,1995;Posner,et. al. ,1982;Strike & Posner,1985)。

② 模拟(analogies)与隐喻(metaphors)　研究者(Stavy 和 Tirosh,1994)针对概念生态如何影响问题解决的研究中指出,"模拟"在科学概念的发展上,扮演一个极其重要的角色。[10] 当人们在解决一个不熟悉的问题时,通常会用自己熟悉的类似的事物来诠释。此外,他们在研究学生将某一问题模拟到其他问题的方法时,发现学生模拟问题的方式大多着重于外在的因素,如视觉或数字等。

隐喻在真实世界与文化的经验中是很常见的。亨森等(1984)指出,隐喻可以让个体利用某类事物来理解或检验另一类事物。[11] 隐喻是在解释难以理解的抽象概念时,使用的一种重要的概念性工具,因此,它可以促使新概念得以被理解(Posner,et. al. ,1982)。例如,密度这个抽象概念可以用具体的视觉模型(如以点状多少代替质量大小,正方形大小代替物体的体积)来诠释物体质量分布的情形,进而理解密度概念。

③ 范例或图像　范例与图像也会让学习者对事物合理性的直觉产生冲突(Strike & Posner,1985)。当学生有某些错误概念时,以范例的方式进行概念的诠释有时无法有效地增进学习。例如,直接以轮船为范例,告诉学生重物不一定会沉。其结果可能让学生认为只要是船都不会沉。虽然范例可以帮助学生理解新的概念,但是教师在使用范例时必须注意,除了范例本身对学生而言必须是可理解或可接受的之外,教师必须适时澄清范例传达的概念,以免误导。

(5) 问题解决的策略(problem-solving strategies)

当学习者解决问题时,其概念生态潜在地影响学习者形成假设、澄清假说,进而解决问题的过程。帕克(Park,1995)指出,看待问题的方式会随概念生态的改变而改变。对于某一特定问题,并不是所有概念生态的组成因子都会有影响,而这样的限制会随问题的不同而有所不同。概念生态组成因子间也不是独立的,在许多情况下,组成因子间的界线是相当模糊的或是相互关连的。虽然学习者在问题解决的过程中,不会呈现出所有的概念生态组成因子,问题解决的策略还是被视为探讨概念生态的重要依据。

（6）情意领域（affection field）

情意领域对于学生的学习有相当大的影响。例如,学习态度不佳或学习情绪低落都是学生学习的障碍。研究发现（Dreyfus,Jungwirth,Eliovitch,1990）学校教授的知识大部分都不是直接易懂的,很容易让学生对所学的知识产生不信任或厌恶的感觉,导致学习意愿低落,无法进行有效的概念学习,最后学生的概念还是停留在一些他们认为亲切且实用的概念上。[12]学生对于教师的授课或传授的知识所持的态度,也会影响学生主动参与学习的程度与自我建构学习的能力。因此,教师不能不重视学生在情意领域方面的表现。

（7）科学的本质（the nature of science）

学生对"科学本质"的看法也影响学生对知识本质与学习本质的认识。例如,假如学生认为科学的本质是科学概念和理论,学生就会坚持客观主义的知识观,把在学校所学的科学知识作为客观事实和绝对的真理,学生的学习可能会着重于事实的记忆。假若学生认为科学的本质并不是科学理论和法则,而是这些理论与法则的建立中隐含着的科学探索精神和科学方法,学生就会坚持建构主义的知识观,认为这些科学原理是会变化的,并且认为科学知识一定是通过科学方法获得的。

综上所述,有关概念转变学习理论大多来自建构主义思想。应该说国外对概念转变学习的研究已经取得了丰硕的成果,但是,仍有很多问题有待研究。诸如如何引发学生对原有概念的不满（产生认知冲突）？学习者是如何对新概念的状态（可理解性、合理性和有效性）进行自我监控的？概念生态的组成因子是如何对具体的概念转变产生影响的？这些因子之间是如何整合的等,都需要深入研究。另外,当前加强概念转变学习的本土化研究显得尤为迫切与必要。

参考文献

[1] Duit, R. Preconconceptions and Misconceptions. In Husen, T., Postlehwaite,T. N. (Editors. in Chief)[J]. The International Incycpedia of Education,1994(8):4684—4652.

[2] Howard, R. W. Concepts and Schema: In Introduction[M]. Lon-

don：Cussell Educational：Artillery House，Artilley Row，1987：175—199.

［3］Gil-Perez，D.，Carrascosa，J. What to Do about Science "Misconceptions"［J］. Science Education，1990(74)：537—540.

［4］高文.教学模式论［M］. 上海：上海教育出版社，2002：139—142.

［5］Duit. R. The Constructivst View in Science Education—What It Has to Offer and What Should not Be Expected From It ［EB/OL］. http：// www. if. ufrgs. br/public/ensino/N1/3artigo. htm. (2001—07—18)［2002—12—15］.

［6］Posner，G. J.，Strike，K. A.，Hewson，P. W. & Gertzog，W. A. Accommodation of a Scientific Conception：Toward a Theory of Conceptual Change［J］. Science Education，1982(66)：211—227.

［7］Hewson，P. W. A Conceptual Change Approach to Learning Science ［J］. European Journal of Science Education，1981(3)：383—396.

［8］Wandersee，J. H.，Mintzes，J. J.，& Novak，J. D. Research on Alternative Conceptions in Science. D. L. Gabel（Ed.），Handbook of Research on Science Teaching and Learning［M］. New York：Simon and Schuster MacMillan，1994：177—210.

［9］Pope，M.，& Gilbert，J. Personal Experience and the Construction of Knowledge in Science［J］. Science Education，1993,67(2)：193—203.

［10］Stavy，R.，& Tirosh，D. When Analogy is Perceived as such［J］. Journal of Research in Science Teaching，1993,30(10)：1229—1239.

［11］Hewson，M. G. A'B.，& Hamlyn，D. The Influence of Intellectual Environment on Concptions of Heat［J］. European Journal of Science Education，1984,6 (3)：245—262.

［12］Dreyfus，A.，Junwirth，E.，& Eliovitch，R. Applying the "Cognitive Conflict" Strategy for Conceptual Change—Some Implications，Difficulties，and Problems［J］. Science Education，1990,74(5)：555—569.

（本文发表于《比较教育研究》2004 年第 3 期。作者袁维新，时属单位为淮阴师范学院生物系）

四、课堂教学效果的评价方法及对传统
课堂教学的分析

在当前的教学改革中,如何针对课堂教学的内容、结构和过程,制定出一套客观的科学的质量标准和评价标准,是一个非常重要的研究课题,它是提高教学质量和教学效果的主要因素之一。

基于这一想法,我们对苏联商业函授学院 B·Л·别斯帕利科教授提出的课堂教学评价方法进行了初步探讨和实践,同时,对传统的课堂教学过程和结构也进行了粗浅分析和认定。本文就上述两个问题的看法如下,恳请专家和同行给予指正。

(一)课堂教学效果的评价方法

为了解决课堂教学效果的评价问题,别斯帕利科首先提出这样一项任务:制定出一套科学的、能够对课堂教学内容和结构的完善程度进行定量评价的方法,而且这种评价方法应当以客观的、容易测定的,且可以一次完成的,能够对课堂各个环节的特征加以描述。他认为,这些观察指标不仅对"学生掌握知识质量情况的测定和评价的最终结果"有所体现,而且应当把它们同课堂教学的过程密切联系起来,并能够对这一过程进行描述和说明。

他指出,课堂教学质量的高低,决定于课堂教学的过程。如果教学过程能够保证完成所提出的教学目的,这就意味着,它在教学法方面是成功的、有效果的。为此,他提出两项任务:① 准确地(预断性的)制定课堂教学目的;② 准确地设计出能够保证预定的教学目的实施和完成的教学过程和结构。同时指出,对于课堂教学目的预断性确定,只有在其目的达成程度可以被一次性地揭示、测量和评价才有其可能性。因此,评价方法的制定必须以"对学生掌握知识和活动情况采取动态的立场"为根据。

他认为,课堂教学目的可以用"掌握水平"这一概念来描述,并且应当把它作为学生在掌握了所学的教学内容后能以之进行活动的期望品质。别斯帕利科等人把对知识和活动的掌握水平分成 4 级：

Ⅰ级水平——认知水平（或称算法认知、机械认知）。其特征是，学生在某种程度的暗示或启发下能够解标准题；

Ⅱ级水平——复现水平（或称算法复现、机械复现）。其特征是，学生能够通过独立的运用解题算法（规则）来解标准题；

Ⅲ级水平——主观获取新信息水平。它属于始创性活动，其特征是，学生能够通过向新条件的迁移和对已知演算方法（规则）的某种变换来解非标准题；

Ⅳ级水平——客观获取新信息水平，属于创造性活动。其特征是，学生能够通过创造新的演算方法（规则）来解决具有研究性质的课题（问题）。

用希腊字母 α 来表示"掌握水平"，那么，将是 $\alpha = Ⅰ——Ⅳ$。即"掌握水平"等于从Ⅰ级水平到Ⅳ级水平。根据别斯帕利科等人的研究表明，在任何一门学科中，学生对学习材料的掌握都是按着上述的"活动掌握水平"逐级推进的。

上述的每一级水平的考察，可借助于与其完全相符的标准测试题来进行一次性的测验（预断）。学生对于知识和活动的掌握系数（Ka）可用公式：$Ka = a/P$ 来确定。式中，P 表示在知识测验中对受试者所提出的题目总数；

α 表示受试者正确完成的题目数量。

根据别斯帕利科等人的研究，如果掌握系数 Ka 达到0.7或者 0.7 以上，那么就可以认为学生在该级掌握水平（α）上对知识的掌握是成功的。这样一来，将掌握系数 Ka 同 5 级分制的评分相比较，就可以客观地评价学生的知识质量。

整个教学目的并不单单局限于这种对知识和活动的掌握水平。除此之外，还应当包括对学生的教育、发展、智力和个性培养等。但是，目前对于这些教学目的的指标还没有研究出更好的测定方法。

根据别斯帕利科等人的见解，教学过程是师生之间相互联系的活动。在这种活动中，他们的"教与学"的动机得以实现，认识活动由学生按着一定的规则实施，而教师直接地或间接地控制学生的这种活动—注视活动的实施顺序，并在必要的情况下，测验活动的质量和纠正其错误。

他们指出，每一个教学过程都有严格确定的、能使学生在某一掌握水平上获取知识和形成能力的可能性。这一事实正是对课堂质量进行评价的特别重要的因素。他们还指出，对认识活动的控制，可以是开放式的，即对认识活动的质量进行延期的测验和纠正；也可以是封闭式的，即对认识活动的质量按程序地进行测验和纠正。那种以利用言语教学方法（口语和笔语）为基础的教学过程，在开放性控制认识活动的情况下，只能使学生在系数低的Ⅰ级水平上掌握知识，即只能实现认知水平；以"智力活动阶段形成理论"为根据所设计的教学方法，却能帮助学生进入Ⅱ级掌握水平。为了使学生达到Ⅲ级掌握水平，就须采用经过深思熟虑的、具有探索性质和研究性质的、组织学生认识活动的方法。在后两种情况下为了使学生达到Ⅱ级和Ⅲ级掌握水平，对学生认识活动的控制应当采用封闭式的，即对全部认识活动进行按程序的测验和纠正。

别斯帕利科指出，课堂是受时间局限的。所谓课堂效率的基本指数，就是用于组织教学活动的"时间"的充分利用。例如，如果某班的学生数为 M 人，学习持续时间为 T 分钟，那么，教师所能拥有的"教学潜力"将等于 MT 人·分钟。对于这些"教学潜力"应当尽可能更有效地利用。这就是说，在学生总数 M 中的每一个人都应该在 T 教学时间的每一分钟内从事有目的（按预定的目的）的认识活动。如果在学习过程中，某些学生的注意力分散，偏离了教学活动（由于学生自身的过错或者由于教师对课堂活动组织得不好），那么，就会不可补偿地造成对"教学潜力"——MT 的浪费。这样一来，他们对于这种"潜力"的有效利用值必然小于"总潜力"值。在 $\sum mt$ 式中，m 表示在课堂各个阶段的持续时间 t 分钟之内从事有目的的教学活动的学生人数。

由此可得，一次性确定的、描述课堂效率的指数（系数）：

$$K_{效} = \sum mt / MT$$

根据 H·C·楚德诺夫斯基（1973）、И·C·莫依（1984）等人的研究，系数 $K_{效}$ 恰恰与掌握系数 $K\alpha$ 相符合。因此，可借助于课堂效率系数 $K_{效}$，对课堂教学效果进行预断性评价和实际评价。这是别斯帕利科课堂教学效果评价方法的基本思想。

别斯帕利科还引用了一堂传统的综合课类型的典型课时计划作为分析的例子，并将它编制成"分析表"的形式（因原教案作者没有指出各个阶段所需要的时间,所以在分析中只能根据经验作大体上的估计)。

该课时计划的预定教学目的是,使学生对所学知识达到Ⅱ级掌握水平,可以独立地解标准题。表 1 中班级学生数为 30 人,因此,在 45 分钟的课堂上,教师可能具有的"教学潜力"等于 1 350 人·分钟。该教案作者是怎样利用这些"教学潜力"的呢?(表 1)

表 1

课堂分段	每个阶段所进行的内容	学生在各阶段应达到的掌握水平 α	每个阶段所用的时间 t	完成本课预定教学目的活动的学生人数 m	mt
1	根据前课内容检查学生课外活动的情况(通过测验、提问等)	Ⅰ—Ⅱ	15	0	0
2	宣布本课主题、交待学习新内容的目的、启发学习动机	0	—	0	0
3	回顾和复习基础知识	Ⅱ	—	0	0
4	通过阅读、讲解本课教材内容和作练习,使学生领会和理解新内容	Ⅰ	—	0	0
5	根据新内容进行巩固性练习,概括学生的学习知识	Ⅰ (Ⅱ)	— (10)	0 (30)	0 300
6	本课小结,做评价	0	—	0	0
7	布置家庭作业(练习题等)	0	—	0	0

本课的预定教学目的:使学生达到Ⅱ级掌握水平(a＝Ⅱ)

展开分析该表的意义发现,在本课堂的第一、二、三阶段内,只把注意力集中在对前课的复习和对教学完成情况的检查上,学生还没有根据本课的主题来掌握新的教学内容。显然,这是由于教师对学生的旧课内容的掌握程度还没有把握所致。因此,他反反复复地在课堂上进行前一课的练习和提问。这三个阶段所需要的时间,估计至少要 20～25 分钟。

在第六和第七阶段所花费的时间也不能少于 10 分钟。由此可见,这堂课用于预定教学目的活动时间(a＝Ⅱ)总共只有 10 分钟左右。用这点时间去实现本课教学目的,显然是不够的。况且,教师在组织教学过程中又不一定能够保证完全有效地利用这些时间。

即使教师能够充分利用这 10 分钟时间去组织教学过程,且这一教学过程能够保证使学生在Ⅱ级水平上掌握知识,其课堂效率也是很低的:

$$K_效 = \frac{30 \times 10}{1\ 350} = 0.22$$

即,学生可以在Ⅱ级水平上掌握的新教学内容不多于 22％。换言之,在借助于"Ⅱ级水平测验题"对学生的知识质量进行测验时,学生的掌握系数 Ka 不会高于 0.22。

别斯帕利科批评地指出,在这种课堂结构情况下,教师能把希望寄托在什么上呢? 显然只能寄托于学生的课外(家庭)活动上。然而,这种希望也只能是一种"想象"而已。因为在教科书中所提供给学生作课外练习用的教学过程,也同样不能保证他们在Ⅱ级水平上掌握知识。

别斯帕利科等人通过实验研究,提出了一种新的教学方案。他们认为,这种新方案能够实现那种使课外活动和课堂活动达到统一化的高效率的教学过程,能够保证完成预定的课堂教学目的。他们设计这种新方案的依据是:学生的课堂活动和课外活动应当是一个为掌握给定的知识内容所不可分割的工艺过程。同时还应考虑到,学生在学习新教材内容的时候,一定是先在Ⅰ级水平上掌握它,然后才能依次在Ⅱ级、Ⅲ级水平上掌握它。

别斯帕利科指出,在传统的教学中,人们把课外活动看成是课堂活动的继续,因此学生在课堂上只是完成一些困难不大的、不太复杂的学习活动,即在Ⅰ级水平上进行活动。而回到家里,其学习活动反而复杂得多,要在Ⅱ级水平上进行独立地解标准题。因此,这种"本末倒置"的安排,往往会导致教学上的失败,这是不足为奇的。当教学目的要求其掌握水平在Ⅱ级或Ⅲ级以上的时候,成功的把握就更小。

别斯帕利科的新方案就是基于上述认识而设计出来的:首先让学生在课外预习功课,独立地根据教科书学习新知识(即自学),然后再到课堂上有目的地进一步完善知识,在教师的直接指导下向Ⅱ级掌握水平推进,并达到Ⅱ级水平(a＝Ⅱ)。具体方案如表2所示。

表 2

No.	各阶段进行的内容	a	t	m	mt
1	在学生已进行课前预习的基础上,就本课主题与学生进行对话(口头、笔头)	Ⅱ	10	7	70
2	学生独立地解标准题,并根据相应的知识和能力阶段形成的"标准"进行自我检查	Ⅱ	20	30	600
3	根据标准题(标准测试题和"标准")让学生就自身掌握教材的情况进行相互测验和相互纠正	Ⅱ	10	30	300
4	布置和讲解新的课外活动作用(预习的内容和自学要求等)	0	5	0	0

本课教学目的:a＝Ⅱ

根据这种方案进行教学,就预定的教学目的 a＝Ⅱ级水平而言,其课堂效率:

$$K_{效} = \frac{970}{1\,350} = 0.7$$

可以认为,其值为 0.7 的课堂效率是完全令人满意的结果。

根据课时计划或者根据它在课堂上的实施情况,可以定量地评价课堂效果(预断评价和实际评价)。通过课堂效率这一变量,还可以对不同类型、不同结构的课堂教学过程进行比较和对照,从而筛选出最优化的课堂教学类型与结构。

别斯帕利科提出的这种评价课堂教学效果的方法,目前还处于实验阶段,究竟实用价值如何,还有待进一步验证。

(二)用别斯帕利科方法分析传统的教学

在我国,早在 20 世纪 50 年代初期就已经开始采用传统的所谓综合课"五大环节"教学过程和结构。时至今日,这种传统的教学方法在许多学校里仍然广泛地使用。由此,不能不使我们深思:这种传统的教学方法,其效果如何?

用别斯帕利科的评价方法对这种教学过程加以分析。

传统的综合课"五大环节"教学结构,其方案如表3所示。

表3

环节	各环节的内容及要求	a	t	m	mt
1	组织教学	0	2	0	0
2	检查复习、导入新课:检查上节课学过的知识(提问和测验),目的在于把旧知识与学习新知识联系起来,为导入新课做准备。	Ⅰ—Ⅱ	10	0	0
3	讲授新知识:通过阅读、讲解教材,使学生领会和理解新内容(用启发式,或用谈话法,或直接讲授等)。	Ⅰ	10—15	0	0
4	课堂巩固:通过做习题、复述本课主要问题;或用具体例证解释概念、定理;或用直观教具和实验说明问题;或运用知识,使学生形成某些相应的技能和能力等。	Ⅱ	15—20	50	1 000
5	布置家庭作业	0	3	0	0

综合课的预定教学目的,理应达到Ⅱ级掌握水平,使学生达到能够独立地解标准题或者能够独立地掌握定理、规则,并能实现其复现活动的程度(a＝Ⅱ)。

就这一教学目的而言,这种传统的教学方法是否能够达到目的呢?通过对表3的分析可以看出,第一和第二环节显然是不能达到此目的的;第三环节也只能使学生达到认知水平,即Ⅰ级掌握水平。第四环节,大约用15～20分钟,该阶段可以认为能够实现本课堂的预定教学目的(a＝Ⅱ)。

预定的教学目的:a＝Ⅱ

$$K_{效}=\frac{1\ 000}{45\times 50}=0.44$$

学生对于新教材内容的掌握,可达到Ⅱ级水平的部分不超过44％。如果把0.7定为课堂效率的界值,那么,这种教学过程显然是不成功的。况且,这只是一种"满打满算"的预断性评价。实际上,在课堂教学中,由于课堂组织问题和学生本身学习状态的原因,所能实际启用的"教学潜力"还要更少,即课堂教学效果的实际评价(现场评价)还要更低。教师把"达到Ⅱ级掌握水平"的教学目的以家庭作业的形式强压给学生,使学生负担过重,不利于他们的身心健康和个性的发展。因此,改变这种传统的教学方法是当前教学改革中的主要任务之一。

目前,在教学改革过程中,涌现出不少结构更合理、效果更好的教学方法。问题是没能及时地对它们加以评价和认定,因此也就谈不到推广和应用。

下面仅以"自学辅导法"为例,加以分析和评价。这种教学方法的结构和过程,大体上可归纳成如表4所示的方案。本课的预定教学目的:达到Ⅱ级掌握水平(a=Ⅱ)。设班级人数为50人。

表4

No.	活　动　内　容	a	t	m	mt
1	检查学生对课前布置的有关本课主题的预习、自学的情况,了解他们对新内容掌握的程度、发现他们在自学中存在的问题。	Ⅰ	5	0	0
2	在自学的基础上,在教师的直接指导下,学生独立地解题,并根据标准答案进行自我测定,然后,同学之间展开互评互检活动,相互纠正错误。	Ⅱ	25	50	1 250
3	具体讨论具有实践意义的、探索性质和研究性质的非标准题(可从课外或实践中找题目),使学生的知识进一步向前推进,即向Ⅱ级掌握水平过渡。	Ⅰ—Ⅱ	10	50	500
4	布置和讲解下一节课自学的任务,重点指出在自学中应当注重的问题。	0	5	0	0

本课预定教学目的:a=Ⅱ

通过对表4的分析,可以求出它的课堂教学效率:

$$K_{效} = \frac{1\ 250 + 500}{45 \times 50} = \frac{1\ 750}{2\ 250} = 0.78$$

即,采用这样的课堂教学结构和过程,学生能在Ⅱ级水平上掌握78%左右的新知识。

这种课堂教学结构的合理之处在于,学生在家里(课外)的学习活动比较简单,也不大困难,在根据教材内容进行的预习和自学中,达到认知的水平(a=

Ⅰ)。换言之,学生是在Ⅰ级掌握水平上进行活动。这样就可以大大减轻学生的过重负担。此外,由于把比较困难、比较复杂的属于Ⅰ级掌握水平的学习活动(独立地解题)转移到课堂上来。这种活动是在教师的直接指导下进行的,学生在活动中如果出现问题或遇到困难能够得以及时解决。这样,学生学习起来就不会感到太吃力,学习兴趣也会油然而升,学习信心也会不断增强。目前,许多学校的教师都在不同程度上试用了这种课堂教学结构,实践证明效果是好的,学生是欢迎的。这种教学过程和结构必须是在学生的学习活动比较自觉、学习动机明确,而且有较强的求知欲望的前提下才有保证,否则将不会收到预期的效果。这就要求教师随时调整学生的学习动机,经常对学生进行学习目的和学习方法的教育。同时,要求教师具有较高的知识水平和教学法水平。

课堂教学的过程和结构,不应该也不可能固定于某一种"死的"模式,更不能从一个极端走向另一个极端。教学的过程和结构必须以适应学习的对象和学习的内容为基础,只有这样才能推动教学改革不断前进。

(本文发表于《外国教育动态》1987年第1期。作者鹿志保)

第四章　教学理论发展趋势

一、关于行为主义与建构主义教学观及师生角色观的比较与评价

　　近 20 年来,教学所依赖的认识论基础经历了一个从行为主义到建构主义的发展过程。特别是近些年,世界上许多发达国家在社会学科的教学中,更多地倾向于建构主义的理论与方法。这可能源于两方面的原因:其一,与自然科学相比较,社会学科更易受个人和社会价值观的影响,有较强的相对性和文化差异性,采取建构主义的教学观,比较容易实现教学目标。其二,近 20 年来,世界各国都在致力于学生创造精神和创造力的培养,而建构主义教学理论更利于学生上述品质的发展。正如美国建构主义理论的倡导者杰夫里·舒尔曼(Geoffrey Scheurman)所评述的那样,以往的社会学科的教学多以传授简单的知识和信息加工技能为目的,而建构主义却与那种指向开放性探讨、鼓励对事物事件及特定的文化经验进行创造性思考的方法有着天然联系。

　　很显然,不论是行为主义还是建构主义都包含着十分广泛的内容。本文仅就这两种截然不同的教学观和师生角色观作一比较和评价。

(一) 两种截然不同的教学观和师生角色观

　　人们如何看待知识,影响着人们对教学的根本看法。建构主义与行为主义

在教学观点上的分歧,正是源于它们对知识本质的不同看法。美国建构主义理论的倡导者杰夫里·舒尔曼指出,建构主义是关于知识本质的一系列相关的理论。这些理论的共同点是,知识是由人创造的并受他们的价值观和文化的影响。在这一点上,行为主义的观点则大相径庭。行为主义认为,知识存在并独立于人们之外,因此,教学活动的主要目的是向学生灌输前人所建立起来的知识技能体系。

当建构主义观点运用于社会学科教学时,其教学过程的目标也别具特色。建构主义认为,社会学科教学旨在引导学生从不同角度看待问题并在学科领域内外鉴别多种观点,使其形成对社会学科问题及其发生发展过程的深入理解和坚定不移的信仰。当学生对其掌握的有待评论的事实形成自己的解释时,知识便形成了。

行为主义和建构主义对待师生角色的看法也存在着巨大的差异,舒尔曼曾设计了一个模型对这种差异进行比较,他首先区分了4种假定的教师角色(表1),每种角色都源于一种关于知识本质的哲学观点,这些观点反映了相应的心理学研究的理论背景,表中还包含了关于学习者角色的象征性的观点。

表1　教师角色的模型

教师的角色	传授者	管理者	促进者	合作者
知识的本质	普遍的,客观的,固定的(独立于学习者之外)	普遍的,客观的(受学习者先前经验的影响)	独立建构的,客观的(取决于个体的智力发展)	社会建构的,主观的(在认识者之间传播的)
理论基础	行为主义	信息加工理论	认知建构主义	社会建构主义
学生的象征角色	转换台	计算机	缺乏经验的科学家	学徒

舒尔曼强调,模型中对于教师角色的分类既不是非此即彼的,也并非是评判性的。例如,一位教师可能在一个单元的教学里引导学生参与多种方式的活动,而不同的教师角色可能促进不同的、但却同样重要的教育目标的实现。然而,可以根据一个教师所采取的特定的认识论和知识观,对其课堂活动的性质大致加以归类。教师在教学中扮演的角色以及与此相应的课堂活动性质简要分析如下:

1. 教师作为知识的传授者

根据行为主义的观点,现实独立存在于学习者之外,知识仅仅是通过感官来获得的现实的印像,学习的功能如同一个中转站,当一个人把现实的普遍特性传授给另一个人时便发生了。斯金纳的观点是,当刺激反应间的联结通过强化手段得以加强时便获得了知识。因此,教师的主要作用在于将知识技能分解,并由少到多、从部分到整体、有组织地加以呈现;在学生的独立练习活动中,奖励那些反映教师和教科书所呈现的现实的行为,强化习惯。教的活动从本质上说,是向学生呈现现实。与此相应的学习活动的性质,是通过倾听、练习和背诵再现由权威(教师)所传授的知识。

对于作为知识传授者的教师而言,课堂活动可能包括让学生回答一章中的问题,记听课笔记,或对计算机的提示作出反应。例如,学生可能把通过听讲而获得的关于导致美国革命的事件,按"分歧程度"连续排列出对英国规章进行挑战的一系列活动,其分类包括从"不同意"到"民众拒绝服从"、由"反抗"到"造反"等几个梯度。学生在这种活动中所锻炼的分类技能是重要的,但是,那些问题需要的是可以界定为正确与错误的答案,而非建立在对事实进行批判性检验基础上的合理注释。

2. 教师作为知识的管理者

行为主义在过去几十年中发生了巨大的变化,在语言学领域,对行为主义的主要挑战是由乔姆斯基发动的。他认为,儿童具有天生的获得语言的能力,不应该把他们的头脑看成是被动接受语言知识的容器。借助于计算机,认知科学家阐明了学习者(储存于图式中的)先前的知识不仅起到过滤器的作用,而且在经验的过程中还修正着感觉活动,由此而引发了一场学习心理学的革命。人们对知识的本质的认识也随之发生了变化:知识是普遍的、客观的,但是受先前经验的影响。

鉴于预先存在的记忆结构影响着学习者与刺激的相互作用,从这种观点看来,教学的重要功能之一便是帮助学生意识到他们先前的知识与观念,然后向他们提供更为专业化的应付信息丰富的环境的方法。作为管理者的教师,可以向他们示范将知识分类的策略,鼓励学生运用先行组织者及概念图建立联系,最终帮助学生掌握控制思维过程的技巧,促进元认知。从管理者角色出发,教的活动从本质上说，是帮助学生对现实进行加工，与此相应的学习活动包括，进行思考和记忆的练习活动，形成图式并使技能自动化，实施自我调节的策略。例如，在历史课的"美国革命"这一单元里，教师可以让学生进行批判性阅读，运用启发式的方法使学生对历史叙述加以评价。这种启发包括让学生识记历史学家关于事件的本来的说法（阅读叙述本身），检验历史学家在叙述中潜在的意义是什么（读懂字里行间），评价在历史学家对事件的记录中反映了什么样的偏见和价值观念（超越字里行间的概括）。通过营造一种环境，使学生运用信息并对其置疑从而获得经验，帮助学生形成独立评价历史资料的能力。

3. 教师作为促进者和合作者

虽然作为管理者比作为传授者的教师能使学生发挥更为积极的作用，学习仍然建立在以下两种假定基础之上：① 知识是对存在于认识者之外的真理的占有；② 学习是获得真理的过程。然而，当一个人放弃了知识"代表一个独立的世界"这一观点，并接受知识"代表……在经验世界我们所能做的"这一建构主义的前提时，认识论上便发生了质的变化。

建构主义理论繁多，但大致可以归纳为两种基本观点：认知建构主义和社会建构主义。在认知建构主义理论中最有影响的人物是简·皮亚杰，他相信人们形成普遍的认识形式或结构，它使人们得以经验现实。这种观点认为，虽然一个独立的"真实的"世界可能存在于学习者之外，但是人们获得它的途径有限。知识是个体建构的，其客观程度取决于认识者的智力发展。学习中的重点是人们如何把新的信息同化到头脑已有的图式中，并且当信息相互矛盾以至无法同化时如何重建图式。作为促进者的教师，其教的活动的性质是通过以相互矛盾的事物引起学生认知的不平衡，引导他们完成解决问题的活动，监测他们发现后的反思。学习活动的性质便是同化信息并形成新的图式和智力操作去应付新的经验，对物质的、社会的和智力上的发现进行反思。

社会建构主义中最有影响的人物是列夫·维果斯基。他接受了皮亚杰关于个体如何通过与他人一道解决问题而建立个人对现实的理解的看法，并进一步解释了社会文化情境如何影响公众对事物、事件的理解。在他看来，现实不是客观的，而知识则是个体之间通过诸如图片、课文、谈话及手势等文化产品相互作用时切实共建并分享的。教师作为学生建构知识的合作者，应引发并适应学生的观念(包括错误观念),参与学生开放性的探究,引导学生掌握真正的研究方法和步骤。一句话,参与学生对现实的建构,与此相应,学习活动则在于产生"情境性"的(文化的)理解,与教师和同伴一道积极参与开放性的探究,并对共同建构的意义进行反思,即在物质和社会活动中创造现实。

鉴于这两种形式观念上的联系甚为密切,在此拟对两者一同进行讨论。在认知建构主义者看来,当认知的稳定性面临挑战时便获得了知识,作为促进者的教师的基本作用就是提出有一定张力、以至打破智力平衡的问题(引起不安),至此,教师给学生提供机会去运作物体,一道解决问题(行动),并在经验的过程中去思考和讨论新发现的"现实"的特性(反思性的抽象)。

在社会建构主义者看来,认知的发展是"社会共同参与的活动向内化(思想)过程的转换",教师作为合作者的基本作用在于监测课堂学习并积极参与这一转化过程。舒尔曼从社会建构主义出发就教学方面提出以下建议:① 传统上教师所认为的学生思考中的错误应视为一种误解,事实上,它既标志着学生学习的准备性,又为教师给学生的学习提供支架(专业上的支持)确定了起点;② 学生应富有机会与同伴和更有经验的人(包括教师)相互作用,教师应成为创造意义的另一合作者。例如,对于采取促进者或合作者的角色的历史教师来说,有助于建构主义的一种活动就是让学生收集有关某一历史事件的各种文献,对文件中所提供的事实和观点加以评论,形成对事件的描述和解释。

以上关于教师各种角色的分类不是绝对的,而是相对的。从某种意义上说,表1中所描述的关于教师角色的条目从左向右具有相加的特性。很难想象任何课堂学习不含有一定的来自于教师的传授。即使最具合作性的练习也需要教师给予一定的指导,并提供前提信息以帮助学生遵循一定的步骤,并强化其思维技能。强调教师以新经验对学生关于现实的观念提出挑战(促进者的角色),并不是假定教师没有或不应该有明确的标准来判断什么是对于现实较好或较差的理解,以及什么是解决这一问题的上乘策略(管理者的角色)。

（二）对行为主义、建构主义教学观和师生角色观的
　　　分析与评价

1. 从行为主义到建构主义不仅是学习心理学的一场革命，也是认识论上的飞跃

行为主义认为人的认识完全是由刺激（即客观事物）本身的特性决定的，如同镜子反射物体一样，认识主体完全是被动的，只能消极地摹写现实。建构主义则认为，人作为认识的主体不是原封不动地反映现实。个体在认识过程中总是以其特有的经验和方式对现实进行选择、修正，并赋予现实以独特的意义。所以，认识不是来源于客观现实本身，而是来源于主客体的相互作用。近年来教学过程的师生关系问题一直受到理论界的关注，但论证的依据多限于辩证唯物主义的内外因关系原理，而从认识论方面的论证则显不足。教学过程理论是以认识论为基础的，建构主义的认识论是能动的反映论，它对认识的主体性给予了前所未有的关注，这对于克服教学领域机械反映论的滞后性影响，正确处理教学过程中的师生关系、充分发挥学生的主观能动性，提供了重要的理论支持。

2. 从教学双边活动论到多边互动论

以行为主义为基础的传统教学理论把教学视为一种教师（知识的传授者）与学生（知识的接受者）之间的双边活动，只看到了教学过程中师生之间的关系，而忽视了作为认识主体的学生同伴之间的社会互动。建构主义把教学视为学生主动建构知识的过程，并且这种建构是通过与他人的相互作用而实现的。其中，教师与同伴都是建构知识过程的合作者。学生同伴之间由原来的竞争关系变为更有建设性的合作伙伴关系。20 世纪 90 年代合作学习之所以风靡美国与此不无关系。

3. 从单纯注重认识内容到强调认识内容与认识形式发展的统一

以行为主义为基础的教学，只重视认识的内容，不重视认识的形式；只重视知识的灌输，不关心智力的发展。近年来，发展智力的问题虽已受到普遍关注，并且对于传授知识与发展智力的辩证关系已给予了充分论证，但是两者在教学

过程中如何统一实现的问题却一直处于摸索之中。建构主义关于同化与顺应的理论阐明了认识内容与认识形式之间的矛盾运动,强调在建构知识的过程中学会研究的方法和步骤,为知识获得与智力发展的统一实现提供了启示。

应当看到,建构主义并非是解决所有问题的万灵药,其理论本身以及在实践中的运用中都存在着不少问题。其中最显而易见的是,其评价中的过分的相对主义。建构主义注重个人经验及建构的个人意义,那么如何对学生的建构加以评价呢? 美国研究建构主义的专家杰弗里·舒尔曼本人就曾指出,和任何教育改革一样,为避免在可接受标准上的过度的相对主义,必须有一个标准和尺度来衡量什么是学生合理的建构。和数学及科学一样,在历史和社会学科中也存在着权威性的知识。重要的是认识到一些建构要优于另一些。另外,如何在鼓励学生建构知识方面的个人努力与引导小组活动产生学科上正确的结果之间取得平衡,是建构主义面临的一大困扰。

尽管建构主义的许多观点令人耳目一新,但其无选择地追求"个人意义"仍然使我们心存疑虑。当摒弃一种理论范式而采取另一种理论范式时,即使后者让学生积极参与学科知识的建构,教师决定学生学什么的道德义务并没有消失。此外,青少年在建构知识方面的发展限度是什么? 这一过程应投入多少时间? 应在多大程度上以牺牲知识的广度来换取知识的深度? 学生在什么样的基础上使"个人"意义言之成理? 教师如何与学生共同产生意义同时又作为质量的评价者? 这些问题都有待于进一步探讨。

参考文献

[1] Geoffrey Scheurman: From Behaviorist to Constructivist Teaching. (American) Social Education. 1998(1):62.

(本文发表于《比较教育研究》2000 年第 6 期。作者傅维利、王维,时属单位为辽宁师范大学教育系)

二、当代国外教学理论发展的主要趋势

自 20 世纪 50 年代末期开始,世界上一些发达国家掀起了教学改革的浪潮,影响波及到许多国家,涉及教学目的、内容、方法和手段诸多方面。进入 80 年代以来,改革的浪潮方兴未艾。许多国家都在研究教育改革的问题,引起了教学理论、观念和方法的更新。在世界范围内教学理论和实践的发展,出现了前所未有的新情况。这些新情况,可以说是学派林立,高潮迭起。总地来看,对当代教学理论产生重大影响的,有苏联的赞科夫以解决教学与发展关系为目标所进行的小学教学体系的实验及理论;有巴班斯基以系统论为方法的教学过程最优化的理论主张;有美国的布鲁纳为加强中小学课程的教学而提出的“结构课程论”和发现教学的方法;有以卡洛尔·布卢姆等人为在常规教学中大面积提高教学质量而提出的“掌握学习”的策略,有联邦德国的瓦·根舍因和克拉夫基等人为解决教材庞杂而倡导的“范例教学”,有保加利亚心理学家洛扎诺夫为改进外语教学而创立的“暗示教学法”,等等。当代国外教学理论,虽然流派众多,各具特色,但综观其变化与发展,有如下一些主要趋势。

(一) 对教学任务的理解更加全面,教学目标日益综合化

确立综合发展的观念,是现代社会对教学提出的客观要求。综合发展涉及到人的多方面的素质和品质,体现着与德、智、体、美、劳全面发展一致的要求。它与过去所倡导的“知识型”“智能型”等单一型人才目标是不同的。

传统教学一贯重视知识的传授,对如何通过教学发展学生的能力则有所忽略。第二次世界大战后,科学技术迅速发展和社会生活急剧变化,向学校教育提出了新的要求,这就是要求学校在向学生传授知识的同时,重视发展学生的能力。面对这一新的要求,各国的教育学家、心理学家开始把注意力集中在如何通过教学发展学生的能力和提高学生的智力上。60 年代,美国课程改革的基本目标之一,就是通过改革课程和教材为学生的智能训练提供条件,这一目标具体反映在布鲁纳等提倡的发现教学的理论和实践之中。他认为,教学的重

点应放在"直觉"或"发现"上。为了训练学生的智慧能力,应该按照探究的方式来进行某一学科的教学。与此同时,苏联在赞科夫、达维多夫等人主持下,亦进行了开发学生智力的教学改革实验研究。赞科夫首先批判了苏联传统教学中的"主知主义"倾向,认为教学应以促进学生的一般发展为首要任务,通过实验研究来探寻以教学促进学生认识能力发展的新途径。赞科夫通过长达近 20 年的实验,提出与苏联传统教学论全然不同的、着重于发展学生能力的一套教学理论体系——"小学实验教学新体系",对苏联的教学改革和教学论研究产生了重要影响。

随着当代社会的剧烈变化和社会生活的日益丰富复杂以及教学改革的不断深入,要求人们更加全面地理解和规划教学任务,统一地考虑教学的"传授""发展""塑造"功能。这意味着,当代教学论不再认为教学的任务只是向学生传授高、精、尖的科学知识和训练他们的智慧能力,教学的任务还包括使学生"人化",即对学生进行如何做"人"的教育,帮助学生形成良好的个性并成为社会合格的或优秀的公民。如何做人,这在当代高度工业化、都市化和知识化的社会里是一个极为重要的问题,学校教学不能不考虑这一点并在其任务中加以强调。

基于对教学任务的理解更加全面,许多国家在 80 年代的教学改革中都提出在教学中加强思想品德教育,使学校课程"人本化"的要求。例如,苏联教育部在 1987 年的改革提纲《把学校改革提高到现代化要求的水平》中提出,必须坚决地转向教养的"人本化",并为此创造条件,使教学不仅有助于提高学生的智慧能力,而且也有助于丰富他们的情感。美、日等国也多次在教育改革方案中提出,应考虑学校课程的人道主义成分,加强对青少年的思想品德教育和情感陶冶。日本的教育理论界指出:"不是把儿童的智力当作人的能力去开发,而应保障作为一个人的意义上的儿童的全面发展""为此,教育内容要建立在'儿童''社会''学术'的统一之上,编订出"人本化"的教育课程"。[1]

随着教学的"人本化"任务的提出,西方人本主义心理学亦受到普遍的重视,提倡"人际关系"和"相互作用"的学习理论也被应用到教学实践中。在苏联,教学任务的"人本化"趋势表现为对教学中人道主义精神的提倡和对马克思主义人道主义的重新解释。近年来,苏联教育界关于"合作教育学"的讨论,就是围绕学校中的主知主义与人道主义问题展开的。合作教育学强调教学活动中的师生合作，主张建立新型的师生关系，以便学生在融洽、愉快的环境中获得身心和谐发展。苏联教育部在 1987 年 8 月公布的《新的实验教学计划》中明确："加强教学计划（也就是学校培养人的全部内容）的人文方向性。这样将会在更大的程度上引导儿童接触世界文化和艺术，促进个性的和谐发展"。

由于对新学任务的理解更为全面，对教学质量的评估也发生了变化。过去人们只注重对教学结果的认知方面的评估，现在认识到单一的认知方面的评估不能全面衡量教学质量，从而提出综合评估。美国教育家布鲁姆将教学目标分为认知、情感、技能三大领域，对教学目标的综合评估起了推动作用。

（二）重视教材的改革与研究，教学内容日益结构化

当代一些心理学家、教育学家认为，随着科学技术迅猛发展和社会生活日益丰富，儿童的社会环境、教育状况与过去已大不相同。他们的视野，他们对周围世界的认识要比过去儿童广阔得多、深刻得多。因此，要发展学生的智力，培养高水平的科技人才，编制反映学科基本结构和体现科学探究过程的系统的学科内容至关重要。教学内容不仅仅如实质教育论者所认为的那样，学生只是为生活做准备而掌握实用知识；也不是如形式教育论者所认为的那样，只是训练学生思维、提高学生智力的手段。教学改革首先应是教学内容的改革，并由此引起教学方式的改变。那么，教学内容的改革应循着何种途径进行呢？面对知识总量激增、教材内容庞杂、学生负担过重的状况，各国教育家从不同角度纷纷进行探索。

西德范例方式教学论的代表人物瓦·根舍因和克拉夫基等人，在 50 年代初就提出改革教材，使教学内容具有"基本性""基础性""范例性"。这就是说教学内容的重点应放在基本概念、基本规律和基本结构上。苏联教育家赞科夫则尖锐地批评传统教学片面强调感性认识和具体经验的观点，从而提出理论知识起主导作用的原则。他们在教学与发展的实验过程中，从小学一年级开始，就非常重视基本概念和基本规律的教学。他认为理论知识起主导作用、不仅有利于形成学生的技能、技巧，而且有利于学生的一般发展。因为科学认识需要抽象，只有抽象思维才能更深刻、更接近事物的本质。美国心理学家布鲁纳等人，

从 60 年代以来,就致力于开展一场围绕各门学科的基本结构、重新组织教材和教法的改革运动。他和施瓦布等人设计了一个教学内容改革的蓝图——结构课程。布鲁纳等人认为,教材是由记录事物规律的各种材料构成的,事物的规律反映着事物之间的关系和联系。因此,教材也应反映事物的规律。教材编写者的任务,就是对各种知识进行加工、构造,把学科的结构以及该学科特有的研究方法纳入教材内容之中。而学生"学到的观念越是基本,几乎归结为定义,它对新问题的适用性就越宽广"。[2]西德瓦·根舍因等人主张教学内容应具有基本性、基础性、范例性;苏联赞科夫提出理论知识起主导作用,重视基本概念的教学;布鲁纳等人倡导学科的基本结构。这些观点,提法各异,但实质相同,有异曲同工之妙,都是企图使教学内容日益结构化,以适应科学技术迅速发展和提高教学质量的要求。结构课程理论受到各国广泛注意,对学校的课程改革产生了重要的影响。

（三）重视教学活动的最优设计,教学过程日益"工艺化"

以前的教学理论在分析教学过程和影响教学效果的因素时,往往偏重于强调某一或某一些因素。当代教学论则重视用系统论、控制论、信息论的方法,从整体上分析教学过程,讲求教学的最优设计和效果的优化。

所谓教学的最优化,即是依据确定的教学目标,考虑心理学所揭示的制约教学过程及其结果的内外因素,"从可能的大量的教育行为中选择能在某种条件下求得某种意义上的最大教育效果的教育行为"。70 年代,苏联(注:现俄罗斯。下同)的巴班斯基首先将系统方法引入教学论研究,提出了教学过程最优化理论。这一理论提出之后,引起了苏联及其他一些国家教育理论界的重视,成为近年来教学论研究的热门课题。巴班斯基认为,应该把教学看成一个系统,从系统的整体与部分、部分与部分以及系统与环境之间的相互关系、相互作用中考察教学,以便能最优地处理问题,设计优化的教学程序,求得最大的教学效果。他主张对教学应综合分析、整体设计、全面评价,即在整体的基础上分析教学的内外条件,如时间、地点、教师、学生、教材、环境等。对各种条件进行比较,加以优选,从而确定最佳的方案予以实施,并从全面教育任务的实现上评价实施过程及其结果。以上述理论为基础,巴班斯基还对教学过程的成分和要素作了分析,并构想了实施教学最优化的一般程序。

在西方国家,目前关于教学最优化的研究主要着重于教学程序步骤的科学分析与设计,以及对教学媒体的综合利用,其理论原理大多包括在教育工艺学著作中。当代西方的教育工艺学,并不是像有人狭隘理解的那样只是探讨现代技术在教学教育过程中的应用问题。教育工艺学,按著名心理学家加涅的说法,是指"把学校作为系统,在实践的基础上进行设计、试验、管理等一连串的系统研究"。按照日本教育学家坂元昂的说法,是"对关系到教育的所有可操作的因素加以分析、选择、组合和控制……以取得最大的教育效果的一门工艺科学"。[3] 目前在西方各国,教育工艺学原理已被广泛运用于教学设计。许多课程专家认为,运用工艺学原理设计教学,可以综合地考虑到制约教学过程及其结果的各种因素,选择在特定条件下最佳的方法、手段和组织形式,并使之达到合理的结合,从而取得最大的教学效果。运用工艺学原理于教学主要有两个途径:① 利用各种教学设施和媒介,系统地规划教学活动,或者说是在行为科学的基础上设计教学序列。这一般采用下列几个步骤:确定教学目标;选择方法、手段、内容和组织形式;确定评价标准。② 运用工艺学模型编制课程。这一般需经过下列基本阶段:确定课程目标,陈述项目细则;建立学习序列原型(教学活动计划);试验并修订计划,在实践中检验设计成果。当前,对于教学设计的工艺化,有人认为有助于增强教学设计和课程编制的合理性,但也有人认为工艺化的教学设计代价高昂,能否普遍推广值得怀疑。我们认为,不管怎样,运用工艺学原理设计教学,展现了当代教学理论的一个基本趋势,其前景是迷人的。尽管其中有很多问题尚待进一步解决,但它为教学设计的科学化提供了有效的方法,这是应该肯定的。

(四) 教学的技术基础逐步扩大,教学媒体日益现代化

人类在教学中用于呈现教材的设备是随着科学技术的发展而不断更新的。在十九世纪后半期,出现了幻灯机;在 20 世纪初,出现了无声电影;在 20 世纪二三十年代,出现了无线电收音机、有声电影;在 20 世纪五六十年代,出现了电视机、录音录像机、语言实验室、闭路电视;在 20 世纪七八十年代,出现了电子计算机、卫星通讯等。对当代教学产生重要影响的技术,无疑是录音录像技术、

卫星通讯技术、电子计算机技术和信息资料处理技术等。目前,在一些发达国家,现代化的教学手段已获得广泛的应用。据日本《1976 年教育年鉴》记载,1974 年日本中小学在收音机、电视机等设备方面已基本普及,在普通高中已有80％以上的学校配置了录像机。日本文部省在 1986 年的报告中指出,已经有2％～3％的小学、10％的初中、80％的高中配备了计算机。美国中小学现代教学设备的普及率更高,从幻灯机到电子计算机已得到广泛使用。据统计,美国1981 年备有计算机的学校只有 20％,到 1983 年已上升到 80％。

现代化教学手段的广泛运用,是教学现代化的重要标志之一。现代教学手段作为在教学过程中承担教学信息的媒体,在传递、处理和贮存教学信息、控制和掌握知识进程等方面有着越来越重要的作用。这种作用突出地表现在:

1. 形象直观、生动具体

过去有些教材内容,靠教师口述或演示,难以表达,不易理解。现在借助现代化教学手段,运用声、光、电器设备,使教材中的一些内容化小为大或化大为小、化静为动或化动为静、化虚为实或化实为虚、化慢为快或化快为慢、化近为远或化远为近,通过直观形象揭示事物的本质,使学生易学、易记。

2. 信息质量高,教学效果好

现代化教学手段运用声光电设备,既有形又有声,富有吸引力,能显著提高教学效果。实验研究证明,人们通过听觉获得的知识,只能记住 15％,通过视觉可以记住 25％,而通过视觉和听觉结合能够记住 85％。更为重要的是,运用现代教学手段,不仅可以向学生提供丰富多彩的学习内容和精心设计的课程,而且能激发学生的学习积极性,从而提高教育的质量。

3. 扩大教育规模,加快教育普及的步伐

现代化教学手段,可以不受时间和空间的限制,它不仅适用于各级各类学校,而且也适用于业余教育、社会教育,潜在的学员人数可以是巨大的。如电视、广播教学的发展,可以使优秀教师发挥更大的作用,可以使一些没有机会进学校学习的人得以学习。

现代化教学手段的广泛运用,必然引起教学内容、形式、方法的重大改革,并引起教学论对教学过程、教学技术的新的构思。教学手段的现代化程度对学校教学质量有直接的影响,因此,目前世界上一些国家的教育改革计划对此都有专门条款予以提倡。例如,苏联教育部在《把学校改革提高到现代化要求的水平》的提纲中指出,将会同苏联国家电视台和无线电广播委员会拟订一个计划,以扩大关于学校的电视节目;在教育部建立"全苏教学技术工业生产和供应联合体",以集中领导教学设备和技术手段的设计、生产、安装、维修工作,并要求各加盟共和国建立相应的机构。1985 年 6 月,日本临时教育审议会在《教育改革的第一次审议报告》中也提出,在教育内容、方法等方面将应用信息科学、信息技术的成果。

随着教学手段的现代化,西方国家中"唯技术论"倾向日趋严重。唯技术论者主张,应重视现代技术在教学中的应用,通过潜心研究的技术手段和科学的方法,来提高教学的效率。不过,由于过分夸大技术手段在教学中的作用,唯技术论很可能使丰富多彩的教学过程变成简单的人-机对话系统,从而降低教学的教育效果。在提倡教学手段现代化的今天,这一点不能不引起我们的重视。

(五) 心理学的研究成果被广泛地应用于教学改革中,教学理论日益心理学化

过去,教学理论的研究多以纯粹思辩方式进行,或者只是利用心理学的研究成果来说明教育现象,其理论基础比较薄弱。

近 30 年来,由于科学技术的迅猛发展,心理学与教学改革、教学论研究的结合日益紧密。这表现在:一方面许多教学改革实验或教学理论主张多以心理学的成果为基础,另一方面许多著名心理学家直接参与教学改革的试验。诸如苏联著名心理学家赞科夫教学与发展的实验研究,其理论基础之一,就是维果茨基关于两种心理发展水平的理论。他通过实验研究,发现学生的发展是在活动中实现的,外部条件的影响必须同学生心理的各个成分发生联系。他把发展心理学、个性心理学的研究成果引进教学论的研究领域,使心理学观点成为探讨教育学问题的重要因素,从而在教学论的研究上取得重大突破。美国心理学家布鲁纳提出的是"结构—发现"教学体系,是以结构主义认知心理学为基础的。他所倡导的结构课程理论,主要是瑞士心理学家皮亚杰"认知建构"说在教学领域中的具体运用;他所推行的"发现教学法",实际上就是教师帮助学生经

过"探究-发现"的途径,建立学生认知结构的方法。美国心理学家斯金纳提出的程序教学,是以刺激反应心理学为理论基础的。这是西方行为主义心理学从动物心理研究,转向对人的高级心理活动研究的具体表现。斯金纳依据行为主义的学习理论,提出程序教学,尽管这一理论有机械、刻板的一面,但它有力地推动了教学手段现代化,为电子计算机辅助教学奠定了理论基础,而且也为教学论研究提出了新的课题。保加利亚心理学家洛扎诺夫倡导的暗示教学法,是以无意识心理学为理论基础的。他将有意识活动与无意识活动结合起来,强调情感和情景的教育作用,提高学生的学习兴趣,增强学习效果。可见,教学论发展到今天,心理科学与教育理论的结合,比以往任何时候都更为密切。教学论的研究与心理学的研究有机的结合,使教学理论的理论基础进一步加强。

(六)各派教学理论呈现出相互渗透、相互影响的动向

在教育发展的历史长河中,各派教学理论从不同的立场或者从不同的方法论角度去研究教学问题,往往出现截然相反的观点。当代教学论在重新估价原有的思想遗产中,逐渐纠正着各派理论中的片面性,出现相互渗透、相互影响乃至统一的动向。例如,在教学任务方面,教学中以传授知识为主,还是以发展智能为主? 在教育史上,形式教育重视培养智能,实质教育重视传授知识,两派各执一端,互相对峙,长期争论。50 年代末期,美国教育家布鲁纳提出"知识结构论",探索如何通过掌握知识而发展智力。苏联教育家赞科夫针对凯洛夫重知识轻智能的倾向,进行教育实验,指出教学与发展的辩证关系。经过争论,现在人们越来越清楚地认识到传授知识与培养智能的辩证关系。知识是发展智能的基础,智能是进一步掌握知识的条件。两者相互联系,相互促进。

在教学内容方面,教学究竟以传授间接经验为主,还是以学生的直接经验为主? 在教育史上,传统教育论者强调以系统的科学文化知识武装学生,从而提出教师中心、书本中心、课堂中心。进步教育论者则主张学生通过活动获得知识,从而针锋相对地提出儿童中心、个人直接经验中心、活动中心。其实,这两种观点,都有其合理的因素。如果片面强调系统知识,则容易脱离生活实际;如果一味主张学生在活动中获得知识,则又容易破坏知识的系统性。经过长达半个世纪之久的争论,现在人们逐渐认识到,系统书本知识与个人直接经验、课堂教学与课

外活动、教师的主导作用与学生的主体地位都是相互联系、相互促进的。

在教学方法上,究竟应该怎样向学生传授知识? 对此,历来也有不同的看法。发现学习者强调引导儿童亲自研究问题来获得知识,接受学习者主张通过教师的系统讲解让学生接受知识。这两种观点各有利弊。发现学习的优点在于可以激发儿童智力的发展,培养他们内在动机,保持知识记忆。但它的缺点在于耗费大量时间解决细小问题,在时间上很不经济。同时,这种方法对于信息量大的教材和有些低年级不大适用。而接受学习可以在较短的时间内向学生传授系统的知识,便于教学工作有目的、有计划地进行。但这种方法毕竟是以教师的讲授为主,学生学习积极性受到限制。因此,这两种方法可以互相配合、取长补短。由此可见,人们对教学规律的认识经历了否定之否定的过程。当代教学论在纠正各派教学论的片面性的同时,将挖掘蕴藏在各种教学理论中的合理因素,成为新的教学论思想的养料。

自 50 年代后期开始的世界范围的教学改革的浪潮进一步促进了教学论研究的深入和科学化;教学论研究的逐步深入,又进一步促进了教学改革。当前,在世界各国普遍重视现代教学理论研究及其应用的形势下,为适应我国的四化建设对学校教育的要求,必须紧密联系我国学校教学工作的实际,博采众家之长,为提高我国教学论的科学水平,建立具有我国社会主义特色的教学论体系。

参考文献

[1]〔日〕筑波大学教学研究会编:《现代教育学基础》,上海:上海教育出版社,1986 年版,第 47 页.

[2] 杰罗姆·S·布鲁纳:《教育过程》,上海:上海人民出版社,1973 年版,第 12 页.

[3]〔日〕坂元昂:《教育工艺学简述》,北京:人民教育出版社,1979 年版,第 38 页.

(本文发表于《外国教育动态》1990 年第 6 期。作者李定仁、刘要武)

三、近 20 年来西方教学研究的新进展：对教学的理解及其转变

　　20 世纪 80 年代以来，在西方教育界的各种教育改革的浪潮中，人们对原有的假设、概念、关系在新的社会、政治、文化背景中进行解构与建构。教育改革可以在教育政策与管理、课程、教学、学习等不同层面进行。其中，教学是实施课程改革的重要途径，是促进学生学习的主要过程。在这个教育改革的大背景下，探究学者对教学的理解及其转变对于实施课程改革与促进学生学习具有相当重要的意义。

　　美国教育研究协会（AERA）分别于 1986 年和 2001 年出版了教学研究领域中最主要的两部作品：第三版和第四版的《教学研究手册》(Handbook of Research on Teaching)。它们是对西方教学研究成果最概括、最具代表性的总结。本文主要以上述两版《教学研究手册》为文献来源，并参考其它数种重要文献，分析近 20 年来西方学者对教学的理解及其转变。

　　建立教学理论是教学研究的主要目的。理论有三个基本构成部分：假设、概念及其关系。[1]教学研究范式是对教学进行理论化的一种方式。有学者在舒尔曼(L. Shulman)于 1986 年提出的分类框架基础上，把教学研究范式整理为过程—成果范式，中介过程范式和课室生态范式。[2]本文以上述理论的组成部分作为横向的分析剖面，以教学研究范式作为纵向的分类依据，构成研究西方学者对教学理解的分析架构。

（一）20 世纪 80 年代西方学者对教学的理解

1. 过程—成果范式下的教学研究

　　过程—成果范式下的教学研究旨在严格的、科学的统计方法基础上寻求教师教学行为和学生成就之间的关系。对教学的基本假设是：① 教师和学生都是理性的个体，在教学过程中，教师和学生都是根据理性原则思考和行动的。

因此,教学研究的主要任务是不懈地寻找教学中的理性成分。② 学习是外显行为改变的历程,所以对学习时内在心理历程的变化不予解释。[3] ③ 教学是价值无涉的活动,教学主要是追求认知和理性的发展,对教学过程中的民主、权力与关系不予反省与检讨。④ 教师是主动的,学生是被动的。强调教师的行为引起学生变化的程度,只关心教师与学生单向的关系。过程-成果范式的主要研究发现有:合作学习、认知刺激、动机诱因、学习投入、强化、管理、班级气氛与学生学习成就紧密相关。学生能力、学习动机、学习机会与学生成就有紧密的关系,班级及社会环境、家庭环境、同伴影响、大众传媒对学业成就也有影响。[4]

2. 中介过程范式下的教学研究

过程-成果范式下的教学研究只探究教师行为和学生成就之间具有什么关系,而不重视教师行为和学生成就之间的关系是如何发生的以及为什么会发生某一教师行为和产生特定的学生成就。

就教师而言,中介过程范式认为只研究教师在教学中的行为是不够的,因为教师的行为是受教师心理背景系统中教师的思考、计划和决策的影响。克拉克(C. Clark)和皮特森(P. Peterson)就认为教学过程由两部分组成:[5] ① 教师行为和可观察的效果,这部分是过程—成果范式研究的内容。② 教师的思考过程。这两个部分是紧密联系在一起的,是一个双向互动的过程,同时受到外部环境的影响。他们从认知心理学角度出发,认为教师思考过程由教师计划、教师互动的思考及决定、教师理论与信念三部分组成。教师计划与教师互动思考及决定是围绕教学活动进行的时间先后顺序展开的,教师理论与信念则贯穿于教师计划、互动思考与决策过程之中。

3. 课室生态范式下的教学研究

课室生态范式从人类学、社会学、语言学视角出发,认为教学是一个满载了文化、社会意义的活动,基本旨趣在于对教学活动进行"深描",并在与环境脉络互动中理解与诠释教学活动的意义。

对教学的假设有,特殊背景中的规则控制着教师与学生之间、学生与学生之间的互动。参与的规则是内隐的,通过互动得以传递和学习,教学的意义存在于特殊的背景中。[6]

对各种概念之间关系的论述基本上是从解释学的视角出发的,例如,通过对课堂对话的分析,达到对课堂生活"实然"状态的理解。卡兹丹(C. Cazden)认为课堂对话可以分为两类:教师的世界和学生的世界。两类世界之间的对话并不平等,[7]教师具有在任何时候对学生说话的权力,而学生则不同,虽然学生有许多问题需要与教师交流,但是由学生发起的交流活动往往受到限制。在师生对话的交往活动中,教师始终处于主动的地位,以管理者、领导者和权威者的姿态出现。她分析了数位学者对课堂结构的研究后发现,几乎所有的课堂对话都具有很明显的"三阶段"结构,即"教师提问-学生回答-教师评价"。这种课堂对话结构对于学生来说是相当封闭的,学生的思考与行为基本局限在教师划定的范围内,被教师所牵制,教师的话语系统主导着对话过程,学生淹没在这种对话形式中。

4. 小结:20 世纪 80 年代西方学者对教学的理解

如果说过程-成果范式是从行为主义心理学的视角展开对教学中普遍规律的寻求,那么中介过程范式则是从认知心理学的视角对教学过程及其前后教师与学生思考与行为进行理解,课室生态范式则从社会学、人类学、语言学视角对教学中的意义进行解读。过程—成果范式自从 20 世纪 60 年代兴起到 80 年代初占据着教学研究的主流。[8]中介过程范式和课室生态范式则是 70 年代中期异军突起的力量。[9]3 种教学研究范式对教学理解的拓展好像 3 个同心圆,最里面的是过程-成果范式,中间的是中介过程范式,最外面的是课室生态范式。随着同心圆数目的增多,人们对教学的理解也不断地扩大。每种范式的教学研究从不同的视角对理解教学起着不可替代的作用。

(二) 20 世纪 90 年代西方学者对教学的理解

1. 过程—成果范式下的教学研究

佛劳登(R. Floden)认为在过去的 20 年里,以行为主义心理学为基础旨在寻求与学生成就关联的变量以及探究这些变量与学生成就之间关系的过程—成果范式下的教学研究,由于忽视了教师与学生活动的意义而逐渐式微,而另一派认为教学是社会活动,寻求教学活动中个人意义的表达、诠释与建构的教学研究逐渐兴起。因此,对来自社会学、性别研究、政治学视角的批评保持宽容与接纳的态度。他与舒尔曼有着一致的观点:认为对复杂的教学现象进行研究,需要多元的教学研究范式。不过,佛劳登认为过程—成果教学研究范式仍然是健康的和富有成果的。[10]

我们要仍然相信学生的成就主要取决于教师,40 多年来的教学研究主要是在不同时期对盖奇(N. G age)提出的基本问题——教师和教学的什么特征与理想的学习成果相联系——的回答,并寻求如何利用研究发现提高教学水平。佛劳登认同建构主义教学观,认为知识的获得不是层层迭加的过程,而是理解、应用和创造的过程。他是通过强调学生中介作用的重要性来体现建构主义教学思想的,学生的理解是丰富多彩的,并不是像教师、教材中预料的那样简单,教师应该给予更多的空间让学生诠释自己的学习经验。教学并不是像子弹一样直线穿行,从"过程"到"成果"点对点的联系,而是由多种因素交织的互动过程。

佛劳登发现,教师的学习经常和学生的学习联系在一起。他认为影响教师学习的因素包括教师教育、同事、政策、教师生命史和职业阶段、教师心智生活等。目前,在教师学习方面,至少有两种观点受到大家的重视:① 通过教师的学习促进学生的学习。[11]② 重视教师学习者社群的建立。[12]

2. 中介过程范式下的教学研究

奥瑟(F. Oser)和伯芮韦(F. Baeriswyl)认为教师的"教"需从学生的"学"开始。[13]他们用教学舞步来比喻对教学的基本假设。这个假设是两种结构的结合:一是教学活动中看得见的结构,这种结构为学生的学习活动创造可能的条件。二是学习的心智运作过程,是学习的深层结构。学习的心智运作过程就像跳舞时的乐曲,教学中看得见的结构犹如舞步,教学就是舞者根据乐曲来编排舞步。他们以上述理论为基础构建了教学舞步模式,这个模式有 4 个水平:期望-过程Ⅰ-过程Ⅱ-结果。期望指教师对学习结果的预期,并根据这个期望的结果组织学习活动;过程Ⅰ指可看得见的教学活动;过程Ⅱ指学习者的心智活动过程,也叫做基本模型;结果指学生实际的学习成果,知识的掌握,实践技能的获得,情感态度的发展,道德品质的提升等。在上述教学舞步模式的四个水平中,过程Ⅰ与过程Ⅱ的关系最为关键。奥瑟和伯芮韦认为过程Ⅱ是过程Ⅰ的基础,也就是说,教师应以学生的心智运作过程为依据考虑如何设计课程与展开教学活动。

3. 课室生态范式下的教学研究

贝布里斯(N. Burbules)和布鲁斯(B. Bruce)认为教学就是对话,对话是一种平等的、开放的、赋权的知识建构过程。与传统的教学观相比,把教学视为对话者,认为不仅仅在教学方式上存在不同,在对知识的本质、对教师和学生角色的看法方面均有不同的假设。[14]

对知识本质的看法中,人们已经不满足于对"知识就是力量"的认同,而是追问:"谁的知识最有价值?"因此,在对话性的教学中,认为最有价值的知识不一定都是通过政策工具——课本、考试等形式表达与规范的法定知识。认为教师与学生在互动的过程中发现、创造的"民间"知识同样是有价值的,它能够唤起教师和学生的自我意识。知识的本质从获得过程来讲,是建构性的;从功能上讲,不仅是用来认识、理解世界,也是用来建构一个更民主社会的工具。

传统的教学是 T/S(teacher/student)模式。把教学作为对话,就应该使 T/S 模式向 T/L (teaching/learning)模式转变。T/S 模式的本质是控制,教师不仅控制学生的学习内容,而且控制学生的学习过程。T/L 模式认为教学就是对话,而对话的本质是一种关系性存在。这种关系的根本特征是:教师与学生都投入到一种相互的、反省的、持续的对话活动中。教学不仅仅是教师与学生之间的问答,是一种关系的不断建构与延续。作者认为,这种关系不仅仅是认知发展中的逻辑关系,更强调"对话"背后意识形态和微观政治中的权力关系。

把教学作为对话者的思想渊源主要是 20 世纪 70 年代后兴起的来自欧洲的社会思潮,与注重寻找因果关系的逻辑实证主义取向不同,以诠释和批判为取向的这些社会思潮旨在体验、批判社会活动中的意义。

4. 20 世纪 90 年代西方学者对教学的理解

以建构主义学习理论出发对教学进行研究是这个时期的共同特点。过程—成果范式下的教学研究虽然关心的是教师行为与学生成就的关系,但认为教学最重要的目的是促进学生对学习内容的深入理解。教师的角色从对知识的注解者转变为课室内学习者社群的建立者和领导者。

过程-成果范式对教学概念之间量化的关系保持谨慎的态度。如佛劳登所言,教学研究者探究教与学之间关系的欲望有增无减,但复杂的教学使寻求绝对的确定性和可预测性的期望往往是不合理的。因此,在研究方法上,过程-成果范式下的教学研究结合解释学取向的方法对教学进行深描以深入探究复杂的教学现象。

要想让学生学会学习,首先需要教师学会学习。通过教师的学习来促进学生的学习似乎是这个时期对教学理解的一个新动向。[15][16]

(三)近 20 年来西方学者对教学理解的转变

影响西方学者对教学理解转变的原因不外乎 4 个方面。一是教学思想的来源,如心理学、社会学、人类学、哲学获得了新的发展,从而为人们理解教学提供了新的视野。二是原来的教学理论不能有效地解释教学现象,解决教学实践中的问题。三是出现了新的教学研究方法或原来的研究方法获得了重要发展,如 1980 年代以后叙事研究的兴起,民族志方法的引入,行动研究的发展等。四是学校教育培养出来的学生不能应对急剧变化的社会的要求,本国的学校教育不能胜任国家发展的需求。下文主要从教学思想来源的变迁和教学研究方法的发展探讨学者对教学理解的转变。

1. 对教学的假设

(1)教学的心理学基础仍然受到重视

从建构主义学习理论出发理解教学成为普遍的观点,持建构主义教学观是这个时期学者对教学理解的特点。例如,在 1973 年的第二版《教学研究手册》中主要是行为主义心理学观点占主导地位,[17]第三版中,许多实证研究根据行为主义心理学的逻辑进行,[18][19]但是理论研究方面,认知心理学的文献渐多,第四版则注重从建构主义理论出发研究。[20][21]

建构主义教学观的兴起,对教与学有了新的主张,认为教学重要的不是量的积累,而是质的变化。反映了学者对教学的理解从行为主义学习理论取向的重视教师教转移到建构主义心理学取向的重视学生学。教师和学生的角色和权责都发生了变化,这就要求从学习者出发设计教学活动,让学习者积极主动地获取知识,学生是知识的探索者和发现者,教师的主要作用在于设计教学目标和情景,作为教学活动的引导者和促进者。

(2)强调对教学中意义的理解和诠释

瑞查德森(V. Richardson)提出,与第三版相比,第四版《教学研究手册》试图在一个更广的社会和哲学视野中理解教学。认为教学本身是社会性的活动，教师和学生的活动都具有文化涵义。[22]

近些年来人文学科对教学效能研究形成强烈的冲击，教师和学生的活动都受到背景的调节，在不同的背景下，相同的行为会有不同的意涵，行为背后的意义和行为一样构成了人类生活本身，因此，对意义的寻求也是对教学理解的重要部分。学校是一个社会，生活在学校中的教师与学生处于各种关系形成的网络之中，而这个网络由意义组成。

（3）教学作为实现民主的工具

如解放的教育论者认为，教学内容和教学方法都可以作为解放受教育者的途径。就教学方法而言，弗莱雷（P. Freire）于 1970 年出版的《被压迫者教育学》被认为是教学中声张平等、民主的宣言。他认为灌输式教学方式是一种压迫的手段，师生之间充满了矛盾，主张教师与学生之间的互动与平等的交流应作为一种解放的途径。时隔 30 个春秋之后，第四版《教学研究手册》又重温了弗莱雷的思想。[23]佛劳登认为教学中要倾听少数民族、女性、学习能力稍逊等弱势群体的声音，了解他们在教学活动中的感受。贝布里斯和布鲁斯则认为教学概念应该重建。首先，教学是开放的、民主的和赋权的对话。另外，在课堂教学中没有特定的教师与学生角色，课堂只是一个学习型组织，注重教与学活动本身。

在教学内容方面，90 年代以后的美国课程有了新的愿景。[24]第一，认为每个孩子都能学习。这个宣称意味着更新以前认为只有少部分精英学生能够学会具有挑战性内容的观点。第二，为不同的学习者提供均等的学习机会。强调边远和少数民族地区的学生也应该得到足够的课程资源和优质的师资。第三，培育民主的精神。通过课程内容的学习，学生应该能够学会跟不同背景的学生一起学习和生活。

2. 教学研究中的新概念

教师学习是这个时期教学研究中出现的重要概念。林进材考察西方教学研究发展史后，认为西方教学研究的演变从教师特质的研究、过程—结果研究、教师思考研究、教师民俗志研究到教师知识研究。[25]玛伯等人（H. M unby, etal.）也认为教师知识的研究只不过是最近 20 年的事。[26]近 20 年来，有关教师学习的文献可谓"汗牛充栋"。从 20 世纪 90 年代初期和中期所出版的两册《教师教育手册》(Handbook of Research on Teacher Education)也可反映出这个领域知识积累速度之快。[27][28]

3. 概念之间的关系

近 20 年来对教学理解的转变,除了对教学有新的假设,增加了新的概念,另外还对概念之间的关系也有新的看法。关系通过解释得以说明,纽曼(L. Neuman)认为解释有两种类型:因果解释(casual explanation)和结构性解释(structural explanation)。[29]结构性解释的目的不是寻找因果关系,而是通过对概念赋予意义来建立概念之间的关系。近年来,对概念之间关系解释的转变呈现出以下情形。

(1) 因果性解释的式微

一向热衷于探求教师行为与学生成就之间因果关系的过程—成果范式并不认为概念之间是单向的、线性的因果关系。[30][31]有研究者对 1997 年参加 AERA"教学与教师教育"分组的 347 名学者进行调查后发现,在该届年会上所提交的研究中,有 57.4% 的人主要运用质化研究方法,只有 9.4% 的人主要运用量化研究方法,有 33.5% 的人将质化与量化方法结合使用。在 1987~1996 年中,有 35.1% 的人主要运用质化研究方法,有 21.6% 的人主要运用量化研究方法,有 43.2% 的人将质化与量化方法结合使用。很明显的趋势是,1987~1996 年之间,运用质化方法研究教学的人越来越多,而运用量化方法的人越来越少。分析调查结果以后,作者非常忧虑地表示,越来越多的教学研究者认为传统的学生成就测验方法和量化研究方法越来越不重要了。[32]

(2) 结构性解释的兴起

茅根-弗莱明(B. Morgan-Fleming)和多伊尔(E. Doyle)认为教学不再是心理学的简单应用,而向人类学、社会学和语言学敞开了大门,在概念之间寻求意义的建构。[33]多伊尔甚至宣称只有通过故事才能认识教学。[34]第四版《教学研究手册》与第三版相比,强调从多元的视角研究教学。[35]

豪尔(Howe)从认识论、本体论、政治理论和伦理学等哲学层面对质化教育研究方法进行的探讨具有代表性。[36]就认识论而言,自 20 世纪中后期经历了从实证主义到解释学的转换;在本体论方面,后现代主义者、诠释学者都否定实证主义对人类本性的假设。认为人并不是对外部刺激的简单回应,而认为人是自我创造者,社会塑造了人的思想和行为,而人的思想和行为同时也塑造了社会。从政治理论的视角来看,后现代主义和转化主义都认为当前的社会是不公平的、不民主的,都试图发现压迫人民的社会结构,进而解构不平等的社会结构。在研究伦理方面,认为实证主义是"技术控制",在研究中只见数字不见人,只注重"事实"成分,如理性、科学、手段、认知、目标和真实。后现代主义则只见"价值"不见"事实",倡导反理性、政治、兴趣、主体性和权力。转化主义则试图兼容事实和价值。

20 世纪最后四分之一时间里,西方教学研究领域有以下趋势:教学研究者走近教学,置身于教学活动之中,从教师、学生的眼睛里来理解教学故事,诠释其中的意义,并且在教学与社会的互动中,以批判的眼光来审视教学,倡导通过教学中权力关系的重建来促进社会的民主。

参考文献

[1] Neuman, L. Social Research Methods: Qualitative and Quantitative Approaches (5th ed.)[M]. Boston: Allyn and Bacon,2003.

[2] 黄显华. 教学研究范式的探讨[J]. 教育学报,1991,19(2):119—131.

[3] 黄政杰. 教学原理[M]. 台北:师大书苑,1997:31.

[4] Walberg, H. J. Syntheses of Research on Teaching. In M. C. Wittrock (Eds.), Handbook of Research on Teaching[M]. 3rd ed. New York: Macmillan, 1986:214—229.

[5] Clark, C. M. & Peterson, P. L. Teacher Thought Processes. In M. C. Wittrock (Eds.), Handbook of Research on Teaching[M]. 3rd ed. New York: Macm illan, 1986:225—295.

[6] Cazden, C. B. Classroom Discourse. In M. C. Wittrock (Eds.), Handbook of Research on Teaching[M]. 3rded. New York: Macmillan, 1986:432—463.

[7] Cazden, C. B. Classroom Discourse. In M. C. Wittrock (Eds.),

Handbook of Research on Teaching[M]. 3rded. New York: Macmillan, 1986:432—463.

[8] Gage, N. L. Hard Gains in the Soft Sciences: the Case of Pedagogy [M]. Bloom ington: PhiDelta Kappa, 1985.

[9] Shulman, L. S. Paradigms and Research Programs in the Study of Teaching: A Contemporary Perspective. In M. C. Wittrock (Eds.), Handbook of Research on Teaching[M]. 3rd ed. New York: Macmillan, 1986:3—36.

[10] Floden, R. E. Research on Effects of Teaching: a Continuing Model for Research on Teaching. In V. Richardson (Eds.), Handbook of Research on Teaching[M]. 4rd ed. Washington, D.C.: American Educational Research Association, 2001:3—16.

[11] Darling−Hammond, L. Teacher Learning that Supports Student Learning[J]. Educational leadership, 1998, 55(5):6—11.

[12] Shulman, L. S. & Shulman, J. H. How and What Teachers Learn: a Shifting Perspective[J]. Journal of Curriculum Studies, 2004, 36 (2):257—271.

[13] Oser, F. K. & Baeriswyl, F. J. Choreographies of Teaching: Bridging Instruction to Learning. In V. Richardson (Eds.), Handbook of Research on Teaching[M]. 4th ed. Washington, D.C.: American Educational Research Association, 2001:1031—1065.

[14] Burbules, N.C. & Bruce, B.C. Theory and Research on Teaching as Dialogue. In V. Richardson(Eds.), Handbook of Research on Teaching [M]. 4th ed. Washington, D. C.: American EducationalResearch Association, 2001:1102—1121.

[15] Fishman, B. J., Marx, R. W., Best, S.,& Tal, R.T. Linking Teacher and Student Learning to Improve Professional Development in System ic Reform[J]. Teaching and Teacher Education, 2003,19 (6):643—658.

[16] Bolhuis, S. & Voeten, M. J. M. Teachers' Conceptions of

Student Learning and own Learning[J]. Teachers and Teaching: Theory and Practice, 2004,10(1):77—98.

[17] Wittrock, M. C. (Eds.) Handbook of Research on Teaching[M]. 3rd ed. New York: Macmillan, 1986.

[18] Walberg, H. J. Syntheses of Research on Teaching. In M. C. Wittrock (Eds.), Handbook of Research on Teaching[M]. 3rd ed. New York: Macmillan, 1986:214—229.

[19] Brophy, J. & Good, T. L. Teacher Behavior and Student Achievement. In M. C. Wittrock (Eds.), Handbook of Research on Teaching[M]. 3rd ed. NewYork: Macmillan, 1986:328—375.

[20] Oser, F. K. & Baeriswyl, F. J. Choreographies of Teaching: Bridging Instruction to Learning. In V. Richardson (Eds.), Handbook of Research on Teaching[M]. 4th ed. Washington, D. C. : American Educational Research Association, 2001:1031—1065.

[21] Burbules, N. C. & Bruce, B. C. Theory and Research on Teaching as Dialogue. In V. Richardson(Eds.), Handbook of Research on Teaching[M]. 4th ed. Washington, D. C. : American Educational Research Association, 2001:1102—1121.

[22] Richardson, V. Preface. In V. Richardson (Eds.), Handbook of Research on Teaching[M]. 4th ed. Washington, D. C. : A merican Educational Research Association, 2001.

[23] Macedo, D. & Freire, A. M. A. (Mis) Understanding Paulo Freire. In V. Richardson (Eds.), Handbook of Research on Teaching[M]. 4th ed. Washington, D. C. : American Educational Research Association, 2001:106—110.

[24] Shepard, L. A. The role of Classroom Assessment in Teaching and Learning. In V. Richardson (Eds.), Handbook of Research on Teaching[M]. 4th ed. Washington, D. C. : American Educational Research Association, 2001:1066—1101.

[25] 林进材. 教学研究与发展[M]. 台北：五南图书，1999：3.

[26] Munby, H. , Russell, T. , & Martin, A. K. Teachers' Knowledge and how it Development. In V. Richardson (Eds.), Handbook of Research on Teaching[M]. 4th ed. Washington. D. C. ：American Educational Research Association，2001：877—904.

[27] Houston, W. R. (Eds.) Handbook of Research on Teacher Education. New York：Macmillan，1990.

[28] Sikula, J. (Eds.) Handbook of Research on Teacher Education [M]. 2nd ed. New York：Macmillan，1996.

[29] Neuman, L. Social Research Methods：Qualitative and Quantitative Approaches[M]. 5th ed. Boston：Allyn and Bacon，2003.

[30] Floden, R. E. Research on Effects of Teaching：a Continuing Model for Research on Teaching. In V. Richardson (Eds.), Handbook of Research on Teaching[M]. 4th ed. Washington, D. C. ：American Educational-Research Association，2001：3—16.

[31] Berliner, D. C. Toiling in Pasteur's Quadrant：the Contributions of N. L. Gage to Educational Psychology[J]. Teaching and Teacher Education，2004,(4)：329—340.

[32] Crawford, J. & Impara, J. C. Critical Issues, Current Trends, and Possible Futures in Quantitative Methods. In V. Richardson (Eds.), Handbook of Research on Teaching[M]. 4th ed. Washington, D. C. ：American Educational Research Association，2001：133—173.

[33] Morgan-Fleming, B. & Dolye, W. Children's Interpretations of Curriculum Events[J]. Teaching and Teacher Education, 1997, 13 (5)：499—511.

[34] Doyle, W. Heard any Really Good Stories Latterly? A Critique of the Critics of Narrative in Educational Research[J]. Teaching and Teacher Education，1997,13(1)：93—99.

[35] Donmoyer, R. Paradigm Talk Reconsidered. In V. Richardson

(Eds.)，Handbook of Research on Teaching[M]. 4th ed. Washington，D. C.：American Educational Research Association，2001:174—197.

[36] Howe，K. R. Qualitative Educational Research：the Philosophical Issues. In V. Richardson（Eds.），Handbook of Research on Teaching[M]. 4th ed. Washington，D. C. ：American Educational Research Association，2001:201—208.

（本文发表于《比较教育研究》2006 年第 2 期。作者赵明仁、黄显华，时属单位为香港中文大学教育学院）

四、课堂环境研究的现状、意义及趋势

课堂环境研究是近 30 多年来教育社会学、教育心理学和科学教育领域中的一个引人关注的热点课题。伯登和弗雷泽（Burden，Fraser）提出，过去 20 多年来，教育者一直将学习过程放在非常重要的地位，他们对学习成败的解释也从儿童内在心理因素，逐渐转向对学习的整体背景进行评价的"系统定向"上。[1]但由于课堂环境本身是一个内涵复杂而丰富的概念，因此，学术界还没有一个统一的术语来指称它，对其含义和结构也没有完全一致的认识，研究内容和方法也各有侧重、各俱特色。因此，对课堂环境的含义、结构及研究现状做一番梳理，结合我国当前教育改革和研究的实际，阐明课堂环境研究的现实意义，分析并把握其未来研究的趋势，是很有必要的。

（一）课堂环境的含义、结构及其与相关概念关系的辨析

1. 国内外学者对课堂环境及相关概念的分析

在国外文献中，课堂环境（classroom environment），也常被称作课堂气氛或氛围（classroom climate or atmosphere）、课堂心理环境（classroom psychological environment）或学习环境（learning environment）等。也许由于研究者不重视理论的缘故，他们并不重视这一概念定义的明确性。对于课堂环境的概念化工作，国外学者主要把注意力放在对它的结构分析和测量上。[2]

国外对课堂环境的结构进行系统分析和测量，以沃尔伯格（Walberg）和穆斯（Moos）为先驱。沃尔伯格等（1968）认为，课堂环境包括结构维度和情感维度。前者指学生在班级内的角色组织、角色期待以及共同的行为规范和约束机制，而后者则指个体的人格需要之独特的满足方式，如课堂中的满足感、亲密性和摩擦等。[3]穆斯（1979）提出，不同的社会环境都可以用相同或相似的三个维度来描述：关系维度——评价人们卷入环境的程度、相互支持和帮助的程度以及自由而公开地表达观点的程度；个人发展或目标定向维度——评价个人在环境中发展和自我提升的方向系统维持与变化维度——评价环境的有序性程度、

期待的明确程度、维持控制的程度及对变化的敏感程度。[4]由于穆斯的分析更为全面,而且三个维度具有跨情境的一致性,因而为更多的研究者所接受。实际上,沃尔伯格和穆斯对课堂环境结构的看法并没有实质性的区别,沃尔伯格所说的"结构维度"近似于穆斯的"个人发展或目标定向维度"和"系统维持与变化维度",而"情感维度"则与"关系维度"是很接近的。

值得注意的是,《简明国际教育百科全书教学(上)》在讨论"环境对教学的影响"的专题里,用了两个不同的概念说明课堂环境因素。一是"课堂心理环境",指作为一个社会集体的班集体中的气氛,这种气氛对学生的学习产生潜在的影响。[5]另一个是"学习环境",包括学习的物理环境和教育、训练中使用的设备、工具和材料。[6]由此可知,影响学生学习的课堂环境因素是多样化的,既包括社会心理的,又包括各种物理的因素。但是否有必要用"学习环境"来专指课堂中的物理要素,这是值得讨论的。关于"课堂环境"、"学习环境"和"课堂心理环境"等概念之间的关系,我们在小结中加以分析。

国内学者几乎没有直接对课堂环境这一概念进行过分析,个别学者论及了教学环境的概念和结构。如田惠生(1996)对教学环境的含义及其结构做过较系统的论述。他认为,教学环境就是学校教学活动中所必需的诸客观条件和力量的综合。教学环境有广义和狭义之分。广义上说,社会制度、科学技术、家庭条件、亲朋邻里等都属于教学环境,因为这些因素在一定程度上制约着教学活动的成效。从狭义的角度,即从学校教学工作的角度来看,教学环境主要指学校教学活动的场所、各种教学设施、校风班风和师生关系等等。他认为,整体的教学环境系统主要由两类环境组成,即物质环境和社会心理环境。物质环境包括时空环境、设施环境和自然环境;社会心理环境包括人际环境、信息环境、组织环境、情感环境和舆论环境。[7]

国内多数学者在讨论影响学生学习的社会心理因素时都使用了课堂气氛(风气)或班风这样的术语。如邵瑞珍(1997)提出,课堂气氛或称班风,是课堂里的一种综合心理状态,常被比作"组织人格"。我国学者根据课堂里师生的注意、思维、情感和意志等心理状态的观察记录,将课堂气氛分为积极的、消极的和反抗的三种类型。课堂气氛是对众多因素的一种微妙而又波动的反应。其中教师的领导方式是一个关键因素。此外,学生间的相互作用,如合作与竞争等也影响到课堂气氛。[8]

2. 小结

通过对国内外相关文献的回顾和分析，我们试图提出以下几点看法：

首先，我们可以把课堂环境理解为，影响教学（teaching & learning）活动的开展、质量和效果，并存在于课堂教学过程中的各种物理的、社会的及心理的因素的总和。

其次，用"学习环境"来专指影响学习的物理因素，用"课堂环境"来专指课堂中的社会心理因素，都是对概念过于狭隘的理解。我们认为，如果专门针对影响学生学习的学校内部因素的话，可以把"课堂环境"看作是课堂中的物理因素和社会心理因素，而"学习环境"则包括了课堂环境和学校内除课堂环境以外的其他环境要素。而"教学环境"基本上可以等同于"课堂环境"，但具体针对其对教或学的影响来说，则它们的构成是不完全一样的。"课堂气氛"、"课堂氛围"、"课堂心理环境"可以作为"课堂环境"或"教学环境"的下位概念来理解。而"教育环境"则是一个更上位的概念，它应包括学习环境和课堂环境。按概念的层次结构，我们可以表示为课堂气氛（氛围）、课堂心理环境—课堂环境、教学环境—学习环境—教育环境。这是一个由低到高，从具体到抽象的概念系列。

最后，课堂环境内容构成包含物理环境、社会环境和心理环境三大类别。物理环境是教学赖以进行的物质基础和物理条件，主要包括教学的自然环境、教学设施和时空环境等；社会环境是课堂中师生互动和生生互动的基本要素及状况的总合，它大体包括师生互动与师生关系、同学互动与同学关系、课堂目标定向、课堂规则与秩序等心理环境则是课堂参与者（教师与学生）的人格特征、心理状态和课堂心理氛围等。

（二）国外课堂环境研究概况

1. 研究历程

国外对课堂环境的正式研究大体起始于 20 世纪 20 年代。查维斯（Chavez）提出，课堂环境研究中低推论测量（low inference measures）的传统可以追溯到 20 世纪 20 年代的社会心理学。所谓低推论测量，就是由第三者对课堂环境因素进行客观观察和记录的方法。托马斯（Thomas）率先开发了准确观察和记录幼儿社会行为的技术,这种技术还用于记录特定的社会情境以及为收集研究资料创设心理测量情境。此外,弗兰德斯(Flanders)的相互作用分析系统(Interaction Analysis System),是 60 年代中期前用于课堂观察的一套最复杂的技术。这套系统以每 3 秒钟为间隔记录教师和学生的行为,包括 10 个类别:接纳性情感、表扬或鼓励、接纳学生的观点、提问、讲解、提出观点、批评、学生反应、学生发起的谈话以及安静或混乱。由局外人对课堂环境进行客观观察和记录,成为课堂环境研究的一大方法取向。[9]

勒温(Lewin)的场论对课堂环境的早期研究也产生了重要的影响。勒温认为,人的行为是环境与人的内在因素交互作用的产物。他用公式 B=f(PE),用以说明行为是人及其环境的函数。莫瑞(Murray)用需要—压力模型(need-pressmodel)来类比勒温公式中的人与环境概念。莫瑞所说的个人需要是指人格中的动机因素,它是个体朝某个目标活动的内在倾向;而环境压力则是指外在情境中使人的内在需要得到满足的因素或挫败其内在需要的因素。在需要—压力理论的影响下,斯特恩(Stern)提出了人-环境耦合的理论(person-environment congruence theory)。他认为,个人需要与环境的协调,能改善学生的学习结果。盖泽尔斯和索伦(Getzels,Thelen)提出的班级社会系统模式主张,人格需要、角色期待和课堂氛围的交互作用,可以预测包括学习结果在内的群体行为。[10]这些观点为研究课堂环境与学生学习的关系奠定了理论基础。

60 年代中晚期,课堂环境研究进入了第二个阶段。这一阶段在研究内容上更加全面,关注到课堂社会心理因素的方方面面,在方法上更加注重从课堂环境的参与者(学生和教师)对课堂因素的主观感受出发来收集研究数据,并较全面地考察学生对课堂环境的知觉与其学习之间的关系。这一时期有两项极具影响的研究。

(1) 沃尔伯格和安德森(Anderson)在 60 年代后期从事的一项名为"哈佛物理学项目"(Harvard Physics Project)的研究

这是一项 10～12 年级物理课程的实验研究。该研究中的物理课程运用了各种多媒体教学手段,并且强调在科学课程中渗透人文精神。有关学生对班级环境的知觉或感受也是研究的一个部分,并且作为评价项目活动的一个方面。沃尔伯格和安德森还编制了"学习环境量表",这是"哈佛物理学项目"的研究成果之一,也是该研究项目的主要评价工具。[11]

(2)穆斯(1973)在斯坦福大学创立了社会生态学实验室(Social Ecology Laboratory),开展的"人类环境"研究

穆斯对人类环境的研究并不仅限于教育环境。他对人类环境的研究涉及到9类社会组织或机构,如大学人群、医院病房、社区治疗机构、监狱、工厂车间、军队中的人群等。穆斯及其合作者针对不同的人类环境,开发了多种环境测量工具。其中关于课堂环境的工具是"课堂环境量表"。[12]

沃尔伯格和穆斯对课堂环境知觉的开创性研究,无论是从学生的知觉这一角度进行研究的方法取向,还是研究工具的开发、理论建构以及具体的研究课题,对后来的研究都产生了重要的影响。在此基础上,80年代以后,以弗雷泽为代表的一大批学者对这一领域进行了更广泛、更深入的研究。

2. 当前研究的方法取向

对课堂环境的研究,从方法上看,大体有3种取向:

① 直接观察。它是由局外人根据事先确定的一些范畴对课堂沟通或课堂里发生的事件进行系统的记录和编码。这是一种尽力追求客观结果的方法。② 人类学的自然调查和个案研究。它是对课堂情境进行直观的描述。③ 从当事人的主观体验或知觉的角度进行研究。从目前的情况看,从学生知觉的角度研究课堂环境是一种占主导地位的方法取向。

弗雷泽和沃尔伯格(1981)认为,从学生知觉的角度研究课堂环境,有以下几个优点:① 相比起课堂观察技术投入大量的培训观察者的费用,对学生知觉的纸笔测验要更经济。② 知觉测量是建立在学生对多次堂课的经历的基础之上的,而课堂观察资料通常只限于很少量的课时。测量的结果更能真实地反映课堂的情况。③ 知觉测量是课堂里所有学生判断的集合,而课堂观察通常是单个观察者做出的。因此,测量的结果更能准确地反映课堂的情况。④ 学生知觉,比真实的情境对学生行为更能产生决定性的影响,它比观察到的课堂行为具有更重要的意义。⑤ 课堂环境知觉测量通常比直接观察到的变量,对学生学习的结果具有更强的解释力。[13]从学生知觉的角度对课堂环境进行研究,主要是采用问卷测量的方法。在课堂环境最近30来年的研究历程中,一个很突出的特点就是,研究者编制了大批经济、有效并得到广泛采用的问卷。其中

比较常用的有沃尔伯格和安德森于 20 世纪 60 年代后期编制的《学习环境问卷》；穆斯和特里克特（Trickett）1974 年编制的《课堂环境量表》；弗雷泽 1985 年编制的《个性化课堂环境问卷》；弗雷泽、安德森和沃尔伯格 1982 年编制的《我的班级问卷》等。[14]

3. 课堂环境对学生学习的影响研究

考察学生对课堂环境的知觉与其学习的认知和情感结果之间的关系，是国外课堂环境研究中的一个占主导地位的课题。这里所说的认知结果，主要是指学生在某一学科测验中的成绩；情感结果则是指学生对待某一学科的态度、学习动机、效能感等。他们所研究的学科主要涉及到数学和科学等。大量研究表明，学生学习的结果，除了可归因于学生自身的特征之外，学生对课堂环境的知觉也对其具有较强的解释力。

哈特尔（Haertel）对涉及 4 个国家、17 805 名学生、8 个学科、823 个班级的 12 项研究中的 734 个相关关系，进行了元分析。结果发现，学生对课堂环境的知觉与学生学习的认知和情感结果有着显著的相关；学习结果各维度测量的良好表现与学生知觉到的课堂较强的凝聚力、满足感、目标定向和较低的去组织化与摩擦呈显著正相关。[15]

课堂环境与学业效能感或学业自我概念的关系，成为近年来研究者感兴趣的一个问题。多尔曼（Dorman）用自编的《数学课堂环境问卷》，对课堂环境和自我效能的关系进行考察。相关和回归分析表明，课堂环境各维度与学业效能感有显著的正相关关系。[16]布罗特（Blote），对学生对教师对待自己的行为的知觉与学生的自我概念的关系进行了研究。结果表明，学生对教师对待自己的行为的知觉与教师期望和学生的自我概念有着显著的关系。[17]

此外，研究者还对课堂环境与学生的学习态度、学习动机、满意感等之间的关系进行了研究。王（Wong）运用多元回归分析和多层线型模型对学习环境与学生对待学习的态度进行了研究。结果表明，化学实验课堂环境的特点与学生对待化学的态度有着密切的关系。[18]麦吉德特（Majeedet）对学习环境与学生的满意感之间的关系进行了研究。相关和回归分析结果表明，学习环境与学生的满意感，无论在班级层次还是在个体层次上都存在着显著的关系。[19]瑞安和帕特里克（Ryan，Patrick）考察了 8 年级学生对数学课堂社会环境的知觉与学生从 7 年级到 8 年级动机与课堂卷入（engagement）变化的关系进行了研究。结果发现，课堂社会环境的 4 个不同维度对解释学生动机和课堂卷入各种指标的作用是不相同的。学生对教师支持、教师促进互动和相互尊重的知觉与学生的动机和卷入的变化呈正相关；学生对促进表现为目标的教师的知觉与学生的动机和卷入的变化呈负相关。[20]

此外，巴克和仇伊（Baek，Choi）根据穆斯和特里克特编制的《课堂环境量表》，改编为韩国版课堂环境问卷，对同一学区十年级和十一年级的 1 012 名学生进行了研究。相关分析发现，问卷中的 7 个分量表（卷入、关系、竞争、任务定向、秩序与组织、规则清晰和教师控制）与学生的英语测验成绩有显著相关；多元回归分析表明，问卷中的 9 个分量表与学生的英语测验成绩的回归系数是 0.27。据此，他们提出课堂环境对学生的学业成绩具有较好的预测力。[21]

（三）对课堂环境未来研究的几点看法

国外从学生知觉的角度研究课堂环境已有 30 多年的历史，对课堂环境的结构、测量工具以及学生对课堂环境的知觉与学习的关系等进行了多方面的研究，对教育实践产生了积极的影响。国内对该领域还没有引起足够的重视，仅有的少量研究在研究质量方面也亟待提高。

未来研究在以下几个方面还有待进一步明确和加强。

1. 在对概念进行准确界定并理顺概念之间逻辑关系的基础上，规范术语的使用

在国内外文献中，课堂环境、课堂气氛（氛围）、课堂心理环境、学习环境、教学环境等诸多概念，交叉使用以说明影响课堂教学活动的因素。由于对概念的理解不一致、界定不明确，就难免出现术语使用的混乱局面。术语使用的多样化会造成研究者之间沟通的困难，研究成果也难以整合。国内学者对教学环境的含义理解尽管比较一致，但对教学环境与课堂环境等概念之间的关系也没有进行专门的分析。而理顺概念之间的逻辑关系，应该说是开展研究的第一步。因此，今后应加强对相关概念的含义及概念间的逻辑关系的分析，使研究者之间能够对话和合作，实现研究成果的整合。

2. 对课堂环境的结构及关系需要进一步明确

尽管国外课堂环境的研究者基本上都接受穆斯的三维度说,但显而易见的是,三维度说关注的只是课堂中的社会因素和心理因素,没有涉及物理因素,并且对课堂社会心理因素的理解也显得很不全面。此外,尽管穆斯的社会环境结构三维度说具有跨情境的一致性,但跨文化的比较研究还不多。而国内学者对课堂环境结构的理论分析还缺乏实证研究的检验。因此,结合不同社会文化背景,对课堂环境的结构进行比较研究应该是今后研究的一个着力点。

3. 课堂环境对学生学习的影响需要更系统和科学的考察

已有研究主要从学生对课堂环境知觉的角度考察课堂环境对学生的学习态度、学习动机、学习效能感、学业成绩等的影响。这些研究基本上是就学生对课堂环境的知觉与学习的某一方面或某几个方面的关系进行考察,缺乏对课堂环境与学生总体的学习心理、行为及学业成绩的关系的系统研究。另外,有研究主要是采用统计上的相关和回归分析考察二者的关系,无法说明课堂环境对学生学习产生影响的内在机制。因此,未来研究应建立课堂环境与学生学习关系的系统模型,并采用更高级的统计方法,如结构方程模型等对二者间的因果关系加以说明。

4. 在研究方法方面,质性研究与量化研究的结合需要加强

质性研究和量的研究结合的优点,近年来在课堂环境研究者中得到了广泛的认同,课堂环境研究中将两种方法结合起来,运用于同一研究中近年来也有明显的进步。但总的说来,课堂环境评价主要还是采用问卷法评价学生或教师对课堂环境的知觉,量的研究占据着明显的优势,因此,在今后的研究中还需进一步加强质性研究和定量研究的结合。在研究方法上,应将问卷调查、课堂观察、非结构化访谈等方法结合起来运用于同一研究中。

5. 应加强课堂环境优化的应用研究

研究课堂环境的含义、结构、功能、影响因素等,其目的是服务于教育实践。课堂环境研究应为教师创设有效的课堂环境提供科学的指导,从而达到提高学生的学习质量,促进学生健康成长的目的。因此,在理论研究的基础上,要进一步加强课堂环境优化的应用研究。

参考文献

[1] Burden，R. L. Fraser，B. J. Use of Classroom Environment Assessment in School Psychology：a British Perspective[J]. Psychology in the School，1993(30)：232—240.

[2] 江光荣.班级社会生态环境研究[M]. 武汉：华中师范大学出版社，2002：54.

[3] Walberg，H. J. Anderson，G. J. Classroom Climate and Individual Learning[J]. Journal of Educational Psychology，1968，59(6)：414—419.

[4] Moos，R. H. Educational Climates. In Walberg，H. J.(Eds.) Educational Environments and Effects：Evaluation，Policy，and Productivity[M]. Califonia：MeCutchan Publishing Corporation，1979：82—84.

[5] 中央教育科学研究所比较教育研究室编译. 简明国际教育百科全书：教学(上册)[M]. 北京：教育科学出版社，1990：80.

[6] 中央教育科学研究所比较教育研究室编译. 简明国际教育百科全书：教学(上册)[M]. 北京：教育科学出版社，1990：111.

[7] 田惠生.教学环境论[M]. 南昌：江西教育出版社：1996，7—8.

[8] 邵瑞珍. 教育心理学[M]. 上海：上海教育出版社，1997：355—362.

[9] Fraser，B. J. Classroom Environment[M]. London：Croom Helm，1986：5—8.

[10] Fraser，B. J. Classroom Environment[M]. London：Croom Helm，1986：5—8.

[11] Fraser，B. J. Classroom Environment[M]. London：Croom Helm，1986：5—8.

[12] 江光荣.班级社会生态环境研究[M]. 武汉：华中师范大学出版社，2002：56.

[13] Fraser，B. J. Walberg，H. J. Psychological Learning Environment in Science Classroom：a Review of Research[J]. Studies in Science Education，1981，(8)：67—92.

[14] Fraser, B. J. Classroom Environment Instruments: Development, Validity, and Applications [J]. Leaarning Environments Research, 1998, (1): 7—33.

[15] Haertel, G. D. Walberg, H. J. Haertel, E. H. Socio－Psychological Environments and Learning: a Quantitative Synthesis[J]. British Educational Research Journal, 1981, (7): 27—36.

[16] Dorman, J. P. Associations between Classroom Environment and Academic Efficacy [J]. Learning Environments Research, 2001, (4): 243—257.

[17] Blote, A. W. Students' self－concept in Relation to Perceived Differential Teacher Treatment[J]. Learning and Instruction, 1995, (5): 221—236.

[18] Wong, A. F. L. Young, D. J. Fraser, B. J. A Multilevel Analysis of Learning Environment and Student Attitudes[J]. Educational Psychology, 1997, (17): 449—468.

[19] Majeed, A. Fraser, B. J. Aldridge, J. M. Learning Environment and Its Association with Student Satisfaction Among Mathematics Students in Brunie Darussalam [J]. Learning Environment Research, 2002, (5): 203—226.

[20] Ryan, A. M. Patrick, H. The Classroom Social Environment and Changes in Adolescents' Motivation and Engagement during Middle School [J]. American Educational Research Journal, 2001, (38): 437—460.

[21] Baek, S. G. Choi, H. J. The Relaationship between Students' Perceptions of Classroom Environment and TheirAcademic Achievement in Korea[J]. Asia Pacific Education Review, 2002, (3): 125—135.

（本文发表于《比较教育研究》2005 年第 8 期。作者范春林,时属单位为四川师范大学教育科学研究所;作者董奇,时属单位为北京师范大学认知神经科学与学习研究所)

下篇
学科课程与教学比较研究

第一章　语文课程与教学

一、在母语的滋养中立己成人
——论世界各国母语教材的价值取向

联合国教科文组织早就指出："学习母语是一种权利。"[1]由教育哲学观之，教育的真谛在于促进每位学习者学会生存、交往、成长和发展，而所有生命个体在从自然人成为社会人的演进中，学习母语必然是一条最基本且无法省略的走出混沌之路。换言之，学习母语是所有生命个体享受尊严、实现价值、立己成人的最基本权利。世界各国的母语课程标准或母语教学大纲普遍体现了这一点，高度尊重并充分发挥本国新人学习母语的权利，旨在通过内涵丰富、资源深广的母语教材，使本国的年轻学子在母语的佳酿中充分汲取本土文化的精华，逐渐成长为具有世界襟怀、全球视野的本土文化的传人。在母语中觉醒，在母语中感动，在母语中陶醉，在母语中生长并成人——这就是各国母语教材共同至高的价值追求；这就是渗透在五彩缤纷、气象万千的母语篇章中的教育信仰。

母语教材有广义和狭义之分。广义的母语教材，泛指根据母语课程标准或母语教学大纲而编写的供师生教学之用的所有纸质资料（含文字、图片等）和非纸质资料（含音像、视频、光盘等）；狭义的母语教材专指母语教科书，即专指作为教程与学程之综合的教科书（text book）。本研究侧重后者，兼及其他相关资料。作为对应于母语课程标准或母语教学大纲所示的教学内容，人文学科的母语教材受其课程标准或教学大纲的统领，必然具有自身内在的基本价值取向。同时,母语教材的形态特征,即使是十分个性化,也往往外显着这种价值取向。我们认为,"以母语教育来成人"这个基本课程目标是搏动在各国母语教材中的精魂。我国学者曾认为语文教材建设受三种要素制约,即"社会的客观需要、学生的主观需求和汉语文自身的要求"。[2]该观点实质上是将社会客观需要与学生主观需求相分离,在教材编写和实际使用中有时甚至将两者对立起来,难免走入以学生个体服从社会群体的极端,导致母语教材和母语教学的社会本位化。纵观各国母语教材,梳理其表里,其基本价值取向体现在以下四个方面。

(一) 学生中心的价值取向

在教师、教材、学生这三个教学要素中,无论是教材的编写,还是教师对教材的使用,均应突出作为学习主体的学生之中心地位,以此来彰显母语教材的根本功能。从教学内容的安排到活动形式的设计,都应着眼于尊重学生,从这个意义上说,"母语教材"现在很大程度上已经转换成了"母语学材"。这种价值重心的转换,能够很好地落实促进学生"成人"的母语课程目标。这种"学生中心"的自觉意识渗透并表现在各国母语教材的方方面面。

就学生的心理年龄而言,小学阶段往往表现出强烈的好奇心和参与的主动性,擅长形象描述和发挥想像,母语教材就蹲下身来"俯就学生";中学阶段,学生的探究意识和抽象思维能力趋强,母语教材就安排相应的专题和活动形式"提升学生"。德国学术界视为优秀母语教材的《我的小画册》、《现代德语》和《德语·思索》即是代表。《我的小画册》(小学用)第 8 单元围绕"沼泽地和池塘",安排了"一只绿水蛙""大池塘结冰了""蝌蚪""小水精""仙女莲"等相关文字、练习和图画,语言练习活泼多样,有连词成句、填充选择、说明叙述、表演活动、小制作等,饶有情趣。歌德的诗和莫奈的画更增添了教材的情致和品位。[3]《现代德语》第七册(初中用),在读写综合训练部分,围绕"乌托邦世界"这个专题,让学生发挥想象力,虚拟安排一次对乌托邦世界科学考察归来的报告会,让学生充当一定的虚构角色进行描写、讲解、报告、评估、总结等活动,别开生面,促进探究。[4]而适用于高中的母语教材《德语·思索》主体课本,则以大单元组合成基本框架,每个单元涵盖了若干有一定深度的专题,对高中学生颇有思索价值。如第一单元第一专题,围绕"关于自我的信息—寻找创作素材"这个话题,以"让思想自由驰骋"为目标引领,通过各种"自动写作方法"的游戏式练习,开掘学生潜意识中的写作源泉。[5]这些自动写作法适合于每个学生特定时空条件下的精神世界,为个体写作提供了切实的自主性和选择性。从写作心理学角度观照,这样的内容安排和形式设计极具借鉴价值。

纵观各国母语教材,虽然表里纷繁,令人眼花缭乱,但通过冷静审视,无不进行了从"教师中心"或"学科中心"到"学生中心"这种世界母语教育史上的"哥白尼式革命"。众多以主题(theme)为材料支撑点的教材,其选材标准均以学生之需为依据,贴近学生的语言运用,并不断扩大教材容量,在以学生个人发展为目的的前提下,打破传统的课程划分,使母语教材趋向综合化。[6]教材的这种变革促进了教师课堂教学方法、师生关系和各自角色的蜕变,形成了全球性的母语教育新景观。

与母语教材编排凸显"学生中心"相关联的是,各国母语教材评审标准往往做出明确的规定,以约束本国母语教材的开发和编制。母语教材评审标准包括以下几个方面:① 教材内容是否吻合学生身心健康发育和成长;② 教材语言是否明白易懂、符合学生在该年龄段的表达习惯和吸收能力,是否有助于训练学生议事论理的方法;③ 教材教法是否提供灵活多变的教学形式,是否提供给学生独立探讨并解决问题的开放空间,是否为学生扩展学习或深入学习创设了便利条件,是否有助于养成学生独立学习和自我负责的精神,[7]如此等等。评审标准涉及面广,考虑周密,赋予了母语教材必先具备的"学生中心"的价值取向。而许多教材编写者还会附上一些"提示语"或"助读语",如"在这本教材中,您也许会遇到一些评论,但它们并不一定具有普遍性意义,我们仅仅是想对您看过之后的思考给出一个建议方向,您可以把这些评论当作普遍反映的附加物或者作为您个人看法的一部分。"[8]这为学生的学习进程布设了一种颇受尊重的亲和氛围。

(二) 能力至上的价值取向

这种价值取向是"学生中心"价值取向的必然延伸。在发展学生的诸要素中,个人的创新能力是居于主导性地位的。世界各国普遍意识到,由电脑驱动的全球化和信息化已经导致了知识链的核裂变,现今的学生会遭遇下述情形:

在明天的生活中,他们必须去学习今天无法想像的事物,必须去研究今天不能提出的问题。这样,创新理念、创新智慧和创新能力,就成为个体生命内部最核心的积极因素。据此,生本理念下的各国母语教材自然要强化学生的自由创造意识,锻炼其独立探究、自主发挥的创新能力和个性化的言语能力。具体言之,以导向创新为目标的该能力体系主要包括思维能力、听说能力、写作能力以及与之相配套的上网能力、资料整合与提炼能力,等等。母语教材培养学生这种能力体系,实质上就构成了以母语滋养学生成人的核心内容。

芬兰语《母语和文学课程》共九册,以注重基础学力、突出应用能力、强化交际能力、激发多元智能为其显著特色。[9]这里的应用能力指用芬兰语思考和表达的能力,包括学生运用全部心智潜能独立思考、自我认知、自我表达、提出新方案、应付不确定性、理解整体性,等等。这套教材特别构建了实用有序的能力训练体系,以思为魂,囊括听、说、读、写。为训练阅读能力,教材选用了一则著名的伊索寓言《龟兔赛跑》,层层递进地设计了 4 类思考题:第一层"寓言与我"。共有三个问题:"我像寓言中的乌龟还是兔子?""我相信寓言所揭示的道理吗?""对这个寓言我有什么看法?"第二层:"寓言与其他文章"。共有两个问题:"看过与之相类似的文章吗?""为什么这类文章得以流传?"第三层:"寓言与社会"。共有三个问题:"我周围是不是有很多像寓言中兔子或乌龟一样的人?""孩子们通常同情哪个动物? 成人呢?""对于当前世界,这个寓言有哪些有用信息?"第四层:知识扩展,即寓言的体裁特征。这样的层级系统,以寓言为载体,内省自我,审视社会,内容与文体兼顾,充分调动学生的生活经历和内心体验,开放了学生自主思考的广大空间,从有限向无限拓展,通过读写、自由评论、分享思想使学生的多种语用能力、省思能力、论辩能力均获得锻炼,甚至心灵与德行也得到陶冶。诸如此类可以激活个体智力和灵感的阅读、写作练习,极能催生学习者的个人见解和创意作文,颇见教材设计者之匠心。该教材的口语训练,也同样能激发学习者思想:阅读当日的报纸或收听新闻广播,口头复述新闻,并发表属于个人的评论。

上述以自己的语言来表达自己的情思,促进学生的语用能力趋向独特化、个性化和创新性的母语教材价值取向,极为广泛地体现在各国母语教材对学生写作和听说能力的培养上。固然,把握各种文体特征进行有针对性的写作训练不可忽视，但创设生活情景、激发学生表达内心世界的欲望和才能则更为重要。在听力训练中，比单纯的听说技巧和方法更为重要的是学生主体对各种信息的筛选、判断和推论，故各国母语教材普遍关注锻炼学生思维的准确性、敏捷性、缜密性和深刻性，努力铸成学生熟练、创意的口语交际能力。总之，只有如此自觉地培养学生创造性的综合语言能力，才能使之成为充满时代气息的、新颖的智慧人而非机械的知识人。

（三）学养为根的价值取向

各国母语教材普遍重视给学生积淀丰富的母语学养，通过一定的选文、语段及其相关材料为学生构建语言、文学甚至文化的知识体系。虽然在知识更新周期日渐缩短的全球化时代，没有必要信奉知识为本的"知本观"，但人的蓬勃成长离不开母语学养的奠基，人的一生可持续发展更不可缺少母语学养的深培，由此"人本观"才能获得比较完整的内涵。

各国母语教材编写可分为语言型、文学型或语言文学综合型。从母语课程所具工具性与人文性融合这一基本特质出发，各国母语教材自然不偏废语言知识序列和文学知识序列。以色列母语教材分为《希伯来语》和《希伯来语文学》，其中《希伯来语》（2005 年出版）分为"绪言：什么是语言？""词汇和含义""词法""动词""名词""句法"六大单元。每个单元又统领若干个"课"（即专题），合起来为学生构建一个完整的希伯来语言教学体系。而作为希伯来语文学教材的《文集》（供七年级用）则荟萃了大量小故事、民间故事、民谣和爱情传说及书中节选的部分杂文。这些内容纷呈、形式繁多的文学作品浸润着希伯来语文学历史的特殊韵味，给学生的文学审美洞开了一扇明丽的窗口，使其可以愉快地进入一个新的阅读空间。[10]环顾全球，美国、英国、法国、德国、俄国、日本、葡萄牙、印度、捷克等国的母语教材均安排了周密具体、详尽细致的语言教学和文学教学两大内容，并且注意在深培学生母语学养时兼顾到语言习得与思维发展、文学美育与人文熏陶、知识积累与能力提升的辩证关系，为个体生命的长远可持续发展奠定坚实的学养。

外国母语教材教学中对作为能力之语用和作为学养之语识两者的平衡处理，值得我国汉语文教材教学借鉴。所谓语用是指学生运用语言的能力，所谓语识指对语言知识体系的认知,前者偏重感性和直觉,后者偏重理性和逻辑。如果孤立和过分强调系统的语法、修辞、词汇等语言知识,不但无助于学生语用能力的优质发展,反而会"茧缚"个体生命的言语活力,造成母语学习中的"高分低能",毕竟语言规则和知识是静态而共性化了的东西;反之,如果片面强调语言实践和语用能力的发展,夸大语言直觉的功能,以为它能自然化解学生语言学习中的所有问题,这也未免有神化之嫌。20世纪后期,欧美及日本诸国在反思本国语文教学只重语用、偏废语识的弊病后,重新认识到语用与语识应当并重。20世纪50年代末开始,美国进行了大规模的教学改革,但由于忽视了系统知识的教学,只注意教学的近期效果,导致学生英语语言基础知识贫乏,甚至影响到实际表达能力。这之后,美国教育界要求改革语文教学的呼声日高,加强英语语言知识体系的教学便被摆到了课程改革的中心。[11]日本曾步美国语文教学的后尘,片面强调培养学生对实际生活有用的语言能力,轻视对语言能力的全面分析和对系统语文知识的学习,结果也导致学生国语水平下降。20世纪70年代,日本语文教育界进行了深刻反思,认为单纯为培养实际运用能力而进行的语文教学并不能适应现代社会发展之需。国语科新大纲提出了"语言教育立场"。新大纲将教学结构分为"一事项"(语言事项)、"两领域"(表达和理解)。前者着眼于教学语言规则,后者着眼于提高实际语言运用的能力,从而在语用和语识之间获得了平衡。[12]这些经验值得正在推广新课程的中国母语教育界深思:如何在培养学生语文学养的基础上,发展其规范而有创新特色的语用能力。

(四) 情知皆备的价值取向

由于前述各国母语课程标准或母语教学大纲普遍重视学生健全人格的构造,重视个体生命中知识、智慧、能力与情意要素的全面结合,故作为母语教材编制的另一价值取向必然是情知皆备。无论是语篇或语段的选择,还是相关语言理解和表达能力的训练设计,各国母语教材无不走情知融合、积极渗透的编辑思路。

英国高中语文教材中的学生用书(教科书核心部分)以话题为单元进行听说训练,话题的切入和问题的设计均体现出教材的融合性。如在听力材料《不同的感情有不同的审美眼光》之后,有这样的要求——确定下列观点是谁下的结论,同桌讨论是否同意:① 真正的美来自聪明,来自与人为善,而不仅仅是形体上完美;② 美容整容能使人更有自信;③ 尽量完善大自然赋予我们的一切无可指责;④ 人应感激上帝赋予的一切;⑤ 当世界上还存在有许多贫困和病痛的时候,花钱去改善一个人的外表形象是自私、是浪费;⑥ 与度假相比,美容整容持续的时效更长,因而更划算;⑦ 我们应该认同我们自身;⑧ 美容整容类似于染发和整牙;⑨ 从一个人的面部阅读他的生活经历最好;⑩ 对喜欢自身长相的人来说,在自己的工作岗位上更容易成功。[13]学生在聆听、评议、辩驳中,其审美情愫、审美能力与言语智慧、听说技能自然获得同步增长,这正是教材编写者所追求的以母语来滋养心灵成长的课程价值目标。听力练习材料尚且如此注重情知渗透,阅读和写作教材就更宜体现此价值取向。美国亚利桑那州高中写作教材建议教师根据"自我表达""发现""冲突与解决""选择""胜利"等单元安排,围绕"想像的力量""超越边疆""人生之旅""更加完美的联邦""解决冲突""岔路""度过困难时期""勇往直前"等主题为学生设计作文。[14]这种设计方向,无疑包含着积极向上、刚强进取的价值引导,使学生在语言活动中实现精神品格的自觉提升和心灵世界的健康发育。尤其是各国的高中文学教材或语言教材中的阅读文献都毫无例外地将本民族中的代表作家、经典作品荐入学生阅读视野,使之在对各种体裁言语形式之特质的鉴赏中充分吸纳其精神营养,强健自身心灵。

以上 4 种体现在母语教材中的成人价值取向,隶属于各国母语课程标准或母语教学大纲的理念,但它们之间又互相渗透、融合,形成了一个以学生为本位的母语教材价值系统。它有力地支撑着各国母语教材,决定其外在的若干形态特点。首先是完整而有特色的学习体系,这是就各国母语教材对学习内容的安排而言的。所谓完整,是指各国母语教材依据本国语言或文学的知识框架而有序布排,以知识学习为线索,以母语能力和智力发展为指向。所谓有特色,是指各国母语教材围绕"育人""成人"的价值目标而各呈其美。这主要表现为设计的趣味化、内容的生活化、选文的多样化。其次是开放而灵活的结构系统,这是就各国母语教材的框架形式而言的。固然还有知识主题型或语言功能型,前者以语言知识或文学知识为线索来建构教材,如以色列的《希伯来语》课本,后者以语言表达功能来建构教材,如捷克等国母语教材;但更具优势的还是走向开放的融合型,以容量深广的大单元取代选文加练习式的小单元,以综合性练习代替狭隘的单项练习,从而将语言和文学、阅读与交流(含写作、口语交际)、选文与训练三个维度交织一体。这是各国母语教材结构形式上一种较为普遍的发展趋势。最后是多姿多彩的编印艺术。多姿多彩而又个性独具的编印不仅是一种借助现代科技的操作技术,更是一种散发魅力、吸引眼球的装帧艺术。这种编印艺术的核心还是为了深深打动学生心灵,有效服务于学习。

需要强调指出的是,环顾各国母语教材,我们无法、也没有必要提炼出可供汉语文教材编写和开发的标准模型。事实上,并不存在放之四海而皆准的普适性母语教材编写模型,甚至在教育发达的美国等国家,也并不存在全国通用的母语课程标准或母语教学大纲。因此,如何在共同母语课程理念的引领下追求具有民族风格、文化个性的母语教材是各国母语教育界的美好愿景。当然也只有在全球视野和本土文化相融合的过程中,才能激发母语教材研制、开发的创造力。今天,学习和借鉴各国母语教材之长,不仅仅是认识各国母语教材的基本特点,更重要的是透视这些特点所包蕴的精神实质。只有确立了自觉、坚定的母语课程新理念,才能赋予母语教材以活的灵魂,使母语教材的各种特点设计获得真正意义。对于正处在课程改革攻坚阶段的汉语文教育界而言,既要以开放和开明的姿态去学习、借鉴各国母语教材之长,更要以自信、自立、自创的精神去开辟汉语文教材编写的原创思路—这样才能催生民族文化创造力,并日益趋向"在母语的滋养中成人"这样一种教育的理想境界。

参考文献

[1] 联合国教科文组织. 初等学校复读现象的全球视野[A]. // 赵中建. 全球教育发展的研究热点[C]. 北京:教育科学出版社,1999:315.

[2] 刘占泉. 汉语文教材概论[M]. 北京:北京大学出版社,2004:308.

[3] 江苏母语课程教材研究所编著. 当代外国语文课程教材评介[M]. 南京:江苏教育出版社,2004:247.

[4] 江苏母语课程教材研究所编著. 当代外国语文课程教材评介[M]. 南

京:江苏教育出版社,2004:265.

[5] 江苏母语课程教材研究所编著. 当代外国语文课程教材评介[M]. 南京:江苏教育出版社,2004:274.

[6] 倪文锦,欧阳汝颖. 语文教育展望[M]. 上海:华东师范大学出版社,2002:36.

[7] 倪仁福. 德国教材评估标准评介[J]. 中小学教材教学(中学文科),2001:6.

[8] 课题组译. 以色列语文教材译介[A]//课题组编. 外国语文教材译介[C]. 南京:江苏教育出版社,2007:354.

[9] 杨延峰. 芬兰语课程教材综合评介[A]//课题组编. 外国语文课程教材综合评介[C]. 南京:江苏教育出版社,2007:269—270.

[10] 课题组译. 以色列语文教材译介[A]//课题组编. 外国语文教材译介[C]. 南京:江苏教育出版社,2007:360.

[11] 朱绍禹. 美日苏语文教学[M]. 长春:吉林文史出版社,1991:66.

[12] 郭常义译. 高中语文学习指导纲要[A]//课题组编. 中外母语课程标准译编[M]. 南京:江苏教育出版社,2000:405.

[13] 江苏母语课程教材研究所编著. 当代外国语文课程教材评介[M]. 南京:江苏教育出版社,2004:48.

[14] 江苏母语课程教材研究所编著. 当代外国语文课程教材评介[M]. 南京:江苏教育出版社,2004:111.

(本文发表于《比较教育研究》2008年第1期。作者潘涌,时属单位为浙江师范大学教师教育学院)

二、中美小学语文教材内容建构的比较

——以《手捧空花盆的孩子》为例

　　文质兼美是语文教材编选的重要原则,也是世界各国教材编撰者普遍认同的一个理念。文学作品,如诗歌、童话、小说等由于人物形象典型、语言文字优美、哲理深刻成为教材选文的重要来源。《手捧空花盆的孩子》作为一篇民间童话,是我国小学语文教材的经典篇目。人教版小学语文教材实验本与北师大版小学语文教材(下文简称"我国教材")均编选了这篇课文。美国麦克米兰公司Open Court 系列的母语教材也编入了这篇课文,取名为《空花盆》。[1]我国教材与美国教材都将课文安排在二年级,但编入的单元主题并不相同。我国教材的单元主题为"诚实",美国教材的单元主题为"勇气"。将两篇课文与文后的练习设计加以仔细比照,我们发现两者存在诸多差异。在下文中,笔者拟从两个方面对教材内容的建构进行比较:① 着眼课本文本本身,从叙事学的视角对文本构建的对话空间加以解读;② 着眼于文后练习,从教学论视角对学生的意义建构作一番剖析。

(一) 对话空间的差异:叙事学视角下的解读

　　语文学科不是一门教授与学习独立、与周围环境无涉、可以自足的语言体系的课程,而是一门在活动中观察、体验与实践语言的课程。在课程学习中,教师与文本的互动、学生与文本的互动、教师和学生以文本为中心的互动决定了课程学习的质量。因此文本编织的对话空间在很大程度上影响了上述各种交互的质量。

　　1. 人物的差异与对话的宽度

　　人物是引发对话空间差异的一个重要因素。童话中的人物以身份的形式表现出来。如后现代叙事理论家柯里所言,身份不在个人之内,而在于个人与他人的关系之中。[2]身份与身体之间的差异构成一种空间,这种空间的宽度直接影响了话题的范围。

　　按照童话中人物角色的作用,我们可以将童话人物分为三类:第一类为典型人物,即主角;第二类为陪衬人物,即配角;第三类为媒介人物,即跑龙套角色,是因情节所需而提及的角色。我国教材《手捧空花盆的孩子》主要涉及两类角色:一是典型人物,文中有两位,一位是手捧空花盆那个孩子,是诚实美德的化身,另一位是国王,是评价者与奖赏者。二是媒介人物,即很多与诚实孩子相对照的其他孩子,是世俗观念的代言人。[3]在美国教材《空花盆》中那个诚实的孩子有了姓名,他叫"平"。平的父亲与平的朋友是文中重要的陪衬人物。平的父亲充当的是一个智者,在平因为种不出美丽的花朵而羞怯、犹豫和担心的时候,父亲给了他力量。"父亲说,'你已经尽力了,你的努力足以问心无愧地去面见皇上。'"[4]平的朋友则充当一个讥讽者,他用别的种子替代了皇帝的种子,种出了艳丽的花朵,在去皇宫面见皇帝的路上,看见了羞愧不安的平。"他说,'平,你不会真的带一个空花盆去见皇帝吧,你不能和我一样种出大朵大朵的花吗?'"[5]

　　分析上述教材中的人物结构,不难发现,中国教材的人物结构比较简单,美国教材的人物关系则较为复杂(图1)。这些多元关系由于人物的身份、性格、情感、价值观的不同构成了一个立体、复杂的网络。肯定与否定、赞美与嘲笑、接纳与批评、奖赏与惩罚等交织其中,为师生经验的沟通与文本意蕴的交流提供了较为宽泛的通道。师生间、生生间的对话由此呈现出多元的、不确定的张力,这种张力对于形成学生丰富的言语经验,发展学生的言语思维具有十分重要的价值。

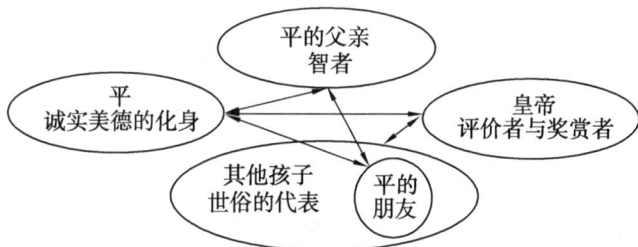

图1　美国教材人物结构图

2. 事件差异与对话的深度

事件由人物行为及其后果构成,是影响文本对话空间的另一个重要因素。

一个事件在叙述中具有相对独立性,一个事件就是一个叙述单位。根据事件在整个叙事中的作用,我们将事件分为"中心事件"和"从属事件"。中心事件是推动故事发展的必要事件,直接决定了故事的连续性和完整性。从属事件一般不对故事情节的发展起推动作用,但它决不是可有可无的,它们对人物的介绍,对场景的交代,对气氛的渲染能不断增强作品的深度,强化阅读中的期待心理,使故事产生不可抗拒的吸引力。

中美教材在事件结构的处理上有较大的差异。我国教材对于事件结构的处理秉承我国民间童话的典型模式,按照时间顺序,中心事件单线突进(图 2),叙事节奏极快,场景迅速转换。美国教材则表现了创作童话的部分特征,即除了中心事件外,还穿插了表现人物性格与情感体验的从属事件(图 3)。

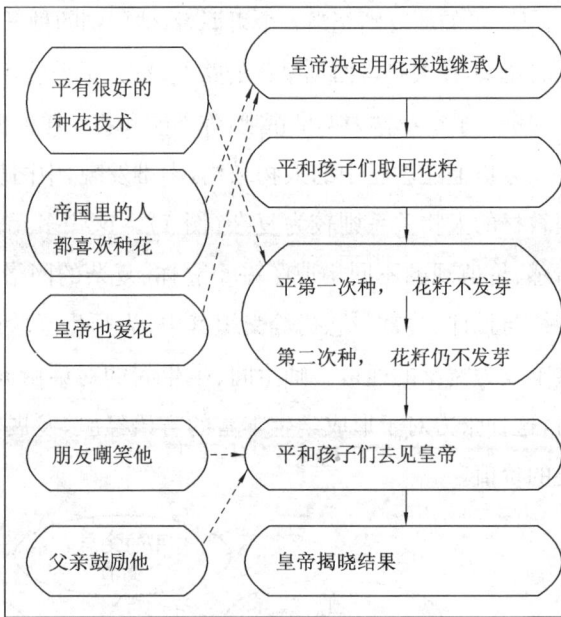

图 2　中国教材的事件顺序　　图 3　美国教材的事件顺序

中心事件之间关系用带实线的箭头表示,从属事件与中心事件之间的关系用带虚线的箭头表示)。

中心事件单线突进的模式在描述人物时往往放弃细腻的风格,排除一切不必要的描写延宕。就这篇课文而言,三个中心事件代表了故事的开端、发展与结尾,它们快速突进,干净利落地表达了叙事者想要传达的道德内涵。至于国王是怎样的人,孩子是怎样的人,孩子在家中是如何精心培育花籽,孩子经历怎样的心理过程,孩子周围的人们如何看待这一事件,这些在真实世界中极有可能发生的事件被删节了,因为没有它们,故事一样完整。在中心事件单线突进的模式中,故事的完整性是得到了保留,但是由于删节所造成的人物与真实生活的隔膜,加大了道德说教的力量,无形之中为学生理解与认同文本内涵制造了障碍。

创造童话模式较多地运用从属事件,充分挖掘人的主观情感体验,利用心理时间的具体展现,使得人物性格更为饱满和复杂,从而使童话贴近日常生活与生存现状,凸显现实精神。在美国教材中,从属事件主要用于描述平、皇帝与臣民的兴趣、爱好、能力以及围绕平该不该拿空花盆去见皇上展开的讨论。文本的开始,就是对平的介绍:"在中国有一个爱花的男孩,他的名字叫平。犹如神助,他种什么,什么就会开花,无论他种的是花草,还是小树,甚至连高大的果树也不例外。"[6]平这个出生在中国的诚实孩子有着过硬的种花技术。这种过硬的种花技术使得故事避开直白与简单,而有了波折:因为他的种花技术,他相信自己一定能种出最美的花;因为他的种花技术,读者深信他没能种出美丽的花来肯定是因为花籽的问题;过硬的种花技术与什么也没能种出来之间的巨大反差使平的担忧、焦虑、彷徨与动摇有了根据与来源。平的朋友对平的嘲笑、平内心的斗争使师生得以理解"说真话"的艰难与此情此景下"勇气"的真正内涵。正是这些从属事件,使得由中心事件构成的平面、单薄的故事丰富、厚实起来,师生们的思维穿过中心事件,与从属事件的意蕴纵横交错,他们的对话因而有可能超越肤浅走向深沉。

(二) 意义建构的差异:教学论视角下的解读

运用练习巩固学生对文本内容的掌握,拓宽对文本主题的思考,促进文本语言的内化,并在此过程中,使学生受到真、善、美的熏陶,这是中美教材共同的追求。但是,由于文化与传统的差异,两者在练习的设计上迥然不同。这种不同突出反映了中美母语教学价值取向的差异。

1. 练习内容的差异

我国的语文教材以教科书为主,与教科书配套的教学参考资料主要涉及对教学的简单设计,因此练习的主要呈现媒体为教科书。北师大版《手捧空花盆的孩子》一课的练习设计较为简单,仅提了一个问题:为什么国王选中手捧空花盆的孩子? 美国教材的体系较为庞大,练习内容丰富。以阅读理解练习与表达练习为例,《空花盆》一课的练习主要包括以下几项内容(表1):

表1 美国《空花盆》教材的练习内容一览表

学习内容	练 习	资源
理解	1. 读了故事,说说什么是勇气。 2. 写下你心中的英雄,说说为什么你认为她/他是勇敢的? 3. 你愿意以某种方式表现你的勇敢吗? 你打算如何去做? 4. 对勇敢行为进行访谈。 5. 写出勇敢者的品质,并且告诉我们为什么这些品质是重要的。 6. 选择其中的一种品质,用图画的形式来表达出来。[7]	探究日志
表达	1. 重新阅读空花盆,按顺序写出故事中发生的四件事。 2. 按顺序给图片编号。 3. 写下你做某事的顺序,如刷牙,上学,做三明治等。 4. 按照顺序连接句子。[8] 5. 写一篇记实小说。[9]	理解与语言技能练习册,写作练习册

2. 意义建构目标的差异

语文课程对于学生个体而言,具有发展学生语文素养的功能,对于社会而言,则有着传承和创造文化的功能。学生在理解和表达中形塑自己内在心理能力的同时,也在主动地接受文化、建构与创造文化,也就是在创造意义。语文教材上的练习对于帮助和促进学生建构意义,建构自身对某一文化现象的认识是至关重要的。

中国教材的练习设计意欲通过"为什么国王选中手捧空花盆的孩子?"这个牵一发而动全身的问题,帮助学生更好地理解文章的主旨:做一个诚实的人。

在美国教材中,学生意义建构的目标则较为复杂。从练习设计的整体来看,它期待学生能够形成关于勇气与勇敢的人的一个较为全面的认知图景,即形成以勇气与勇敢的人为主题的意义网络。《空花盆》一课的练习设计涉及本单元的所有课文,不同课文对勇气的诠释为学生建构意义提供多极的视角。如《莫莉、勇气与我》(Molly, the Brave and Me)一文中,主人公本斯的不怕黑是一种勇气。《龙与巨人》(Dragons and Giants)中,青蛙与蟾蜍上山去试胆量表现了纯真年代的勇气。《大堤上的洞》(The Hole in the Dike)讲述的是荷兰男孩在洪水中拯救小镇的故事,这是信任自己的勇气。在《像山狮一样勇敢》(Brave as a Mountain Lion)中,斯百德勇敢地战胜了自我。《马丁·路德·金绘本》(A Picture Book of Martin Luther King)展现了他不畏强权,为美国黑人的平等权利而战的可贵勇气。教材的练习还涉及到了学生在日常生活中对勇气与勇敢的人的思考。对身边英雄人物与自身行为的反思,进一步加深与拓展了学生对主题的认识。阅读理解的练习为学生提供了多次思考、调查与访问的机会,为学生建立关于主题的多元表征提供了契机,这种多元的表征又通过学生对勇敢者的品质的概括与解释得到进一步的明晰与显性化。

(三) 中美教材比较启示

1. 教材内容建构的价值取向:由教材走向学材

随着当代教育理念与学习理论的发展,语文教材的编制要符合学生心理发展的顺序,符合学生学习语文的心理这个观念为越来越多的人所接受。但是,真正要使教材成为学材,借鉴美国的经验,在教材内容的建构上需关注以下两个方面:

(1) 关注学生的思维过程

学习语文的过程也是在实践中掌握概念的过程,这既是一个发展语言、丰富语言的过程,又是发展思维、丰富思维的过程。虽然低年级学生的思维以具体直觉的思维为主,原则上他们不能形成抽象及概括性的概念。但这并不是说,教师没有必要为此作出努力。相反,借由出色的教学活动,引导学生形成抽象及概括化的概念,仍是低年级教师的重要任务。在儿童的发展中,几岁之前只能发展具体的概念,几岁开始才能发展抽象概念,像这一类有机体心理成熟过程中构成基础的阶段性划分,是不存在的。概念的形成是一个连续的过程,从具体概念到抽象概念的过程,犹如流水那样连绵不断。为了形成概念、发展概念,必须比较、分析所提供的事物与现象,抽象出或概括出种种共性,综合出共同的一般性质,并用语言加以表达,同时还需在新情境中应用所掌握的概念。就是经由这样的过程,学生从无知到有知,从不准确、不完全的"知"到更准确、更完全的"知",既掌握了概念,又获得了独立判断的能力。美国的《空花盆》一课清晰地展示了学生学习语言与发展思维的过程(图 4)。我们要使教材成为学材,必须在这方面做出尝试。

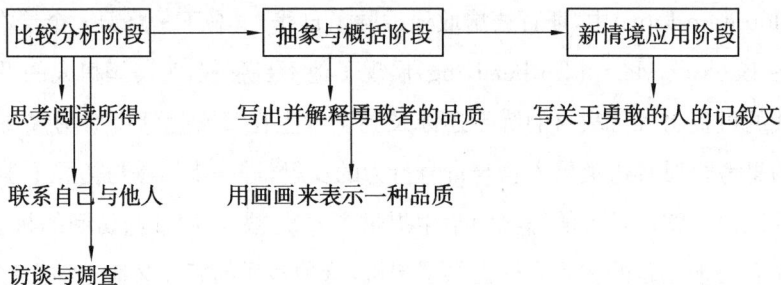

```
┌──────────┐      ┌──────────┐      ┌──────────────┐
│ 比较分析阶段 │─────→│ 抽象与概括阶段 │─────→│ 新情境应用阶段 │
└──────────┘      └──────────┘      └──────────────┘
      │                 │                    │
      ↓                 ↓                    ↓
  思考阅读所得        写出并解释勇敢者的品质      写关于勇敢的人的记叙文
      │                 │
      ↓                 ↓
  联系自己与他人        用画画来表示一种品质
      │
      ↓
  访谈与调查
```

图 4 掌握"勇气"概念的过程

(2) 提供多种学习的支架

学习中的支架是一种学习的工具,借助这种工具,教师引导学生展开自主学习,掌握、建构和内化所学的知识与技能。也就是说,通过学习支架,管理调控学习的任务逐渐由教师转移给了学生自己,学生成了学习的真正主人。《空花盆》一课的练习设计了多个学习支架,如访谈支架、调查支架和写作支架等,为学生自主地完成学习任务提供了有力的支撑。我们的教材如何突破思维的定势,在教材内容增加学习支架这一部分,让语文教材从理念上的学材、口头上的学材真正成为实践活动中的学材,真正能为学生所用的学材,真正能够促进学生语文素养形成的学材,需要在借鉴国外经验的基础上作更为深入的探讨。

2. 教材内容建构的策略:以意义为核心

2001 年语文新课标颁布以后,陆续出版的各地新教材在教材内容的组合上大多选择以主题单元的形式,即先确定主题,然后选编与该主题相关的若干不同类型、不同体裁的文章组合成一个单元。如北师大版的教材将《手捧空花盆的孩子》与同样表达诚实主题的《可爱的娃娃》安排在一个单元。从本质意义上来说,主题单元的形式为基础性、结构性教学内容与生发性内容的联结提供了可能,为学术知识与学生相关生活经验的结合提供了空间,从而为学生获得意义创造了条件。如果用这样的标准来衡量现有的教材,那么我们可以说,现有的主题单元在整合主题、建构主题方面只迈出了一小步。主题单元组织的形式确立了,但是缺乏相应的练习设计使同一个单元内不同篇目课文所表达的意义不能凭借主题得到融合贯通,因此无法使主题的意义得到深层的揭示与阐发,也不太可能引导学生在阅读过程中建构起对该主题较为完整的认识。美国教材整合课文的做法为我们提供了重要的启示,同样以主题为单元,但是他们没有停留在表面形式上,而是以主题所具有的多元、立体的深层意义为经纬来组织课文编排的序列,并设计了有利于学生利用主题内涵建构自身意义的多种练习,较好地实现了语文课程的功能。

参考文献

[1] Carl Bereiteretal. SRA Open Court Reading. Level 2 Unit 5[M]. Courage. Teacher's Edition [M]. Columbus, Oh: SRA/McGraw-hill, 2002: 196—211.

[2] 马克·柯里. 后现代叙事理论[M]. 北京:北京大学出版社,2003: 21—23.

[3] 马新国,郑国民. 语文. 二年级(上册)[M]. 北京:北京师范大学出版社,2003:80—81.

[4] Carl Bereiteretal. SRA Open Court Reading. Level 2 Unit 5. Courage. Teacher's Edition [M]. Columbus, Oh: SRA/McGraw - hill, 2002: 196—211.

[5] Carl Bereiteretal. SRA Open Court Reading. Level 2 Unit 5. Courage. Teacher's Edition [M]. Columbus, Oh: SRA/McGraw - hill, 2002: 196—211.

[6] Carl Bereiteretal. SRA Open Court Reading. Level 2 Unit 5. Courage. Teacher's Edition [M]. Columbus, Oh: SRA/McGraw - hill, 2002: 196—211.

[7] Carl Bereiteretal. SRA Open Eourt Reading. Inquiry Journal Anno-

tated Teacher's Edition[M]. Level 2. Columbus, Oh: SRA/McGraw-hill, 2002:100—122.

[8] Carl Bereiteretal. SRA Open Court Reading. Comprehension and Language Art Skill Annotated Teacher's Edition[M]. Level 2. Columbus, Oh:SRA/McGraw-hill, 2002:146—151.

[9] Carl Bereiteretal. SRA Open Court Reading. Writer's Workbook Annotated Teacher's Edition[M]. Level 2. Columbus, Oh:SRA/McGraw-hill, 2002:98.

（本文发表于《比较教育研究》2008 年第 11 期。作者丁炜，时属单位为上海师范大学教育学院）

三、中日初中语文教学新大纲的
共同理念和差异

  教学大纲是国家的教育方针和政策在教与学、教材编写等领域的指导性文件,反映了时代的教育理念,体现了国家的意志。我们注意到,中日两国在 20 世纪即将结束的时候,都不约而同地对中学语文教育进行了改革,修订了教学大纲。中国教育部于 2000 年 3 月颁发了《九年义务教育全日制初级中学语文教学大纲(试用修订版)》(以下简称中国初中语文教学新大纲,文中引用新大纲内容均出自此版本),从 2000 年秋季实施。[1] 日本文部省 1998 年 12 月颁布了《中学校学习指导要领》,其中刊出初中国语教学大纲(以下简称"日本初中语文教学新大纲",文中引用大纲内容均出自此译本),并规定于 2002 年 4 月全面实行。[2] 比较几乎同时实施的两个相邻国家的初中语文教学新大纲,分析其中体现的共同教育理念和差异,对于从更深层次上把握中国基础教育阶段的语文教育,为我国语文教学大纲的进一步修订提供参考,有一定的意义和价值。

(一) 中日两国同时修订中学语文教学大纲的背景

  自 20 世纪 80 年代初期开始,中日两国分别踏上了面向 21 世纪的教育改革历程。从中日两国教育改革的实践来看,深受国际教育发展委员会与国际 21 世纪教育委员会分别向联合国提交的《学会生存—教育世界的今天和明天》、《教育—财富蕴藏其中》两份报告的影响。这两份报告中所形成的教育思想,如"教育机会均等","终身教育","走向学习化社会","教育的四大支柱:学知、学做、学会共同生活、学会发展","重新强调教育的道德文化层面","教育是更深刻、更和谐的人的发展的主要手段"等等,对中日两国中学教育改革的决策和教育实践起了巨大的指导作用。

  1. 中国初中语文教学新大纲修订的背景

  1996 年,原国家教委颁布了《九年义务教育全日制初级中学语文教学大纲

（试用）》。为什么不到四年的时间，就对它进行了修订？笔者认为，主要是以下两件事起了直接的推动作用：一是 1997 年以来的语文教育大讨论。这次讨论涉及面广，对中学语文教育理念、教师素质、教材编写、教学方式和教学评估等问题都有言辞激烈、偏颇或中肯的分析。讨论中的一些极具建设性的意见，如语文教育应为学生进入学习化社会提供能力准备；语文教育应注重培养学生的创新精神；语文教育必须发展学生的健康个性，培养学生的悟性和灵气；语文教学必须抛弃纯技术性和操作性的训练；语文教材应富有文化内涵和时代气息，培养学生尊重多元文化的态度等等，形成了一批具有积极性和发展性的教育理论成果。二是 1999 年召开的第三次全国教育工作会议。会议明确提出要继续深化教育改革，全面推进素质教育，培养学生的创新精神和实践能力。为了贯彻落实这次会议精神，教育部制定了《面向 21 世纪教育振兴行动计划》，规划了我国 21 世纪初教育改革和发展的宏伟蓝图。同时，教育部基教司颁布了《关于当前九年义务教育语文教学改革的指导意见》，进一步明确了九年义务教育阶段语文教育的任务，为我国中学语文教学改革指明了方向。在这样的背景下，试用版大纲的修订在 1999 年被提到日程上，国家教育部于 2000 年 3 月将修订后的《九年义务教育全日制初级中学语文教学大纲（试用修订版）》正式颁布施行。

2. 日本初中语文教学新大纲修订的背景

日本历经了 19 世纪明治维新初期的教育改革和二战后的教育改革，于 20 世纪 70 年代酝酿着第三次教育大改革，80 年代后更是加快了改革的步伐。日本中央教育审议会充分关注初等、中等教育的现状，并从长期展望的角度把学校教育改革的方向明确为面向 21 世纪，强调"生存能力""自我教育能力"的培养，重视尊重个人特点，尊重本国及各国文化和传统，强调国际理解。1987 年 10 月，日本内阁会议作出了《关于当前教育改革的具体方略——教育改革推行大纲》的决定，同年 12 月，日本课程审议会出台了《关于改善幼儿园、小学、初中及高中教育课程标准问题》的咨询报告。该报告指出，这次改善课程的标准是："从培养独立思考、判断、行动能力，谋求教育的质的飞跃这一观点出发，面向 21 世纪，培养生存于国际社会的日本人，重视国民所必须的基础知识和基本技能，充实个性教育，使学生有主动学习的欲望，能主动适应社会的变化。"[3] 1996

~1998 年间,日本中央教育审议会的数次咨询报告,明确了中学教育课程基准修订的指导思想:养成丰富的人性、社会性以及作为生活在国际社会中的日本人的自我认识;养成自我学习和自我思考的能力;严选社会生活中所必要的、基本的内容,充实发展个性的教育;促进特色教育,建设有特色的学校。在这些背景下,日本文部省在 1998 年 12 月第六次修订课程基准,并规定于 2002 年 4 月全面施行。

(二) 中日两国初中语文教学新大纲共同的教育理念

母语教育受着传统习俗、政治、经济和文化等多方面的影响,但在国际化和知识经济的趋势下,中日两国的母语教育在指导思想上有着某种程度的相同或相似,在两国的新大纲中体现了如下共同教育理念:

1. 共同注重发展学生的健康个性

每个学生都具有特殊的心理特征、认知结构和生活背景,也即是说,每个学生有他自己的历史和个性,这种个性随着年龄的增长而越来越多地被一个由许多因素组成的复合体所决定。马克思的"个人的自由发展是一切人自由发展的前提"的著名论断,成为世界各国教育界提出教育要培养学生健康个性,促进学生自由全面发展的理论基石。中国初中语文教学新大纲在教学目的中明确指出:在教学过程中"发展健康个性,逐步形成健全人格"。日本初中语文教学新大纲中各部分都有关于培养学生个性的表述,如在培养目标中提出培养学生"重视自我思考","追求向上的生活","培养丰富的人性和刚健的意志"。中日两国的这些共识,必然会在教育实践中、在社会生活中引发深刻的变化。

2. 共同注重培养学生学会学习的能力与态度

现代教育理念始终坚持学校教育不应被看作教育的终点而应该被视为整个教育活动的一个组成部分。在基础教育阶段,教师应充分考虑到教育个性化的趋势,并为学生的自学做好准备。"未来的学校必须把教育的对象变成自己教育自己的主体,受教育的人必须成为教育他自己的人,别人的教育必须成为这个人自己的教育。"[4]"终身学习"已逐渐成为国际公认的教育理念,每一个人必须终身继续不断地学习,中日两国初中语文教学新大纲充分融入了这种思想,强调要在教学中培养学生的学习习惯和态度。如中国初中语文教学新大纲针对教学目的和教学中要重视的问题,提出:"发展学生的语感和思维,养成学习语文的良好习惯","充分发挥学生的主动性和创造性","指导学生主动地获取知识","鼓励运用探究性的学习方式"。日本初中语文教学新大纲在教学目标中,强调在语文的听说读写方面培养一种能力和态度,如"培养爱好读书,自觉扩展视野和读书思路的态度","培养自觉丰富说话词汇的态度","培养自觉提高书写水平的态度"。在初中阶段所形成的学习语文的能力和态度将作为一种积淀,为终身学习打下基础。"如果最初的教育提供了有助于终身教育在工作之中和工作之外学习的动力和基础,那么就可以认为这种教育是成功的。"[5]初中阶段的语文教育贯彻学会学习的理念是十分重要的,这样,学生将成为主动的探知者而不是如容器般的被动的接收者。

3. 共同注重培养学生的创新精神

教育的任务是"保持一个人的首创精神和创造力量而不放弃把他放在真实生活中的需要;传递文化而不用现成的模式去压抑他;鼓励他发挥他的天才、能力和个人的表达方式,而不助长他的个人主义;密切注意每一个人的独特性,而不忽视创造也是一种集体活动。"[6]中学教学活动中培养学生的创造性思维,一般不具有社会实用价值,然而在中学阶段所形成的创新精神和意识,会对学生的发展产生深远的影响。日本初中语文教学新大纲充满着培养学生创造性思维的指导意见,如"养成思考能力和想像能力""探寻文章的展开方式"和"扩展自己的见解与思路的广度和深度"。在阅读文章时,要"思考有关人类、社会、自然等问题,并有自己的见解"。教材编写要为培养"创新精神"服务。中国初中语文教学新大纲在语文教学目的中也明确提出:"注重培养创新精神",并在相关部分提出了相应的措施要求,如在阅读教学中,鼓励学生对课文提出"疑问";在写作教学中"鼓励有创意的表达";在教学过程中,"要重视培养学生的创造性思维""鼓励运用探究式的学习方式";在对学生的评估中,"鼓励学生有创见"。在大纲中提出的培养学生的创新精神,是中国这次修订大纲新增加的内容,从而使新大纲与试用版大纲相比有着崭新的面貌。

4. 共同注重语文学习的实践性

由于母语学习的特殊性,中日两国在初中语文教学新大纲中,都注意到了创设语言学习的环境,增加学生语文实践的机会,以全面提高学生的语文能力。

日本初中语文教学新大纲十分强调语文学习的语言活动,如在听说教学中进行发言、对话、讨论等活动,在写作教学中进行写说明文、记录、书信、感想、讲话稿等活动;在阅读教学中,使学生在日常生活中积极地开展读书活动。中国初中语文教学新大纲保留了试用大纲中重视语言实践活动的传统,专门列出"课外活动"一个章节,认为语文课外活动是学校语文教学的组成部分,应"重视语文学习的环境,沟通课本内外、课堂内外、学校内外的联系,拓宽学习渠道,增加学生语文实践的机会",同时,发挥学生的主动性和创造性,生动活泼地开展课外阅读、写作、参观访问、专题研究、组织各种文学社团等活动,给学生提供语文实践的机会。中日两国在初中语文教学新大纲中规定了通过语言活动的方式全面提高学生的语文能力,是符合初中学生学习语文的特点和语文教学规律的。

5. 共同注重培养学生热爱祖国语文的情感

培养学生热爱祖国语文的情感,是中日两国基础教育的共同点。语文教育兼具工具性和人文性,中国初中语文教学新大纲中强调:"在教学过程中,进一步培养学生的爱国主义精神,激发学生热爱祖国语文的感情"。日本初中语文教学新大纲也有相应的规定,如在教学总目标中,培养学生"加深对国语的认识,培养尊重国语的态度";在教材的选编上,也强调"为培养尊重国语的态度服务""为培养尊重文化与传统的态度服务"。继承和发扬祖国优良文化传统是国家实现教育自主的基础。语文学科由于其人文性与工具性的有机统一,承担着繁荣民族文化的重要任务,同时,语文教学也成了繁荣民族文化的重要途径。

(三) 中日两国初中语文教学新大纲的差异与个性

把同期使用的中日两国初中语文教学新大纲相比较,除上述我们认为呈现出共同的教育理念外,还表现出各自鲜明的个性与差异,通过对个性差异的比较,可以使两国语文教育界相互得以借鉴和启示。

1. 中国初中语文教学新大纲保持了语文教学"文道统一"的优良传统

"文道统一"是中国语文教育的优良传统,也是语文教学的原则之一。中国古代学者就提倡"文以载道""文以明道"和"因文悟道"。从 20 世纪 60 年代起,教育部制定的中学语文教学大纲就借用"文道统一"的说法来解释语文教学中语言文字形式与思想内容的关系,解释语文训练与思想教育相统一的关系。几十年来,"文道统一"成为中国语文教学大纲的显著特色。初中语文教学新大纲指明,语文教学"必须贯彻国家的教育方针""必须以马克思主义为指导",在教学过程中,"进一步培养学生的爱国主义精神,培养社会主义道德品质"。中国在语文教学大纲中毫不隐讳地表明国家的教育方针和教育指导思想,从而形成中国语文教学大纲的显著特点和风格。

语文教学中要贯彻国家的教育方针,必然要在培养学生正确的理解和运用祖国语言文字能力的同时,加强思想政治教育,培养学生的社会主义思想道德品质和爱国主义精神。从中国语文教学的实践经验来看,贯彻"文道统一"原则要切实避免在教学中以道代文,或以文代道。

2. 中国初中语文教学新大纲突出了切实纠正"应试化教学"的评估思想

在 20 世纪末的语文教育大讨论中,所形成的共识之一是变重"应试教育"为重"素质教育"。在这次大纲的修订过程中,针对"应试教育"的现象,吸收了近期国内外教育理论的研究成果,在初中语文教学新大纲中增加了"教学评估"一章。在"教学评估要符合语文学科的特点,遵循语文教学自身的规律"的方向指导下,新大纲要求对学生的评估要重视积累、能力、语文水平的发展,坚持态度情感与知识能力并重,在考试方面明确规定不能用难题、怪题、偏题的繁琐机械的题目考学生,鼓励学生有创见。此外,还明确规定了对语文教师和学生评估的基本原则,如着眼于尊重学生个性,着眼于发展性评价,着眼于积极评价。这对切实改变语文教学的纯工具性、纯知识化倾向,对于改变"应试化教学"的倾向起到了积极作用。

3. 日本初中语文教学新大纲中突出国际化背景,强调深化国际理解

一个民族的文化对其教育的影响是深层次和全方位的。由于其经济的飞速发展,日本政府还追求着政治大国的地位,追求在国际事务中发挥更大的作用,这必然要求其国民具有国际化的胸襟,这在其初中语文教学新大纲中有鲜明的表达。如在教材需采纳的观点中明确提出:"在宽广的视野上,深化国际理解,为培养日本人自觉的以及国际协作精神服务";"为加深有关人类、社会、自然的思考服务"。在第二学年及第三学年阅读内容指导事项中也提出,"阅读文章时,思考有关人类、社会、自然等问题,并有自己的见解"。通过对世界的进一步认识来了解自己和他人,使学生学会在多元文化中生存,是日本教育改革所

追求的目标。

（四）日本初中语文教学新大纲注重教学目标的细化，体现出语文课程基准的刚性特征

日本初中国语课按照文部省 1998 年 12 月颁布的《学习指导要领》，初中三个学年授课时数由原来的 175、140、140 学时分别减到现在的 140、105、105 学时。依此，在初中语文教学新大纲中规定了总的教学目标以及"第一学年"和"第二学年及第三学年"的年级目标，并在指导计划的制定与内容的处理上对说与听、写作、阅读及语言事项等内容所分配的学习指导时间有相应的规定，如说与听，所分配的学习指导时间占国语课总教学时数的比例，各年级为 1/10 或 2/10。此外，对各年级的教学内容也提出了详细的处理准则，如在写作教学的内容指导方面，就语言活动而言，提出"写说明文，记录等；写书信、感想等；为准备报告书或发表意见，作成简洁易懂的文章或资料。"这样的规定，强化了大纲的刚性特征。而中国的初中语文教学新大纲在教学要求方面，则表现出弹性化的价值取向，以适应中国各地区发展不平衡的现状。

参考文献

[1] 中华人民共和国教育部. 九年义务教育全日制初级中学语文教学大纲（试用修订版）[Z]. 北京：人民教育出版社，2000.

[2] 赵亚夫译. 日本最新初中国语教学大纲[J]. 中学语文教学，1999：9，10.

[3] 刘彦文、李家成. 日本中小学课程改革的现状及特征分析[J]. 外国教育研究，2000，（6）.

[4] 联合国教科文组织国际教育发展委员会编著. 学会生存—教育世界的今天和明天[M]. 北京：教育科学出版社，1996：200.

[5] 联合国教科文组织总部中文科译. 教育—财富蕴藏其中[M]. 北京：教育科学出版社，1996：78.

[6] 联合国教科文组织国际教育发展委员会编著. 学会生存—教育世界

的今天和明天[M]. 北京:教育科学出版社,1996:188.

　　（本文发表于《比较教育研究》2002 年第 7 期。作者刘彩霞,时属单位为淮北煤炭师范学院中文系;作者余昱,时属单位为广西师范大学中文系）

第二章　数学课程与教学

一、数学图形和儿童智力发展

有关儿童能自己发现和理解的一些几何概念,在数学教学中是十分重要的。从下面的实例,可以看到,这些数学概念是可以从正常的课堂活动中产生出来的。教师在数学教学中多进行这类活动,学生必然会了解其中所包含的数学知识。如果给孩子们提供适当的机会,让他们自己去发现这些概念,那么一些一向被认为在小学高年级或初中阶段才能掌握的概念,低年级的孩子也可以理解。本章所涉及的问题,包括图形的基本特征、度量、对称性、相似性和数学极限。

(一) 图形

很小的幼儿,通过能摸东西,把一些物体按其不同形状进行区别和分类,这是他们的一种正常活动。再长大一些,他们就把物体与物体的确切名称联系起来。所以在幼儿时期就可向他们介绍许多几何词汇,如给六岁孩子看的图画书中出现了立方体、球体、柱体、锥体等形状和名称,并在它们的旁边把这些立方体的各个面画出来,分别标明其形状的名称,如长方形、正方形、圆形、菱形、三角形和椭圆形等,而且用"直的、弯的、圆的"等形容词加以描述。在图形下面就是孩子们曾见到过的各种有关物体的名称。

儿童入校后最先进行的活动之一,往往是用各种不同形状的硬纸盒或从旧盒中找出一些材料搭做各种模型,这是发展儿童数学表象(即空间观念)的一种重要活动。比如有一所学校用相当多的时间制作模型。孩子们对自己制作的模型感到满意以后(一般总要尝试两三次),便用碎纸把模型塞满,外面用纸糊上,最后薄薄地涂上一层颜色。孩子们在制作模型时,他们的注意力便集中在物体的形状上,当他们用纸糊模型时,裱糊工作又促使他们去比较和测试模型的大小。有一个孩子画了一所很好看的房子,有人问他,能不能把这所房子画成从飞机上俯视时所看到的样子,他毫不犹豫地画了一幅很好的平面图,中间用一个小方块表示烟囱(图 1)。可见,只要鼓励他们,他们便能非常用心,非常细致地依次画出物体每个高度。同班的孩子也同样证明他们是能够画出模型的草图和正视图的,虽然尺寸并不精确。

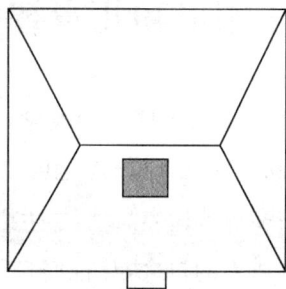

图 1

孩子们制作模型,总是站着从上往下看的,所以要他们从俯视的角度马上画出一张桌子来,他们都能画得很好,桌子的四条腿都被掩盖在桌面底下而看不见。给娃娃穿衣服、做衣服是一项具有数学价值的活动,因为这时候,孩子们不仅能细致地观察各种图形,而且为了使他们的作品显得匀称,还能直觉地努力保持有关图形之间的正确关系。

幼儿非常喜欢几何图形,尤其是彩色的。孩子们见到铺地花砖上的图案、墙纸和织物上的图案,无需多加指点,他们就能自然地去注意这些图形。调查研究证明,孩子们不仅对一般图形,就是对特殊图形也都同样发生兴趣。

1. 立方体、正方形和长方形

孩子们由于生活在三维空间的世界里,他们对立体图形的认识往往先于平面图形,因此他们习惯于从立体的角度观察世界。有这样一个事例:一个 7 岁班的女教师拿着一张一时见方纸片给孩子们看后,问道:"一个正方形有几条边? 关于正方形你们还知道些什么?"大部分学生断定正方形有四条边,而且四边都相等,但有一小女孩却坚持说有 6 条边,为了证明她的观点,她拿了一个合上盖的盒子,指着它的六个面数了起来。教师说:"这是一张纸,没有 6 条边",女孩说:"哦,不,它有 6 条边!"随即数了纸的四边,又数了数纸的上面和下面。这时教师才意识到这个孩子对立方体比对正方形更加熟悉。于是教师拿了一个立方体给孩子们看,一个女孩便根据这一形体,从一张大方格纸上剪下一块有六个方格的图纸(图 2),把它们折起来,边上一拼,便构成了一个正方体。

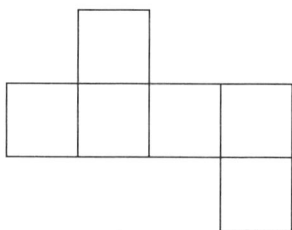

图 2

孩子们这样折呀拼呀地摆弄一番以后,便看出立方体的六个面都是正方形,而且正方形的大小相同。接着他们转而研究正方形的特征。

长方形和正方形都有直角。在一所农村学校的混合班里(5 岁、6 岁、7 岁),老师发给每个孩子一张纸,让他们把这张纸对折后再对折。孩子们就用"三角板"去测量房间的墙角,黑板的四角,照片的角和花砖的角。一个五岁孩子首先从花砖的图案上发现正方形的对角线相交成直角,一个 8 岁孩子发现长方形的对角线相交后不成直角。

在一个 9 岁班里,老师发给每个孩子一张正方形的色纸,让他们去折叠,然后说出都能折出什么图形。他们发现正方形的一条对角线可把图形分成两个相等的三角形。当他们把正方形折叠成 4 个三角形时,打开一看,4 个三角形的大小相等,形状相同。然后教师又给他们每人一张长方形的纸,让他们在纸上画出一条最长的直线。他们发现自己的尺子不够长,不能从两个对角作一直线,必须沿着对角线把纸折起来再画。这时教师提问:"把长方形分成这样的两个三角形,你们看出什么来没有?"孩子们说:"对角线把长方形也分成两个相等的三角形了。"可是,当他们把长方形沿对角线折过去的时候,他们吃惊了:两个三角形并不重合。于是很多儿童认为这两个三角形是不相等的,只有少数儿童保留自己原来的看法。教师便鼓励他们说明自己的理由。他们沿着对角线把长方形剪开,不一会儿,有的孩子就发现,只要把其中一个三角形的位置旋转一下,两个三角形的位置就完全重合了。

2. 结构:正方形、长方形、三角形

尽管儿童已经认识很多不同的图形,但开始的时候,他们还不会把长方形、正方形、三角形看作是一种结构:即使把桥梁、塔门(内含三角形)这一类物体排列出来,他们也不会这么去看。不过他们也似乎可能认识这类结构。例如有些8岁孩子从玩具模型上拆下一些长度相等的钢带,用螺丝拧住,组成三角形与四边形,发现三角形是一个固定而不会松动的图形,而四边形却不然,即使把螺母拧紧,把四个角都拴住,它仍会变形。为使正方形不变形,就要用一条较长的钢带,从两个对角把它固定住,实际上也就是把它分割成两个三角形了。然后,他们又试着做其它的规则图形,发现要使它们稳固,同样要用足够的带子把它们都分割成若干三角形。所以孩子们称三角形为"最稳固的图形"。

有些10岁孩子制做了一座木行架结构的木桥(模型),想让一辆电动玩具火车通过。桥的两旁都用三角形结构。桥建成后,发现桥身很轻,只有3.75盎司,而火车却很重,发动机和车皮的重量将近两磅,他们以为桥身准不能负载火车的重量,不同意火车过桥。教师建议他们制作桥身一侧的复制品,以测试它的承重力。孩子们照此做了。桥的两头用东西支撑着,中间挂上一个一磅重的塑料袋,令人吃惊的是这一结构完全能支撑它的重量(图3)。然后换作担当重量的木条把它们系在一起,也用东西在两头支撑着,同样一磅重的塑料袋一吊上去,木条就折了。一个女孩解释说:"从A点下来的重量分解到与A点有关的各块木头土,所以三角形是稳固的图形。"她说明了这种结构的应力。实验以后,他们很高兴地让火车通过了桥。

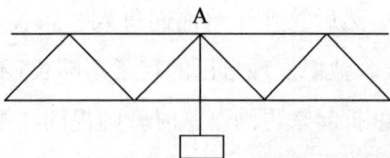

图 3

3. 三角形

九岁组的学生把正方形沿对角线对折,发现所构成的两个三角形都有一个角是直角,其余两个都是直角的一半。他们又把长方形也沿对角线对折,教师问:"这样的三角形的内角是什么情况?"一个孩子马上回答:"把长方形分成两个相等的三角形,已知一个长方形有四个直角,因此一个三角形三内角之和应是两个直角",由此可见,他们已发现直角三角形的三内角之和了(图4)。

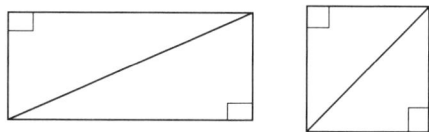

图 4

教师搜集了一些装巧克力的三角形盒子,学生发现可以把6个盒子拼成一个新的图形。他们把其中3个放在桌上(图5),从这些对称图形很快地看出每个角都相等,都是两个直角的三分之一。他们又一次发现三内角的和是两个直角。

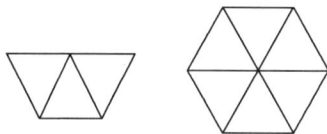

图 5

教师建议孩子们画下并剪出一个任意三角形,在每个角上标出记号 a、b、c(图6)。为了把三角形拼在一起,孩子们试着用折叠的方法,都失败了,于是有的用撕角的方法,有的把它们剪开,拼成像图7所示的情况,发现三个角正好拼成一条直线。

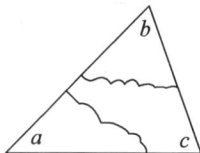

图 6

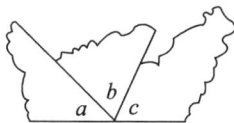

图 7

有的学生试图探究一下是否有一个三角形三内角之和不是两直角,他们花了很长时间都找不到答案。最后教师建议他们不要在纸上画三角形,而在球面上画三角形,这样画出的三角形三内角之和有的是两直角,有的则是三直角了。

4. 其他规则图形

有些已掌握三角形三内角之和的 10 岁孩子,认识到可用类似的方法推求任意多边形内角之和。他们用等长的带子组成多边形,为使多边形固定,发现必须添上一系列的辅助线(带)直至多边形分成若干三角形为止(图 8)。

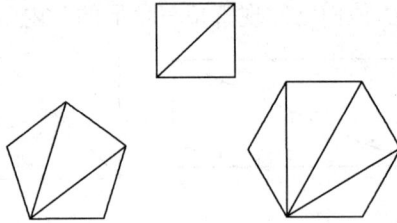

图 8

孩子们编制了下表,一直排到 12 条边的正多边形。这时教师间学生是否已经找出计算不同的正多边形角的大小的方法。孩子们在作各规则图形的过程中,已经认识到正多边形的每个角是相等的,他们也知道用 90° 表示一直角,所以在第二表中他们就用度数表示角的大小:但是他们不能从这个数字模式中察觉出相互间的关系。

正多边形边数	(可分成的)三角形	内角和(以直角为单位)
3	1	2
4	2	4
5	3	6
6	4	8
…	…	…

正多边形数	各内角之和	每角的度数
3	180°	60°
4	360°	90°
5	540°	108°
6	720°	120°
…	…	…

另一组能力较低的 10 岁儿童从他们收集到的一些花砖图案及图形中有了相

同的发现。他们对自己制作的各规则图形产生极大兴趣,发现装饰用的五角星是正五边形,袋装饼干是六角形,他们试验着用哪一种正多边形可以一个个地依次铺满平面而无空隙,并试图找出原因,这就促使他们去探究各正多边形的角度。

11 岁的学生彼得,用自己的话叙述了他发现为什么蜂窝是六角形的经过。他写道:"我问校长,'为什么蜜蜂建造的蜂窝都是六角形而不是正方形的,正方形不是更容易建造吗?'校长说,'你自己设法画一个固定周长的正六边形和正方形,看看他们各有什么特点。'"

在详细记载了他画六边形和计算面积的过程后,他又写道:"周长一呎的正六边形面积为 10.6 吋^2,周长一呎的正方形面积是 9 吋^2,用同样长的围墙或同样数量的材料可以有更大的面积,因此蜜蜂用六边形建造蜂窝比正方形容积大。……我又想,如果边愈多,面积愈大,我试了试用周长一呎拼成八边形,它的面积倒是更大些,但各个八边形却不能正好拼凑在一起。"下面是一些在校儿童采用彼得的方法,拼凑各种正多边形的尝试(图 9)。

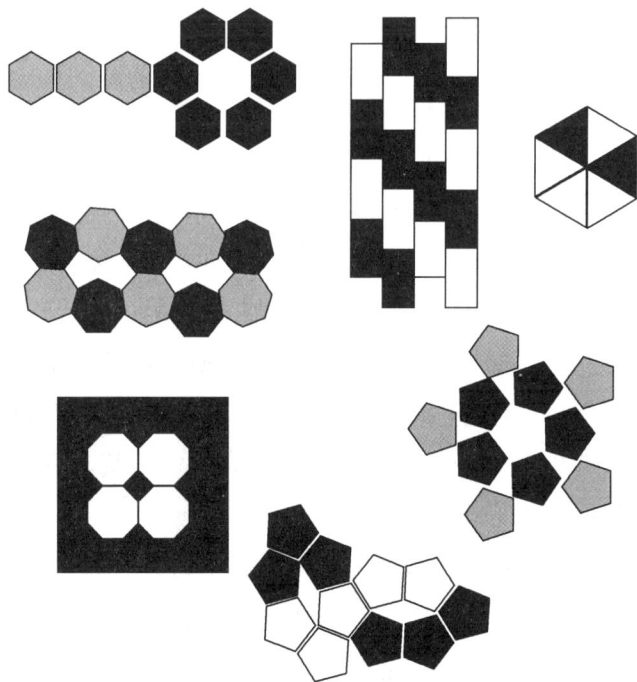

图 9

5. 平行线

当儿童寻找各种有趣的图形时，很快就能发现平行线之间的关系。他们练习本上画的线条也是平行线。9 岁组的孩子把一把尺子斜放在练习本上，发现其构成的几个同位角是相等的(图 10)。

如果用一条直线与一组平行线相截，还可使学生对其他的角也有所发现。有一位教师要孩子们将三条线联接成图 11 和图 12 的样子，孩子们发现，如果像图 12 那样则∠a 是相等的，如果像图 11 那样，则∠b 与∠c 不相等。

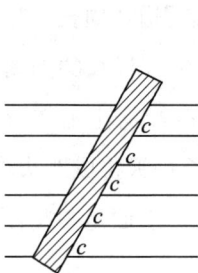 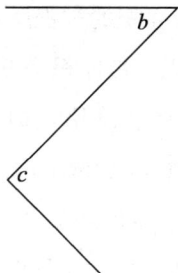 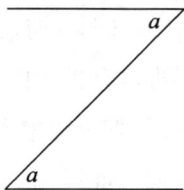

图 10   图 11   图 12

6. 球、圆柱、圆、圆锥

一般说来，孩子们接触最早的几何图形是立方体(积木)和球体(皮球)。他们在摆弄这些玩具时逐渐认识了它们的基本区别：球没有棱角，拿在手中很舒服，但也不好对付，稍一倾斜，便会滚掉。圆柱体是孩子们很熟悉的图形，如烟囱、纸卷等。孩子们在用盘子、硬币、钟面时便认识了圆。他们沿着小盘或钱币周围画下曲线便成了圆；用一根线绳，一头用图钉固定在桌上，另一头拴在铅笔上，拉直线绳，绕图钉转动，或在户外用一根长绳套在柱子上转动，都可以画出圆(他们一定不会先用圆规去作图，因为它把圆最重要的"半径相等"的特征掩盖了)。剪下圆后若要找圆心时，孩子们几乎都是对折圆周，这不仅是找出圆心的好方法，也使他们发现圆的对称性。

有的孩子把圆对折成 4 份，取其中一份，留下的四分之三可以做成一个圆锥。圆锥是不容易做成的。孩子和大人往往开始都画出一个等腰三角形，然后才吃惊地看到它根本不能构成圆锥。

孩子们还可发现圆的另一重要特征就是圆周与直径的关系。但必须注意，共中包含的计算不能太复杂，比较恰当的是让孩子制作一组直径是 1, 2, 3, 4,

……时的圆。9岁的孩子可以让他多进行一些测量,可以先猜测每一圆的周长,然后用卷尺测量。最初,他们往往猜测圆的周长是直径的两倍,但很快就会发现圆周长约三倍于直径,从而使他们修正了自己的猜测。

(二)度量

1. 周长

一群6岁的孩子在方格纸上画了一些彩色图,向他们在干什么,回答说在找周长。又问什么是周长,回答又说:"就是周围这一圈。"于是给他们一个圆柱形的容器,让一个小女孩找出周长。她犹豫一会儿说:"不行,要用尺子,我没有圆的尺子。"这时墙上挂着一所幼儿学校留下的不寻常的记录:一幅孩子画的彩色图,一个孩子记载他测量小道的简单经过,旁边挂着测量用的测链。显而易见小道是弯弯曲曲的。提问者希望这张图能启发女孩测出圆柱体的周长。已经看完图的小女孩没有等别人说话,跑出去时就说:"我知道了,要用绳子包。"回来时,手里拿着尺子和绳子,开始测量起来。其他孩子也立即收集各种形体的东西进行测量。这时教师建议大家把自己的发现记载下来。由此可见,孩子们对周长的意义是十分清楚的,它的长度必须用卷尺或绳子进行测量。

2. 面积

开始孩子们测量图形的面积都是把它画在方格纸上。向孩子们这些方格代表什么,一女孩说:"当然是平方时,你可以在上面覆盖东西。"教师让学生到树林里去采集树叶,回来后问:"哪一种树叶最大?"一个男孩子说"我的最大,因为它最长",他拿的是鸢尾叶子。一个女孩有些踌躇,说"不是指最长,而是周长的叶子最大",接着就用一段绳子测量她那周长最大的叶子。另一女孩拿着一片大的新鲜的果树叶和一张羽状的样树叶看了看说"我认为不是指周长"。一分钟后又说"如果照树叶的周围,把它画在方格纸上就可数出占多少方格",她这样做了。其他学生也照样做。每个学生都数整方格1,2,3,4……当整方格数出后,又讨论怎样数多半格的,最后决定大小配对。这时一个孩子得意地喊道"我的叶子是19吋^2"。

儿童不仅能自己发现测量图形的基本方法,而且也能创造性地找到解决不满一平方时面积的办法,这样他们就能测量任何图形的面积。他们绝大部分不

377

会把周长和面积相混淆,因为通过他们亲自的实际操作,非常熟悉测量周长和面积所采用的不同单位。

8 岁班的儿童用一种更接近数学的方法解决类似问题。教师给他们一些一平方吋的正方形,涂上了漂亮的颜色,要他们用自己所有的正方形设计出各种不同图形,而且每一图形的面积要相同。从他们讨论的情况中可以证实,儿童已经认识到要使每一图形面积相等,完全随着图形所占正方形的数目而定。另一有趣的事是,几乎没有一个孩子用平方吋的正方形去摆成长方形的。

从以上例子可以看出,一旦儿童认识了测量周长、面积、体积的单位,他们首先就要去求不规则图形的周长、面积、体积,而不是先去考虑那些表面看来比较容易的长方形。由于长方形、正方形的面积公式都要涉及到长和宽,不仅成人常常混淆,儿童也容易糊涂。只要儿童真正掌握了周长、面积、体积的概念,就可运用到任何图形。这时遇到正方形,不需要教师的任何帮助,他们就能找出"简便"的算法求它的面积和周长。

3. 体积

在幼儿学校里用立方吋比平方吋更为经常。让 6 岁儿童用立方块搭各种形体,只要教师不加限制,他们就能用同样的木块搭出各种不同形体。孩子们在接受"体积守恒"这一概念以前,需要有相当多的具体经验。捏橡皮泥做各种模型等等活动,就能为孩子提供极有价值的经验。每次孩子用同样一块橡皮泥捏作不同的形体时,就体会到不同形体的东西可以有相同的体积。如果把它当作"守恒"的经验来看,那么师生之间讨论是十分重要的。

七八岁的孩子能摸出长、宽、高各为 2,3,4 吋的长方体,这时他们已获得运用体积单位的经验。有了这种经验,要他们用立方吋测量不同形体的体积就不会有什么困难了。

那么九十岁的孩子能干些什么呢? 请看下面这个例子。一个有 48 名 10 岁孩子的大班里,老师建议他们把母亲食品室中的容器收集起来进行分类,结果发现了一个很有趣的情况:绝大多数容器都是圆柱体和立方体。他们很奇怪,为什么都用这种形体。许多小盒,小槽都是细高的(如洗涤剂),许多大小纸盒,横切面都是正方形。细高的容器便于手拿,那么横切面是方的又说明什么呢? 为解决这一问题,决定"找出一个图形,周围正好用一码(1 码=36 吋)长的带子围住"。教师引导他们讨论,虽然长宽可用各种数据,但这里必须先限于整数,先从最细长的长方形开始。一女孩说:"1 吋宽,17 吋长,面积 17 吋²",一男孩把带子对折说:"宽 0 吋,长 18 吋,面积 0 吋²",并坚持放在表格第一栏,……于是列出下表:

宽(吋)	长(吋)	面积(吋²)
0	18	0
1	17	17
2	16	32
3	15	45
…	…	…

这时让孩子们寻找最大的长方形。经讨论认为正方形最大(边长 9 吋,面积 81 吋²)。最后认识到正方形是特殊的长方形。这一发现使学生们十分高兴,激励他们继续收集利用最经济的正方形的事例。一个男孩发现农民做羊圈用的干石墙也是围成正方形的。

另一个孩子进一步考虑:虽然发现了周长一码的最大矩形,但仍未查清为什么那么多容器是圆柱形。他决心要找圆周长一码的圆面积。他们第一次把一个周长一码的正方形和圆重叠起来,通过这一粗略的原始方法也能看出圆比正方形面积大(图13)。

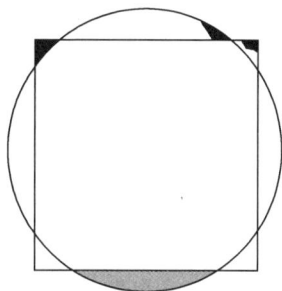

图 13

再用小的正方形标出,但效果不能令人满意。教师就把求圆周长和圆面积的公式告诉了他们,他们十分惊讶,周长 1 码的圆比正方形大这么多(教师意识到当时不必告诉学生公式)。学生画了两个表格,第一表说明圆的周长与直径的关系;第二表说明圆直径与圆面积的关系。从第一表可以找出圆周长一码的直径是多少,从第二表可以找出这样直径的圆面积是多少。

以上例子告诉我们,儿童对周长、面积、体积有了丰富的经验之后,就能用这些概念解决遇到的问题了。譬如有一个男孩在书上看到这样一句话:"大气压力每平方吋 15 磅",就立刻要查清某一同学身上承受的大气压力是多少。他们决定求出一位女同学阿莉森的表面积。让她仰卧在一张大纸上，沿她的身体周围画下来，再让她侧躺着，也照样画下来。画出这两个轮廓图后，计算出所占面积为多少平方吋，再乘以 2，得出表面积为 1 962 平方吋。孩子们是多么兴奋啊！然后他们又根据这一结果计算出阿莉森所承受的大气压力约有 13 吨重。

（三）对称性

小学的许多活动为儿童认识图形的对称性提供了极好的机会。孩子们看到对称图形时，也容易集中注意力。

一个 5 岁男孩第一学期在作业纸上溅了几点颜色，他把纸一折二准备扔到废纸箱去。半路上打开一看，图案竟然那样好看。他交给老师，老师赞扬了他的发现。不久墙上贴满了他的图案。有些六岁孩子也用这种方法做对称图形，把一张纸对折成四，用剪子把四层纸的图案剪下（有两个对称轴）。他们还收集了对称的叶子和花。

有些九岁的孩子收集了许多有趣的图形：正六边形，正八边形等。他们是这样认识这些图形的对称性的，他们说："这些图形无论怎样拿着都是一样的（图 14），而且每个角都相等。"根据前面所讲的方法还可计算出各角度的大小。

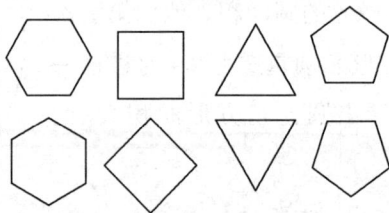

图 14

有些 10 岁的孩子研究万花筒的作用，他们发现用两面挂着的镜子，再用一个头上涂上深色的图钉作目标，靠着两面镜子间角度的改变，可有不同数目的反射。

对称是一个在传统和现代生活各方面的应用上具有深远影响的重要的数学概念，在数的模式、代数式、古代与现代的几何中都有对称。对称可以解决许多问题，是一种巧妙而简便的数学方法。重要的是，教师应为学生提供各种活动，使他们能够得到更多的对称经验，帮助他们从数学上概括这些经验。按数学的说法,任何一种变化只要它在整体上不改变图形的位置就是对称,如平移、旋转和反射等。图 15 是一个 8 岁孩子的作品,图 16 是从艺术品中选出来的一种对称图案。

图 15　　　　　　　　　　　　　　　　　图 16

对称关系到全等,即其对象不仅形状相同,而且大小相等。墙纸上的图案为图形的全等提供了有趣的范例。

(四) 相似性

在日常生活中,数学上的相似比对称更有明确的意义,两个图形成比例,也就是说形状相同,大小不同,就可以说这两个图形相似。用数学术语说,如果两图形中对应角相等,对应边成比例,则二者相似。在讲到"相似"时,常会用到"比"、"比例"等术语。

五六岁的孩子很喜欢画自己家附近的街道和房屋的地区图。他们用几块小木头作房子,在地板上画地图,还主动告诉老师哪是街道和河流。画成以后,他们非常兴奋,于是准备画一幅真正的地图。教师拿一张大纸铺在地上,带领学生在纸上画上街道、河流,并写上名称。每个孩子都动手,一边画一边上色,并标明自己的家住在哪里,他们很注意把这些标在正确的位置上。随着时间的推移,到第二年末,地图上标上了越来越多的地名,他们终于画出了一张惹人喜爱的有指导性的地区图了。

一个 9 岁的孩子用较好的方法解决了一个难题,有三个大小不同的火柴盒,要检查一下它们的形状是否完全相同(即它们是否相互成比例)。他把一个火柴盒放在另一个上面(图 17),想试试是否 A,B,C,D 四角都在他的尺子一边,这种做法证明对他说来太难了。于是他把上面两个拿走,把最大的一个火柴盒沿四边画下来,再把第二大的拿来,其中一角对齐 A,沿四周画下。第三个也用同样方法画下来。这时用尺子测试是否 A,B,C,D 四角同在一条线上。结果不在一条直线上,所以他立刻说:"这些火柴盒形状不同。"

一位教师要 8 岁的学生在一些分别有大小不同方格的纸上画上卡车,使他们获得数学"相似性"的经验。到了 9 岁,就让学生在方格纸上画出自选的物体(如人脸、飞机等),然后记住这一尺寸,把它扩大到 2,3,4,5 倍。当他们用放缩器放大图形时,认识到现在画的与原来的成比例。这时教师要他们计算出这两个图形面积的比为 1∶2。教师又建议他们一定要找出各种简单图形,当其边长变化时,图形发生什么变化。首先看一个正方形的边扩大了二倍,面积有何变化(图 18)。作出回答后,再试用长方形或三角形(图 19)。有的学生大胆地探索如果正六边形、正八边形的边长扩大 2 倍,面积将有什么变化,他们觉得现在已经能作出回答了。他们也已考虑到当正方形边长扩大 3 倍、4 倍时,面积的变化。教师建议他们作一图表,说明正方形变化引起面积变化的情况。

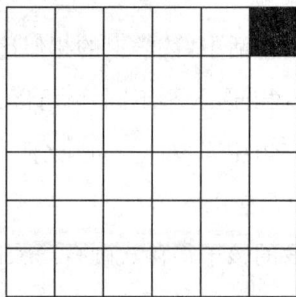

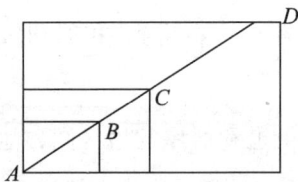

图 17　　　　　　　　　　　　　图 18

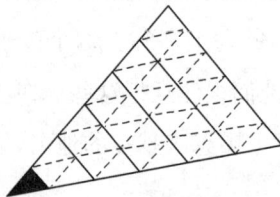

图 19

（五）数学极限

从以下例子中可看到数学极限的概念在很小的孩子中已有所了解。一个八岁小女孩在做冗长的乘、加和减法,向她认识的最大数是几,她犹豫一会说"一百万",接着又说:"不知道应添写几个 0,可能是 3 个,也可能是 6 个。"一个 9 岁的男孩慢慢地说:"这是一个最傻的问题。如果我现在告诉你我知道的最大的数,待一会儿,我还告诉你更大一些的数,再过一会儿,还有更大的数,这样不断继续下去,说出的数总比前一个大。"为使学生对极限有进一步的体会,教师发给每个学生一大张四分之一吋的座标纸,要他们画一个最大的正方形,然后要他们把每边的中点连接起来。他们马上认为是菱形,但是把纸转过来一看,判定新的图形还是正方形。他们继续发现,把新正方形的各边中点连接起来,还可画出另一个正方形。当他们一个套一个地连续画了 6 个正方形后,一个小女孩说:"我发现我们越来越接近中心点,但终究不能完全到达中心点。"十分明显,这个女孩已经从她的体验中得到了一个清晰的概念:数学极限。然后问她能不能在这些正方形外边作另一个正方形,她认为完全可以,只要给她一张大一些的纸,她说:"只要纸够大,可以一直画下去,或者可以到操场上去画。"

（本文发表于《外国教育动态》1982 年第 3 期。作者［英］E・E 比格斯著,周玉仁编译）

二、从中日小学数学教学的比较看我国数学教学改革

数学学科的教学改革是中小学教育改革的一个重要组成部分。而数学教学不受语言和民族的限制，因而更有利于借鉴国外教学改革的一些好的思想和方法。我们分析日本小学数学改革的一些特点，并与我国的小学数学教学加以比较，从中可以看出一些差异。以此为鉴，可以思考我国小学数学教学改革的一些问题。

（一）中日小学数学教学的特点及异同

日本的教育改革历来重视实践与应用，重视把有关的教学改革的理论应用于教学改革的实践，在实践中寻找教学改革的思路，在实践中论证和强化教学改革的理论，发展教学改革的理论。在小学数学教学改革中，日本的教育理论界和教育实践工作者，研究和探索了许多有益的思路和方法，这对于我们思考小学数学教学改革的问题，是有很大帮助的。我们从分析和比较两国小学数学教学中的一些不同的思想的做法中，可以思考一些与我们的教学改革有关的问题。

1. 从教育思想上分析

日本小学数学教学改革比较强调学生的主动性，强调学生在多种活动中来理解数学原理，解决数学问题。并特别重视对学生学习数学的态度和方法的指导。而相比之下，我国的小学数学教学更重视系统知识的讲解，使学生形成科学的系统的知识体系，在此基础上培养学生的能力。

我们可以从两国所规定的小学数学教学目标的比较上来作一分析。日本的《小学算数学习指导要领》中，规定的教学目标是："掌握数量和图形的基础知识和技能，培养学生从日常事物和现象中看到数量关系，有条理地进行思考和加以处理的能力和态度。"我国最新的《九年义务教育全日制小学数学教学大纲（试用）》中规定的小学数学教学目的是："① 理解和掌握数量关系和几何图形的最基础的知识。② 使学生具有进行整数、小数、分数四则计算的能力，培养初步和逻辑思维能力和空间观念，能够运用所学的知识解决简单的实际问题。

③ 使学生受到思想品德教育。"两者加以比较,我们可以看出,除重视基础知识和技能方面的目标基本相同外,至少在以下两个方面有着比较大的差别。

(1) 日本规定的数学教学目标中,强调"从日常事物和现象中看到数量关系"

这是一个涉及到数学教育基本指导思想的问题。中小学数学教学的根本任务是为学生打下扎实的数学基础。那么怎样理解数学基础,用什么标准去衡量学生是否具备了数学的基础。关键在于要理解学生学习数学干什么,学校的数学教育是否达到这个目标。从基础教育的根本任务来看,是为社会培养合格的公民打基础,各科教学都应该为这一总的目标服务。在小学阶段,学生所学的数学知识是数学中最基本最简单的部分,可以说对于数学知识只是一个入门。在今后的学习和生活中,学生会遇到更多的和更复杂的数学问题。学生一方面要在小学阶段为学习进一步的知识做好知识和技能方面的准备;另一方面,还要为学习更多的知识和解决生活中的实际问题做好能力和方法上的准备。因此,就要求在小学阶段的学习过程中,使学生不仅学会现成的数学知识,而且要具备用数学的方法认识周围事物,从周围事物中找出数量关系的能力。"从日常事物和现象中看出数量关系",也正是出于这样的要求提出来的。要做到这一点,人们就要学会分析和研究具体问题的方法,就应该具备把现实中的具体问题转化成数学问题的能力。这种能力又被称之为"数学化"的能力。比如,对于"有奖销售"的问题,人们有时看到大数目的奖金,就可能跃跃欲试。但若将这个问题,变成一个数学问题,进行一些计算和分析,可能有许多人就不会轻易地买那些奖券或无用的实物了。"数学化"的能力在我们日常生活中是一种有用的能力。我国在《九年义务教育全日制小学数学教学大纲》中,对于这方面的内容也有所体现,但不是在教学目的中规定的,而是在"教学要求"中提到"培养学生观察和认识周围事物间的数量关系和形体特征的兴趣和意识"。这同以往的教学大纲相比是有很大的进步,但是仍没有把这个内容作为教学目标,这是值得我们进一步研究的问题。

(2) 日本规定的数学教学目标中重视培养学生"处理(问题)的能力和态度"

这是小学数学乃至中学数学教学中值得重视的一个问题。人们在日常生活中,会遇到各种各样的事物,分析各种各样的现象,而许多事物和现象都可能用某种数量关系来描述,并且这种数量上的描述往往会给人们认识问题和解决问题带来很大的方便。但这些事物和现象又大多不是以数学书中那样规范的问题形式出现的,一般来说不能直接作为一个数学问题来处理。因此,需要人们将现实中的问题,转化成一个数学问题,用数学的观点和方法加以认识和解决。能否恰当地、有根据地解决日常生活和工作学习中所遇到的各种问题,一方面要求人们具有一定的数学基础知识和技能;另一个方面还要求具备数学的观点"处理问题的能力和态度"。比如,城市里的人们每天都会看到各种各样的、不可胜数的车辆。有些人习以为常,而有些数学"意识"强的人就可能从中提出一些问题,进而思考一些问题。"在某个十字路口平均每分钟通过多少量车?""在这些车中轿车、卡车、公共汽车、摩托车各占多少?""什么时间车最多?""能不能把某一地点的车辆情况用一个统计表或统计图表示出来?",等等。在对这些问题进行恰当的数量化处理之后,就可能运用统计出来的一些数字,以比较充分的理由,向有关的部门提出合理化的建议,这从根本上说是一个处理和解决问题的能力和态度问题。一些人可能有比较扎实的数学基础知识,会解很难的数学问题。但只是能解现成的难题,而对于生活中的具体问题,就缺乏用数学的观点和方法去认识的意识和态度。因而也就不可能有效地解决周围的各种各样的具体问题。从这个意义上说,培养学生解决问题的能力和态度是一个能否真正使学生把学到的数学知识应用于实践,能否在自己的生活中和学习中恰当地运用数学知识解决问题的一个重要因素,也是一个未来社会的公民所不可缺少的素质。对于这方面的问题,我们现在已经开始重视,在以后的教育改革中,还应该引起进一步的重视和研究。

2. 从教学方法上分析

在教学方法上,日本的小学数学教学比较重视培养学生解决问题的能力,重视教给学生思考问题的方法。在教学中注重给学生创设问题的情境,让学生在对问题情境的研究和探索中,尽可能地说出自己的想法;鼓励学生对同一个问题有不同的解题思路,并且在学习的过程中,逐步学会从不同的方法中,确定最好的,或容易理解的方法。这是与日本小学数学教学的指导思想一致的。下面是在"第二届中日小学数学教育联合研讨会"上,日本学者的论文"注重学生思考方法的笔算指导"中的一个片断,从中我们可以看出日本小学数学教学的一些特点,和值得我们研究和借鉴的内容。

教学的内容是"两位数加两位数笔算加法"。在做了 2 位数加法的复习之后,教师出示例题,23+15,并列出了竖式子。当有的学生在下面说,不知从哪算起的时候,教师反问道:"有没有人知道从哪算起呢?"这时同学出现了两种不同的意见:一种认为从个位算起,另一种认为从十位算起也可以。教师没有做出回答,而是问:"同学们认为怎么样? 运用你们所学的知识想一想该怎么办。"这时一些同学开始计算起来。用两种方法计算的同学都算出了同样的结果,并没有感到有什么不方便。大家感到这两种方法都是相同位数相加,因此结果都一样。多数同学都赞成用两种方法都对。这时一个同学说:"题里的 15 要是18 的话,就不一样了。3 加上 8 等于 11,这就变成了十位数,所以,不从个位数开始算起是不行的。"这时教师指出,这个同学说的道理明白了吗? 下面我们按这种方法来计算。这时,教师通过列竖式子,讲述从个位算起的方法计算问题,学生也就明白了从个位开始算比较好的理由。

对这个教学片断进行简要分析,对我们有这样几点启示。一是教师在教学中不是把现成的知识教给学生,而是为学生创设一个问题的情境,使学生在问题的情境中去思考。在思考的过程中,提出不同的意见。最后教师进行适当的指导和点拨。假如,教师一开始就告诉学生,在进行加法计算时,要先加个位上的数,再加十位上的数。学生就会简单地模仿教师的做法,提不出不同的见解,也就引不起争论。最后对为什么要从个位算起的道理就不会有深刻的印象。二是教师充分利用了学生原有的知识和方法,让学生面对新的知识,运用以前学过的知识"想一想该怎么办"。这就使学生感到,运用所学的知识,自己可以解决这样的问题,培养了学生学习的自信心和独立思考的学习习惯。学生从每一个小问题入手,都独立地经过自己的思维来探索和解决,逐渐地就能培养学生的探索和发现的精神,以及用一种积极的态度对待所遇到的各种问题。这是现代教学观与传统教学观的根本区别所在,也是我们进行教学改革的重点内容之一。

在我国的小学数学教学改革中,也不乏改革教学方法,重视培养学生能力的研究。许多教师不同程度地在教学中,运用发现的方法、尝试的方法、自学的方法,使学生积极主动地学,在学习的过程中培养学生的多种能力。但从总体上看,多数教师,还缺少这种改革的意识,还不能自觉地在教学过程中有意识地设计问题情境,给学生提供更多的机会去探索和发现规律。而更多的是以教给学生现成的知识为教学的主要的着眼点,把教学的重点放在数学知识的传授上。这是我们进行教学方法的改革时,应该着力研究的问题之一。

(二) 我国小学数学教学改革的重点与方向

从对中日小学数学教学的指导思想和教学方法的分析中,我们可以看到,两国在数学教学的一些问题上存在差异,特别是在教学思想和教学方法上。日本的一些做法值得我们借鉴和参考,我们在数学教学上也有一些应该坚持和进一步研究的内容。比如,我们比较重视基础知识和技能的教学等。从比较研究中我们感到,我国小学数学教学的改革,应当在以下几个方面深入研究。

1. 进一步加强基础知识的教学

数学的基础知识包括基本的概念、定律、法则、公式等,这些是学习数学的基础,是学生数学素养的一个重要标志。学生只有建立了扎实的基础知识,才能在此基础上进一步学习新的知识,也为学生多种能力的发展提供了可能。小学教育是基础教育的一个组成部分,小学教育的根本任务是为培养未来合格的公民打好基础。因此,在小学阶段为学生扎扎实实地打好各方面的基础是小学教育的重要任务之一。数学是日常生活和学习现代科学技术的重要的基础和工具,在小学阶段为学生打好数学基础是十分必要的。我国的小学数学教学,历来比较重视学生数学基础知识的教学,在这方面有丰富的教学经验,也是我们和许多国家相比的优势之一。例如在小学数学教学中,我们比较重视通过规范的训练,使学生建立完整的数学概念。每一个概念和原理都力求让学生牢固地掌握,并在一定的阶段形成知识的体系。这对于学生扎扎实实地打好基础是十分必要的。这方面好的做法,应当继承并在实践中进一步加强。但这里存在一些应当注意的问题。一是要明确基础知识的范围和要求,不能随意地扩大基础知识的范围,也不能不加区别地提高数学知识的教学要求。这样才能保证学生既学到必要的基础知识,又不会导致负担过重。义务教育数学教学大纲对数学基础知识的内容范围和要求作了比较明确的规定,对知识的要求分为"知道"

"理解""掌握""应用"4 个层次。教学时首先就要明确所教内容的具体要求是什么,按照教学的要求安排教学的深度和难度。二是要注意改革基础知识的教学方法,在教知识的同时,培养学生的能力,不能把加强基础知识与培养学生能力对立起来。

2. 注重对学生数学意识和态度的培养

与日本小学数学教学的比较上看,我们在数学教学中,对学生学习数学的态度和意识的培养不够;特别是通过数学教学有意识地使学生从日常生活的事物中看到数量关系的态度和能力培养得不够。数学教学一方面要使学生了解人类关于数学方面的文化遗产,另外一个重要的任务就是使学生建立起正确对待周围事物的态度和方法;学会用数学的观点和方法来认识周围的事物;培养从现实生活中看出数量关系的能力。这两者都是不可偏废的,都是学生是否具备数学素养的重要标志。我们的教学往往比较重视现成的数学问题,学生在学习的过程中,提到解题,就是解书本上现成的问题。只有写在书本上的问题才是数学问题,而除了书本上再也找不到,也没有必要去找其他的问题。这样时间一长,就会在学生的头脑中形成一种错误的观念,学习数学就是要解各种各样的问题,而问题是现成的,是书本上编好的。只要按照学会的解题方法,一步一步地解决这些问题就可以了,并不需要考虑这些问题的来源,更不需要自己去发现和寻找现实世界中的问题。长此以往,就会在学生头脑中形成一种惰性,只习惯于解现成的数学问题,而不能主动地去发现和认识现实生活中存在的各种各样的问题。借鉴国外的数学教学改革中好的做法,在教学中,必须在这方面有所加强,要有意识地让学生自己去寻找和发现问题。比如,在讲解新的数学概念时,尽可能从实际中引出问题,使学生了解这些数学原理在现实生活中的作用;给学生提供更多的机会,让学生自编问题;让学生说出在日常生活中遇到的数学问题;从具体的事物中提炼出数学问题;用所学的知识解决现实生活中的问题。通过这样一些活动,可以使学生逐步认识到,数学知识与现实生活有着密切的联系,认识到运用数学知识可以解决各种现实的问题。而现实生活中的许多问题,运用数学的方法,又可以使其简化,进而更清楚地认识其发展和变化的规律。在教学中有计划地经常这样去做,就可以使学生逐步形成数学的意识和态度。

3. 重视给学生留有更多的思考余地

近些年来，我国在小学数学教学方法的改革方面取得了一些成绩，特别是涌现出许多新的、有生命力的教学方法，比如，尝试教学法、自学辅导法等。这些教学方法的一个突出特点就是在加强基础知识教学的同时，重视学生多种能力的培养。但就我国小学数学教学的总体来说，仍然较普遍地存在着重知识教学，轻能力培养；重书本知识，轻实践能力；重教师的教，轻学生的学；重单向的复合性思维，轻多向的发散性思维的倾向。与日本的小学数学教学相比，在课堂教学中能否为学生留有充分的思考的余地，我们还存在一定的差距。因此，我们的数学教学在发挥自己的优势的同时，还应当特别注重改革教学方法，在课堂教学中为学生留有充分的思考余地，使每一个学生在课堂教学中都能够积极主动地思维，发挥学生的创造性和智慧潜能。

数学的学习过程是一个不断地探索和思考的过程。在数学教学过程中，是单纯地给学生现成的知识，还是为学生创设一定的问题情境，让学生有更多的机会去探索和思考，是数学教学改革的一个重要的因素。一般来说，教科书中的例题是一个学习的范例，学生要通过例题的学习，了解例题为代表的一类知识的规律和解题方法，并不是说学生学会了书本上的例题就可以自然地解决与之相似的问题。要达到"举一反三"的目的，学生需要在头脑中有一个深入思考的过程，甚至经过若干次错误与不完善的思考，才能达到一定的熟练程度。在这个过程中，需要学生把书本上的知识与自己头脑中的知识结构融为一体，真正变成自己的东西。要达到这样的目的，就要在教学中结合具体的教学内容，为学生提供独立思考的机会，给学生留有充分的思考余地。例如，前面介绍的日本小学数学教学的一个片断，教师提问"有没有人知道从哪算起呢?"就是一个发散性的问题。教师并不要求学生给出一个固定的答案，而是让学生根据自己对问题的理解和思维发展水平，提出自己对这个问题的解法。不同的学生可能提出不同的方法，这反映了学生对这个问题的认识水平。虽然学生可能说出不同的方法，看起来教学显得缺少统一性。但教师从学生的回答中可以了解学生是怎样思考的，学生有几种不同的思路，有哪些学生处于较高的理解程度，哪些同学还理解得不够深入或不够准确。从中可以确定下一步教学的内容和方法，可以采取恰当的方法解决学生存在的问题。教学过程中，经常这样安排，学生就可以养成一种习惯，一种善于思考、勇于提出自己想法的习惯。这对于学生学习新内容，研究新的问题是非常重要的。相反，如果不给学生提供独立思考的机会，只是让学生跟着教师的思路走。那么长此以往，学生就会形成一种思维上的惰性。遇到问题不是自己先独立思考，而是依赖于教师的提示，依赖于听别人的意见，这对于学生将来的学习和生活都是不利的。比如，上面的例子中，如果教师不是提出这样的问题，而是让学生看这个题的特点，23＋15，要先把个位上的数相加，再加十位上的数，一步一步地引导学生说出正确解题方法，这样可以比较顺利地完成教学任务。但从学生的发展上，从对学生能力的培养上来看是不利的，学生没有机会独立地思考。表面上学生得出的答案是统一的，但并不能说明学生的思考水平和对这个问题的理解是一致的。我们在教学改革中就应当特别注意为学生创造更多的思考的机会，充分调动学生学习的内在动机，使学生在探索的过程中去认识所学的知识，同时智力水平也会不断地提高。

（本文发表于《比较教育研究》1995 年第 6 期。作者马云鹏，时属单位为东北师范大学教育科学学院）

三、中德小学数学及语文教学大纲
差异的缘由探析

对于我国的小学教育,学生学与教师教的"负担过重"已成为不争的事实。笔者曾对中、德小学语文及数学教学大纲作过系统的比较研究,结果发现,与德国相比,我国小学教学大纲中关于教学内容和教学要求的规定明显偏多、偏高、偏难(限于篇幅,具体差异另文论及)。本文简略探讨形成这种差异的缘由,以求获得对该问题的理性认识。

(一)学科教学大纲依据的教育思想和培养目标的不同

一定的教学内容及教学要求,乃至一定的教育模式、教育政策,都是由一定的教育思想决定或制约的。学科教学大纲的各种规定也是一定教育思想和教育培养目标的产物。联邦德国关于小学教育的思想及政策理念是:① 基础教育的小学阶段是各级各类教育的共同基础。早在 1919 年,当时魏玛共和国宪法就对此作出了规定,即小学是所有儿童的共同学校,所有儿童在基础学校里接受相同的基础教育,这种基础教育是一种国民基础素质教育。② 小学教育为培养身心全面健康发展的人奠定基础,因此,小学教育的任务要求是基本的和初步的;其教育内容能为小学生的身心和能力所能接受,同时经过努力又能促进他们的身心发展;所要求学生掌握的知识和技能必须全面、牢固并能初步运用于生活实践之中;尽管小学与中学教育之间有一定的连贯性,但小学教育主要的并不是一种升学预备性教育,小学的教育任务与教育内容有其相对独立性。③ 小学教育工作的基本原则是:小学教育要符合儿童身心发育的特点,重视直观教学,教学内容要贴近生活,注意发挥学生的主动性。

小学教育的教学内容又受其基本任务的制约,基础教育的任务受教育的总任务和总目标影响。德国小学基础教育的任务和目标源于联邦基本法和各州宪法中关于人的权利与义务和教育目标的规定:"保证每个人有权自由发展其个性","使人们有能力行使其权利并履行与之相应的义务,使个人能够享受自由发展个性和自由选择职业的权利,这便是教育的任务与总目标";"教育的最重要的目标是唤醒学生崇敬上帝、尊重人的尊严,为将来的社会行为做好准备";"青年人应该在人道精神、民主精神、自由精神、容忍和尊重其它信仰、为维护自然的生存基础承担责任、热爱人民和家乡、增进人类团结和坚定和平信念方面受到教育"。[1] 根据学校法提出的教育和培训的任务,小学作为整个教育事业共同的基础阶段,应承担下列主要任务:"第一,在充分注意儿童的个人条件的基础上,促进所有学生在品性形成、社会行为方式、音乐能力、实践能力等方面全面和谐地发展;第二,在内容和形式上传授与儿童的个人学习可能性和经验等方面相适应的基础知识、基本技巧和基本能力;第三,通过促进式和勉励式的帮助,引导学生领会并掌握学习的基础;第四,保持并继续促进儿童的学习兴趣和学习积极性。"[2]

上述思想就是德国制定基础学校教学大纲的教学内容和教学要求的出发点。

反观影响我国小学教育的教育思想及其价值理念,实际上呈现出双重性的特点。一方面是官方文件对基础教育义务教育提出的要求,即小学对儿童实施全面的基础教育,使他们在德、智、体诸方面生动活泼地、主动地得到发展,为提高全民族素质、培养社会主义现代化建设的各级各类人才奠定基础。小学阶段的培养目标是:"初步具有爱祖国、爱人民、爱劳动、爱科学、爱社会主义的思想感情,初步养成关心他人、关心集体、认真负责、诚实、勤俭、勇敢、正直、合群、活泼向上等良好品德和个性品质,养成讲文明、讲礼貌、守纪律的行为习惯,初步具有自我管理以及分辨是非的能力";"具有阅读、书写、表达、计算的基本知识和基本技能,了解一些生活、自然和社会常识,初步具有基本的观察、思维、动手操作和自学的能力,养成良好的学习习惯";"初步养成锻炼身体和讲究卫生的习惯,具有健康的身体,具有较广泛的兴趣和健康的爱美情趣,"初步学会生活自理,会使用简单的劳动工具,养成爱劳动的习惯。"[3] 然而,由于我国社会和教育所处的特定历史阶段以及传统文化的影响,上述思想并没有真正成为我国小学教育实践的主导思想,实际牵动教育教学运作的却是另一种教育思想观念,即"学而优则仕"。这种思想观念导引的"选择教育"的教育价值观就是"精英教育"或称"选优教育"。在这种教育理念左右下,教育政策及教育实践的呈现方式是：在培养目标上，追逐单一的"社会本位"价值取向，相当程度上忽略人的全面发展的"人本位"价值取向；在教育制度上，基本停留在"选拔式"阶段，以选择为目的、以选拔为宗旨的考试成为教育教学的惟一评价手段，并进一步强化了与"升学本位"相匹配的"知识本位"的价值选择；在教育思想上，期望每个孩子都成为科学家，都去攻克"哥德巴赫猜想"，摘取"诺贝尔奖"的桂冠，由此而"重术轻艺"；课程内容为少数上大学者而设，教材为能当科学家者而编，一味追求系统的经得起"考"的知识。

今天，随着"素质教育"观念的变化，我们在确立小学教育的教学指导思想上已有了新的转变，即明确提出要树立"素质教育"的基本观念，要面向全体学生，促进学生全面发展，明确义务教育是为每个学生获得终生学习的能力以及生存与发展的能力打基础的教育，建立正确的教育质量观和价值观，使每个学生在原有的基础上得到充分的发展。但我们仍要看到，我们的理论与实际相距太远，不是理论脱离实践，而是实践脱离理论。在实践中，"精英"教育思想观念并没有得到丝毫改变，这表现为应试教育依旧，甚至变本加厉，学术教育得到进一步强化。教学内容的学术性越强，越有利于升学教育，而越重视升学教育，教学内容的学术性就越强，正是这种教育思想与实践产生了当前我国课程计划和教学大纲所规定的教学内容及要求，也正是这种怪圈缠绕着我们的基础教育思想，束缚我们不敢从大纲入手去减少学术性的知识内容，导致了广大师生被迫多教多学的现状。

（二）学科教学大纲依据的学科教育思想不同

从学科教育思想看，中国的小学数学教育内容的规定是受这种认识影响的，即："数学是学习现代科学技术必不可少的基础和工具，它在日常生活、生产建设和科学研究中，有着广泛的应用，掌握一定的数学基础知识和基本技能，是我国公民应当具备的文化素养之一。小学数学是义务教育的一门重要学科。从小给学生打好数学的初步基础，发展思维能力，培养学习数学的兴趣，养成良好的学习习惯，对于贯彻德、智、体全面发展的教育方针，培养有理想、有道德、有文化、有纪律的社会主义公民，提高全民族的素质，具有十分重要的意义。"[4]小学数学的教育目的：① 使学生理解、掌握数量关系和几何图形的最基础的知识;② 使学生具有进行整数、小数、分数四则计算能力,培养初步的逻辑思维能力和空间观念,能够运用所学的知识解决简单的实际问题;③ 使学生受到思想品德教育。而德国的数学教育思想及其教学目的是:数学教学参与儿童的一般发展、教育和培养。在数学教学过程中,应该激励儿童尽可能地发挥能力,并促进这些能力的发展。这些能力是,借助数的帮助来理解事物关系的能力、推断思维的能力、运用符合自己年龄的语言来表述所给的事物的能力、组合思维的能力和几何想象能力。在小学教育的范围内,数学教学也参与培养和训练儿童的语言能力。数学教学还能培养人的正直善良和聪明才智。数学教学的目的是:促进儿童能理解和掌握基本的数学技能;获得关于数、形、量的基本知识;发展他们解决数学问题的能力,确立学习数学的态度;促进儿童获得具有创造性学习的能力、分析论证能力、计算能力、发展一般思维能力;但无论如何应该使儿童认识到,尽管数与量在理解世界上有很大贡献,但是,用数学方法来认识社会现实生活是有其局限性的。

从上面的对比看出,两国的小学数学教育思想有较大的不同。这种差异在小学语文学科上表现尤为明显。我国语文教育观认为,小学语言是义务教育中的一门重要的基础学科,不仅具有"工具性",而且有很强的"思想性"。小学语文学科的教学目的是:"指导学生正确地理解和运用祖国的语言文字,使学生具有初步的听说读写能力;在听说读写训练的过程中,进行思想政治教育和道德品质教育,发展学生的智力,培养良好的学习习惯"。小学语文教育要求:"语文学科的重要特点是思想教育和语言文字训练的辩证统一","进行思想教育是语文教学的一项重要任务,教师要充分认识加强思想教育的重要性,提高自觉性";"语文教学要寓思想教育于语言文字训练之中,教师要在培养学生的听说读写能力的过程中,注意思想内容与语言文字的内在联系,正确地进行思想教育"。[5]这充分体现出中国语文教学突出学科思想性和意识形态价值取向的特点。而德国等西方国家更多的是关注语文学科的科学性和工具性,认为语文是"语言在约定俗成的符号标志的形式上的记录",语言教学的任务是在语音、词汇、语法和正字法上传授标准性的德意志语言,使学生理解人们是通过符号系统来相互进行交流的。符号标志的使用,把儿童带进了语言这个奇妙的世界,它们不仅把语言当作一种基本的技巧,而且还把它作为一套"符号系统"传授给学生。大多数小学都仅仅教学生运用语言的技巧。学生是在把语言当作一种工具来学习语法、词性、拼写单词,学习如何写单句或段落等。在学科教学上,德国更注意把语言作为一种社会活动,使学生藉此感知语言是怎样把人们相互联系在一起的。年龄大的学生应能认识和理解各种交流、传递信息、劝说、娱乐等,懂得语言是人与人之间的一种神圣的信任。当我们具有了语言所赋予的力量时,就应该把诚实作为我们应当承担的义务。这就是西方人的语文学科的教育思想。

由于教育思想、教育培养目标的差异,对学科认识的不同,对于应该教什么以及教多少的认识也不同,服务于教育培养目标的教学内容及课业重点也就不同了。西方学者认为,学生的学业成功取决于学生的学习能力,强调以"问题为本",获得解决问题的能力为先,然后再去掌握一般的原理。我们则更多地认为,学生的学业成功取决于他们的努力程度和适当的学习方法,即"勤能补拙",强调"概念""原理"为本,熟练掌握原理为先,之后才是利用原理去分析和解决问题,从而发展学生的能力,这种差别也是导致我国小学教育强调系统性的学术知识教学、教学内容较多的原因之一。

(三) 学科教学大纲依据的儿童教育观的不同

学科教学大纲关于教学内容及要求的规定也受"儿童观"的影响。在联邦德国,"儿童本位"的教育思想及"以儿童为中心"的教学原则有着悠久的历史传统,并一直在基础教育实践中占据主导地位。早在 18 世纪,以著名教育家巴西多夫(Johann Bernhard Basedow,1724~1790)为代表的泛爱主义教育思潮曾一度风靡欧洲。泛爱主义的基本主张是:以增加人类现世的幸福为教育的最高目的,因此主张对儿童应有"仁爱之心",用"宽大的方法"去阻止儿童学习无用的东西,"减少儿童学习的痛苦",更不能对儿童采取强迫的教育方法。教学不要强制,要在愉快的气氛中进行。如果能使儿童在游戏中学到东西,效果更好。教学必须根据一定的计划,根据儿童自然发育的特点,由浅入深;由近及远,注重在生活实际中传授知识,多选用现代语和实科,为将来生活打下基础。巴西多夫说:"教不在多,务使学习愉快;教不在多,务依学习之顺序由浅入深;教不在多,务求知识之有益",[6]主张对儿童要顺其自然发展,根据年龄进行分期教育,使受教育者身心得到全面发展,从而成为对社会有用的人。

被誉为"幼儿教育之父"的教育家福禄倍尔(Friedrich Froebel,1782~1852)认为,自然和人的发展法则是相同的,所以教育应遵循自然法则:① 对儿童进行合理的教育,必须观察和遵循自然万物发展的正确道路;② 教育要追随儿童的天性,为使儿童内在的本性受到有效的影响,要充分认识依赖于外部世界的必要性,利用环境中的一切事物。他相信,儿童唯有通过接触世界,并将外在的东西化为自身的东西,才能使内在的本性获得外在的表现。要求外部的文化、学科从属于儿童的内在的生命要求、创造性及幸福感。这就是典型的传统的德国儿童教育观。它深受裴斯泰洛齐的"在次序和方法上,教学必须适合心智演化的自然过程,应该找出这个次序来供给知识"的思想影响,主张使儿童在游戏中学习知识、受到教育。正如德国著名人类学家和教育学家博尔诺夫(Otto Friedrich Bollnow,1903~1991)所言:"人是不同于'物'的一种存在,因此,以人为对象的教育就不能采用制造物的'工艺论'手法,像加工材料一样加以对待。相反,应以有机生成论的方法去教育人,即将人看作一个活生生的生长过程,像看待一颗种子根据自己的内在法则发芽、成长、开花、结果那样去看待儿童的成长。"[7]

这种儿童教育思想至今仍影响着德国基础教育的实践。他们依然强调:应注意基础学校年龄阶段儿童的天性,即好奇、好学、好玩、好动,希望亲自探索自然界来了解他们周围世界、了解自然界的奥秘;应根据儿童的天性来安排较多的活动,尽量使教学带有趣味性,多组织教学游戏,组织观察活动和小组交谈,减轻作业量,让儿童有更多的自由活动空间,以保证给儿童一个美好和愉快的童年。正是这种强调"教育主体性"的"儿童本位"的观念思想,决定了德国小学教学大纲规定的教学内容比我们少、浅、易,教学要求比我们宽松并较低一些。这充分体现出德国教育是依据儿童的身心发展特点,以及他们的人生阅历、兴趣、情感和天性等特点来安排学习内容的,是使教育适应儿童而不是使儿童适应教育。

反观我们的儿童教育观,虽说在理论上也高唱着遵循儿童身心发展规律的调子,但实际上是"不把孩子当孩子",无视儿童身心发展的成熟性,随意向儿童提出"成人化"的过高要求,视儿童为"小大人",拔苗助长。对儿童,教育目标狭隘化—智育第一、分数至上，一味要求他们死抠书本知识，掌握考试硬功夫，使其成为"书本知识"的仓库。尤其是"望子成龙、望女成凤"的家庭期待，更是将"苦学观"强加于儿童，迫使他们"头悬梁、锥刺股"去追求超越他人的优异成绩，达到"吃得苦中苦，方为人上人"的境界。就是这样一种剥夺儿童自由、天性、权利的文化氛围，导致了我们更多教给儿童知识的教育观和要儿童多学习书本知识的"学海无涯苦作舟"的学习观。

（四）学科教学大纲依据的知识观和知识价值观的不同

小学教育阶段，儿童到底应该学多少是与应该学什么紧密相关的。不同的知识价值观是影响和制约大纲规定的教什么与教多少的重要因素之一。德国等西方国家的知识价值观受笛卡尔的"最有价值的知识是关于方法的知识"和斯宾塞的"科学知识具有最大的价值"的观点影响，强调知识的开放性、变革性、整合性及个体主观体验的重要性。在皮亚杰、维果茨基、布鲁纳等心理学家、教育学家的思想基础上，逐步形成了以"建构主义"为代表的"知识是主动的心理建构的产物"的知识观。建构主义知识观认为：① 知识是对外开放的、复杂多变的现实的解释，而不是封闭的、稳定的意义系统的客观反映；② 知识是过程，不是结果。知识是在学习者与环境相互作用的过程中发展起来的，并非终极真理；③ 知识不再具有绝对的客观性，而是依存于知识掌握者，知者与被知者紧密联系在一起，与此同时，知识不再单纯是社会历史认识的产物，而是个人经验的统合；④ 知识是作为整体的对自然、人类和社会的统合的解释，不能简单地划分为一个个独立的学科领域。受建构主义知识观影响，现代德国小学的数学、语文、自然常识课与教学大纲对知识点及课业重点的选择安排都非常强调让学生获得"方法的知识"和学生个人直接经历体验的知识。德国教育家们普遍认为，学生获得的关于方法的知识最有价值，这是由人类知识增长的无限性与个体获取知识的有限性的矛盾决定的。因此，学校应当教授那种能够把握世界与生活的"根本范围"，即多方面的社会经验、观察方式、行为方式等，应使学生获得"普通教育"的知识，包括科学态度、自然科学思维、哲学观念、历史洞察力、审美能力、生活方式等。这并不排除教授那些基本事实与概念（硬件知识或知识的硬件），但更要注重"软知识"，方法则是"知识的软件"，方法将事实、概念合理地联系起来,组成知识结构的系统或科学。因此,笛卡尔的"最有价值的知识是关于方法的知识"的名言备受推崇。

在德国学者看来,对儿童的教育教学,最重要的是让儿童获得直接的个人经验,"凡是没有经验的地方,就不可能得出结果,没有经历的事情,就不可能记住,不在高尚生活的情操中体验精神的价值,就不可能产生精神力量"。[8]由此,德国教育注重那些有助于促进儿童求知欲望和学习兴趣的知识内容,并始终认为,知识结构的核心是对知识的态度和获取知识的能力,这样,学校教育教学就不应该将大量的书本知识灌输给学生。尤其是在现代信息社会里,学校不应当追求"教完教材",事实上也无法"教完教材",主要是教学生"学会学习"的知识与能力,即能借助已学到的和体验到的知识去探索别的东西,让孩子知道"什么东西能够提供一切",而不是了解掌握"所有一切的东西"。对于教育机构和教育者来说,必须教的是以这种理念为标准的探索和揭示真理的方法,从而使学生获得支配知识的力量、意识、技能和方法。[9]

而我国的知识观认为,只有那些经过他人或前人以不同形式证明了的书本知识(间接经验)才算得上是真正的知识,才有价值。我们更信奉在近代知识状况基础上的传统教学论思想,把教学过程看成是传递和掌握间接经验的过程,直接经验处于"边缘"与"从属"的地位,只是掌握间接经验知识的必要条件之一,贬抑个体直接经验的认识论价值,用标准的、统一的、抽象的态度来对待学生个体的认识过程与价值,不尊重学生个体直接经验的认识价值及认识的具体性、丰富性、特殊性,甚至扼杀了学生个体直接认识的特殊性。在我国,那种"重术轻艺"的知识价值观就是一味追求完整的系统知识(学科体系结构)。课程计划、教学大纲、教材学材都以这种价值标准来编订。教师在教学过程中为"教完教材"和"穷尽知识"而点滴不漏地向学生"满堂灌",考试更是要考那些"前人的结论""经得起考问的知识"。为追求广泛而静止的系统学科知识,不顾儿童身心健康的全面发展,把孩子们的好奇心和探索精神窒息在掌握教材之中,淹没在题海作业之中,束缚在记忆应考之中。正是这种知识价值观把那些"前人的结论"视为"经得起考问的知识",进而将灌输这些知识与"智育"混为一谈,导致"知识本身变得比学生还重要的教育实践",这就是我国教学大纲要求的教学内容多的一个重要原因。

　　此外,传统文化及文化传统的不同也是造成中德小学语文数学教学大纲的教学内容及教学要求存在显著差异的重要缘由。

参考文献

　　[1] 张桂春. 德国基础学校教育大纲述略[J]. 外国教育研究,1997,(4):34.

　　[2] 张桂春. 德国基础学校教育大纲述略[J]. 外国教育研究,1997,(4):34.

　　[3] 国家教委. 九年义务全日制小学、初级中学课程计划[Z]. 1992.

　　[4] 国家教委制订. 九年义务教育全日制小学数学教学大纲(试用)[Z]. 1992.

　　[5] 国家教委制订. 九年义务教育全日制小学数学教学大纲(试用)[Z]. 1992.

　　[6] 刘传德. 外国教育家评传精选[M]. 北京师范大学出版社,1993:105.

　　[7] 邹进. 现代德国文化教育学[M]. 山西教育出版社,1992:150.

　　[8] 诺尔. 论教学论中的对立性[A]//李其龙、陈祖复选编. 联邦德国教育改革[C]. 北京:人民教育出版社,1991:174.

　　[9] Deutscher Bildungsrat. Bildung und Lernen. 12,Auflage,1980.

　　(本文发表于《比较教育研究》2001 年第 4 期。作者张桂春,时属单位为辽宁师范大学教育系)

四、国际数学课堂的录像研究及其思考

自 20 世纪 90 年代以来,国际数学教育比较研究越来越关注课堂。下面两项数学课堂研究在国际上有重要的影响。一项研究是由美国洛杉矶课堂研究实验室领导的,分别在 1995 年进行的第三次国际数学和科学研究(The Third International Mathematics and Science Study,TIMSS 1995)的录像研究和在 1999 年进行的第三次国际数学和科学研究的追踪研究(以下简称 TIMSS 1999)的录像研究,它们以量的研究为基本范式。另一个是以澳大利亚墨尔本大学国际课堂研究中心领导的"学生者观点的研究"(Learnes' Perspective Syudy),它以质的研究为基本范式。本文介绍 TIMSS 1995 和 TIMSS 1999 包含的两项数学课堂录像研究的背景、主要结论及对我国数学教育研究的意义。

(一) TIMSS 数学课堂录像研究基本状况

1. TIMSS 数学课堂录像研究的目的和方法

由于美国中小学生在国际数学比较测试中表现平平,美国试图了解和学习那些取得高分国家或地区是如何进行数学教学的。在 TIMSS 1995 中,包括一项美国、日本和德国八年级数学课的录像研究。收集数据的目的是更好地了解不同文化的课堂教学的过程,以便改进学生的课堂学习。

TIMSS 1999 录像研究是 TIMSS 1995 录像研究的跟踪和发展,其中数学部分包括从 7 个参加国和地区(澳大利亚、捷克共和国、中国香港、日本、荷兰、瑞士和美国)拍摄的 638 节八年级数学课。各国和地区的数学课是根据严格的分层随机取样来确定和拍摄的,这些课总体上能代表所在国家或地区的水平。TIMSS 1999 录像研究目的是通过丰富地描述数学课堂中真正发生的情境,来确定促进学生学习机会和学习成绩的因素,进一步揭示各国或地区数学教学的特征。[1]

2. TIMSS 1995 录像研究的主要结论

TIMSS 1995 录像研究的的主要发现反映在斯蒂格纳和海伊伯特(Stigler

和 Hiebert)的著作《教学差异》(Teaching gap)中。[2]该书对 3 个国家的数学课给出了一个生动的描述:日本的数学课中,既有数学又有学生。学生投入在数学学习活动中,教师是学生与数学之间的协调者;在德国的课中,也有数学,但是,教师拥有数学并且把它传递给学生,在适当的时机给出事实和解释;在美国的数学课中,只有学生和教师,但很难发现数学,只看到师生之间的互动。

录像分析还发现下列跨文化的差异:① 美国与德国教师强调技能获得,而日本教师强调理解;② 从内容的丰富性和水平来看,日本和德国的课堂教授比美国课堂更高深的内容;③ 在课堂中,日本学生比美国和德国学生更加投入不同类型的数学思维;④ 大部分美国教师报告熟悉改革的建议,只有很少教师在他们的课堂中应用这些观点。

录像分析进一步表明,教学是一种文化系统,各国都有独特的教学模式:

德国课堂模式:① 复习已学过的材料:复习家庭作业;提醒学生到目前为止应该掌握什么;② 呈现主题或当天的问题;③ 发现解决问题的过程;④ 练习。这些练习问题与课堂中介绍的问题相似。

日本课堂模式:① 复习上一节课。复习通常是教师的简要讲演,或教师引导的讨论,教师复述要点;② 呈现当天的问题。通常,这是一个关键的问题,它为这节课的展开建立了平台;③ 学生个别或小组的工作;④ 讨论解题方法。学生完成了一个问题后,展示与讨论一种或多种解决方法;⑤ 强调和总结要点。

美国课堂模式:美国八年级数学教学与德国的模式有许多共同之处,但是它将较多时间用在练习定义和过程上,较少时间用于发展技术细节和过程的原理。美国课堂有如下特点:① 复习已学过的材料。一节课通常以核对家庭作业和一些热身的活动开始;② 示范如何解决当天的问题;③ 练习。教师分派一些与例题相似的题目,让学生在座位上做;④ 纠正课堂练习,布置家庭作业。

3. TIMSS 1999 录像研究的发现

正是 TIMSS 1995 揭示的独特的日本课堂教学模式给人们提出了一个悬而未决的问题:是否所有取得高分国家的数学教学都遵循一个相似的模式? 对这个问题的关注成为 TIMSS 1999 录像研究的直接动机之一。TIMSS 1999 录像研究的目标是揭示 7 个国家和地区的数学实践的共性与差异,进而考虑是否在每一个国家或地区可以找到一个独特的八年级数学教学模式。下面是 TIMSS 1999 八年级数学教学录像研究的主要结论：[3]

（1）八年级数学教学的共性

① 八年级数学课是通过解决问题来展开的，平均每节课中至少 80% 的时间用于解决数学问题；

② 八年级数学课都包括一些全班活动和一些个别的或小组活动；

③ 一般来说，各国课都包括一些复习和新课的导入；

④ 至少 90% 的课使用课本或一些作业纸；

⑤ 教师比学生讲得多，师生讲话的字数比例为 8∶1。

（2）八年级数学教学的差异

① 介绍新内容　除美国以外，捷克的数学课堂比其他各国或地区更为强调复习已经学过的内容；日本课比其他 6 个国家或地区更强调介绍新内容；香港课比捷克、日本和瑞士更强调对新内容的练习（图 1）。

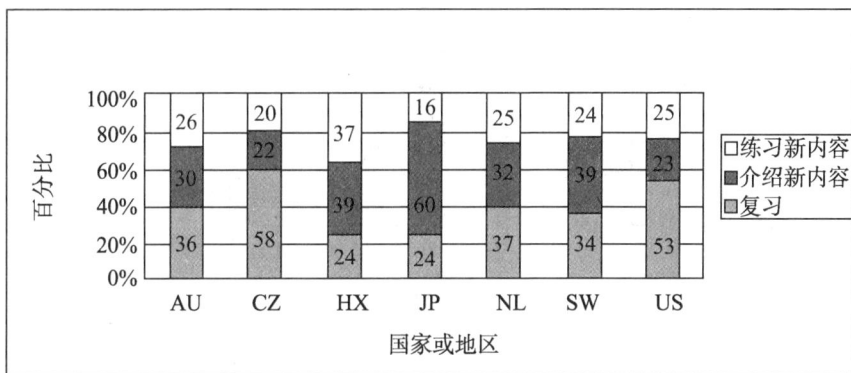

图 1　各国和地区用于不同课堂活动的时间

一般来说，这 7 个国家或地区八年级数学课都包括复习已经学过的内容、介绍和练习新内容，每个国家或地区的侧重点是有所不同的：澳大利亚、香港、日本、荷兰和瑞士用于学习新内容（占一节课的 56% 至 76%）比复习已学内容的时间多；捷克课一般来说，花在复习旧课（占一节课的 58%）比学习新内容的时间多；美国课用于复习旧课与学习新内容的时间没有明显差别（分别占一节课的 53% 和 48%）。与香港和日本相比，捷克和美国有更多的课专门用于复习（在捷克和美国都有 28% 复习课，而香港和日本分别只有 8% 和 5% 的复习课)。

②　**过程复杂性**　日本八年级数学过程的复杂性与其他 6 个国家或地区不同(图 2)。课堂中数学的总体难度是数学课堂中的重要特征,它是很难确切地定义和编码的,这是因为一个问题的难度与学生的解决问题的经验和能力有关。如果用常规方法解一个问题的步骤数来定义数学过程的复杂性,可分为低、中和高三个水平。低复杂性问题是指学生使用常规方法,少于四个决策就能解决的一个问题,如解方程:$2x+7=2$。中等复杂性问题是指使用常规方法,学生需要多于四个决策,并可以包括一个子问题的问题,如解方程组 $2y=3x-4;2x+y=5$。高复杂性问题是指使用常规方法,学生需要多于四个决策,和至少两个子问题的一个问题,如画出下列不等式的图形并求出相交部分的面积 $y<x+4;x<2;y>-1$。

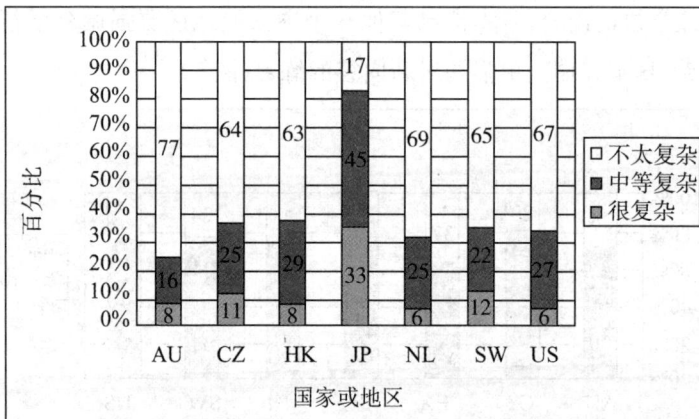

图 2　八年级数学课中过程复杂性各个水平的比例

除日本以外,其他国家和地区平均包括 63％的低过程复杂性的问题。另一面,除日本以外,平均每节课中最多 12％问题是高过程复杂性的。在日本课中有 39％的问题是高复杂性的,远比其他 6 个国家和地区多。

③　**问题间联系**　在日本的八年级数学课中,一个问题与另一个问题之间的关系与其他国家和地区不同(图 3)。因为一节课的清晰度和一致性受问题之间关系的影响,所以考察课堂中不同问题之间的关系是有趣的。问题之间有四种关系:重复的,数学相关的,主题相关的,不相关的。假如,一个问题与它前面的问题是相同或几乎相同或需要与前面问题相似的算法去解决它,那么这个

问题称为重复的。如果后一个问题用到前一个问题的解来解决问题,或需要额外的方法来延伸前一问题,或考虑一个较简单的例子来强调前一问题的算法,或通过解决以不同方法解决一个较简单的问题来说明前面的问题,那么这个问题称之为数学相关的。

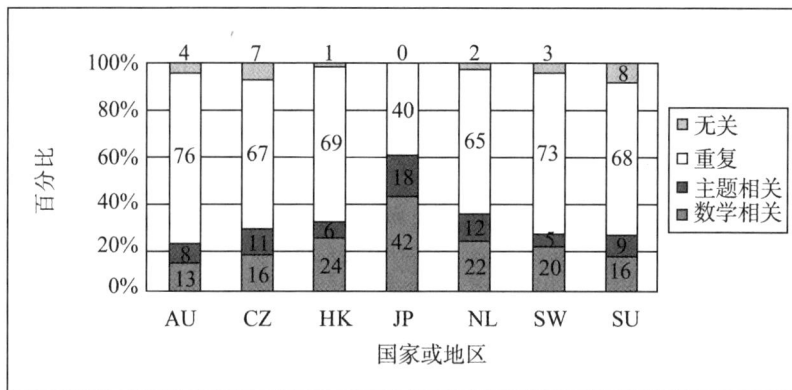

图 3　数学问题之间的关系

数据分析表明,平均每节日本数学课比其他国家和地区包含较高比例是数学相关的问题(占每节课的 42%)。此外,日本数学课比其他国家和地区包括较少的重复性问题(40%)。除日本以外,其他国家和地区,每节课中至少 65%的问题是重复性的。

④ 问题表述　香港和日本教师比其他国家的教师在课堂中呈现更多类型的问题。根据问题陈述,问题可分成三种类型:使用过程,陈述概念,建立数学事实、过程和概念之间的联系。

香港数学课中,包含较多的使用过程的问题(占一节课中问题总数的84%)。在其他国家中,每节课,平均使用过程的问题占问题总数的 41%到77%。日本数学课老师每节课比荷兰以外各国和地区的教师提供更多强调联系的问题(占一节课问题总数的 54%)。其他各国,平均每节课中联系的问题占总问题的比例从 13%到24%之间。如果分析每个国家和地区中每节课问题使用的情况会发现,每节课最多的问题是使用过程,而不是建立联系和陈述概念。惟一的例外是日本,在那里使用过程和建立联系的问题比例没有明显的差异(前者为 54%,后者为 41%)。

⑤ 问题背景　荷兰的数学课比所有其他地方的数学课更强调数学与现实

生活的关系(占 42%,其他各国在 9%～27%不等)。与荷兰教师相比,其他国家的老师更喜欢使用数学语言或符号来呈现问题(平均每节课占问题总数的 69%到 89%,而荷兰仅占 40%)。

⑥ 练习方式　澳大利亚、荷兰和瑞士的数学课,平均用于学生个人或小组练习的时间比其他 4 个国家和地区多。此外,在澳大利亚和瑞士,学生独立做教师分配的数学问题,但是这些问题很少在全班示范和讨论。荷兰是所有 7 个国家和地区中最少展示和讨论课堂练习问题的。

在荷兰,学生独立做数学题是十分一致的行为。此外,除了独立作业的特点外,荷兰学生的家庭作业量比除澳大利亚外的其他国家和地区都大(10 题)。其他国家和地区,每节课的平均作业量 1 到 5 题。

(3) 结论

不存在统一的八年级数学课的教学方法

所有 7 个 TIMSS 1999 录像研究参加国家和地区共享一些八年级数学教学的基本要素。然而,各国以不同方法对这些要素进行组合,并强调不同的方面。在 TIMSS 1995 录像研究中,与德国和美国相比,日本八年级数学教学的方式是独特的,于是期望在所有国际学业成绩测试(如 TIMSS)中取得高分的国家有一个共同的教学模式。但是,从 1999 的 7 个国家和地区八年级数学教学的研究结果来看,在相对取得高分的国家中,使用许多不同的教学方法,而没有共享的一种数学教学模式。

(二) 国际数学课堂研究对我国实施新课程的启示

1. 探究与传授

正如 TIMSS 1999 录像研究的结论:不存在一种单一的教学模式来促进有效的教学,这一结论与我国的古训"教学有方,教无定法"一脉相承。我们在强调探索和体验学习时,不要单从形式上来判断(是否有小组活动,是否有学生动手操作活动),而应更为关注学生是否真正理解知识(不管是通过启发性讲解还是体验获得的)。虽然香港数学课堂强调练习过程,而日本数学课堂强调问题解决,但是,他们在国际数学成绩测试中都取得高分。虽然美国最积极提倡建构主义教学观和问题解决,但这方面日本老师为他们做出了样板;虽然,美国最积极提倡教学真实数学问题,强调数学的现实情境,但是,荷兰数学课堂重视数学与现实的联系,已经成美国学习的范例。要知道教学是一种文化,在一个国家十分有效的方式,在另一种文化中很难效仿,而且不一定有效。在提倡新理念,进行课堂教学变革的过程中,我们应该认真研究传统课堂教学中的合理和精华,并在此基础吸收国际上的先进理念,找到改革的切入点。

2. 练习与问题

TIMSS 1999 的发现之一是,香港最强调练习,一项香港与上海两地数学课堂研究表明,[4]上海数学课堂中的练习,不仅难度大大高于香港,而且在问题之间联系以及组织方面,上海也有自己的特点:上海课堂练习的问题是隐式变式的,而香港课堂练习的问题是显式变式的。这是否是上海课堂的优点?日本课堂中使用问题的方式都是两次录像研究的焦点。TIMSS 1995 录像研究发现,日本课堂中强调"用一个问题做不同的事情"特点(一题多变,一题多解,一题多用等);[5]而 TIMSS 1999 录像研究发现,日本课堂中使用的问题强调"数学相关性"。"熟能生巧"是我国的古训,它曾经激励多少代中国学生在"题海"中冲浪,但是对它的心理学机制及教学含义缺乏系统的研究,[6]我们是否应该结合学与教的现代研究成果,来对这一古训进行科学的研究,使其发挥应有的积极作用呢?

3. 国际化与本土化

国际比较研究的一个共识是,教学是一个文化现象,在一个国家有效的教学策略或模式很难移植到另一个文化。比较研究的主要价值在于通过了解别国的一些创新实践来反思我们自己的实践,进一步寻求改进我们教学的策略。国际比较研究一再表明,日本数学课堂中,教师最强调学生的数学思维投入与理解,而美国的课堂是关注复习和过程练习。我们有理由相信,美国教师的教学理念一定不会比日本教师落后,但为什么课堂中表现出来的如此陈腐呢?这也许同"理念与实践"转化的本土化机制密切相关。日本的课例研究(lesson study)是被西方学者大为赞赏的一种教师专业发展的有效途径。[7]我们的新教师入职教育模式和教研活动也曾引起美国学者的关注,认为这可能是中国数学成绩好的秘密武器。[8][9]我们应该从国际的视角及研究方法,研究一些本土化的、原始的教学问题,如校本教研活动等,这不仅对改进我国数学教学有指导作用,也能为世界数学教育作出贡献。

参考文献

[1] Stigler, J. W., Gonzales, P., Kawanaka, T., Knoll, S., and Serrano, A. The TIMSS Videotape Classroom Study: Methods and Findings From an Exploratory Research Project on English—Grade Mathematics Instruction in Germany, Japan, and the Uniteds States. (NCES 1999—074). U. S. Department of Education[M]. Washington, DC: National Center for Education Statistics, 1999.

[2] Stigler, J. W. and Hiebert, J. The Teaching Gap: Best Ideas From the World's Teachers for Improving Education in the Classroom[M]. New York: Free Press, 1999.

[3] Hiebert, J., Gallimore, R., Gamier, H., Givvin, K. B., Hollingsworth, H., Jacobs, J., Chiu, A. M.—Y., Wearne, D., Smith, M., Kersting, N., Manaster, A., Tseng, E., Etterbeek, W., Manaster, C., Gonzales, P., and Stigler, J. Teaching Mathematics in Seven Countries: Results From the TIMSS 1999 Video Study (NCES 2003—013). U. S. Department of Education[M]. Washington, DC: National Center for Education Statistics, 2003.

[4] 黄荣金. 香港和上海两地数学课堂中问题的使用[J]. 数学教育学报, 2003(2):42—45.

[5] 鲍建生,黄荣金,易凌峰,顾泠沅. 变式教学研究[J]. 数学教学,2003(1):11—12.

[6] 李士锜. 熟能生巧吗? [J]. 数学教育学报. 1996(3):46—50.

[7] Lewis, C., & Tsuchida, I. A Lesson is Like a Swiftly Flowing River: Research Lessons and the Improvement of Japanese Education[M]. American Educator,Winter, 1998:14—17, 50—52.

[8] Paine, L. Learning to Teach Through Joining a Community of Prac-

tice in Shanghai: Curriculum Control and Public Scrutiny of Teaching as Context for Teaching Learning, Paper Presented at the American Education Research Association Annual Meeting, New Orleans, USA, 2002(4).

[9] Paine, L. W. Teaching and Modernization in Contemporary in China. In R. Hayhoe(Ed.), Education and Modernization: The Chinese Experience[M]. England: Pergamon Press, 1992:183—210.

（本文发表于《比较教育研究》2004 年第 3 期。作者黄荣金,时属单位为华东师范大学数学系）

第三章 科学课程与教学

一、国际小学科学课程改革的历史与现状

（一）20 世纪科学课程历史发展的回顾

从国际范围看，现代基础科学教育改革起始于 20 世纪 50 年代末，其直接起因，一般认为与 1957 年苏联人造卫星的发射成功有关，因为它造成了对资本主义世界在科技和人才领域的严峻挑战。但也有不少学者认为，政治因素只是催化剂，科学教育改革是科学发展、教育发展的必然产物。[1]但无论怎样解释，事实上，当代科学教学中广泛运用的"发现法"，在 19 世纪后期斯宾塞就曾明确提出过；"从做中学"则是杜威的教学理论的核心。不过，尽管人类对科学教育的认识是逐步发展的渐变过程，但从教育改革的活动特点上，大致可以将从 50 年代末至今的改革历程划分为 4 个阶段：

1. 20 世纪 60 年代初期的以学科为中心的改革阶段

20 世纪 60 年代之前发达国家的科学课程的性质，相当于我国 90 年代末之前的"自然"课程性质，即以科学知识的传授为主要目的。而当时其他国家根本没有任何形式的科学教育课程。即便有几节与科学知识有关的课，也都是由教师对学生诵读教材而已。[2]从 50 年代末开始，西方发达国家对小学科学课程进行了全面的审查，其结论是必须将其以"自然"知识为主题的性质进行彻底的改造，使之具有"科学教育"的性质。因此，在理论上开展了对科学的性质（the

410

nature of science)在教育中的意义的研究热潮,并在斯宾塞和杜威等前人思想的基础上,将"探究"和"过程"的概念与科学性质的教学实践联系起来。[3]

在实践上,这个时期改革的主要工作是组织科学研究专家和科学教育专家学者开发课程与编写教材,包括学生用书和教师用书。其中著名的课程项目有:美国的"小学科学研究"(ESS)"改进科学课程研究"(SCIS)和"科学:过程的研究"(SAPA);英国的"牛津初等科学"(OPSP)"纳菲尔德初等科学"(NPSP)和"科学:5~13岁"。然而,虽然新课程开发的哲学基础是"探究"和"过程",但由于无限扩大了布鲁纳的学科结构理论的适用范围到所有年龄阶段、所有能力层次的学生,导致了许多新课程在实践上的失败。这些新课程的知识结构虽然具有前所未有的科学性,但从教学上讲,在很大程度上只是将从前传授知识的模式转化为传授结构的模式而已,对怎样将科学"探究"和"过程"与特定年龄和能力的孩子的教学实现相联系的问题未能顾及。当然,更没有像今天这样重视科学与社会的关系,以及伦理学上的教育意义的问题。导致新课程失败的另一个致命的因素是没有针对新课程及时、有效地进行教师培训。[4]当时除了极少数特别优秀的教师外,大多数教师对新课程的态度就是照本宣科。[5]

2. 60年代末到70年代末的反思阶段

60年代改革的经验和教训揭示出课程、教材与课堂教学之间存在着一条鸿沟,而造成这个鸿沟的主要因素有两个,① 对孩子们的学习特点研究不够;② 教师科学素质的欠缺。因此,在70年代整个教育哲学的思潮转向"儿童中心主义"的大环境下,在对新课程进行评估、反思的同时,开展了许多科学教育心理学上的探索,提出了影响深远的建构主义学习理论。[6]其中重要的工作有杰亚夫(R. Drive)的发现:学生科学学习的成绩与其先前经验的相关性,要大于与其通常意义上的认知水平的相关性,而这个特点是与学生科学概念的形成与转变的机制紧密相关的。[7]因而紧随其后,深入研究学生科学概念、学习机制的报道呈指数式上升,[8]其中影响最大的是鄱斯纳等人的"概念转变理论"。他们要回答的是两个更加微观的问题,即原有的概念及其结构的什么特征,控制了对新概念的选择;一个核心概念在什么样的条件下会被另一个概念所取代。[9]建构主义学习理论为传统的"探究"和"过程"的概念找到了心理学上的意义,孩子们在"探究"过程中构建新概念或修正旧概念,这为科学教育改革的深入发展提供了坚实的理论根据。

与此同时，对科学教师的科学素养的调查评估研究受到重视，而且在此基础上，开发出一批有针对性的教师培训材料。许多研究者使用不同的调查手段和测量工具，得出的共同结论是，教师的科学素养水平之缺欠令人吃惊。在1970年的一个关于教师对科学性质的理解方面的调查发现，68％的高中生在这个方面的测验结果高于25％的高中科学教师；而且，科学教师的科学素养与其大学教育时期的学习成绩和教龄没有显著的相关性。因此，普遍的结论是，在科学新课程开发过程中，教师培训必不可少，而且，科学方法、科学史和科学哲学的有关内容，应该成为教师职前教育和职后培训的重要内容。[10]

从教育史上看，70年代前后，也是美国和英国等发达国家教师教育体制从封闭式的师范模式向开放式的以综合性大学为主体的模式转变基本完成的时期。这为培养较高科学素养的教师做好了体制上的准备。此外，70年代也是发达国家全面普及基础教育的时代，丰富的教育资源已有能力不仅仅考虑尖子学生，还可以关注较低学习能力的学生。这种普及科学教育的思想反过来又为建构主义的发展提供了用武之地。

3. 80年代到90年代中期的以建构主义占主导的多元阶段

在总结了60年代的经验教训、并运用建构主义的理论进一步丰富了"探究"和"过程"的教学意义的基础上，提出了全新的科学教育的目标：发展全体民众的科学素养。其重要标志是美国1985年启动的"2061计划"。该计划及其有关的文献，如《面向全体美国人的科学》，集中体现了近半个世纪以来科学教育研究和实践的主要成果：① 科学教育不仅要超越"知识"领域，还要超越"过程"领域，即"价值和态度"领域也应成为科学教育的目标；② 科学教学必须与孩子们的生活经验相联系，要将孩子们的已有经验和认识作为教学的起点；③ 提出培养终身学科学的能力；④ 重视教师培训，建议不仅要为学生制定标准，还要为教师教育制定标准。[11]

必须指出的是，在建构主义为科学教育带来福音的同时，也产生了极端的建构主义（又称激进的建构主义）的不良影响。它无限地扩大儿童建构的主观能动性、否认客观世界的可知性，这在根本上是违背科学精神的，[12]而且在实践上，也带来了科学教育质量的下降。[13]激进的建构主义在当时而且一直至今,不断地遭到学术界的批评。[14]

4. 90 年代中期以来改革的成熟阶段

经过 60 年代的初步尝试和失败、70 年代的反思、80 年代的多元探索和对科学教育质量的重新审视,90 年代的改革进入了新的成熟的阶段。其中最显著的标志是发达国家为了控制科学教育质量而有史以来第一次推出全国统一的科学课程标准。英国 90 年代开始大范围推行《国家科学课程(英格兰和威尔士地区)》,对 5~16 岁孩子的科学教育明确提出了 17 个方面(分 10 个层次)的"学习目标"(attainment targets)。[15]美国于 1996 年颁布了《国家科学教育标准》。[16]值得注意的是,美国 1995 年版的《国家科学教育标准》(下文简称《标准》),"已经完全抛弃"了 1993 年版中激进的建构主义的观点,采取"科学的探究"作为科学教育的基本理念和方法。[17]

90 年代中期以后,美国一系列科学教育文献中所反映的思想,概括起来包括如下几个方面:① 进一步明确科学素养成为科学教育的目标。②"探究""过程"等几十年前发展起来的经典概念被确定为科学教育的途径和手段,但特别强调以大多数科学家的观念为基础的"科学的探究"和"科学的过程"。如《国家科学教育标准》将"科学的探究"定义为"是科学家们用以研究自然界并基于此种研究获得的证据提出种种解释的多种不同途径。科学探究也指的是学生们用以获取知识、领悟科学的思想观念,领悟科学家们研究自然界所用的方法而进行的各种活动",[18]而不是 80 年代一度盛行的孩子们自己建构的过程。③ 科学史、科学哲学对科学教育的意义得到广泛重视。从已有文献看来,其意义主要有:第一,加深孩子们对科学概念、科学过程和社会背景的理解;第二,历史是将科学教育人性化、沟通科学与人文的一个途径。④ 就课程开发而言,国家课程文献只提出标准,不规定内容和程序。在统一"标准"或"学习目标"下,教师有权而且应该开发适合于自己学生情况的课程内容以及相应的活动。课程标准须同时明确课程评价的标准与方法。无论是对学生的评价,还是对教学的评估,都应注重过程性评价。⑤ 科学教育和课程开发须全社会共同参与。课程开发是长期性的、不断更新的动态的过程。⑥ 科学新课程建设必须与科学教师教育同步进行。科学教育标准应该同时规定教师培训的标准,并且明确培训的内容与方式。强调"把出发点放在教师当前的科学认识、科学能力和科学观念上",而不是单纯的科学知识上的继续教育。科学教师的参与式培训被认为是有效的手段,提出教师教育也要像他们的学生那样,通过探究的活动,扩大教师对科学的认识。培训内容还要将教学技巧、科学性质和科学过程融为一体,[19]其目标是"科学教师就是科学界在课堂上的代表"。[20]

(二)国际小学科学课程的基本问题

上文从宏观上对近半个世纪的国际小学科学教育的历史经验和教训进行了简单的回顾,下面将针对我国目前正在进行的小学科学课程改革中所面临的困难和问题,对国际学术界在微观的课程编制和教学层面上的某些研究成果进行介绍。

1. 小学科学课程的性质问题

小学科学课程性质的界定是进行教学改革的认识基础。目前国际科学教育界对小学科学教育性质一般持如下观点:① 小学科学课程内容是简单的,但必须是正确的。科学课程中的知识、活动和过程首先要具有科学上的正确性。[21]② 小学科学教育应该是综合的课程,而不适合划分为不同科学学科进行教学。③ 教学内容应取材于孩子们的直接的生活环境。"探究"是教学的核心。教学中要让孩子们直接接触、亲自动手对生物和非生物的物体和材料进行实际操作。④ "过程"应成为组织教学内容和教学活动的基本框架,但"过程"要以"探究"为核心,要符合孩子们对科学概念学习的特点。学生在探究的过程中不仅可以学到各种思维技能,例如观察、推理和批判性思维,还要掌握正确的科学概念。[22]

2. 探究过程与知识性内容的关系问题

这个问题的处理涉及到教师对科学课程性质的认识。传统上,对这个问题的回答有两种截然不同的观点:一种是"过程中心"观点,另一种是"概念中心"观点。

(1)"过程中心"认为,探究过程应放在最重要的位置,着重发展学生的思维技巧和态度。思维技巧往往包括观察、假说、推理、分类、类比、控制变量、解释数据、预测、交流、以及综合运用各种技能而制定科学实验和调查计划;科学的态度则包括好奇心、质疑精神、尊重事实、独立思考、对新理论、新观点的接纳倾向、对新发现的成就感等。相应的"活动"设计虽然离不开具体的内容的选择,但主要围绕着发展学生的这些思维技能和态度上,而不是把构建连贯的知识放在首位,目的是帮助学生学会怎样学习。在这种模式下,最极端的情况是课与课之间内容的编排往往有目的地使之零星化、不连贯。[23]

(2)"概念中心"是另一个相反的课程设计模式,它注重课程内容的选择,其选择的标准是有利于学生构建对目前理解周围环境和今后从事科学研究有基础性意义的科学概念。这些概念往往包括物质的性质与状态、能量的形式与转换、生命体的活动、结构、运动、电磁互动等。尽管这些概念的建立是在孩子们参与活动中完成的,也会涉及到一些"过程"的技巧,但重点放在对概念的理解上,而不是概念产生过程的理解上。因此,这种模式的优点往往是使孩子们的学习速度加快,基础知识系统、扎实;缺点是将实际上复杂的自然过程简单化。[24]

这两种观点各自都不够完善,应该相互补充。[25]从宏观科学史的角度上看,科学概念的发展过程往往与科学的发展过程相一致,概念的正确掌握,有利于科学思维的发展。这种过程与概念综合模式的原理是,通过实际观察以及解释所观察的现象,孩子们首先形成对某种事物的行为、运动或变化的初步印象或概念;这种初步的概念在孩子们进行下一个类似现象的观察中,常常被运用,并可能被证实、修正或发展。过程与概念的关系是,过程是概念构建过程中的重要载体,概念通过过程而逐步发展、完善;[26]概念可以使过程更加精细化,以使更复杂的现象得到观察和理解,过程可以使概念生动活泼起来。在具体的教学设计中,要将活动的内容或主题,选在孩子们的周边环境中,并围绕着发展孩子们的"过程"技能进行实施。

3. 课程教学目标细化的问题

20世纪七八十年代,在建构主义思潮中,课程研究对50年代兴盛的泰勒的目标模型进行了批判。一种激进的少数派认为,孩子们的探究结果不可预测,因此,教师不应该以事先设计好的结果去指导学生们的探究活动。而且,这种学派还进一步认为,一些重要的科学概念和技能的学习可能因为细化的目标与一定的活动相固定而受阻。其原理被解释为孩子们的活动体验具有第一位的重要性,而且这种体验对每个孩子都具有独特的意义。实际上这个问题是与人们对科学性质和科学教育性质的认识水平有关,随着认识水平的提高,目标的细化问题才有意义和可能;另一方面,如果一个教师对课程内容和活动充分理解和掌握的话,那么目标的细化对他/她而言将是自然而然的事。因此,对不同的教师,目标细化到什么程度是有着不同答案的。[27]

英国的国家课程不仅包括教学目标的细化,还包括次一级的"学习程序"(programme of study)的一定程度的细化,即以简要的轮廓给出了每个学习目标在学生 4 个关键发展阶段(key stages)的内容、过程和态度三大教学目标领域的建物元件(building blocks),要求教师们根据这些元件去构造自己的教案。当然,在英国,关于课程文献中"学习程序"的细化问题也有完全不同的两种观点,实际上这个问题与上面讨论的教学目标的细化问题一样,主要不是理论上的问题,而是实践问题。细化的程度取决于两点,一是教师的变通能力;二是所涉及的内容是否对教室里所有的学生都适用。正如前面所提到的,困难主要在第一点。如果师资条件不够,就必须细化,但这意味着教师被架空,不需要自己去构建教学中的活动,甚至不需要理解教学活动,这样带来的结果是学生学会的是模仿,而不是探究。这正是美国 60 年代 SCIS 和 SAPA 课程计划所走过的道路。[28]因此,只有灵活的学习目标和教师成功地组织课程才能真正实现从孩子们的兴趣出发的教育思想。

(三)结论

20 世纪的科学教育走过了不少弯路,其中主要的经验和教训有 3 条:① 必须以科学家们所定义的科学为科学教育内容的标准;② 必须以孩子们的认识背景和认知特点作为科学教育的起点,才能引导孩子们走向共同的标准;③ 科学教师的同步培训,尤其是对科学性质的真正理解,是科学教育取得成功的必要保证。

参考文献

[1] Waring, M. Social Pressure and Curriculum Innovation[M]. London: Methuem, 1979.

[2] Harlen,W. Science education:primary schools. In Lewy, A. (ed.). The International Encyclopedia of Curriculum[M]. Pergamon Press, 1991: 906—911.

[3] Lederman, N. G. Students' and teacher's conceptions of the nature of science:a review of the research[J]. Journal of Research in Science Teaching, 1992, 29(4).

[4] Harlen,W. Science education:primary schools. In Lewy, A. (ed.). The International Encyclopedia of Curriculum[M]. Pergamon Press, 1991: 906—911.

[5] Wilson, B,(ed.)Culture Contexts of Science and Mathematics Education:a Biblio graphic Guide[M]. Centre for Studies in Science Education, University of Leeds. 1981.

[6] 丁邦平. 国际科学教育导论[M]. 西安:陕西教育出版社,2002.

[7] Drive, R. & Easley. Pupils and paradigms: A review of literature related to concept development in adolescent science students[J]. Studies in Science Education, 1978(5):61—84.

[8] Osborne, J. F. Beyond constructivism[J]. Science Education, 1996, 80(1).

[9] Posner, G. J. , Strike, K. A. , et. al. Accommodation of a scientific conception:toward a theory of conceptual change[J]. Science Education, 1982,66(2).

[10] Lederman, N. G. Students' and teacher's conceptions of the nature of science:a review of the research[J]. Journal of Research in Science Teaching, 1992, 29(4).

[11] 美国科学促进会(1989). 面向全体美国人的科学[M]. 中国科学技术协会译. 北京:科学普及出版社,2001.

[12] Osborne, J. F. Beyond constructivism[J]. Science Education, 1996, 80(1).

[13] Jenkins, E. W. History of Science Education[M]. In Lewy, A.

(ed.). op. cit, p. 904.

[14] Matthews, M. R. Constructivism and science education: a further appraisal[J]. Journal of Science Education and Teaching, 2002, 11(2): 121—134.

[15] DES. Science in the National Curriculum[M]. Her Majesty's Stationery Office, 1989.

[16] [美] 国家研究理事会著, 戢守志等译. 美国国家科学教育标准[M]. 北京:科学技术文献出版社,1999.

[17] Anderson, R. D. Reforming science teaching: what research says about enquiry[J]. Journal of Science Teacher Education, 2002, 13(1):1—12.

[18] [美] 国家研究理事会著, 戢守志等译. 美国国家科学教育标准[M]. 北京:科学技术文献出版社,1999.

[19] [美] 国家研究理事会著, 戢守志等译. 美国国家科学教育标准[M]. 北京:科学技术文献出版社,1999.

[20] [美] 国家研究理事会著, 戢守志等译. 美国国家科学教育标准[M]. 北京:科学技术文献出版社,1999.

[21] Springer, J. Primary Science Curriculum Guide [M]. David Fulton Publishers Ltd, 2002.

[22] [美] 国家研究理事会著, 戢守志等译. 美国国家科学教育标准[M]. 北京:科学技术文献出版社,1999.

[23] Harlen, W. Science education: primary schools. In Lewy, A. (ed.). The International Encyclopedia of Curriculum[M]. Pergamon Press, 1991: 906—911.

[24] Harlen, W. Science education: primary schools. In Lewy, A. (ed.). The International Encyclopedia of Curriculum[M]. Pergamon Press, 1991: 906—911.

[25] Young, B. L. The selection of processes, contexts and concepts and their relation to methods of teaching. In Harlen, W(ed.). New Trend in Primary School Science Teaching[M]. Vol. 1 UNESCO. Paris, 1983. Quoted

from Lewy，A.（ed.）o p. cit，p. 911.

[26] Harlen，W. Science education：primary schools. In Lewy，A.（ed.）. The International Encyclopedia of Curriculum［M］. Pergamon Press，1991：906—911.

[27] Harlen，W. Science education：primary schools. In Lewy，A.（ed.）. The International Encyclopedia of Curriculum［M］. Pergamon Press，1991：906—911.

[28] Crossland，R. W. Report of an Individual Study of the Nuffield Foundation Primary Science Project［M］. University of Manchester，1967. Quoted from Lew y，A.（ed.）op. cit，p. 911.

（本文发表于《比较教育研究》2003 年第 8 期。作者张红霞,时属单位为南京大学高等教育研究所;作者郁波,时属单位为中央教育科学研究所）

二、中美《科学课程(教育)标准》比较

2001 年中华人民共和国教育部颁布了《全日制义务教育科学(3～6 年级和 7～9 年级)课程标准(实验稿)》。1999 年,科学技术文献出版社翻译出版了美国国家研究理事会编订的《美国国家科学教育标准》(1995 年美国国家科学院推出,1996 年美国出版),两者颇具可比性。本文对这两个"标准"进行对比,希望能有助于理解和掌握我国的科学课程标准。

两个"标准"本身是有区别的,中国的是"课程标准",美国的是"教育标准",教育比课程的内涵与外延大得多,但两者却的确存在交叉的部分。如果在美国的科学教育标准中选取关于"教学"的标准与中国的科学课程标准比较仍是可行的,最简单的做法是,在美国的科学教育标准中去掉关于教师和教育保障系统的标准,即第四章"科学教师专业进修标准"和第八章"科学教育系统标准",然后与中国科学课程标准做比较。本文仅对中国科学课程标准与美国科学教育标准的第一至第三章、第五至第七章进行相对应比较。

(一) 基本思想

两个标准的基本思想是比较一致的,例如,在对科学教育的性质、对科学的本质、科学教育的基本理念的认识(表 1[1][2][3])。

表 1

主题词	中国(3～6 年级)科学课程标准(页码)[1]	中国(7～9 年级)科学课程标准(页码)[2]	美国科学教育标准(页码)[3]
课程(教育)的性质	以培养科学素养为宗旨的科学启蒙课程(1)	以培养学生科学素养为宗旨的科学入门课程(1)	引导我国国民步入一个具有高度科学素养的社会(15)
科学的本质		建立在对科学本质认识的基础上,引导学生逐步认识科学的本质(有关于科学的本质的具体阐述,2)	作为人类奋斗目标的科学;科学的本质;科学知识的本质(不同年级组有不同的要求,131)

（续表）

主题词	中国(3~6年级)科学课程标准(页码)[1]	中国(7~9年级)科学课程标准(页码)[2]	美国科学教育标准(页码)[3]
课程理念	面向全体学生(2) 学生是科学学习的主体 科学学习要以探究为核心 科学课程应具有开放性(2~3)	面向全体学生(3) 立足学生发展,科学教育是一个能动的过程(应该重视活动,3~4) 突出科学探究(4) 反映当代科学成果(4)	科学是面向所有学生的(25) 学习科学是个能动的过程(指体脑的共同活动,26~27) 要把注意力集中到探究上,坚持进行探究(30,41) 反映作为当代科学实践之特点的理性传统与文化传统(27)

两个标准的科学教育的基本思想都是把培养学生的科学素养作为基本的或总的目标;把科学探究作为基本的科学教学方式;把科学面向全体学生,使科学学习作为学生的能动过程;把科学教育作为反映当代科学发展特点的活动。

（二）体系结构

两个"标准"的体系结构不一样,表现在两个方面:一是编排的方式不同。中国的科学课程标准交替中小学分两段分别独立编排,小学(3~6年级)和中学(7~9年级)各自包括自己的"前言""课程目标""内容标准""实施建议"和"附录"5个部分。美国的科学教育标准则是从幼儿园到高中统一编排的,只是在"科学内容标准"一章中分3段——幼儿园到4年级、5~8年级和9~12年级列出,其余各章,如"导言""原则和定义""科学教学标准""科学教育中的评价"和"科学教育大纲标准"等部分都是对所有的学段适用的。二是中国的科学课程标准只有小学中高年级和初中的,而美国的科学教育标准不仅有小学高年级和初中的,还有幼儿园和高中的,这说明在宏观结构上两者是不一样的。

两个"标准"的体系又有共同点。这一共同点虽然标准的各个组成部分的名称和构成总体的方式不一样,但大多数组成部分的进一步细分的结构还是相近的。最明显的是"科学内容标准"(表2)。

表 2

名称	中国的科学课程标准	美国的科学教育标准
部分	第三部分　内容标准	第六章　科学内容标准
1	科学探究（过程、方法与能力）	作为探究的科学
2	生命科学	生命科学
3	物质科学	物质科学
4	地球、宇宙和空间科学	地球和空间科学
5	科学、技术与社会的关系	科学与技术，从个人和社会视角所见的科学，科学的历史和本质

其中的"5"虽然标题不同，但中国课程标准关于"科学、技术与社会的关系"的下一个层次的 3 个主题是：科学史、技术设计和当代重大课题；美国的"科学与技术"标题的下一个层次的主题则有"技术设计的能力"；而标题"从个人和社会视角所见的科学"的下一个层次的主题基本上都属于"当代社会重大课题"范围。可见"科学内容标准"的微观结构是相当一致的。

（三）具体内容

在具体内容方面，两者的共同点多于不同点。本文按中国科学课程标准的结构和提法，列两个表（表 3A 和表 3B）举例在"主题"或进一步的"课题"的层次对两者进行比较，指出它们的共同点。

从表中也能看出，在"内容标准"方面，不同点也是存在的。最大的不同点是，美国科学教育标准中在"内容标准"的一开始就列出与从幼儿园到 12 年级的科学教学都要培养的科学能力和科学理解力有重要关系的"统一的概念和过程"：系统、秩序和组织，证据、模型和解释，不变量、变化和测量，进化和平衡，形式和功能等；中国的"内容标准"中没有相应的内容，在"前言"中提出了"统一的科学概念与原理"是对科学课程内容进行"整合"的途径。

表3A 除"内容标准"(和表1已列)外的其他部分的共同点

序号	主题词	中国(3～6年级)科学课程标准(页码)	中国(7～9年级)科学课程标准(页码)	美国科学教育标准(页码)	备注
1	课程目标	知道(浅量的)科学知识 养成科学的行为习惯 了解科学探究的过程和方法 保持和发展好奇心和求知欲 形成大胆想象、尊重证据、敢于创新的科学态度和爱科学、爱家乡、爱祖国的情感 亲近自然、珍爱生命、保护环境 关心科技发展(5～7)	了解或理解基本的科学知识,解释现象,解决实际问题,养成科学探究的习惯 了解科学技术是第一生产力 保持对自然现象的好奇心和求知欲 崇尚科学,反对迷信 培养创新意识和实践能力,形成以科学态度解决问题的意识 与自然界和谐相处,可持续发展的观念 关注科学、技术和社会的相互影响(8～10)	获取科学知识,领悟科学能力,描述解释自然,解决问题 参加以探究为目的的活动 提出、发现、回答好奇心引发的问题 能分辨什么是科学思想,什么不是科学思想 确立起对科学的态度以及价值观念 理解科学与技术(28～31)	科学知识与技能科学探究科学态度情感和价值观科学技术社会的关系
2	教学建议	把科学课程的总目标落实到每一节课 把握小学生科学学习特点,因势利导 用丰富多彩的亲历活动充实教学活动 让探究成为科学学习的主要方式 树立开放的教学观念 悉心地引导学生的科学学习活动 充分运用现代教育技术(33～38)	鼓励每一个学生充分参与科学学习 注重学生"动手"与"动脑"的结合 注重科学探究的教学 鼓励学生之间的交流与合作学习 注重课堂教学与课外活动紧密结合 安排教学计划与教学时间应该有一定的灵活性(45～49)	为学生制订一个以探究为基础的大纲 鼓励全体学生人人都参与科学学习 从学生亲历的事物中产生的一些实际问题进行探究 把注意力集中到探究上,坚持进行探究 组织学生进行科学思想观念的讨论 使学生认识到自己的责任 使学生参加活动,利用校外学习资源 创造一种灵活的有助于科学探究的学生学习环境(35～48)	

423

表 3B　"内容标准"比较

部分	主题词	中国(3～6 年级)科学课程标准	中国(7～9 年级)科学课程标准	美国科学教育标准	
科学探究		认识科学探究 提出问题 猜想与假设 制定计划 收集整理信息 表达与交流	科学探究的目标和要求 提出科学问题 制定计划、设计实验 观察与实验，获得事实与证据 检验与评价 表达与交流 进行科学探究所需要的实验技能 查阅信息资料的技术	进行科学探究需要的能力(一4 年级) 针对……进行提问 制定计划 收集信息 进行交流 进行科学探究所需要的能力(5～8 年级) 确定问题 设计和进行科学研究 收集分析和解释数据 解释和预测 交流科学过程和解释 培养运用证据和构建模型的能力 通过思维建立证据和解释的关系	
生命科学(7～9年级)	生命系统的构成层次 生命活动的调节 生命的延续和进化 人健康环境		多种多样的生物 细胞 种群、生物群落、生态系统和生物圈 植物的生殖与发育 人类的生殖与发育 遗传与进化 人体保健 健康与环境 人类与生态环境	生命系统的结构和功能 种群和生态系统 繁殖和遗传 调节和行为 生命体的多样性和适应性变化 细胞 遗传的分子基础 生物进化 生命体的互相依赖性 有机体的行为	美国5～8年级 美国9～12年级

（续表）

部分	主题词	中国(3～6年级) 科学课程标准	中国(7～9年级) 科学课程标准	美国科学教育标准	
科学、技术与社会的关系	科学史 技术设计 当代重大课题		科学史的地位与作用 科学史进入课程的基本方式 科学史材料 技术设计的模式 环境与资源 现代农业 基因工程 通信与交通 材料空间技术	作为人类奋斗目标的科学 科学史 历史的观点 科学技术进步的案例 技术设计的能力 资源、环境 人口问题 自然灾害风险利益	

（四）表述方式

两个标准在表述方式上有较大不同。对"内容标准"表述的比较以"三大科学内容"，即生命科学、物质科学和地球、宇宙和空间科学的比较为例。

美国科学教育标准的表述，是先指出某一科学内容的所有主题，然后阐述"培养学生的理解力"的理论和基本方法，这一阐述按不同年级组的学生学习不同的学科内容而有所不同。例如，对低年级组的"生命科学"，指出："皮亚杰注意到，幼儿采用拟人化的方法来解释生命体。小学低年级的许多孩子把'生命'与任何以某种方式活动的物体联系起来。"因而指出"小学生一般会采用互相排斥的分类而不是层次型分类"，再由此得到培养低年级学生对生命科学的理解力的方法。在初中阶段，"学生应从个别生命体的观点去研究生命科学发展到认识生态系统的模式并且建立起对生命系统细胞层次的理解"，因而教学的方式应该随之改变。对"物质科学"低年级组的"幼儿对物质的研究始于对物体及其属性的检验和定性描述"，低年级学生"不会依靠直觉把声音和声源的特性联系起来"，因而决定了低年级物质科学教学的特点。高年级的"学生应该具备把幼儿园到8年级期间所学到的物质的宏观性质与物质的微观结构联系起来的能力"，由此决定了高年级物质科学教学的特点。

　　中国科学课程标准的表述则是分别列出某一科学内容的主题，再分别列出一个主题下的所有课题，然后用表格列出"具体内容目标"即教学要求和为达到这些目标应该进行的教学活动的建议。例如，关于"生命科学"内容的主题"生命的延续和进化"的一个课题"植物的生殖与发育"的课程标准的表述（表 4）。

表 4

具体内容目标	活动建议
1. 列举绿色植物的生殖方式及其在生产中的应用 2. 认识花的结构和果实、种子的形成 3. 说出种子萌发的过程和条件 4. 描述芽的发育	进行种植、人工传粉、嫁接、扦插的实验（如黄瓜嫁接在南瓜上等）；收集组织培养、人工种子等植物无性繁殖技术的资料；调查良种培育在生产中的作用；调查转基因技术在农业生产中的应用 探究种子萌发的条件；探究影响花粉萌发的条件

　　这里的"内容目标"是用一些事先规定了的动词表示的要求学生在教学过程中达到的关于知识技能和体验的目标，它们是充分"行为化"了的，因而认为可以通过教学活动来实现，所以对应于列举的每一个目标，（大多数）都建议了某些活动。

　　表述不同是由于本文开头指出的两个标准本身的不同，"教育标准"比"课程标准"更具一般性，因而只指出培养学生理解力的理论和方法，指出每一个教学主题所涉及的基本概念和原理。在实施科学教育时，学校或学区（教师）要根据自己的具体教学情况制订出科学的教学大纲，以指导具体教学。制订大纲也是美国科学教育标准的组成部分，对此，有这样一些要求："必须用一组对学生的明确目标期望来指导科学大纲全部内容的设计、实施和评价""选择和制定学习单元和学习过程"，一种可能的做法就是"用一些事先规定了的动词表示的要求学生在教学过程中达到的关于知识技能和体验的目标"；"大纲应包括全部内容标准""科学内容必须嵌入各种适合学生的发育水平、有趣和与学生生活相关的课程形式"，一种可能的形式就是各种适当的学生活动。因此，按科学教育标准制订的相应的科学教育大纲就可以表述为中国的科学课程标准的形式。这正是两者的区别：中国的科学课程标准是适合于具体操作的"行动"指南；美国的科学教育标准则只提供了制订这种指南的"理论"依据。

可见,中美"科学课程(教育)标准"的基本思想相当一致;两者的体系结构方面表现出宏观结构有较多不同和微观结构有较大一致性的特点;两者的具体内容有较多的共同性,特别在相应的年级之间;两者的表述方式很不一样,这是因为两者的作用不同:美国的科学教育标准提供了制订教学大纲的理论依据,而中国的科学课程标准则是一个按理论制订的具有较强可操作性的"行动"指南,也可以说是科学教学的大纲。

参考文献

[1] 中华人民共和国教育部. 全日制义务教育科学(3—6 年级)课程标准(实验稿)[M]. 北京:北京师范大学出版社,2001.

[2] 中华人民共和国教育部. 全日制义务教育科学(7—9 年级)课程标准(实验稿)[M]. 北京:北京师范大学出版社,2001.

[3] 美国国家研究理事会,戢守志等译. 美国国家科学教育标准[M]. 北京:科学技术文献出版社,1999.

(本文发表于《比较教育研究》2003 年第 10 期。作者孙宏安,时属单位为大连教育学院)

第四章　其他学科课程与教学

一、中美两国对外语言教学的比较与思考

（一）美国语言推广的方针、政策和组织机构

对外推广英语是美国全球战略的重要组成部分，美国政府对此非常重视，并为此制定了许多相关的方针政策。早在 1948 年，美国就制定了重在援助欧洲的"马歇尔计划"。1949 年，杜鲁门政府制定旨在对亚、非、拉进行教育援助和文化渗透的"第四点计划"，对英语在亚、非、拉地区的推广起到了积极的作用。1968 年，美国国会通过专门发展双语教学的《双语发展法案》，并拨出大量的经费发展双语教学。20 世纪 70 年代，美国议会通过一个重要的议案——《对外援助法》。根据该法案，美国每年有近 10 万人可以得到政府的补助金到国外去讲学和留学；约 2％的大学教师出国讲学或做科研工作，50％以上的高校实施了海外学习计划。此外，美国还通过了《授予英语作为第二语言的学分决定》、《关于语言权利的决定》等规定。[1]

美国政府还成立了专门推广英语的组织机构，主要有教育部、和平队、新闻处、美国之音、国际交流总署、国际开发处等机构。教育部（Department of Education）成立于 1979 年，主要负责制定政策，统筹、管理 150 多项联邦教育援助计划。和平队（peace corps）成立于 1961 年，是由志愿人员组成的美国政府代表机构，主要目的是为其他国家免费提供英语教育的专业人员，目前世界上有

近 80 个国家有美国的和平队。[2] 美国新闻处（United States Information Service, USIS）是美国官方宣传机构，主要任务之一就是在海外推广英语，其中包括编写海外英语教材、举办英语教师训练班、筹建英语教学顾问团（Advisory Panel For English Teaching）。顾问团聘请世界著名的语言学家作推广英语的顾问，如布龙菲尔（Leonard Bloomfield）、弗里斯（Charles C. Fries）、亚多（Robert Iado）、里弗斯（Vilga M. Rivers）和海姆斯（Dell Hymes）等都曾经做过推广英语的顾问。[3] 这批语言学家的理论与实践对世界各国的语言教学影响很大。美国之音（Voice of America, VOA）是美国官方广播电台，隶属美国新闻署，每天用 30 多种语言向全世界各地广播，其中英语学习节目是其重要广播内容之一，如中国听众很熟悉的《英语九百句》《中级英语》《走遍美国》等节目。

除以上官方成立的推广英语的机构外，还有一些专门从事推广英语的民间机构，主要有美国应用语言研究中心、他语人英语教师协会和美国双语教育协会。美国应用语言学研究中心（U. S. Centre of Applied Language Study, CALS）1959 年成立，主要任务是：促进英语作为第二语言的教学，研究非欧洲语言，研究语言学在外语教学中的应用，出版应用语言学著作和杂志。他语人英语教师协会（Teachers of English to Speakers of Other Languages, TESOL），主要任务是：培训英语师资、出版英语教科书和英语杂志、交流教学经验、制定有关英语教育法规等。[4] 美国双语教育协会（Association for Bilingual Education, ABE）是专门推广双语教育的组织。

美国还设有全国性的对外英语教学机构——美国英语学校（English Language School, ELS），在全美各个州、市都设有培训中心，另外还在全球 50 多个国家和地区设有顾问代表，并负责向这些国家和地区提供教材、ELS 的课程计划、入学条件及手续等详细情况。[5] 除以上专门语言推广机构外，美国的各州、各大学和各种其他的组织机构都可以直接对外进行语言推广和语言教学。

（二）中国语言推广的措施和组织机构

与美国相比，中国把对外国人的汉语教学（对外汉语教学）作为一项专门的事业是从 1950 年开始的。为了发展这项事业，中国政府和有关部门采取了一系列重要措施。

1. 成立专门的教学机构和领导机构

中华人民共和国成立的第二年(1950 年),中国就成立了最早的从事对外汉语教学的专门机构——东欧交换生中国语文专修班,这是中国最早从事向外推广汉语的专门机构。以后,又陆续在一些大学成立了专门从事对外汉语教学的机构。随着中国国际地位的提高,来华的留学生越来越多,1962 年成立外国留学生高等预备学校。1964 年,外国留学生高等预备学校改名为北京语言学院,这是中国第一所以对外汉语教学与研究为主要任务的大学,它的成立标志着中国的对外汉语教学由分散向系统化发展。1978 年后,中国的对外汉语教学事业发生重大变化,逐渐形成以北京语言学院为基地、教学点遍布全国的局面。到 2000 年,中国约有 340 余所高等院校成立了专门从事对外汉语教学的机构。此外,中国政府还在国外直接设立汉语教学机构,如 1988 年在毛里求斯开设“中国文化中心”,这是中国政府直接在国外开设的第一个汉语教学机构。截至 1999 年止,这样的汉语中心已有 5 所。[6]

除专门的教学机构以外,1987 年还成立了专门的领导机构——国家对外汉语教学领导小组,负责领导国内外的对外汉语教学工作,制定对外汉语教学的有关方针、政策,负责监督编写和出版对外汉语教学的教材,举办对外汉语教师训练班,并负责在海外开设汉语教学点等。国家对外汉语教学领导小组的成立,反映了中国政府对对外汉语教学事业的重视。

2. 电台、电视台积极进行语言推广

为了大力向国外推广汉语,中国国际广播电台 1962 年就开办“学中国话”节目,并举办各种形式的“汉语讲座”。至 1990 年止,中国国际广播电台举办初、中、高等各种汉语讲座几十期,教材累计发行量 50 多万册。[7]20 世纪 90 年代,中国中央电视台国际频道开办了学汉语节目,现在中央电视台每天有三四个频道滚动向全球播出汉语节目,每年还不定期地举办外国人说汉语、外国人看中国等联欢晚会。电台、电视台的加盟,大大促进了汉语在全球的推广和应用。

3. 通过向外派遣汉语教师、提供汉语教材等多种方式发展国外的汉语教学

早在 20 世纪 50 年代,中国政府就开始派遣汉语教师到国外教授汉语。近

年来,随着世界汉语教学的发展,对外派遣汉语教师的数量也在大幅度增加。以 2001 年为例,通过各种渠道派往国外的汉语教师就有 400 多人。[8]此外,中国的一些高等院校还通过举办教师培训班、个别指导、招收本科生和研究生等方式帮助国外培训和培养汉语教师。除派遣汉语教师以外,中国政府还通过提供种类齐全、数量充足、质量较高、针对性较强的汉语教材来积极支持国外的汉语教学。

4. 创办专业刊物,成立专门的研究机构和专业出版社

1956 年,北京语言学院创办对外汉语教学的专业刊物——《外国留学生基础汉语教学通讯》,以后又陆续创办《语言教学与研究》《学汉语》等专业刊物;1987 年,世界汉语教学学会创办会刊——《世界汉语教学》。这些对外汉语教学专业刊物的创办,加强了国际、国内的学术交流,促进了对外汉语教学工作积极、健康发展。北京语言学院还成立了专门的对外汉语教学研究机构——语言教学研究所、语言信息处理研究所、中外文化研究所,这些专门研究机构的成立,加速了对外汉语教学的学科建设。为了适应国内外对外汉语教学的发展,1985 年成立我国第一家对外汉语教学专业出版社——北京语言学院出版社,1986 年又成立华语教学出版社。专业出版社的成立,促进了对外汉语教学教材、专著、音像制品等的出版。

(三) 不同的教学环境

美国政府为了帮助想进入美国大学攻读学位的外国留学生学习英语,在国内外建立了许多英语培训中心(American Language Programe,ALP),开设了很多强化课程。一般的 ALP 开设全日课程,分为入门、基础、中级、高级 4 种水平。ALP 课程的设计和教学原则是:课程结构、教材和教学方法应该向学生提供在需要和有意义的语境中使用目的语的机会。也就是说,创造语言环境,让学生用英语进行真实的交际。强调在真实的语言环境中进行语言训练,每教完一个语言点和语言功能后,就让学生到真实的环境中去实践,如学完怎样打电话后,就让学生给某公司打电话了解该公司的有关情况。教学内容常常随教学对象的改变而不断变化。除课堂教学外,ALP 还向学生提供参加社交和文化活动的机会;让留学生跟美国学生交朋友,成立会话小组,每周都有固定的会话

时间;跟美国家庭建立联系或入住美国家庭,经常参加美国家庭的各种活动,不少留学生都有美国"爸爸""妈妈""哥哥"等。

中国的对外汉语教学主要是以北京语言学院为基地,其余的都零散地分布在各地的高校中,一般的对外汉语教学单位都开设全日制课程,课程一般分为初级、中级、高级 3 种水平。主要采取班级授课制,留学生到校后,先进行分班,然后再分技能教学。关于分班分技能教学,目前国内通行的做法是:通过入学考试,把学生分到某一班,然后在这个班级固定下来,参加这个班的听、说、读、写等课程学习。教学大纲一般以国家对外汉语教学领导小组统一制定的为基础,各个学校再根据实际情况进行变动。除课堂教学外,各个学校也可根据自己的实际情况安排一些语言实践活动。

(四) 不同的考试评估体系

为了检验作为外语的英语学习水平,美国设计了一系列科学而行之有效的考试评估体系,其中由美国教育考试服务处(Educational Testing Service, ETS)主办的"英语作为外国语的考试"——TOEFL 考试(全称 Test of English as a Foreign Language,中国人称为"托福考试")是美国应用最广的一种以英语为外语的水平测试,考点遍布全球,考试时间根据不同国家的实际情况而定,在中国每年举行 5 次,从 1998 年起在许多国家开始计算机化考试。目前,全美已有 2400 多所院校要求非英语国家的申请者,无论学习什么专业,都必须参加 TOEFL 考试。[9] TOEFL 考试已成为全球家喻户晓的一种英语水平的测试形式,并成为各种标准化考试争相模仿的模式。此外,非英语国家的留学生若想去美国各大学研究生院深造,除需提供 TOEFL 考试成绩外,大部分院校还要求考生提供"研究生入学考试"——GRE 考试(全称 Graduate Record Examination,简称 GRE)成绩,也是由美国教育考试服务处主办的。TOEFL 和 GRE 考试的报名体系、考试时间、考试方式、命题、阅卷等方面都很成熟和完善,成了非英语国家学生去美国留学必备的条件,其成绩在很多院校已成为是否授予奖学金的重要依据。

与到美国留学必须考 TOEFL、GRE 等考试一样,外国人来华留学也要参加中国设立的汉语水平考试(简称 HSK 考试)。汉语水平考试是 20 世纪 80 年代设立的为测试母语为非汉语者的汉语水平而设立的一种国家级标准化考试，又称为"中国托福"。HSK 最早是为在中国留学的外国留学生设立的，后来推广到海外，成为世界上规模最大的汉语水平考试，2003 年已在世界上 27 个国家设立 57 个考点。[10]HSK 分为基础汉语水平考试[简写为 HSK(基础)]，初、中等汉语水平考试[简写为 HSK(初、中等)]，高等汉语水平考试[简写为 HSK(高等)]，每年定期在中国国内和海外举办。中国教育部原则上规定要在中国接受学历教育的海外留学生必须通过 HSK(初、中等)6 级才能进入本科和研究生阶段学习，但目前在中国境内就读的留学生，无论本科生还是研究生，相当大一部分都没有通过 HSK(初、中等)6 级，目前 HSK 还没有充分发挥其应有的作用。中国的 HSK 考试由于起步晚，其报名体系、考试时间、考试方式、命题等在标准化、正规化方面都还有很多需要改进和完善的地方，需进一步提高其权威性和科学性。

(五) 不同的奖学金制度

美国政府为了推广自己的语言文化，不惜投入巨额资金设置各种各样的奖学金，吸引世界各地的学生前往美国留学。美国的奖学金种类繁多，大致可分为非服务性奖学金(Non-Service Scholarship)、服务性奖学金(Service Assistantship)和学校贷款(loan)3 种。美国给外国留学生的奖学金是非常丰厚的，获得全额奖学金的留学生，不仅可免去学费、杂费、住宿费、保险费、书本费，而且还可得到一定的金额作为个人消费费用。美国奖学金资助的对象为世界各地的留学生。

中国政府奖学金提供的对象一般为来自第三世界的留学生，且获得全额奖学金的留学生并不多。

(六) 启示

由以上可知，中、美两国为了推广其语言，都采取了许多行之有效的措施。由于国情和发展阶段不同，中国在这方面还存在一些薄弱环节，美国在推广其语言方面的一些成功经验，可以作为借鉴、为我所用。

1. 政府机构和民间组织通力合作

美国国务院、教育部、外交部、新闻处、国防部、和平队等政府机构和应用语言学研究中心、他语人英语教师协会等民间组织都很重视对外英语教学、英语教材编写和英语教师的培训。其他一些组织机构，如财团、基金会等也慷慨解囊，资助对外英语教学。中国的对外汉语教学完全靠政府投资，没有民间组织的参与。因此我们应大力鼓励民间组织积极参与到对外汉语教学这项事业当中来，把对外汉语教学办成一个新兴的教育产业。

2. 国内外有机结合

美国推广英语分为两条战线：一条在国内，一条在国外。在国内，美国政府采取一系列措施对前往美国留学的外国留学生和移民到美国的人员进行英语教育。在国外，美国推广英语的方式主要有：在海外创办英语学校和英语教学点，与当地的高校联合办学，大量派遣英语教师和英语顾问、语言专家到海外举办各式各样的英语教师训练班，提供教材和现代化的教学设备，帮助制定课程计划，大力在海外宣传其入学条件、手续等。这是美国使其语言顺利推广的重要措施之一，值得我们学习和借鉴。中国加入 WTO，中国经济持续高速发展，中国与世界各国的经济、文化交流日益加强，中国教育面临大量大好的机遇，教育产业既可以实行引进来的路子，也可以实行走出去的路子，在吸引外国学生到中国留学的同时，也可以到国外去大力从事对外汉语教学，推广汉语。

3. 制定强有力的法律、法规为语言推广作保证

美国政府制定的《国防教育法案》、《对外援助法》等，从经费和政策上保证了海外英语教育的顺利进行，为英语的国际化提供了法律保证。而《关于语言权利的决定》、《授予英语作为第二语言的学分决定》等规定的制定，为在美国本土向非英语国家的人推广英语提供了法制保障。中国的对外汉语教学也应该向规范化、国际化、法制化方向发展。

4. 相关领域专家学者共同参与语言推广

美国聘请了许多语言学、心理学、教育学和应用语言学等领域的专家学者作语言推广的指导，保证了对外英语教育的顺利进行。这些专家学者提出了在世界上有重大影响的理论，其教学实践对各国的语言教学至今还有着深远的影响。在中国，从事对外汉语教学、研究的人员，几乎全是学习研究语言、文学的，

而心理学、教育学、计算机科学等领域的专家学者加入到对外汉语教学、研究中的还很少,因此,中国推广对外汉语教学需要更多的、各个领域的专家学者共同努力和合作。

5. 完善考试评估体系

在考试评估方面,由于中国的 HSK 考试起步晚,在评估体系、评估制度、评估方式等方面可以借鉴 TOEFL、GRE 考试的成功经验,在考试的标准化、规范化、考试方式等方面多做改进、提高,争取使 HSK 考试的参考人数、影响力都与 TOEFL、GRE 考试并驾齐驱。此外还应扩大 HSK 的宣传和推广力度,增设考点,积极研发更具针对性的少儿 HSK、文秘 HSK、旅游 HSK 等,使中国的 HSK 考试真正走向世界,成为"中国托福",将更有利于汉语在世界的推广。

6. 改进奖学金制度,大量吸引外国留学生

美国政府不惜投入巨额资金设置各种各样的奖学金,有力地吸引了海外学生前往美国留学。留学生前往美国留学,首先须过的就是语言关,这为其语言的推广开辟了一条绿色通道。随着中国经济的发展,中国也可以逐步扩大留学生获得奖学金的比例,提高资助额度,采取一系列措施来吸引外国留学生,从而促进对外汉语教学推广。

参考文献

[1] 刘宝存. 战后美国高等教育的全球性政策剖析[J]. 外国教育动态, 1988(2):18—23.

[2] Carey, K. Language Policy and Planning[M]. New York:Newbery House, 2000:54—67.

[3] Carey, K. Language Policy and Planning[M]. New York:Newbery House, 2000:54—67.

[4] 许国璋. 美国他语人英语教育述评[J]. 外语教学与研究, 1981(2): 1—15.

[5] A. P. R. Howatt:A History of English Language Teaching [M]. Oxford University Press, 1994:107—121.

[6] 中国对外汉语教学简介[OL]. 国家对外汉语教学领导办公室，http：www. Hanyuwang. com，[2002—10].

[7] 吕必松. 对外汉语教学发展概要[M]. 北京：北京语言学院出版社，1990：8—24.

[8] 中国对外汉语教学简介[OL]. 国家对外汉语教学领导办公室，http：www. Hanyuwang. com，[2002—10].

[9] TOEFL 简介[OL]. TOEFL 考试中心. http：edu. Sina. com. cn focus toefl. html.［2002—12].

[10] 2003 中国汉语水平考试(HSK)考生手册[Z]. 北京：国家汉语水平考试委员会办公室考试中心，2003：9—11.

（本文发表于《比较教育研究》2003 年第 11 期。作者雷莉，时属单位为四川大学海外教育学院；作者雷华，时属单位为四川辞书出版社）

二、中美高中物理教材科学史内容分析与比较

(一) 问题的提出及意义

科学教育的核心目标是提高学生的科学素养,科学素养的核心之一是对科学的认识和理解,而提高学生科学本质观水平是科学教育的核心目标之核心。科学史料是促进学生理解科学本质(the nature of science,简称 NOS)的重要素材。中美高中物理教材中科学史(主要是物理学史)内容对科学本质的体现情况如何? 本文就此问题进行研究,以期发现中美高中物理教材在科学史体现科学本质方面的差异,为改善我国高中物理教材编写提供参考。

(二) 研究过程

1. 研究对象

我国教材选取的是国内广泛使用的人民教育出版社出版的普通高中课程标准实验教科书《物理》的必修和选修 3 系列(张大昌主编,2010 版)。[1]美国教材选取的是美国高中物理教材《物理原理与问题》(Physics Principles and Problems,2005 版)。[2]美国教材由保罗·齐泽维茨(Paul W. Zitzewitz)依据《美国国家科学教育标准》编写而成,此教材在我国由钱振华等翻译,浙江教育出版社 2008 年出版。2001 年美国有 49％的教师选用它作为常规一年的物理课程的教学用书,30％的教师选用它作为荣誉生物理课程。[3]

2. 研究方法

本文用内容分析法对中美高中物理教材科学史内容进行定量的分析与比较。由于两版教材中科学史内容主题鲜明,故以主题为分析单位,一个科学史内容主题界定为一处科学史。如科学概念、科学思想、科学定律和科学理论的产生与发展历程;科学家的不同观点的争论与融合;科学家生平和科学与社会的经济、政治、宗教、伦理道德等的相互影响。此外还包括不同学科(物理、化学、生物等)在发展过程中的相互影响等科学史主题。

3. 研究工具

（1）研究工具的开发

刘健智认为，中学生的科学本质观应包含科学知识观、科学探索观和科学事业观。其中，科学知识的本质包含认识性、相对性、累积性、重复性、公开性和局限性；科学探索的本质包含实证性、归纳性、创造性、预见性、基本一致性、非固定性、非权威性和非绝对客观；科学事业的本质包含科学与道德、科学与技术、科学与社会、科学家身份和科学共同体。[1]柳珊珊从科学知识、科学过程、科学文化三个层面研究了初中理科教材中科学史内容对科学本质的体现。其中，科学知识层面包含相对性、累积性、预见性、创造性、局限性和统一性；科学过程层面包含实证性、方法多样性、逻辑推论性和非客观性；科学文化层面包含科学与道德伦理、STS（科学、技术与社会）、科学共同体和科学家的身份。[2]孙青用科学本质视角，从科学知识、科学过程与方法、科学事业三个方面研究了高中化学教材中科学史内容。其中，科学知识方面包含实证性、暂定性、预测性、符合逻辑论证和统一性；科学过程方面包含强调科学探究的一般过程、重复性、创造性、批判性和科学思维与方法的多样性；科学事业方面包含合作与交流、科学与社会、科学与技术、正确认识科学家个体和科学家要遵守普遍的伦理与道德。[3]实证性指建构的科学知识在实际经验或实验中得到的验证，应属于科学知识层面。创造、逻辑推理、公开交流也是科学研究过程中的重要因素，故将创造性、逻辑推理、公开交流归属于科学过程层面。伦理与道德是社会文化的组成部分，故科学与社会包含了科学与伦理道德。本文在当代建构主义科学本质观的指导下，结合刘健智对中学生科学本质观的结构化内涵，借鉴柳珊珊和孙青分析教材科学史内容的框架，确立了本研究的对比分析理论框架。本文将科学本质分为科学知识、科学过程和科学事业三个层面，每个层面分别包含了若干维度：科学知识层面包括认识性、暂时性、累积性、局限性、预见性、统一性、实证性维度；科学过程包括逻辑推理性、创造性、非客观性、公开交流性、方法多样性、质疑性维度；科学事业包括科学家个人、科学与技术、科学与社会、科学家团体维度。

在上述理论框架的基础上，我们对各层面的各维度予以合适的操作定义，开发了本研究的中美高中物理教材中科学史分析类目表。由于篇幅限制，本文不对每个维度的内涵和操作定义进行一一说明，表 1 仅列举三个层面各两个维度的内涵界定和操作定义。

表1　各维度内涵及操作定义举例

层面	维度	内涵界定	操作定义
科学知识	暂时性	科学知识可以发生变化	教材中涉及科学知识发生改变的科学史内容
	局限性	科学不能圆满解决所有问题	教材中出现"尚待解决""只适用于"等字眼的科学史内容
科学过程	非客观性	科学家在其研究工作中不能做到完全的客观,会受其哲学思想、信念、甚至偏见的影响,从而影响科学发展	教材中涉及某科学家"××的信仰"、"××的观念""相信××""确信××"等字眼的科学史内容
	创造性	科学包含想象和创造因素	教材中出现"大胆假设""猜想""设计""建立××概念""发明"等字眼的科学史内容
科学事业	科学家个人	具有科学家与公民的双重身份	教材中出现介绍科学家科学成就、性格、家庭背景、趣事、生平事迹等科学史内容
	科学与社会	科学与经济、文化、政治、伦理道德、宗教等社会子系统之间相互影响	教材中出现经济、政治、宗教、文化与科学发展的相互影响(促进或阻碍),以及科学引起伦理道德争议、科学研究受社会道德约束的科学史内容

　　需要说明的是,操作定义中各"××字眼"是笔者在对教材初步分析的基础上,抽取体现该维度科学史内容经常出现的词语,但在分析教材科学史内容过程中并非出现该字眼就一定体现了该维度,不出现该字眼就没有体现该维度,要看该处科学史是否真正蕴含了该维度含义。

　　(2) 研究工具的信度

　　由笔者担任主评分员 A,并邀约两名物理教学论研究生 B 和 C 作为评分员,对研究工具进行信度检验。首先对邀约评分员进行培训,然后随机抽取中美教材的各两章内容,由三名评分员用此研究工具对抽取内容进行独立分析。各评分员间的相互同意度如表2所示。

表 2　各评分员间相互同意度

评分员	A	B
C	0.902	0.785
B	0.864	

内容分析信度值达到 0.8 即为达标。经计算，该研究工具的信度为 0.94。

我们用此工具对中美高中物理教材中科学史内容分别进行量化分析，同时，对中美教材中科学史内容进行定性分析，然后分析出中美高中物理教材中科学史对科学本质体现特点的异同。

（三）中美高中物理教材科学史对科学本质的体现情况

1. 科学本质三个层面的体现情况及比较

经统计，中美高中物理教材科学史内容体现科学知识等三个层面的累计科学史处数和分布比例（表 3）。

表 3　中美教材体现科学知识等层面的累计科学史处数和分布比例

	科学知识	科学过程	科学事业	合计
中（处数/比例）	109/28.84%	106/28.04%	163/43.12%	378/100%
美（处数/比例）	65/29.55%	69/31.36%	86/39.09%	220/100%

由表 3 可知，我国高中物理教材科学史内容体现科学本质三个层面的科学史处数均超过了美国教材。我国教材科学史内容体现科学本质的科学事业层面最多，其次是科学知识层面，对科学过程层面体现最少。美国教材科学史内容体现科学本质的科学事业层面最多，其次是科学过程层面，对科学知识层面体现最少。由表 3 可看出，美国教材科学史内容对科学本质三个层面体现分布较均匀。

2. 科学知识层面的体现情况及比较

经统计，中美高中物理教材科学史内容体现科学知识层面各维度的累计科学史处数和分布比例（表 4）。

表 4　中美教材体现科学知识层面各维度的累计科学史处数和分布比例

	认识性	暂时性	累积性	局限性	预见性	统一性	实证性	合计
中（处数/比例）	51/20.24%	18/7.14%	64/25.40%	21/8.33%	19/7.54%	21/8.33%	58/23.02%	252/100%
美（处数/比例）	29/22.14%	10/7.63%	31/23.66%	11/8.40%	1/8.40%	7/5.34%	32/24.43%	131/100%

由表 4 可知,我国高中物理教材中科学史内容体现科学知识层面各维度累计科学史处数均多于美国教材。我国教材对累积性体现最多,其次是实证性与认识性,对统一性、局限性和预见性体现较少,对暂时性体现最少。美国教材对实证性体现最多,其次是累积性和认识性,对预见性、局限性和暂时性体现较少,对统一性体现最少。中美教材均对累积性、实证性、认识性体现较多,对局限性、预见性、统一性和暂时性体现较少。

3. 科学过程层面的体现情况及比较

经统计,中美高中物理教材科学史内容体现科学过程层面各维度的累计科学史处数和分布比例(表 5)。

表 5　中美教材体现科学过程层面各维度的累计科学史处数和分布比例

	创造性	方法多样性	逻辑推论性	公开交流性	质疑性	非客观性	合计
中（处数/比例）	57/29.53%	14/7.25%	59/30.57%	44/22.80%	6/3.11%	13/6.74%	193/100%
美（处数/比例）	46/45.10%	6/5.88%	36/35.29%	8/7.84%	3/2.94%	3/2.94%	102/100%

由表 5 可知,我国教材中科学史内容体现科学过程层面各维度的累计科学史处数均多于美国教材。我国教材对逻辑推论性体现最多,其次是创造性与公开交流性,对方法多样性和非客观性体现较少,对质疑性体现最少。美国教材对创造性体现最多,其次逻辑推论性,对公开交流性和方法多样性体现较少,对质疑性和非客观性体现最少。中美教材均对逻辑推论和创造性体现较多,对质疑性和非客观性体现较少。

4. 科学事业层面的体现情况及比较

经统计,中美高中物理教材科学史内容体现科学事业层面各维度的累计科学史处数和分布比例(表 6)。

表6 中美教材体现科学事业层面各维度的累计科学史处数和分布比例

	科学与社会	科学与技术	科学家团体	科学家个人	合计
中(处数/比例)	33/13.87%	50/21.01%	37/15.55%	118/49.58%	238/100%
美(处数/比例)	15/11.72%	41/32.03%	16/12.50%	56/43.75%	128/100%

由表6可知,我国高中物理教材科学史内容体现科学事业层面各维度累计科学史处数均多于美国教材。中美高中物理教材科学史内容均对科学家个人体现最多,其次是科学与技术,对科学家团体体现较少,对科学与社会体现最少。

(四)对改进我国高中物理教材编写的建议

1. 教材中科学史内容编写应加强对科学本质体现

由上面的统计分析知,我国高中物理教材对科学本质的三个层面及其各个维度均有体现,但科学史对科学本质的体现仍有不足。如在科学过程层面,我国教材科学史内容对方法多样性和质疑性体现较少。科学教育注重培养学生的创新品质,质疑精神和掌握一定的科学方法是创新型人才的必备条件。在科学事业层面,我国教材科学史内容侧重体现科学家个人,但一般只是某科学家提出了××理论非常简单的表述,对科学家全面、深入地介绍较少,仅对牛顿、法拉第等几个重要物理学家进行了较多的介绍。教材在科学家团体和科学与社会方面体现较少,尤其对科学发展与政治、伦理道德间的作用和影响体现极少(仅1处),教材科学史内容编写应加强对这些方面的体现。

2. 适当提高教材正文和习题中科学史内容的分布比重

我国教材对科学本质三个层面和各层面各个维度的分布均多于美国教材,但也应注意到我国教材开始的绪言部分(具体指必修1的"走进物理课堂之前"、"物理学与人类文明"和选修3—1的"致同学们")、章首引入部分和栏目中的科学史内容占48.7%,正文和习题中的科学史内容分别占46.11%、4.66%。美国教材开始部分的绪言部分、章首引入部分和栏目中的科学史内容仅占15.9%,正文和习题中的科学史内容分别占56.06%、28.03%。教师和学生一般不关心教材开始绪言部分、章首引入部分和栏目中的科学史,教材要引起教师和学生对科学史的关注,就要适当增大正文部分科学史内容的分布比重。另一方面,科学本质比物理学知识更抽象,单凭学生自身能力很难理解。科学史不但可以提供巩固与掌握新知的问题情境,也是帮助学生理解科学本质的重要素材,教材应适当增加习题中科学史内容,并设置引导学生理解和反思科学本质内涵的问题。

3. 教材要结合史料素材适当显化科学本质

我国科学本质教育一直是隐性化的,以期学生在对科学知识和科学史的学习中潜移默化地理解科学的本质,但这种科学本质教育方式是低效的。因此,高中物理教材应显化科学本质。但纯粹的科学本质阐释是抽象和哲学化的,也是难以理解的。所以,教材要借助科学史,将科学史内容蕴含的、高中生能接受的科学本质内涵明确出来。如美国高中物理教材《物理原理与问题》上册23—24 页将模型、定律和理论本质明确讲清楚,并配以科学史素材帮助学生理解。

4. 选取能重现科学家的思想和方法的科学史内容

重现科学家的思想与方法是美国高中物理教材科学史的重要特色,如《物理原理与问题》上册教材在 191 页用一个大段落对卡文迪许实验进行翔实介绍,并配有卡文迪许扭秤图片和其工作原理图。图文并茂地揭示了卡文迪许实验研究中重要的实验思想与方法,即"光学放大"的实验思想与方法。教材中的科学史重现科学家的思想与方法不仅为学生学习科学方法提供了条件,也利于学生对知识的有意义建构。我国教材必修 2 在 37 页仅用一句话介绍卡文迪许对引力常量的测量,选取的图片是卡文迪许实验室图片。这样简短的文字说明和与科学家研究过程无关的图片,不能使学生学习卡文迪许测得引力常量的方法,也不利于学生进行有意义建构,结果是学生机械地记忆 G 的数值。方法是能力的核心,我国高中物理课程标准也将"过程与方法"作为重要的课程目标。教材中的科学史不仅要起到激发学生兴趣的作用,也要将物理学研究的思想与方法展现出来,选取能重现科学家的具体研究过程的文字说明和图片,为学生学习科学研究方法创造条件。

5. 高中物理课程标准要明确科学本质教育目标和科学史科学本质教育
任务

教材是课程标准的具体化。我国《普通高中物理课程标准(实验)》中共计5 处 6 次提到科学素养,没有明确科学本质教育目标。[7]虽内容标准涉及"科学发展历程",也罗列了一些科学史例子和活动建议,但没有明确运用科学史促进学生理解科学本质。古德和沙曼斯盖(Good & Shymansky)提炼了美国科学教育改革重要文件《科学素养基准》和《美国国家科学教育标准》中体现科学本质的现代现实主义和后现代相对主义的两面性说法。[8]《美国国家科学课程标准》将"科学的历史与本质"作为 8 类内容标准之一，并建议在学校的科学教学计划中包括科学史内容，借以阐明科学探究的不同侧面、科学的人性侧面以及科学在各种文化的发展过程中的作用。[9]作为高中物理教材编写和教学的引导者，为了实现提高全体学生的科学素养的理想，高中物理课程标准应明确科学本质教育目标和科学史的科学本质教育的任务。

参考文献

[1] 人民教育出版社课程教材研究所物理课程教材研究开发中心.普通高中课程标准实验教科书：物理[M].北京：人民教育出版社，2010.

[2] 保罗·齐泽维茨，钱振华等译.物理原理与问题[M].杭州：浙江教育出版社，2008.

[3] 郭玉英.物理比较教育[M].南宁：广西教育出版社，2006：85—86.

[4] 刘健智.论中学生科学本质观的内涵[J].物理教学探讨，2006，24(5)：1—3.

[5] 柳珊珊.初中理科教科书中科学史的文本分析——对科学本质的体现[D].南京：南京师范大学，2008.

[6] 孙青.科学本质视域中我国高中化学教科书中化学史内容呈现分析[D].长春：东北师范大学，2009.

[7] 严文法.高中生科学本质观及其影响因素的研究[D].重庆：西南大学，2009.

[8] Ron Good, James Shymansky. Nature－of－science Literacy in Benchmarks and Standards：Post－modern/Relativist or Modern/Realist?[J]. Science & Education，2001，10(1—2)：173—185.

[9] [美]国家研究理事会著，戟守志等译.美国国家科学教育标准[S].北京：科学技术文献出版社，1999：125—137.

（本文发表于《比较教育研究》2013 年第 9 期。作者：侯新杰，时属单位为河南师范大学教育与教师发展学院；作者栗素姣、安淑盈、王婷婷，时属单位为河南师范大学物理与电子工程学院）

三、高中化学课程目标的国际比较研究

美国著名的课程与教学研究专家泰勒(RalphW. Tyler)将课程与教学的基本原理归纳为四个问题:[1]学校应力求达到何种教育目标? 如何选择有助于实现这些目标的学习经验? 如何有效地组织学习经验? 如何评估学习经验的有效性? 由此看出,课程目标的编制是课程研制的首要问题,它既明示课程进展的方向,提供了课程内容选择的依据,同时也是教育评价的重要依据。

横向比较是研究课程目标的重要方法,即对当今国际上教育比较有影响的国家的高中化学课程目标进行对比分析,总结国际上高中阶段化学课程目标的特点及发展趋势,以期对我国的高中化学课程目标的设计、修订和完善获得一些有益的启示。本文选取美国、[2]加拿大(安大略省)、[3][4]澳大利亚(维多利亚州)、[5]芬兰、[6]法国、[7]日本、[8]英国[9]7个国家和地区的化学课程标准[10](或教学大纲)为研究对象,比较研究国际高中化学课程目标的趋势和特点,得到了许多值得关注的结果。

(一) 内涵要素多样化,包含多个维度

课程目标的内涵要素主要是指课程目标应该有哪些基本内容要素构成,课程目标的要素是否合理和全面直接决定着课程价值的实现情况。基于7个国家和地区对高中化学课程目标的表述,我们采用抽提关键词的方法,对7个国家和地区的高中化学课程目标的内涵要素进行了统计分析。具体如下表1所示。

从表1看出,知识、技能和能力是国际公认的化学课程目标的内涵要素,兴趣、态度等情感要素也为多数国家所关注。由于不同国家和地区的文化和社会背景差异,其课程目标的构成要素并不尽相同,其侧重点也有一定差异。如法国是一个多元文化的国家,因此其课程目标中重视学生文化素养的培养;芬兰的课程目标重视信息素养的培养。其中,大概念、核心观念等属于化学课程目标知识维度提出的比较重要的新内容。另外,科学本质、科学自然观等较新的课程目标的构成要素也是非常值得关注的。

表 1　7 个国家和地区高中化学课程目标内涵要素表

国家（地区）	课程目标内涵要素	维度
美国	大概念；核心学科观念；交叉概念；科学实践；科学、数学与工程；科学、技术和社会；理解力；兴趣；科学动机；科学态度；科学本质	知识；能力；情感；态度；STS；科学本质
加拿大	基本的科学概念；科学探究的技能、策略和思维习惯；科学与技术、社会、环境相联系；职业发展；科学本质	知识；技能；能力；科学本质；STSE
法国	科学和公民文化；观察、思考和推理；人文精神；个人品质；职业方向追求；理科人才基本素养；科学才能	知识；能力；文化素养；个人品质；技能；情感
澳大利亚	化学用语、化学过程以及主要化学观念；化学知识的组织、挑战、修订和扩展方式；实验证据；调查研究所需的知识和技能；进行化学交流的有效沟通技能；科学研究中的伦理问题；化学和科学技术的其它领域之间的联系；社会、经济和环境对化学新兴领域及相关技术的影响	知识；技能；方法；能力；科学本质；STSE
芬兰	化学基本概念；化学与日常现象、人类安康以及自然之间的关系；获取信息的方法；收集、处理和评价信息；信息技术和交流技术；现代技术；兴趣；安全；实验技能	知识、技能、方法、能力、情感、态度
日本	化学事物和现象；化学实验；对自然的关注和研究欲望；化学探究能力；化学学习方法；化学研究的基本概念和原理、法则；科学自然观；对自然界的综合思维方式；科学的观察视角和思考方式；科学的发展过程；对科学研究的兴趣和关注	知识、技能、方法、能力、情感、态度、价值观
英国	科学知识；科学现象；模型与理论；科学语言、示意图、图表；实践、解决问题和探究的技能；科学与技术的发展对于环境的正面与负面的影响；将对科学的理解与其自身及他人对生活方式的选择联系起来，以及与社会中科学技术的发展联系起来的能力	知识、技能、能力、方法、STS

　　多维度课程目标已经成为一种世界性的趋势和特点。这表明，世界范围内，各国高中化学教学都走出了单纯的学科知识和技能传授的囿限，而是顺应

世界教育发展的趋势和目标,积极探索科学教育更为广泛的目标和价值追求,重视学生的全面发展以及"完整的人"的塑造,重视学科与社会的有机联系。

(二) 呈现能力导向,科学探究能力受到普遍重视

学生各项能力的培养历来受到世界各国的关注。绝大多数国家和地区在其课程目标中明确提出了能力培养的目标和要求,在课程标准中出现的能力类型多样化,表现出普遍重视学生能力培养的取向。世界各国对能力目标的提出并非严谨,也有很多随意地冠以能力称谓的情况,如芬兰课程目标中涉及的"合作能力""认识并处理有关个人及社区的道德问题的能力""学生的学习、信息获取、管理和解决问题的能力""规划自己的未来、继续教育、高等教育和未来职业生涯的能力";法国提到的"创造和创新能力";英国提及的"思维能力";日本提到的"科学探究能力""化学探究能力"等,均没有明确的内涵和可操作性界定。

经过对能力目标的进一步分析可以看出,科学探究能力为大多数国家所共同关注。加拿大、日本、英国和韩国都明确提出这一能力类型,并且加拿大、英国和韩国都对科学探究能力的内涵给出明确的界定。美国的"科学实践能力"可以看作是对科学探究能力的发展,包括科学的提问和假设、产生证据、数据分析、建构解释、定量应用 5 个方面。另外,法国的"综合能力"和澳大利亚的"核心技能"也都有较大部分内涵与科学探究能力是一致的。为了保障科学探究能力的有效落实,美国、英国、加拿大、澳大利亚 4 个国家都对探究能力进行了具体界定和描述。这说明在当前的时代背景下,科学探究能力是赢得竞争的重要能力。研究科学探究能力培养的有效方式和策略,应该受到我国教育研究工作者的进一步重视和关注。

特别值得一提的是,加拿大安大略省每个年级的课程标准中,都将"科学探究能力与职业发展"作为单独的内容主题描述其目标要求。以 11 年级课程标准为例,11 年级课程期望被分成 6 个内容主题分别描述,第一内容主题为:A科学探究能力和职业发展;其余的 5 个主题(B 到 F)代表展示了化学课程的核心内容:物质、化学倾向和化学键;化学反应;化学反应中的定量;溶液和溶解性;气体和大气化学。

课程标准除了在 A 主题中详细具体阐述了学生的科学探究能力在"开始

和计划［IP］、实施和记录［PR］、分析和解释［AI］、交流［C］"4 个方面的具体目标，即学生的表现，还在其他内容主题的具体目标部分，结合具体内容进行进一步阐述。例如，C 化学反应主题中，"C1.2 评价用于解决社会及环境需求和问题的一些化学反应的应用效果。［AI，C］"其中嵌入的"［AI，C］"指的是，随着这一内容主题具体目标的实现，一个学生需要发展的技能有"分析和解释（AI）""交流（C）"。其中"分析和解释"的内涵具体为：

分析和解释（简称［AI］）：

A1.8 综合、分析、解释、评价定性和定量数据；解决与定量数据相关的问题；确定证据是否支持前期的潜在预测或假设，其是否有科学理论依据；找出误差和错误的来源，对研究减少类似的错误提出改进意见。

A1.9 从逻辑、精确性、可靠性、适当性和误差方面对实验中收集到的数据进行分析。

A1.10 基于研究发现和研究结果给出结论，用科学知识证明结论。

这种独立描述界定与嵌套内容描述相结合对科学探究能力目标要求的表述，将化学知识的学习与科学探究能力的培养有机地结合起来，有效地保障了科学探究能力在实际教学中的可操作性和具体落实的有效性，非常值得我们借鉴。

（三）认识科学本质：国际科学课程目标的重要组成部分

科学本质是科学素养的重要组成部分。从国际范围来看，很多国家已经在其科学课程标准中将科学本质认识列入学生学习科学的基本目标要求。

加拿大安大略省的科学课程标准中明确指出，"科学是一种认知方式，旨在描述和解释客观自然和物质世界。科学素养的一个重要部分是对于科学本质的理解"，并且具体阐述了科学本质的内涵："科学的首要目标就是去理解自然和人为设计的世界。科学指的是人类获取自然知识，并将所获得的知识构建成一个严密知识体系的特定过程。在悠久的历史中，科学是一个充满活力并且富有创造性的有序活动。许多社会已经为科学知识的理解和发展做出了贡献。科学家们通过验证现有定律与理论不断地评估和判断当前知识的合理性，并通过重建现有证据或发现的新证据来修正现有的科学知识。"

美国的《K—12 科学教育的框架：实践、跨学科概念与核心概念》（以下简称

《框架》)中也有对科学本质的阐述和目标要求。《框架》中明确指出,学生学科学时需要精通的 4 点:[11] ① 了解、使用和阐释对自然世界的科学解释;② 提出并评估科学证据和解释;③ 了解自然和科学知识的发展;④ 富有成效地参与科学实践和对话。其中第三个方面,把学生对科学的理解作为一种认知,即是对学生认识科学本质的目标要求。即要求学生认识到,科学知识有特定的来源,其具有一定的正确性,同时也具有不确定性。当发现了新证据或者是建立了新模型时,科学的预测和解释是可以被进一步修正的。

基于《框架》的思想,美国最新科学课程标准中,将科学本质定为重要的课程目标,并进行了显性表述,表述如下:

与科学本质的联系——科学知识是在实证证据的基础上建立的

· 科学知识是基于证据和解释的逻辑联系和概念联系(MS—PS1—2)

与科学本质的联系——科学模型、定律、理论解释自然现象

· 定律是自然现象的规律(regularities)或数学描述(MS—PS1—5)

澳大利亚维多利亚州科学课程标准在其课程总目标的表述部分,也明确提出了对认识科学本质的学习要求:"了解化学知识的组织、挑战、修订和扩展方式。"

由此可以看出,关于科学本质,已成为国际科学课程目标的重要组成部分,这些国家和地区科学本质课程目标的内涵与里德曼(N. G. Lederman)对科学本质的阐述[12]较为一致。

在当前国际上高度统一的"培养学生的科学素养是科学教育的一个永恒目标"(AAAS)的观点下,我国应当尝试将学生对科学本质的认识正式而明确地纳入科学相关的课程目标,无疑是重要和必要的。然而要做到这一点,还需要进一步研究应该用什么形式将科学本质纳入化学课程目标的基本要求。不过至少可以明确的是,我国化学课程目标中,应该包括对科学本质的显性说明。另外,在教科书编写建议和教学建议中,也应该包含促进科学本质观建立的内容。

(四) 行为性目标和表现性目标:课程目标表述的重要形式

美国课程论专家舒伯特(W. H. Schubert)提出,典型的课程目标主要有四种:普遍性目标、行为性目标、生成性目标、表现性目标。[13]综观国际上目前

关于化学课程目标的表述形式,可以看出,课程目标主要以行为性目标和表现性目标为主要表述形式。

目前行为性目标仍然是大多数国家化学课程目标表述的重要形式,即,以具体、外显行为陈述课程目标,表示学生课程学习之后发生的变化。甚至有些国家(地区)的课程目标完全采用行为性目标的表述方式,如芬兰、法国、日本以及我国的台湾地区等。即使有些国家已经将课程目标表述的主要形式转变成表现性目标,但对课程目标的总体表述仍然采用行为性目标的形式。这说明曾经作为课程目标表述的主流形式的行为性目标,如今仍在课程目标表述中占有重要地位。尽管行为性目标有其不可忽视的意义和价值,甚至曾经一度成为课程目标的代名词,但其确实存在着诸多不足和问题。如在表述课程目标时经常使用一些涵义较为含糊的行为动词,可能会让课程实施者感觉难以把握。例如,"理解相对原子质量"这一目标,其中的"理解"就是一个涵义含糊的行为动词,其可以拆分出许多更具体的行为。这些问题也促使表现性目标的进一步研究和快速发展。

表现性目标包括特定的学科内容,指明学生获得学习成果的具体行为,能够在很大程度上保证内容标准得以实施和完善,从而有效落实特定学科的课程目标。从课程实施来看,表现性目标比行为性目标更加明确、具体,可操作性更强。表现性目标还可以为课程的评价和衡量提供直接的量尺,对学生某学科学习中的表现水平、表现成绩或学习质量的评价,提供更强大的驱动力。

经过分析看出,表现性目标已受到较普遍的重视,已有不少国家在课程目标中采用表现性目标的表述。如美国、加拿大、澳大利亚维多利亚州等的化学(或科学)课程标准,都是以表现性目标作为课程目标表述的主要形式。表现性目标在发挥其功能的同时,也有一些问题,如过于具体的表现性目标,有可能在实施过程中使教师感到教学就是在让学生进行一系列活动,而目标固有的统领和导向作用被弱化而不容易整体把握。为解决这一问题,很多国家在陈述表现性目标之前,都有一个较为概括的行为性课程目标作为总要求。

（五）布卢姆教育目标分类理论：国际化学课程目标行为表现和学习水平确定的主要依据

分析 7 个国家或地区化学（科学）课程标准，提取课程目标表述中出现频率较高的动词。各个国家和地区化学课程目标表述中的高频动词分别为：

美国：描述，解释，预测，阐述，说明，修改（设计），使用数学表征，检验，实施，设计，计划，收集，表达，构建模型，使用模型，发展模型，建立，展示，确定。

加拿大：展示，识别，描述，预测（假设），查找，整理和记录，分析，做出（结论），证明，交流，使用，表达，评估，解释，阐明，比较和对比，运用，计划和实施，区别，构建，收集和记录，设计，说明。

法国：设计，描述，书写，知道，确定，使用，解释，分析，理解，找出，计算，找到，写出，掌握，懂得，实施，鉴定，辨认，阐释，预测，摘录。

澳大利亚：区分，辨别，识别，解释和证明，调查，分析，书写，绘制，构建，推断，观察，演示，确定，查找并报告，讨论，说明，分类，计算，写出，画出，叙述，预测，比较，运用，记录，论证，设计。

芬兰：知道，学会，认识，理解，评价，描述，解释，讨论（信息），搜集并处理信息，熟悉（信息技术和交流技术），激发和增强（兴趣）。

英国：认识，探究，观察，测量，记录，比较，辨别，解释，总结，分类，说出，了解，发现，描述，解释，表示，区分。

日本：了解，理解，掌握，观察，培养。

由此可以看出，国际范围内，布卢姆教育目标分类[14]（重点分析认知领域），仍然是国际化学课程目标水平确定的主要依据。然而，值得一提的是，尽管布卢姆教育目标分类仍然是国际上普遍使用的教育和课程目标分类方法，但对其使用已经发生了变化。很多国家和地区的化学课程目标不再定位于制定学生学习结果的目标要求，而是更加关注产生这一认知结果的认知过程，如学生要经过哪些认知过程才能达到"理解"的认知结果。更多的国家和地区开始使用"分类""解释""描述""转换""比较"等可以达到"理解"的具体认知过程的动词来表述课程目标。

（六）关注学科领域之间的交叉因素，强调目标的统一和融合

学科领域之间的直接交叉和整合，是国际科学研究和发展的趋势。世界范围内科学教育目标的发展方向也呈现出逐步走向统一与融合的趋势。

目前，国际上学科领域之间的交叉和整合，主要有 4 个层次：

1. 具体概念的整合，称为大概念（big idea）

如美国最新科学课程标准中，提出了"物质的结构和性质""化学反应"等化学学科重要的大概念，也称为学科核心概念。这些大概念包含的内容比较丰富，且在不同阶段有不同的学习要求。美国国家科学课程标准中，对"物质的结构和性质"大概念包含两个不同学段的内容：

（1）6～8 年级

① 物质由不同类型的原子构成，原子间以不同的方式结合。原子形成大小不同的分子。（形成分子的原子数量可以从 2 个到几千个）（MS－PS1－1）

② 每种纯净物有特定的物理性质和化学性质，这些性质可以用于确认该物质。（MS－PS1－3）（这个核心观念也体现在 MS－PS1－2）

③ 气体和液体由分子或惰性原子构成，这些分子和原子做相对移动。（MS－PS1－4）

④ 在液体中，分子之间不断接触；气体中，分子之间相互隔开，偶尔碰撞；在固体中，原子离得很近，在其位置上振动，但不改变相对位置。（MS－PS1－4）

⑤ 固体可能由分子构成，或者是一些重复单元的衍生结构（例如，晶体）。（MS－PS1－1）

⑥ 状态的变化，伴随着温度、压力的变化，可以用物质的模型来描述和预测。（MS－PS1－4）

（2）9～12 年级

① 周期表根据原子核质子数对元素横向排序，将化学性质相似的那些元素放在表里。这种重复的周期表模式反映了核外电子排布的模式。（HS－PS1－2）（注意：这个学科核心概念在 HS－PS1－1 中也出现了）

② 稳定的分子比其孤立的原子团能量低；为了使打开，至少要提供与孤立原子团相同大小的能量。（HS－PS1－4）

2. 跨学科的整合

将内容、价值、研究方法等相近或密切相关的学科整合成一门综合性课程，如科学课程，通常包括物理、化学、生物以及自然地理等具体学科。目前世界上很多国家的科学课程标准都是基于这四门学科而制定的。在当前科学高度发展的时代，多学科综合对产生高质量科学研究成果是重要且必要的。跨学科的整合产生了许多重要的"交叉概念"。如美国最新国家科学课程标准中提到的交叉概念如下：

（1）模式

在不同尺度上研究一个体系，可以观察到不同的模式并提供解释现象的因果证据。

（2）能量和物质

① 封闭体系中能量和物质的总量都是守恒的。

② 体系中能量和物质的变化可以描述为能量和物质输入、输出、保留在体系内。

（3）稳定性和变化

大多科学要构建关于事物如何变化和如何保持稳定的解释。

（4）与科学本质的联系——科学知识假定自然界存在层级和一致性

科学假设宇宙是一个很大的独立体系，在其中基本定律是一致的。

3. 跨领域的整合

跨领域的整合比相近学科的整合范围要大，整合的难度也更大。当前世界范围内科学教育较长一段时间以来对 STS（或者 STSE）的关注，即是跨领域整合的重要范例。美国新一代科学课程标准中，这种层次的跨领域整合也有新的体现，即重点强调科学、工程学、科技和社会学的交叉。法国课程标准中也明确提出了跨领域整合课程目标的要求，认为"高效率的学习和结合实际的学习需要多方面的知识积累，为了应对我们社会的挑战，我们需要对科学和文化进行整体研究。这就需要我们寻找物理－化学学科与其他领域的关联"。其中提到的领域包括数学、艺术、工业、技术等。其强调跨学科合作教学为教育理论提供了新的内容，这种整合有助于学生在今后的生活和职业生涯中作出更明智的选择。

4. 科学与人文的整合

这种整合并不是科学与人文学科关系的"整合论"或"融合论",该理论认为,一个人要全面发展需要接受科学与人文学科两方面的教育,因此要求将科学教育与人文学科教育加以整合。实际上,这属于科学与人文的二元划界。而这里我们所说的整合是指科学教育中人文价值的挖掘和体现,科学教育中应该渗透人文理念,构建人文精神,以符合当今科技社会发展的需要。事实上,科学与人文并不是两个相互对立的方面,不应该对立起来认识。造成"科学"和"人文"的分离乃至冲突的并不在于科学本身,科学本身是一种人文视野,因而,科学教育就更应该是体现人文精神的社会实践活动。[15]实际上,早在 1996 年美国开展的"科学扫盲"运动中提出的对"科学素养"内涵的界定中,就包括了对"科学与人文"的阐释。课程标准中主张对化学史、化学家的描述,引导学生对社会可持续发展的关注,以及辩证唯物主义世界观的树立等,都是属于科学与人文整合的体现。

参考文献

[1] [美]Ralph W. Tyler 著. 罗康,张阅译. 课程与教学的基本原理[M]. 北京:中国轻工业出版社,2008.

[2] The Next Generation Science Standards(2013) [R/OL]. http://www.nextgenscience.org/. [2013—06—05].

[3] The Ontario Curriculum, Grades 11 and 12: Science,2008(revised) [R/OL]. Ontario:Queen's Printer. http://www.edu.gov.on.ca/eng/curriculum/secondary/2009science11—12.pdf. [2012—04—06].

[4] The Ontario Curriculum,Grades 9 and 10: Science 2008(revised) [R/OL]. Ontario:Queen's Printer. http://www.edu.gov.on.ca/eng/curriculum/secondary/science910—2008.pdf. [2012—04—06].

[5] Victorian Certificate of Education Study Design. Chemistry. East Melbourne:the Victorian Curriculum and Assessment Authority,2005 [R/OL]. http://www.cea.asn.au/vce-chemistry. [2011—03—12].

［6］National Core Curriculum for Upper Secondary School 2003 ［R/OL］. http//www. oph. fi/download/47678-core-curricula -upper-secondary-education. pdf. ［2011—03—12］.

［7］法国普通高中一年级物理—化学教学大纲,法国普通高中二年级理科物理—化学教学大纲,法国普通高中三年级理科物理—化学教学大纲,2010 版［R/OL］. http//eduscol. education. fr/. ［2011—03—11］.

［8］日本高中学习指导纲要［R/OL］http://www. mext. go. jp/. ［2011—03—10］.

［9］The National Curriculum for England:Science,2004(revised). London:Department for Education and Skills,Qualifications and Curriculum Authority［R/OL］. http://www. hmso. gov. uk/guides. htm. ［2011—03—10］.

［10］［美］Ralph W. Tyler 著,罗康,张阅译. 课程与教学的基本原理［M］. 北京:中国轻工业出版社,2008.

［11］The College Board. College Board Standards for College Success: science. 2009 ［R/OL］:http://professionals. collegeboard. com/ prof download/cbscs-science-standards—2009. pdf. ［2011—03—10］.

［12］Lederman,N. G. ,Abd—El—Khalick,F. ,Bell,R. L. ,&Schwartz, R. Views of nature of science questionnaire(VNOS):Toward valid and meaningful assessment of learners'conceptions of nature of science ［J］. Journal of Research in Science Teaching,2002(39):497—521.

［13］Schhbert,W. H. Curriculum:Perspective,Paradigm,and Possibility ［M］. New York:Macmillan Publishing Company,1986:190—195.

［14］安德森等编著. 皮连生主译. 学习、教学和评估的分类学(布卢姆教育目标分类学修订版)［M］. 上海:华东师范大学出版社,2007.

［15］唐斌,尹艳秋. 科学教育与人文精神——兼论科学的人文教育价值［J］. 教育研究,1997(11):21.

(本文发表于《比较教育研究》2014 年第 6 期。作者王磊,时属单位为北京师范大学化学学院;作者姜言霞,时属单位为山东师范大学化学化工与材料科学学院)

四、中、美初中生物学课程标准的目标及内容比较

课程标准是确定一个国家学校课程水准、课程结构和课程模式的纲领性文件。我国承担这一任务的文件以往称为教学计划和教学大纲。关于课程标准的基本结构，至今还缺乏统一的认识。[1][2]课程目标及内容不仅是课程标准理论框架的重要组成部分，也是各国实际课程标准中的核心内容。随着社会经济文化的迅速发展，我国初中生物学课程面临新的挑战，我国政府已经着手研究和制定新的国家课程标准。在新标准的研制中，必然要对初中生物学课程的目标和内容进行重新考虑和设计。要完成这一任务，首先要对国内外的课程目标和内容进行深入地分析和研究，以便为我国新标准的制定提供必要的信息和依据。为此，我们选择了美国作为系列比较研究的国家之一。

美国初中生物学内容是综合理科中的一部分，因此，本文主要是对我国1992 年《初中生物学教学大纲》和美国 1996 年的《国家科学教育标准》(NRC)中初中(5～8 年级)科学部分进行比较和分析。

（一）课程目标的比较

对于课程目标的界定，不外乎知识、能力和态度情感三方面。中美由于其历史和具体国情，对这三方面的优先性顺序和内涵的理解上均有差异。

1. 课程目标的内部顺序比较（表 1）

表 1　中、美科学/生物课程目标的内部顺序

中　国	美　国
生物学基础知识	产生充实感和兴奋感
基本能力培养	运用科学方法及原理于生活及工作中
政治思想教育	

从表 1 可以看到，区别集中于知识、能力和态度情感三者中哪一个是首要的目标。我国认为是基础知识；美国则注重态度情感方面。这种观念差别产生

的原因有两个:第一,对科学教育价值的不同考虑,侧重社会价值更易倾向于知识目标,这是由于它们对于实践活动具有直接指导意义。如果我们将生物学教育的意义定位到作为农、林、渔业的基础,则很难设想会不将诸如动植物种类、生理特点、病虫害防治等具体知识视为第一位的目标。如果重视教育的个人价值,则倾向于考虑科学教育对个人成长的意义,考虑如何促进人格的完善和健全,而态度情感由于其对个人行为的广泛的潜在的影响力,自然成为第一位的目标。第二在于对科学不同侧面的认识。科学有3个侧面:① 科学是一种"产品",是一个有严密结构的知识体系;② 科学是一种"过程",不仅包括了知识的本身,而且也是一系列的调查研究过程;③ 科学亦是一种人类活动。[3] 从我国目标观中反映出来的是一种科学的"产品"观,从而认为知识是最重要的,必须掌握一定量的知识才谈得上未来的发展。而对美国来说,首先站在科学是一种人类活动的立场上,科学不再是一种理想的、价值中立的、完全客观的事物,而是有主观性的,深受人们文化背景与价值观念的影响,学生应通过科学学习建立个人对科学的良好态度。因此,态度情感目标被放在了第一位,其次强调科学的"过程"观,最后是知识。

2. 各目标的内涵比较(表2)

表2　中、美科学/生物课程目标之内涵比较

	中　国	美　国
知识	生物的生活习性,形态结构,生理功能,分类,遗传、进化和生态的基础知识;人体的形态结构,生理功能和卫生保健的基础知识	科学概念,原理,定律,理论,模型;科学的各种思想观念及其关系
能力	通过科学方法训练,培养科学素质;培养学生的观察、实验思维和自学能力	培养学生的科学探究能力
态度情感	辩证唯物主义和爱国主义教育;培养生物学基本观点及热爱大自然的情感;认识环保的重要性	对自然有所理解而产生的充实感和兴奋感;对科学的正确态度和理性认识

在知识方面,我国侧重生物学事实,主要是出于对初中学生处于由形象思维向抽象思维发展的阶段的考虑。[4]这样一种观点考虑到了初中学生的心理特

点,有其正确性,但也有一定的片面性。正如布卢姆对智力发展的基本观点所指出:"个人赖以发展的环境对某些特性在其变化极为迅速的时期影响最大,而在其变化极为缓慢的时期则影响甚小。"[5]因此,提供一个环境来促进学生的思维发展,而不是消极地等待学生思维水平的提高可能会更有益。美国从 60 年代即重视基本科学概念和原理,但概念和原理的掌握对学生来说是有一定难度的。60 年代的改革对此缺乏清醒的认识是其失败的一个重要原因,但基本概念和原理始终未被放弃。考虑到初中学生思维的特点和概念原理的抽象性,主要的解决方法是将基本概念和原理广泛地和学生的生活及已有经验进行联系,而不仅仅是和学科内的其他内容相联系,试图使学生从概念原理的应用中发现对它们的理解。

我国 1992 年《大纲》在能力目标中首次提出了科学方法训练和科学素质的培养,但对这两个术语却未作明确定义。在中英文的翻译时"科学素质"对应英文的"scientific literacy",但中美对此的理解并不一致。在中学生物教学中,我们往往把"科学素质"理解为基础知识和基本技能的掌握,智力、能力的全面发展以及具备良好的非智力因素。[6]美国"scientific literacy"是作为科学教育的总体目标和口号提出的,AAAS 对科学素质的最新解释是一个有科学素质的人应当熟悉自然世界,了解科学中的一些关键性的概念和原理,有以科学方式思维的能力,了解一些数学技术和科学相互依赖的重要方式,懂得科学、数学和技术是人类的事业,有它们的力量和局限,能将科学的知识和思维方式运用于个人或社会目的。可以看到,在对科学素质的理解上,中美的主要差异在于:我们对科学-技术-社会的关系和科学的本质方面不够重视;在科学素质的地位上,它应是科学教育的整体目标,科学教育的各方面均应为其服务,我国大纲将科学素质列入能力目标,仅以科学方法训练作为其实现方式。

对学生进行科学方法训练是科学的"过程"观认识的表现,但由于"科学方法"一词含义的广泛性而难以把握,从而在实践中有以一些固定的科学研究步骤来代替科学方法的倾向。[7][8][9]美国在能力目标中提出培养科学探究能力,而不再说科学方法训练,主要通过"过程技能"(包括观察、运用时空关系、分类、数字符号的运用测量、交流、推理、预测、确认和控制变量、形成假说、操作性地下定义及实验等)的训练来提高探究能力。我国《大纲》能力目标的核心内容是培养学生的观察、实验、思维和自学能力,它们也是科学探究能力的构成部分,但又不完全等同,探究能力是指向特定目标——科学探索的人类各种能力的综合表现。

在态度情感上,我国主要包括辩证唯物主义、爱国主义、生物学基本观点、科学态度、热爱大自然、关心环保正确的审美观等。辩证唯物主义和爱国主义教育在我国目标中明确提出,是我国的一大特色,与美国的主要差别还表现在美国重视学生对科学学习的个人体验以及对科学的正面态度。按我国通俗的话说就是学生学习科学的兴趣。我国在教学实践中往往提到要培养学生对生物学的兴趣,但大多只将其作为一种手段以促进基础知识和基本操作技能的掌握,并未将态度和兴趣本身作为一个重要的目标。但 IFA 主持的国际理科教育评价中,态度和兴趣亦作为重要目标,与知识、探究处于同等地位。[10]

(二) 课程内容的比较

1. 课程内容的基本情况

我国初中生物学教学大纲(1992 年版)中规定的课程内容包括知识和实验实习两部分,知识部分共规定了近 300 个应学习的知识要点,并按了解、理解和掌握三个教学要求层次进行划分。知识重点集中在植物、动物、人体三部分,占知识点总数的 83.3%。在要求掌握的 27 个知识点中,有 26 个是这三部分的内容。"掌握"是教学要求的最高层次,但从这部分知识点看,主要是强调生物体的形态结构和生理知识,另外规定了 52 项实验实习活动,包括实验 38 项、实习 12 项。

NSES 中对课程内容的规划是指明学生应理解的基本概念和原理,包括生命系统的结构和功能、繁殖和遗传、调节和行为、种群和生态系统、生命体的多样性和适应性变化五大方面,对学生活动未做出具体规定。

2. 差异及其原因分析

两国在课程内容上的差异主要在编写方式、知识体系及其重点、对学生活动的看法等几个方面。课程的内容直接受课程目标的影响,在知识的重点上表现得尤为明显(表 1)。

表3 课程内容基本特点的比较

	中 国	美 国
编写方式	详列各知识要点和实验实习目录	指出学生应达到对哪些基本概念和原理的理解
知识重点	生物体的分类、解剖和生理方面的基本事实	基本的生物学概念和原理
知识体系	主要按植物学、动物学、人体生理卫生来组织	打破生物的种类界限,按各种生命的共有特性来组织
对学生活动的看法	侧重验证性实验	科学知识和科学过程相结合

（1）编写方式

差异的出现源于在制定课程的内容标准时需明确的课程内容和教学内容的关系。生物学课程内容是根据生物学课程的目标,并根据初中学生的年龄特征和接受水平从现代生物科学中加以适当演绎形成的,是课程目标具体化的第一步。教学内容是教材编订者以及教师为使学生掌握课程内容而对内容进行结构、组织安排、轻重处理及传授方式的调整后形成的,它们既有联系又有区别。

我国大纲中详细规定了各知识要点和学生的实验实习活动,是一种对教学内容的规划,它的形成很大程度上带有教科书的印记;NSES中的内容标准则是立足于学生应当学会什么,应达到对哪些基本概念和原理的理解,对学生学习哪些具体的材料并不做具体要求,更多是一种课程内容的考虑。我国的初中生物教学大纲实际上是承担了课程标准的任务——指导规划我国的初中生物学课程,因此,它应规定的是课程内容而不是教学内容。在课程标准或大纲中规定课程内容而非教学内容有利于编写不同风格和特点的教材及其他教学资源以为学生享有学习生物学的平等机会提供真正的保障。

（2）知识体系

生物科学的学科体系最初是按生物的种类来划分的,如植物学、动物学、微生物学,等等,从20世纪20年代至50年代生物学逐步成为了一个具有整体性的、有统一的观念基础和研究方法的学科。[11]人们越来越深刻地认识到了各种生命形式之间的统一性,因此在传统的学科分类基础上出现了分支和交叉产生了一种按照统一的生命特性来分类的学科体系,跨越了物种之间的界限,如细胞、遗传、进化、生态等。当代两种体系同时并存且交叉融合。

中美在生物课程知识体系上的不同特点正反映了生物学的学科体系发展,我国主要是在传统学科——植物学、动物学的基础上添加了一些现代内容。而美国则完全按照新的学科体系,从统一的生命特性出发来规定课程内容。对初中学生而言,从生物的类别出发来认识生物界比较自然,因此也比较容易接受,对生命统一性的认识是在此基础之上形成的,这是我国教学大纲采用传统生物学科体系的主要原因。

(3) 对学生活动的看法

我国大纲(1992 年版)中规定的实验基本属于验证性实验,是为了验证强化所学知识而设计的。而 NSES 提出,要将科学探究作为方针、能力和有待学习的概念来开展,强调知识的学习和探究过程要结合在一起,学习科学要亲自动手。我国也在进行这方面的探索,将知识教学和学生探究结合在一起进行,对 1990~1997 年《生物学通报》和《生物学教学》中关于教学方法的统计表明,在中学生物学教学中探究式教学是一大热点。[12] 由于学生从自己的探究中学习生物学有诸多益处,不仅可以获得生物学知识,还可以培养科学探究的能力,并从中获得良好的情感体验、培养科学态度,所以应加强对探究性活动的重视。

(三) 建议

通过以上的分析可以看到,我国初中生物学教学大纲中关于课程目标及内容要求方面有待改进。建议在我国新的初中生物学课程标准中有以下方面的改进:

——加强对态度情感目标的重视,特别应加强对学习兴趣和学习态度的要求;

——在知识方面,需要适当加强生物学基本概念和原理方面的要求;

——在能力上,科学探究能力的培养应作为一个重要目标;

——在课程内容方面,应注意从规划课程内容出发,对学生应掌握的生物学概念和原理提出最基本的、提纲挈领的要求;

——注意将科学知识和科学探究结合在一起,使学生从实际体验中掌握生物学概念和原理,培养探究能力。

参考文献

[1]熊梅,曲霞. 关于课程标准问题的国际比较研究[J]. 外国教育研究,1994(3):47—51.

[2]陈侠. 课程论[M]. 北京:人民教育出版社,1989.

[3] Deboer, G. E. A History of Ideas in Science Education[M]. Teachers College Press, 1991.

[4]中国教育委员会. 九年义务教育全日制初级中学生物教学大纲(试用)[M]. 1992.

[5]钟启泉,黄志成主编. 美国教学论流派[M]. 西安:陕西人民教育出版社,1993.

[6]丁龙传. 中学生物教学中科学素质的培养[J]. 生物学通报,1999(3):30.

[7] Phillips, D. C. Can scientific method be taught[J]. JCST 1995,15(2):101.

[8] Story, R. D. & Carter, J. Why the scientific method[J]. The Science Teacher 1992,59(9):18—21.

[9] Vigne, L. C. Towards a more realistic view of science and the scientific method[J]. American Biology Teacher 1980,42(4):235—237.

[10]曹磊,谭树杰主编. 各国物理教学改革剖析[M]. 上海:上海教育出版社,1996.

[11](美)艾伦 G. E. 著. 谭茜,田铬,王云松译. 二十世纪的生命科学[M]. 北京:北京师范大学出版社,1985.

[12]王志宏. 将科学方法训练纳入初中生物课程初探[D]. 北京:北京师范大学,1998.

(本文发表于《比较教育研究》2001年第1期。作者唐田,时属单位为北京大学附属中学深圳分校;作者刘恩山,时属单位为北京师范大学生命科学院)

五、日本历史教科书问题社会心理探源

前不久,日本政府置亚洲及世界人民的强烈反对于不顾,竟然审定通过了由一部分右翼学者炮制的以否定日本侵略中、韩等亚洲国家史实为目的的历史教科书。自 20 世纪 80 年代以来,日本每对中学历史教科书做一次修订,都要引起一场国际范围的争论。人们不禁要问,日本为什么不顾损害自身的国际形象,总是强词狡辩,利用各种机会来否定过去侵略中、韩等国家的史实,翻历史的定案。在这历史教科书的背后,除了路人皆知的政治企图外,是否还有别的原因?

本文试就此问题从日本的文化传统和社会心理角度作一探讨。

(一)

1996 年底,以西尾干二为首的右翼学者在东京赤坂东急饭店举行记者招待会,宣布成立"新历史教科书编撰会",宗旨是为 21 世纪的日本青少年编撰新的历史教科书,从根本上改变历史教育。他们认为"(日本)战后的历史教育使日本人忘却了应该继承的文化和传统,丧失了日本人的自豪感,特别是近代史部分,日本仿佛成了一个子子孙孙都要不断谢罪的罪人。冷战结束后这种自虐倾向更加严重,现行教科书完全是将以往敌对国家的宣传当作事实加以记述的,世界上没有这样进行历史教育的国家。""我们编撰的历史教科书将立足于国际视野,通过品格和均衡表现出活生生的日本和日本人形象,(成为一本)既能为先人业绩所激励,也能面对失败,充分体验其苦乐的日本人的历史课本"。[1]

该会成立后就开始为"编造"新历史教科书奔走活动。1997 年 1 月,西尾等向日本科学文部大臣递交了要求消除(现行历史教科书中)关于慰安妇记述的申请。同年 3 月,举行了首次题为"超越自虐史观"的研讨会。1998 年 6 月,在大阪中之岛公会堂举行第四次研讨会,题为"新历史教科书的展望"。此后,又先后在上越、名古屋、广岛、松山等地举行了多次以"我们开展的教科书运动"

为题的研讨会。在这一系列的活动之后，该会将"编造"的新历史教科书通过扶桑出版社提交给科学文部省进行检定。科学文部省于 2001 年 4 月 3 日予以审定通过。

新版历史教科书的要害是歪曲历史史实、美化侵略。该书认为，亚洲和太平洋战争"不是侵略战争""是不得已而为之的战争"。"日本政府进行大东亚战争的目的是为了自存、自卫和把亚洲从欧美统治下解放出来，而且宣布要建设大'东亚共荣圈'"。"由于大东亚战争初期日本军队的胜利，在欧美统治下的亚洲民族独立运动才高涨起来"。

在"初期胜利"一节中还有这样的描述，"此事（指偷袭击珍珠港）被报道后，日本国民精神振奋，一扫长期以来因中日战争所造成的沉闷气氛。"在"战时下的国民生活"部分中又写到，"虽然生活物资极端贫乏，然而就是在这种困难的条件下，诸多国民仍勤奋工作，英勇战斗。这是希望取得战争胜利的行动。"关于战争性质，书中写到"战争是悲剧。但是战争难分善恶。不能说哪一方是正义的哪一方是非正义的。它只是国与国之间的利润发生摩擦的结果，当政治解决不了时，作为最终手段只能发动战争"。

对"南京大屠杀"事件现行历史教科书（1997 年审定）是这样记述的："占领了首都南京。据说当时也杀害了包括妇女儿童在内的约 20 万中国人。"在新版教科书中，有的将 20 万人改写成"大量"，有的将南京大屠杀的表述篡改为"南京事件"，有的故意不提南京大屠杀事件。

新版历史教科书不仅只字不提由于日本侵略给亚洲各国人民造成的巨大损失和伤害，而且还对侵占我国东北和吞并朝鲜的行为加以美化，宣扬侵占有功、合并有理的强盗逻辑。书中写到，日本（建立"满洲国"）是"想在中国大陆建立第一个现代的法治国家"，"满洲国"由此"取得了快速发展""人民的生活得到了提高"。"1910 年日本将韩国合并，这个稳定亚洲的政策受到了欧美列强的支持，合并韩国对保卫日本的安全和"满洲"的权益是必要的。但是，在经济上或者政治上未必就有好处。不过，实行这一步骤的当时，是按国际关系的原则进行的"。

原来有 5 家出版社教科书中提到日军在中国为消灭抗日力量而实行"三光政策"，现在只有一家出版社提及此事。

现行教科书中有"将朝鲜等国的年轻女性作为慰安妇带到战场"等有关"慰安妇"的记述,但新版教科书中有 3 家将其内容全部删掉,只有一家还使用"慰安妇"一词。

凡此种种,不一而足。新版历史教科书否定侵略战争性质,美化侵略战争,用心昭然若揭。所宣扬的是一种彻头彻尾的侵略有理、侵略有功的强盗逻辑。特别值得注意的是,日本政府曾明确表示,"不论是什么样的教科书,只要没有与史实有关的错误就予以批准"。[2] 现在,日本政府已经审定通过了新版教科书,这就表明,日本政府对过去侵略亚洲国家史实的认识和教科书的观点是完全一致的。所以,新版教科书遭到中、韩等亚洲及世界人民的强烈反对和批判也是理所当然的。

(二)

一些日本人之所以一而再、再而三地要为其过去的侵略史实翻案,这其中除政治企图外,还有着独特的民族文化传统背景和深刻的社会心理渊源。

马克思指出,"不同的公社在各自的自然环境中找到了不同的生产资料和不同的生活资料。因此,他们生产方式、生活方式和产品也就各不相同"。[3] 马克思揭示了这样一个真理,即首先是由于人们生活的自然环境不同,决定了生产方式和生活方式的不同,进而又决定了民族文化和心理意识的不同。

日本是亚洲东部的一个岛国,隔海同朝鲜半岛与中国大陆相望。可耕种面积仅占国土的十分之一左右,资源匮乏。地形南北狭长,横跨亚洲热带、北温带、亚寒带,属海洋性气候,秋季常受台风袭扰。日本民族就是在这种自然环境中形成了独特的生产方式和生活方式,形成了既不同于西方又别于东方的文化传统和心理意识。

在前资本主义社会,经济结构大体上可以分为农业经济、游牧经济和农牧混合经济。这三种不同形态的经济结构在社会发展进化速度上存在着明显的差异。农业经济结构稳定性最强,游牧经济结构稳定性最差,农牧混合经济既具一定的稳定性又具一定的可变性。正如马列经典大家所指出的,游牧经济社会是"暂时的不巩固的军事行政联合",[4] 分合多变。"欧洲各国不断瓦解、不断重建和经常改朝换代,与此截然相反亚洲的社会却没有变化,这种社会的基本经济要素的结构不为政治领域中的风暴所触动"。[5]这是因为自给自足封闭式的传统农业经济不仅顽强地抵抗着外来的新事物,而且也严重地阻碍了社会分工的发展和自我革新。农牧混合经济的联结纽带是商业贸易,在商业相对弱小时产生的是城邦和庄园,当商业强大到"封建割据消灭,民族市场形成"[6]之时,便产生了近代资本主义国家和近代民族文化。

日本的情况较为独特。日本的农业几乎全是以稻米生产为主的种植业,属小农经济结构。但和我国不同的是,日本不允许土地自由买卖,在长子继承权制度下形成了类似欧洲庄园的领主制。日本虽无畜牧业,但由于四面环海,海洋养殖业特别是渔业发达。因此日本是一个既不同于我国又有别于欧洲的农渔混合型经济结构。

民族文化的发展是一个自然历史过程。马克思说过,"历史的每一个阶段都遇到有一定的物质结果,一定数量的生产力总和,人和自然以及人和人之间在历史上形成的关系,都遇到有前一代传给后一代的大量生产力、资金和环境。尽管一方面这些生产力、资金和环境为新一代所改变,但另一方面,它们也预先规定了新一代的生活条件,使它得到一定的发展和具有特殊的性质"。[7]因此,无论物质文化还是观念文化,作为人类创造活动的过程及其结果,无一不是受其地理自然环境、社会生产和生活方式的制约,并在其发展过程中逐渐形成了有别于其他民族的独自特征。

日本也不例外。在前资本主义社会,海洋一方面起到了免受外族入侵的天然屏障作用,另一方面又阻隔了日本同其他民族间的交流。这种岛国的自然环境和生产方式形成了日本民族独特的文化传统和社会心理。

首先,在这种封闭的岛国环境中,日本民族形成了一种自尊与自卑共存的矛盾心理和开放与守旧对立的双重性格。长期封闭的孤岛和险恶的自然环境一方面造就了日本人狂妄骠悍、独自尊大、固守传统、迷信权威和俭朴勤勉的性格;另一方面又使日本人在接触到大洋彼岸世界时产生了一种自卑、贪婪、开放和功利的心理。过去日本人常常习惯在日本前面加上一个"大"字,称为"大日本",明明不大而又偏要称之为"大"的本身就是这种双重性格和矛盾心理的反映。这种性格和心理使得日本人在直面突如其来的命运变迁时,往往用自傲来掩饰内心深处的自卑,同时对外界保持一种警戒或充满敌意,不信任任何人。

其次,漫长的封建社会的农村共同体和武士家臣团的生产与生活方式,使日本人形成了一种强烈的归属意识,同时也缺失了自我定位意识。日本学者南博在分析日本人精神结构时将缺失自我定位意识称之为"自我不确定感"。在明治维新以前,日本等级制度森严,农民都分别归属于不同的领主,只要遵守约定俗成的礼仪、成规和生活规范,就很少有自身受到威胁的情况,并由此逐渐形成了一种强烈的依附或归属意识。明治维新以后,随着等级身份制度的废止,凭借传统行为规范来表现自身与他人间的心理关系变得益发困难起来。现代社会是一个以市场经济为基础、以竞争为主旋律的社会,强调主体意识,注重自我在他人心目中的形象,这更进一步增强了日本人的自我不确定感。作为缓解这种不确定感的方法之一就是加入到某一群体之中,成为群体的一员。用这种依附心理或归属意识来弥补自我定位意识的不足。这种归属意识的价值取向是社会而不是以个人为中心的,不存在个体的绝对价值,强调群体利益至上。于是,群体在成为其所属成员的保护伞,使个体的自我不确定感借此得到某种解脱或克服的同时,随着归属意识的增强又使得其他价值观更难有立足之地。

第三,日本封建社会农村共同体的生产和生活方式在培养归属意识的同时,还使日本民族形成了一种纵向主导型的非亲族协力关系,支撑这种关系的社会伦理同"孝"相比更强调"忠"。山鹿素行在其《山鹿语类》中,将武士职责解释为得主人而尽其忠,交朋友而取其信,独审其身义为先,至于父母兄弟夫妻乃是"不得已而交之"。幕末日本思想界代表人物之一吉田松阴在《讲孟余语》中也指出,日本人"对皇朝、君臣之义乃超万国之上,绝无其一"。日本这种非亲族协力关系起源于镰仓时代末期,形成于战国大名领主制时代。日本战国时期的身份等级制度虽然是按社会职业分工构成的,但是这种职业分工不是指个体从事的职业,而是由纵向承传下来的以群体为单位的职业构成的。[8]由于这些职业群体又分别归属于"大名"统制下的不同"家臣"或"领主",所以社会奉仕对象也就转向了"家臣""领主"和"大名",在进入江户时代后这种社会关系又得到了进一步的强化。因此,以武士道精神为代表,以忠为伦理意识基础,将协力指向新族之外的社会关系也是日本民族传统的一个特色。

（三）

日本民族的这种心理和性格特征在历史教科书问题上表现得淋漓尽致。自尊与自卑的双重性格使日本人在表达自己意愿时态度暧昧，习惯用一些模棱两可词汇的语尾，不是直截了当地表明自己的态度，而是在拐弯抹角地表达着自己本意的同时又在试探着对方的反应。

就一般常识而言。日本在 1945 年 8 月 15 日接受《波茨坦宣言》宣布无条件投降的本身就意味着承认战败，但日本在多数场合用的却不是战败或投降，而是"终战"。终战就是战争的结束，说不出谁胜谁负，所以在使用终战这个词的背后就已经隐藏着一种日本人的"本音"（日语，意为真意），那就是不承认战败的事实，并为以后的翻案留下伏笔。于是到 20 世纪 80 年代初期，日本在修改历史教科书时就将"侵略"改为"进出"。时至今日，则是开始明目张胆地为侵略战争大唱赞歌。一些日本人就是这样走一步试一步地来实现其从根本上否定侵略史实之目的的。再如，"新历史教科书编撰会"是中文译法，日文的名称是"新テしい歴史教科書をつくる会"。"つくる"一词在日文中的汉字为"作"或者"造"，是动词，其含义主要有制造、创造；培育、培养；创办；做等。"つくる"一词同教科书联结使用时虽多被理解成"编撰"或者"编写"，但是在日语中它的原意是出版，在广义上是指出版有独创性的、以往没有见过的书籍。由此可见，新历史教科书编撰会置日文中"编纂"等词而不用却单选"つくる"一词的本身，就已经表明了他们要"独创"出过去历史教科书中所没有，美化侵略行为，为侵略战争翻案的真实用心。

自我定位意识的缺失和群体归属意识的强化是紧密相连的。个体投身于某群体之中，既是弥补自我不确定感的一种办法，也是保护自身权益的一种途径。日本民族的这种强烈群体归属意识不仅表现在平民当中，也反映在政治家们的身上。例如，虽然自民党本身就是一个群体，但是在自民党之内却又分成不同的派别。一名自民党议员既隶属于该党，同时又隶属于该党内的某一个派别，否则就难以寻觅到出头的机会。这种群体归属意识不仅将个体利益同群团利益紧密地联系在一起，一损俱损，一荣俱荣，而且还培养了其所属成员注重维护群团形象的名誉感以及甘心为群体利益效力的意识。

有位外国学者在《菊和刀》一书中指出,欧洲文化是罪的文化,日本文化是耻的文化,认为造成这种差别的原因,是由于欧洲将上帝信奉为惟一绝对的存在,而日本则是多种教派并存,而且一个人同时又可信奉多种宗教的缘故。实际上,日本人这种"耻"的观念同日本人的群体归属意识和纵向主导型社会伦理不无关系。在前资本主义的日本,人们生活的圈子很小,特别是在封建锁国时代,不仅禁止日本人同外国人交往,而且国内的相互交往也受到很大的限制。人们都在各自的领主庇护之下生活,形成了一种强烈的群体归属意识和群体利益至上的价值观念,甘于为群体利益效力,甚至犯罪也在所不辞。因为这样做不仅可以得到群体的肯定或庇护,而且也有利于自身在群体中地位的提升。倘若为群体抹黑或带来耻辱,则不仅得不到原谅,还会遭到他人的耻笑甚至被排除于群体之外。这种以职业为纽带的封闭性群体观念和重耻轻罪的社会心理在江户时代表现得尤为突出。例如,当时大阪商人在合同书中往往这样写到,"万一有违背本合同所定条款之时,即使遭到所有在座之人的嘲笑也不得由此产生怨恨"。[9]可见当时商人最重视的是"面子",对以信用为本的日本商人来说最大的惩罚不是罚款或赔偿,而是遭到他人的耻笑。

一些日本人之所以总要利用各种机会来推翻侵略战争的历史铁案,除其不可告人的政治企图之外,就其心理意识而言,他们对过去的侵略战争首先考虑到的是"面子"问题,而不是战争性质和由于战争所犯下的罪行问题。大凡战争都有正义和非正义之分,就有侵略和被侵略之别。但是在一些日本人看来,彻底反省就意味着承认侵略,会失去自己的"面子",于是在一些不得已的场合就只好用一些令人费解的暧昧词汇加以搪塞。例如,有一些日本人常说,由于战争给你们带来了"麻烦"。麻烦一词日语中写作"迷惑",意为由于自己的行为给对方带来困难或不快。日语中也有"谢罪"一词,不用"谢罪"而用"迷惑"的选词本身正是日本民族这种心态的写照。

面对中、韩等亚洲人民对新历史教科书的批判与反对,有的日本人认为这是干涉内政,有的认为日本教科书检定制度与中、韩等国不同,还有的认为国家不同历史观也不可能相同,等等,但就是回避或不敢直面客观史实。实际上这些观点不仅是根本站不住脚的,而且还近乎可笑。明明侵略了别人还不允许人家站出来讲话,否则就是干涉内政,这不是明摆着的荒唐逻辑吗?教科书检定制度的不同也成为不了推卸责任的借口,因为日本科学文部省明确表示,"只要没有与史实有关的错误,就予以通过"。而新版教科书的要害恰恰是歪曲和否定了侵略的史实,所以日本政府对新版历史教科书予以审定通过的本身只不过是借"民间"之口来表达自己不便直说的观点而已。

将政治目的和民族心理结合起来,就会对一些日本人在教科书问题上的表演有了更清楚更深刻的认识。否则,就很难将过去那些惨无人道的日本侵略者同今天貌似彬彬有礼的极端军国主义分子联系起来,就很难理解一些日本人为什么或是通过修订教科书、或是参拜靖国神社总想推翻侵略史实的铁案,就很难理解日本为什么只能成为经济大国、难以成为政治大国。一个不敢直面事实、不肯对自己过去犯下的侵略罪行进行彻底反省的国家,无论如何是无法取得国际社会的信任的。一个总是跟在别人后面人云亦云,不敢明确表白自己立场的民族,是很难在世界民族之林中树立起自身良好形象的。

参考文献

[1] 新历史教科书编撰会总会成立. 趣意书[Z]. 1997.

[2] 朝日新闻,2001—2—22.

[3] 马克思恩格斯全集第 23 卷[M]. 北京:北京人民出版社,1972:374.

[4] 斯大林. 民族问题与列宁主义[M]. 北京:北京人民出版社,1953:88.

[5] 马克思恩格斯全集第 23 卷[M]. 北京:北京人民出版社,1972:367.

[6] 斯大林. 马克思主义与语言学问题[M]. 北京:北京人民出版社,1953:43.

[7] 马克思恩格斯全集第 23 卷[M]. 北京:北京人民出版社,1972:43.

[8] 林水彪. 封建制度的再编和日本社会的确立[M]. 山川出版社,1987:72.

[9] 会田雄次. 日本人的意识结构[M]. 讲谈社出版,1972:132.

(本文发表于《比较教育研究》2001 年第 7 期。作者李守福,时属单位为北京师范大学国际与比较教育研究所)

六、中德新版初中地理课程标准比较研究

由德国地理学会(The German Geographical Society)编写的《初级中学地理课程标准》(Educational Standards in Geography for the Intermediate School Certificate)经过国家审核,为各州提供了统一的教学目标,经修订,于 2012 年出版了第二版。这套地理课程标准由德国的地理教学与研究团队制定,对初级中学阶段的地理教育标准提出了要求。

我国目前所使用的初中地理课程标准为经过修订与完善的《全日制义务教育地理课程标准(2011 年版)》。

本文通过对比中德初中阶段的地理课程标准,从体系结构和具体内容两方面分析两国课程标准的异同,讨论其对地理教学效果的影响,以期对我国初中地理课程标准的进一步完善提供借鉴。

(一) 中德初中地理课程标准框架的比较

中国初中地理课程标准由四部分构成:前言、课程目标、课程内容、实施建议。其中,前言部分介绍地理课程的性质、基本理念和课程的设计思路;课程目标部分从知识与技能、过程与方法、情感态度价值观三个维度表述了对初中地理课程提出的目标;课程内容部分根据模块、章节,从标准和活动建议两方面,更具体地陈述了学生在每一部分的地理课程学习后必须达到的基本要求,以及对开展教学活动提供的建议;实施建议部分包括教学建议、评价建议、教材编写建议、课程资源开发与利用建议,分别从不同角度促进了课程标准的落实和使用。

德国初中地理课程标准共分为 5 个部分。第一部分是前言,对课程标准的制定历程进行简要介绍,这是中国初中地理课程标准中不具有的。后面 4 个部分是德国初中地理课程标准的主体内容,共分为四章。第一章阐释了地理教育对教育的作用(geography's contribution to education),此外,如同中国课程标准的前言部分,对地理学科的性质特征、培养理念以及地理思维进行了说明。第二章则类似于中国课程标准的课程目标部分,是从 6 个维度对初中地理学习

提出能力要求(areas of competence of the subject geography)，即地理学科知识(subject-specific knowledge)、空间定位能力(spatial orientation)、资料收集与选择(gathering information/methods)、合作与交流(communication)、地理信息评价(evaluation)、行动能力(action)。第三章则对第二章中的六项能力提出具体的标准要求(standards for the areas of competence in geography)，相当于中国课程标准中对课程内容提出的标准和要求。第四章为应用示例(sample assignments)，其作用类似于中国课程标准中的实施建议，但较之更为详细且有针对性。德国课程标准在此部分提供了可参考的教学素材和课后习题。[1]

中德初中地理课程标准的体系框架如图 1 所示。总体来说，两国的课程标准都包括了对课程性质、理念、培养目标、具体要求的说明，以及对实施方案的建议。其体系上的差异主要表现为 3 点：① 德国课程标准的前言中介绍了课程标准的制定历程，这是由于德国的地理课程标准因为经费的原因，经历波折，最终由德国地理学会制定；② 在课程目标的表述方面，中国所采用的是三维目标体系，分别从知识与技能、过程与方法、情感态度价值观方面进行表述，而德国课程标准更为具体地提出了六大项技能；③ 在对课程标准的补充说明和实施建议方面，中国课程标准提出的建议更具框架性，而德国课程标准的该部分更具体。

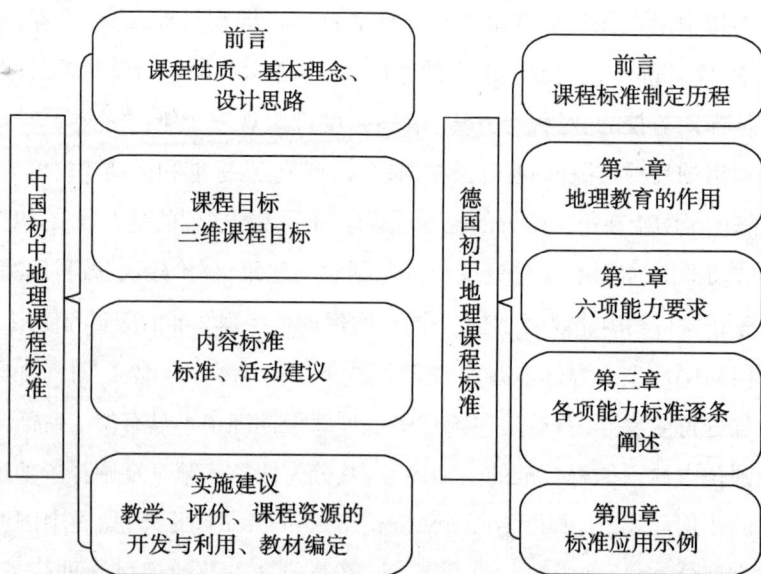

图 1　中德初中地理课程标准结构框架图[2][3]

　　两国的地理课程标准在体系上的差异并不很大,所具备的功能基本相似,只是在不同部分的表述形式、细致程度、侧重点有所不同。更明显的差异体现在课程标准的具体内容上。

(二) 中德初中地理课程标准内容比较

1. 课程性质定位

　　德国地理课程标准中对课程性质的描述体现在第一章即地理教育的作用。它主要从实用性、综合性两方面强调了地理学科的性质,着重强调地理学科与其他自然、社会学科的相关性与联系性,强调它在整个课程体系中扮演的"桥梁作用"。它指出,地理教学的主要目标是培养学生对世界各地不同地理环境对人类活动影响的洞察、认知能力,实现对学生空间思维能力的培养。这实际上是指对地理学思维模式的培养,对人地系统的认识方法的培养。另外,课程标准在这部分还强调了由于地理课程的特征,对教学用具提出的要求,以及对多媒体和计算机技术的培养要求。

　　中国地理课程标准将地理学科的性质定为"一门兼有自然学科和社会学科性质的基础课程",并将其特征概括为区域性、综合性、思想性、生活性、实践性。强调对区域差异与联系、人地系统的认识与理解,培养学生将地理知识应用于生活中,运用到对社会问题、地理问题的分析中,以及野外观察等实践性内容中。课程标准将课程的基本理念归纳为 3 条:学习对生活有用的地理;学习对终身发展有用的地理;构建开放的地理课程。[4]

　　总体来看,两国课程标准对地理课程性质的定位都强调了其学科综合性,重视培养学生对自然要素之间以及自然环境与人类活动之间复杂关系的认识;同时,也强调了其应用性,表现在对生活中地理问题的思考,以及对一些全球面临的人口、资源、环境、发展问题的思考上。

　　从表达形式上来看,采用条目概括式的中国课程标准比采用大段文字描述式的德国课程标准,更加清晰、全面地总结出了地理课程标准的性质以及课程的培养理念,更有助于地理教师及学习者的理解和内化。

2. 课程目标

　　如表 1 所示,德国地理课程标准提出了 6 项能力的培养要求,并对每项能力要求所包含的核心能力进行了具体说明。

表1　德国初中地理课程目标能力要求[5]

课程目标能力要求	所包含的核心能力
地理学科知识（K）	能够从自然、人文两方面认识不同尺度的空间； 能够分析人类活动与自然环境间的相互作用关系
空间定位能力（SO）	能够在地形图中定点； 能够阅读地图； 能够在实际生活中有一定的空间认知
资料的收集与选择（M）	能够从实际生活中通过媒介收集、评价与地理学、地球科学相关的资料、信息； 能够描述地理信息的收集方式、步骤
合作与交流（C）	能够理解、表达、展示地理信息； 能够与他人讨论地理问题
地理信息评价（E）	能够结合背景和实际，对空间信息、地理问题以及一些具体行为进行评价
行为能力（A）	能够且有意愿根据自然条件和社会条件做出恰当的行为

中国的地理课程标准对课程目标的表述是从知识与技能、过程与方法、情感态度价值观三个维度进行表述。总的来说，是"掌握基础的地理知识，获得基本的地理技能和方法，了解环境与发展问题，增强爱国主义情感，初步形成全球意识和可持续发展观念"。[6]三个方面虽在表述上是分开的，但在具体教学过程中是一个有层次的整体。在每一维度的目标下各自有四方面的子目标。[7]知识与技能强调学生对知识的理解、应用能力，要求学生学会知识。过程与方法强调学生在学习过程中探究、合作、掌握的过程，重点培养学习能力。而情感态度价值观强调对学习态度、生活态度、道德情操的培养，要求学生具备一定的人文素养、关怀意识。

德国课程标准中的地理学科知识、空间定位能力两项类似于中国课程标准中知识与技能目标的范畴，资料的收集与选择、合作与交流、地理信息评价三项类似于过程与方法的范畴,行为能力偏向于情感态度价值观的范畴。总体来说,具体要求的内容相似,只是德国课程标准中的 6 项为平行目标,而中国课程标准中则将各项能力要求纳入 3 个维度。

尽管两者在课程目标的范畴上具有较好的一致性,但是对于某项目标的强调程度存在差异。德国的课程标准更加注重"过程与方法"方面的培养,对学生发现问题、收集信息、合作探究、解决问题的学习过程要求较高。德国的课程标准对于过程与方法的课程目标要求既有一定的地理学科特色,同时又能广泛体现于各学科,这体现了地理学科与其他学科的关联性。在初中教育阶段,每门学科除了体现学科特色之外,都应着力于教会学生学习,德国地理课程标准中对资料收集与选择、合作与交流两项课程目标的表述很好地体现了这一点。中国课程标准对"过程与方法"的要求除了重视地理学科的特有目标之外,也应对通用的学习方法有一定培养。在"情感态度价值观"方面,德国课程标准的表述不够具体,没有强调地理课程对学生的环境意识、区域问题等的培养。中国课程标准在这方面的表述突出了地理学的应用性,使得地理教学与社会生活密切相关,帮助学生真正将地理学应用到实际问题当中,培养了学生的人文素养。

3. **课程内容标准**

德国课程标准中具体课程内容标准体现在第三章,是对 6 项能力要求进行更具体的说明。表 2 是对地理学科知识这项能力的阐述(表 2)。首先对地理学科知识能力内涵进行分解,然后对其包含的子项提出更详细的要求,并以不同的行为动词如描述、解释、阐释、结合案例等表示不同的要求程度。其他 5 项能力的具体说明形式大体如此。

表 2　德国课程标准地理学科知识模块能力要求框架结构[8]

地理学科知识	描述行星地球	描述地球基本的行星特性(体积、形状、结构、地轴倾斜度、重力作用等)
		解释地球在太阳系中的运动情况及其造成的影响(昼夜的形成、季节的形成
	了解不同类型和不同尺度空间的自然地理系统	概述地球系统中的自然组成要素(大气圈、土壤圈、岩石圈、生物圈、水圈),并描述它们之间的相互作用
		描述并解释一些常见的自然地理现象及自然特征(如飓风、地震、水系、喀斯特地貌)
		阐述一些重要的空间构造学说(如板块运动、冰川作用)
		描述并解释空间自然地理要素的相互作用(如气候变化对植被覆盖、基岩对土壤的重要影响)
	了解不同类型和不同尺度空间的人文地理系统	描述并解释历史上或现存的一些人文地理空间格局(如政治格局、经济格局、人口分布等),并对未来格局进行预测
		描述并解释一些人文地理空间要素的作用(如交通运输网络对人口居住区域范围扩大的促进作用)
		描述并解释一些人文地理现象的形成过程和机制(如城市结构变化、城市化、经济全球化)
		解释一些社会结构、政治空间格局所带来的影响(如战争、移民、旅游业)
	分析不同种类、不同尺度的空间中的人—地关系	在对空间进行利用和划分时(如农业、矿业、能源产业、旅游业、交通网络、城市生态等公司的选址),能够描述并分析自然要素和人文要素间在功能、结构上的相互作用
		阐述对空间的划分和利用所产生的后果(如森林砍伐、水污染、土壤侵蚀、自然灾害、气候变化、水资源短缺、土壤盐渍化)
		结合案例,系统地解释对空间的划分和利用所产生的后果(如荒漠化、移民、资源冲突、海洋污染)
		结合生态因素、社会因素、经济因素,为空间发展和保护提出恰当的措施,并解释
	结合具体事例,对不同种类、尺度的空间进行分析	针对特定地区(如所在地区、某个国家、某个大洲)提出地理问题(如选址问题、居民生活条件问题)
		分析给定区域的环境结构、格局(如欧洲的经济格局、德国的全球化进程),并解决所提出的问题
		根据不同的特性、指标对地区进行划分(如发达国家和发展中国家、欧洲的集聚部分和边缘化部分)
		结合制定专题,对不同区域进行对比(如中国和印度的人口政策、北极和南极的自然资源)

中国的地理课程标准的课程标准描述在第三部分课程内容中体现,该部分的编排形式为"课程标准＋活动建议",按地球与地图、世界地理、中国地理、乡土地理四大块,分章节描述了每一节教学内容应达到课程标准,以及为达到标准采取的教学手段。在地球与地图部分,"地球与地球仪"一节内容及活动建议(表3)。中国课程标准同样是采取条目式,条理较为清晰。此编排方式便于教师使用,也利于检测学生的学习成果。

表3 "地图与地球仪"一节课程内容标准与活动建议[9]

标　　准	活动建议
1. 地球的形状、大小与运动 　了解人类认识地球形状的过程;用平均半径、赤道周长和表面积描述地球的大小;用简单的方法演示地球的自转和公转;用地理现象说明地球的自转和公转 2. 地球仪 　运用地球仪,说出经线与纬线、经度与纬度的划分;在地球仪上确定某点的经纬度	开展地理观测、动手制作等活动。例如,观察不同季节(或一天内)太阳光下物体影子方向和长度的变化;用乒乓球或其他材料制作简易地球仪模型。

除编排形式上的不同,在具体的标准内容上中德也有较大的差异(表3)。以"地图知识"为例。德国课程标准对地图知识部分的要求在数量和程度上均超过中国课程标准。德国课程标准将地图知识纳入"空间定位能力"中,并在其五项总体要求中的三项要求逐层说明对地图相关知识的要求。第一项以地图的绘制为基础达到地图基本的运用;第二项强调地图在生活中的空间定位方面的作用,突出对日常交通的作用;第三项上升为地图对空间感知形成的重要性。中国课程标准中对地图相关知识的要求主要体现在"地球与地图"中,侧重于根据地图对地物及其特征进行识别和判断,并强调在生活中如何运用地图以及电子地图、遥感地图等。

表 4　中德地理课程标准对地图相关知识的要求[10][11]

德国课程标准中对地图相关知识的要求	中国课程标准中对地图相关知识的要求
1. 地图运用能力 说出地图的基本要素（如投影、归纳等），并描述地图的绘制过程 能够读地形图、自然地图、专题地图等常见地图类型，并结合背景对地图做出评价 描述常用的表现地图信息的方法（如利用不同颜色） 绘制地形轮廓，设计简单的地图 结合校园背景，进行简单的制图 利用 GIS 设计专题地图 2. 生活中的定位能力 利用地图或其他定位工具（如地标、街道名称、指南针、GPS 等）进行定点 结合地图设计交通路线 利用地图或其他定位工具（如地标、街道名称、指南针、GPS 等）在现实世界中活动、出行 运用交通运输网络图 3. 空间感知与对空间结构的分析能力 结合心理地图，解释人们对空间认知的选择性和主观性（如，对德国学生和日本学生的心理地图进行对比） 结合不同种类的地图，说明空间表达方式都具有结构性（如，不同的地图网格、不同的表现发达国家和发展中国家的地图）	在地图上辨别方向，判断经纬度，量算距离 在等高线地形图上，识别山峰、山脊、山谷，判断坡的陡缓，估算海拔与相对高度 在地形图上识别 5 种主要的地形类型 根据需要选择常用地图，查找所需要的地理信息，养成在日常生活中使用地图的习惯 列举电子地图、遥感图像等在生产、生活中应用的实例

中国课程标准一方面侧重于地图本身的知识，另一方面尽管提及地图在生活中的应用，并在"活动建议"中提出地图的具体应用，但仍不如德国课程标准的要求具体。如德国课程标准在"生活中的定位能力"一项，偏重于对交通路线的设计。中国课程标准则用"根据需要选择常用地图，查找所需要的地理信

息",强调地图在生活中的应用,然后在活动建议中提出有关定向越野和最佳交通路线。明确具体的要求,有助于简化教学难度,概括性的表述为具体的教学提供了更大的选择空间。

德国课程标准对空间感知和空间分析与表达能力提出要求,这是中国课程标准所未提及的,但是对其是否符合初中生认知心理水平还有待考证。此外,德国课程标准中提到的 GIS 软件教学、地图网格等,受初中地理师资水平和教学设备的限制,在中国还难以推广。

4. 德国课程标准中的应用示例与中国课程标准中的实施建议

德国课程标准第四章是课程标准应用示例。为检测教学效果,该部分以 3 个等级划分了课程标准的完成情况,即学生对知识的掌握程度。等级的差异体现于行为动词的表达,代表对课程目标完成程度的差异。描述、操作、定位、列举、记录是最低一层级的要求;分析、概述、分类、解释、阐述、设计(做图)、规划、比较是对中层级的要求;推理、评估、评价、建模、讨论、联系是最高层级的要求。

为方便教学,应用实例对每项能力要求都提供了教学素材和练习题目,每道题目还有详细解析,包括题目答案、题目所对应的具体的课程标准要求和完成等级。应用实例的设置明确了课程标准的要求,充分彰显出课程标准在地理教学中的实用性,有利于课程标准在教学中的落实。

课程标准应用示例部分也是德国地理课程标准与中国课程标准差别较大的部分。

中国地理课程标准的第四部分为实施建议,分别从教学、评价、编写、课程资源开发与利用 4 个方面为课程标准实施提供了建议。教学建议部分强调了地理学科的特点和课程的基本理念,帮助教师明确了在教学设计中应注意的侧重点,选择更有效的教学手段。评价建议部分从三维目标提出了学生应具备的能力。为避免以考试成绩作为评价学生的单一途径,还提出了纸笔测验评价、档案袋评价、观察评价三种方法,将学生的平时表现、学习热情等纳入评价结果。对于评价的实施和评价结果的解释也提出了应该以评语和等级、评分相结合的形式,以鼓励、指导学生更好地学习为目的。教材编写建议部分对教材的内容及其呈现形式等提出要求。课程资源开发与利用建议部分为丰富地理课程的内容与素材提供了思路,促进了地理教学资源的发展与普及。

该部分内容为地理教育者、教材编写者提供了一些说明原则和方向的建议,以更好地落实地理课程标准中的要求。这部分内容在德国课程标准中没有单独阐述,而是部分渗透在对课程标准内容的描述中。中国课程标准的建议部分能够从整体上对使用课程标准的地理教育工作者提出方向和指导,有助于更全面地把握和实现课程标准中的要求。

(三) 结论与启示

中德两国地理课程标准的框架体系的主体构成差异不大,功能类似。只是在具体的章节编排、表达方式、表述的详细程度等方面有所区别。

较为明显的差异,主要体现在课程标准的具体内容上。对地理课程性质的定位,德国课程标准重点强调了其综合性和应用性,但其表达的条理性不强;中国课程标准的阐述方式更为清晰,更为全面地概括了地理学科的性质与理念。对地理课程目标的要求,德国从平行的 6 大项能力出发进行阐述;中国采取三维教学目标的形式进行阐述,所包含的内容框架大致类似。其差异体现在德国地理课程标准对学生学习方法、知识运用能力的侧重;中国在培养学生的环境意识等方面要求更为明确。在具体课程内容标准方面,由于两国对于课程标准阐述的框架不同,德国的课程标准更能体现完整的知识体系;中国的课程标准分章节描述,便于在教学中应用,能体现对知识掌握的不同层次和侧重点。此外,以"地图知识"为例进行的对比,可以看出德国课程标准中突出强调地理知识生活中的运用能力;中国对知识的掌握要求描述得更细致。德国课程标准中应用示例部分,对课程标准的完成情况的等级划分,以及教学素材和练习题目的示例凸显了课程标准的实用性;中国课程标准中的实施建议章节从教学、评价、教材编写、课程资源开发与利用方面分别给出了应注意的方向,强调了课程标准的要求与理念,为课程标准的落实提供了指导性意见,整体概括性较强,但并不具体。

通过对中德地理课程标准框架结构和内容上的对比,可以为我国地理课程标准的进一步完善提出以下建议:

1. 强调地理知识与技能的应用和探究方法的学习

在"知识与技能""过程与方法"方面,加入更多对地理技能应用、学习探究方法的要求,以实现"学习对生活有用的地理"这项课程理念。

2. 增加"示例",将整体说明与具体阐释相结合,兼具整体性和针对性

在全面、整体把握课程标准要求的基础上,学习德国课程标准中的"应用示例"部分,选取部分重要章节作为示例,提供教学素材与练习题,并附以参考答案和讲解,对课程标准要求进行更直观、准确的说明,以便于教师对课程标准要求的把握和落实,更好地检测课堂教学效果。

参考文献

[1] German Geographical Society. Educational Standards in Geography for the Intermediate School Certificate with Sample Assignments [S]. 2n ed. Germany:the Germany Geographical Society,2012.

[2] German Geographical Society. Educational Standards in Geography for the Intermediate School Certificate with Sample Assignments [S]. 2n ed. Germany:the Germany Geographical Society,2012.

[3]中华人民共和国教育部. 义务教育地理课程标准(2011 年版)[S]. 北京:北京师范大学出版社,2012.

[4]中华人民共和国教育部. 义务教育地理课程标准(2011 年版)[S]. 北京:北京师范大学出版社,2012.

[5] German Geographical Society. Educational Standards in Geography for the Intermediate School Certificate with Sample Assignments [S]. 2n ed. Germany:the Germany Geographical Society,2012.

[6]中华人民共和国教育部. 义务教育地理课程标准(2011 年版)[S]. 北京:北京师范大学出版社,2012.

[7]王民、仲小敏. 地理教学论[M].北京:高等教育出版社,2010:37—38.

[8] German Geographical Society. Educational Standards in Geography for the Intermediate School Certificate with Sample Assignments [S] 2nd ed. Germany:the Germany Geographical Society,2012.

[9]中华人民共和国教育部. 义务教育地理课程标准(2011 年版)[S]. 北

京：北京师范大学出版社,2012.

［10］German Geographical Society. Educational Standards in Geography for the Intermediate School Certificate with Sample Assignments ［S］2nd ed. Germany：the Germany Geographical Society,2012.

［11］中华人民共和国教育部. 义务教育地理课程标准(2011 年版)［S］. 北京：北京师范大学出版社,2012.

（本文发表于《比较教育研究》2014 年第 6 期。作者蔚东英,时属单位为北京师范大学地理学与遥感科学学院；作者王民、李彦乐、高翠微,时属单位为陕西省西安中学）

英文目录
(Contents)

Part Two: Comparative Research in the Field of Instruction

Part Three: Comparative Research on Subject Matters and Its Teaching

§1 Language Art

§2 Mathematics

§ 3 Science

§ 4 Other Subjects

后记

　　《比较教育研究》(Comparative Education Review)(原名《外国教育动态》)创刊于 1965 年,是受中央宣传部委托创办的新中国第一本教育学术专业刊物。半个世纪以来,《比较教育研究》虽历经坎坷,但不断成长。1966 年,《外国教育动态》在创刊仅一年之后就被迫停刊。在党和国家领导人的关怀下,1972 年,《外国教育动态》作为内部资料重新得到编辑,1980 年正式复刊,并公开发行。1992 年,《外国教育动态》更名为《比较教育研究》,2001 年由双月刊改为月刊。《比较教育研究》现兼作中国教育学会比较教育分会会刊,多年来一直是 CSSCI 来源期刊、全国中文核心期刊、中国人文社会科学核心期刊、教育类核心期刊。2013 年,《比较教育研究》成为国家社科基金首批资助期刊。

　　50 年来,《比较教育研究》共发表了近 5 000 篇文章,它"立足中国,放眼世界",引介国外重要的教育理论与思想,追踪世界各国的教育政策与实践,持续关注我国比较教育学科的发展,促进比较教育学领域学者的成长,助力我国教育改革。2015 年,《比较教育研究》创刊 50 年,我们根据刊物多年关注的重点,以及当前我国教育改革的热点,选编了这套"中国比较教育研究 50 年"丛书。

　　本套丛书选编历时一年,是教育部人文社会科学重点研究基地北京师范大学国际与比较教育研究院各位同仁集体合作的成果。2014 年 9 月至 12 月,《比较教育研究》编辑部成员对 50 年来所刊文章进行了阅读与分类,提出了丛书选题建议,又经过顾明远教授、王英杰教授、曲恒昌教授等专家反复讨论,并征求出版社意见后,编委会最终确认了现有的 12 本分册主题。2014 年年底,确认各分册主编。2015 年年初到 6 月,各分册主编完成选稿工作。

《比较教育研究》创刊 50 年,不同时期的稿件编辑规范不同,这给本套丛书的选编带来巨大困难。除参与选编的老师外,北京师范大学国际与比较教育研究院的众多学生也加入到这一工作中,牺牲了宝贵的寒暑假和休息时间,为此付出了艰辛的劳动。在此,特别感谢以下同学(以姓氏笔画为序):

丁瑞常　卫晋津　马骜　马瑶　王玉清　王向旭　王苏雅
王希彤　王珍　王贺　王雪双　王琳琳　尤铮　石玥
冯祥　宁海芹　吕培培　刘民建　刘晓璇　刘琦　刘楠
孙春梅　苏洋　李婵娟　吴冬　位秀娟　张晓露　张爱玲
张梦琦　张曼　陈柳　郑灵臆　赵博涵　荆晓丽　徐娜
曹蕾　蒋芝兰　韩丰　程媛　谢银迪　蔡娟

在丛书即将出版之际,我们衷心感谢山东教育出版社对本套丛书的出版给予的最热忱的支持。

特别感谢国家社科基金对《比较教育研究》的资助!

本套丛书的选编难免存在一些瑕疵,敬请专家和读者批评指正!

"中国比较教育研究 50 年"丛书编委会

2015 年 10 月